国家卫生健康委员会"十四五"规划教材

全国中医药高职高专教育教材

供中医学、中医骨伤、针灸推拿、护理等专业用

生 理 学

第5版

主　编　唐晓伟　刘海霞

副主编　李开明　杨宏静　于海英　欧阳翌国

编　　委　（按姓氏笔画排序）

于海英（广东江门中医药职业学院）

王东昇（四川中医药高等专科学校）

师淑君（山东中医药高等专科学校）

刘海霞（湖北中医药高等专科学校）

孙　静（黑龙江中医药大学佳木斯学院）

李开明（保山中医药高等专科学校）

杨宏静（重庆三峡医药高等专科学校）

陈亚奇（南阳医学高等专科学校）

范绪锋（湖北中医药高等专科学校）

欧阳翌国（湖南中医药高等专科学校）

唐晓伟（安徽中医药高等专科学校）

黄维琳（安徽中医药高等专科学校）

学术秘书　许　慧（安徽中医药高等专科学校）

人民卫生出版社

·北　京·

图书在版编目（CIP）数据

生理学 / 唐晓伟，刘海霞主编. —5 版. —北京：
人民卫生出版社，2023.11（2025.10 重印）
　ISBN 978-7-117-34970-3

　Ⅰ.①生… 　Ⅱ.①唐…②刘… 　Ⅲ.①人体生理学 –
高等职业教育 – 教材 　Ⅳ.①R33

　中国国家版本馆 CIP 数据核字 (2023) 第 218550 号

| 人卫智网 | www.ipmph.com | 医学教育、学术、考试、健康，购书智慧智能综合服务平台 |
| 人卫官网 | www.pmph.com | 人卫官方资讯发布平台 |

生　理　学
Shenglixue
第 5 版

主　　编：唐晓伟　刘海霞
出版发行：人民卫生出版社（中继线 010-59780011）
地　　址：北京市朝阳区潘家园南里 19 号
邮　　编：100021
E - mail：pmph @ pmph.com
购书热线：010-59787592　010-59787584　010-65264830
印　　刷：天津市光明印务有限公司
经　　销：新华书店
开　　本：850×1168　1/16　印张：16
字　　数：451 千字
版　　次：2005 年 6 月第 1 版　　2023 年 11 月第 5 版
印　　次：2025 年 10 月第 5 次印刷
标准书号：ISBN 978-7-117-34970-3
定　　价：59.00 元
打击盗版举报电话：010-59787491　E-mail：WQ @ pmph.com
质量问题联系电话：010-59787234　E-mail：zhiliang @ pmph.com
数字融合服务电话：4001118166　E-mail：zengzhi @ pmph.com

修订说明

为了做好新一轮中医药职业教育教材建设工作,贯彻落实党的二十大精神和《中医药发展战略规划纲要(2016—2030年)》《教育部 国家卫生健康委 国家中医药管理局关于深化医教协同进一步推动中医药教育改革与高质量发展的实施意见》《教育部等八部门关于加快构建高校思想政治工作体系的意见》《职业教育提质培优行动计划(2020—2023年)》《职业院校教材管理办法》的要求,适应当前我国中医药职业教育教学改革发展的形势与中医药健康服务技术技能人才培养的需要,人民卫生出版社在教育部、国家卫生健康委员会、国家中医药管理局的领导下,组织和规划了第五轮全国中医药高职高专教育教材、国家卫生健康委员会"十四五"规划教材的编写和修订工作。

为做好第五轮教材的出版工作,我们成立了第五届全国中医药高职高专教育教材建设指导委员会和各专业教材评审委员会,以指导和组织教材的编写与评审工作;按照公开、公平、公正的原则,在全国1 800余位专家和学者申报的基础上,经中医药高职高专教育教材建设指导委员会审定批准,聘任了教材主编、副主编和编委;确立了本轮教材的指导思想和编写要求,全面修订全国中医药高职高专教育第四轮规划教材,即中医学、中药学、针灸推拿、护理、医疗美容技术、康复治疗技术6个专业共89种教材。

党的二十大报告指出,统筹职业教育、高等教育、继续教育协同创新,推进职普融通、产教融合、科教融汇,优化职业教育类型定位,再次明确了职业教育的发展方向。在二十大精神指引下,我们明确了教材修订编写的指导思想和基本原则,并及时推出了本轮教材。

第五轮全国中医药高职高专教育教材具有以下特色:

1. 立德树人,课程思政 教材以习近平新时代中国特色社会主义思想为引领,坚守"为党育人、为国育才"的初心和使命,培根铸魂、启智增慧,深化"三全育人"综合改革,落实"五育并举"的要求,充分发挥思想政治理论课立德树人的关键作用。根据不同专业人才培养特点和专业能力素质要求,科学合理地设计思政教育内容。教材中有机融入中医药文化元素和思想政治教育元素,形成专业课教学与思政理论教育、课程思政与专业思政紧密结合的教材建设格局。

2. 传承创新,突出特色 教材建设遵循中医药发展规律,传承精华,守正创新。本套教材是在中西医结合、中西药并用抗击新型冠状病毒感染疫情取得决定性胜利的时候,党的二十大报告指出促进中医药传承创新发展要求的背景下启动编写的,所以本套教材充分体现了中医药特色,将中医药领域成熟的新理论、新知识、新技术、新成果根据需要吸收到教材中来,在传承的基础上发展,在守正的基础上创新。

3. 目标明确,注重三基 教材的深度和广度符合各专业培养目标的要求和特定学制、特定对象、特定层次的培养目标,力求体现"专科特色、技能特点、时代特征",强调各教材编写大纲一定要符合高职高专相关专业的培养目标与要求，注重基本理论、基本知识和基本技能的培养和全面素质的提高。

4. 能力为先，需求为本 教材编写以学生为中心，一方面提高学生的岗位适应能力，培养发展型、复合型、创新型技术技能人才；另一方面，培养支撑学生发展、适应时代需求的认知能力、合作能力、创新能力和职业能力，使学生得到全面、可持续发展。同时，以职业技能的培养为根本，满足岗位需要、学教需要、社会需要。

5. 规划科学，详略得当 全套教材严格界定职业教育教材与本科教育教材、毕业后教育教材的知识范畴，严格把握教材内容的深度、广度和侧重点，既体现职业性，又体现其高等教育性，突出应用型、技能型教育内容。基础课教材内容服务于专业课教材，以"必需、够用"为原则，强调基本技能的培养；专业课教材紧密围绕专业培养目标的需要进行选材。

6. 强调实用，避免脱节 教材贯彻现代职业教育理念，体现"以就业为导向，以能力为本位，以职业素养为核心"的职业教育理念。突出技能培养，提倡"做中学、学中做"的"理实一体化"思想，突出应用型、技能型教育内容。避免理论与实际脱节、教育与实践脱节、人才培养与社会需求脱节的倾向。

7. 针对岗位，学考结合 本套教材编写按照职业教育培养目标，将国家职业技能的相关标准和要求融入教材中，充分考虑学生考取相关职业资格证书、岗位证书的需要。与职业岗位证书相关的教材，其内容和实训项目的选取涵盖相关的考试内容，做到学考结合、教考融合，体现了职业教育的特点。

8. 纸数融合，坚持创新 新版教材进一步丰富了纸质教材和数字增值服务融合的教材服务体系。书中设有自主学习二维码，通过扫码，学生可对本套教材的数字增值服务内容进行自主学习，实现与教学要求匹配、与岗位需求对接、与执业考试接轨，打造优质、生动、立体的学习内容。教材编写充分体现与时代融合、与现代科技融合、与西医学融合的特色和理念，适度增加新进展、新技术、新方法，充分培养学生的探索精神、创新精神、人文素养；同时，将移动互联、网络增值、慕课、翻转课堂等新的教学理念、教学技术和学习方式融入教材建设之中，开发多媒体教材、数字教材等新媒体形式教材。

人民卫生出版社成立70年来，构建了中国特色的教材建设机制和模式，其规范的出版流程，成熟的出版经验和优良传统在本轮修订中得到了很好的传承。我们在中医药高职高专教育教材建设指导委员会和各专业教材评审委员会指导下，通过召开调研会议、论证会议、主编人会议、编写会议、审定稿会议等，确保了教材的科学性、先进性和适用性。参编本套教材的1 000余位专家来自全国50余所院校，希望在大家的共同努力下，本套教材能够担当全面推进中医药高职高专教育教材建设，切实服务于提升中医药教育质量、服务于中医药卫生人才培养的使命。谨此，向有关单位和个人表示衷心的感谢！为了保持教材内容的先进性，在本版教材使用过程中，我们力争做到教材纸质版内容不断勘误，数字内容与时俱进，实时更新。希望各院校在教材使用中及时提出宝贵意见或建议，以便不断修订和完善，为下一轮教材的修订工作奠定坚实的基础。

人民卫生出版社有限公司
2023年4月

前　言

为了更好地贯彻落实《中华人民共和国职业教育法》《国家职业教育改革实施方案》，推动中医药高职高专教育的发展，培养中医药类高级技能型人才，我们在总结汲取前4版教材成功经验的基础上，在全国中医药高职高专教材建设指导委员会的组织规划下，按照全国中医药高职高专院校各专业的培养目标，确立本课程的教学内容并编写了本教材。

本教材前4版分别于2005年、2009年、2014年、2018年由人民卫生出版社出版，前后经过32次印刷发行，受到了广大师生的肯定和好评。2022年启动了新一轮的教材建设工作，先后召开了全体主编人会议、各课程全体编写人员会议和主编、副主编参加的定稿会议。明确了新一轮中医药高职高专教材修订的目的、任务、时间及质量要求。本教材正是按上述会议精神重新修订的。

本教材主要特点有：①内容完整、结构合理。本教材由理论和实验两大部分组成，体现了生理学实验性极强的学科特点。理论部分共十三章，每个章节均包括学习目标、正文、知识链接、课堂互动和复习思考题等内容；实验部分介绍了21种实验方法。②理论和实际的联系，突出实践教学特色。实验部分主要精选了与临床关系密切，与培养学生观察、分析和动手能力相关的项目。在各章节内容中，注重用相关的生理学基本理论和知识解释临床上的问题，突出生理学的临床应用价值，能较好地满足学生的专业学习需求。③导学助学功能强。全书通过融合教材的形式，补充了纸质教材难以包含的课程PPT、知识导览、扫一扫测一测、思维导图、复习思考题答题要点等相关数字资源。有利于学生在学习目标的指导下自主学习，联系实际，重点理解、掌握有关知识。

本教材具体编写情况如下：唐晓伟（编写第一章和全部实验指导、教学大纲），杨宏静（编写第二章），黄维琳（编写第三章），刘海霞（编写第四章），欧阳翌国（编写第五章），陈亚奇（编写第六章），孙静（编写第七章），李开明（编写第八章），师淑君（编写第九章），于海英（编写第十章），王东昇（编写第十一章），范绪锋（编写第十二章），许慧（编写第十三章）。

本教材修订中，全体编写人员在所在单位的大力支持下，全力以赴，通力协作，高标准完成了各自的修订任务。人民卫生出版社的编辑精心审阅校订，为本教材出版发行付出了辛勤劳动，在此一并表示衷心的感谢。

　　尽管本教材编写人员都是来自教学一线的专业老师,我们参阅了国内外大量最新教材与资料,并在修订中反复交叉审阅校对,但教材修订是一个长期的动态完善过程,诚恳期待广大师生在使用教材过程中将发现的问题及时反馈指正,以便再版修订时不断优化和完善。

《生理学》编委会

2023 年 4 月

目　录

第一章 绪 论

学习目标

1. 掌握生命活动的基本特征,可兴奋组织、刺激阈、内环境及内环境稳态、负反馈的概念。
2. 熟悉内环境理化性质相对恒定的重要意义、人体功能活动的调节方式。
3. 了解人体生理学的研究内容和方法。

生理学是研究机体正常生命活动及规律的科学。一切有生命的个体总称为机体,机体呼吸、循环和泌尿等功能活动称为生命活动。

第一节 生理学研究的对象、任务及其与医学的关系

一、生理学研究的对象

生理学是以机体功能活动为研究对象的。以健康完整人体的生命活动为研究对象的生理学,称为人体生理学。人体生理学既与人类的医疗、护理和康复实践活动紧密相关,又与个体健康及生存质量息息相关,因此,也称医学生理学。随着科学的发展和社会生产的需要,动物、植物及一切有生命个体的功能活动相继纳入生理学的研究范围,也就相应产生了动物生理学、植物生理学。医学生所学习的生理学主要是人体生理学或医学生理学。

二、生理学的任务

生理学的任务在于揭示生命活动的具体过程,并分析这些生命活动产生的原因、影响因素和理化机制,从而阐明生命活动的基本规律。描述生命现象、解释生命现象、预测生命现象和控制生命现象是生理学的全部任务。

三、生理学与医学的关系

生理学是一门重要的基础医学课程。医学的主要目的是预防和治疗疾病,促进人类健康。作为一名医务工作者,只有全面系统掌握机体各系统、各器官的正常生命过程和规律,才能正确认识和有效防治各种疾病。生理学是解答正常生命过程和规律的科学,是指导临床工作者做好临床医疗、护理、康复及健康教育工作的理论基础。同时,临床实践工作也不断为生理学提出新的研究课题,从而推动着生理学不断向前发展。

四、生理学的研究方法

生理学是一门实验性极强的科学。表现为需要创造条件，以便对某种生命活动进行反复观察、精密分析与综合探讨。为了避免实验对人体造成创伤，大多数情况下需要利用活体动物进行研究。动物实验的方法大致可分为离体与在体两类，前者是将动物某一组织或器官从体内取出放置于适宜环境下观察其功能状态，后者又分为急性在体实验和慢性在体实验两种。急性在体实验是将实验动物无痛处理后，暴露出需要观察的组织器官，当即进行实验。慢性在体实验是将动物进行必要的无菌手术等处理，待其康复后，在清醒、接近正常的生理状态下进行实验。急性在体实验条件控制较好，结论比较可靠，但与机体正常、完整的功能状态有一定区别；慢性在体实验的结论更接近整体状态，但实验周期长，干扰因素难于全部消除，实验条件不易控制。

生理学研究的发展与物理、化学及生物学等自然科学的发展密切关联。随着自然科学的不断进步，新的技术和方法不断地应用到生理学研究领域，对人体功能活动的发生、机制和规律等方面的认识得以不断深入和进步。从总体上看，生理学研究从细胞和分子水平、器官和系统水平及整体水平三个不同水平上进行。

（一）细胞和分子水平的研究

细胞是组成机体结构和功能的基本单位，分析和阐明细胞的共同生理特性及每类细胞的个别生理特性，对于理解器官和系统的生命过程是非常必要的。细胞是由各种不同的有机和无机分子构成的，对组成细胞的各类生物分子的结构和功能进行深入的探索，将有助于我们理解各类细胞的各种生理过程与特性。在细胞或分子水平上研究生命过程及规律的生理学称为细胞生理学，干细胞工程、基因组工程和蛋白组工程均属于这一水平的研究。

（二）器官和系统水平的研究

研究某一器官或系统的功能，以及这一器官和系统在整体中的作用、受哪些因素的影响，属于器官和系统水平的研究。例如，以肺、胸腔、呼吸肌等器官组成的呼吸系统为对象，研究肺通气的动力、阻力和影响因素等，以了解气体由外界如何吸入肺内、如何从肺排出，即属于此类研究。

（三）整体水平的研究

机体各器官、系统之间是密切联系、相互影响的。机体的各种功能活动在神经系统、内分泌系统的作用下相互协调，从而使机体形成一个完整的密不可分的整体。以整个机体为对象，研究和分析在各种环境下各器官和系统如何相互协调、相互联系、相互影响的规律，称为整体水平的研究。

五、生理学的学习方法

学好生理学，除遵循一般的学习规律之外，还必须根据生理学的特点，在学习过程中要在以下四个方面加强相互联系。

（一）结构与功能相联系

机体的结构与功能是相适应的。各器官、组织和细胞的结构是其功能活动的结构和物质基础，功能活动则是这些结构的运动形式。一旦结构发生变化，功能活动必将随之变化；功能长期变化，也可导致结构的改变。学习生理时，应及时复习有关形态结构的知识，以更好地理解和掌握相应功能活动。

（二）局部与整体相联系

重视机体的整体性和统一性是中医学的特点之一。构成整体的各器官、系统虽然各具独特的结构与功能，但这些结构和功能都是机体不可分割的组成部分。本教材按系统分章节进行编写，只是为了便于教学和研究。在学习各器官、各系统的生理时，一定要建立明确的各部分功能相互联系和相互影响的整体观念。

（三）机体与环境相联系

机体通过与环境之间不断进行的物质、能量和信息交换而生存。环境的变化必然直接或间接地影响到机体的功能，特殊环境下机体必然表现出相应功能活动变化。中医学早有"天人相应"的医学生态学思想，认为机体的功能活动与四时气候和天文地理条件的变化是相适应的。随着科技的进步，人类活动空间已向极地、深海和太空等特殊空间延伸，这就给生理科学带来了更多的研究课题。在学习和理解生命活动时，要注重环境条件对生理功能的影响。

（四）理论与实践相联系

生理学实验教学和理论教学是相辅相成的。在课堂和教材理论学习中要注重结合临床诊疗案例理解和掌握相关生理学的知识点。在实验学习中需要积极、主动参与，认真观察，结合理论对结果进行客观分析，以加深对有关知识的理解。

第二节 生理学简史

我国古代在殷商时期就有了以甲骨文记述的有关家畜、家禽阉割的描述。公元前 4 世纪左右，战国时代的《难经》和《黄帝内经》即有人体解剖生理等方面的知识记载，其中特别提及了有关气血循环理论。北宋时期的大科学家沈括详细记载了用人尿提炼含雄性激素的秋石的方法，并将其应用于临床治疗某些疾病。

以实验为特征的近代生理学始于 17 世纪。1628 年英国医生哈维发表了有关血液循环的名著《动物心血运动的解剖研究》一书，这是历史上首次以实验证明了人和高等动物体内的血液是从左心室输出，通过体循环动脉而流向全身组织，然后汇集于静脉而回到右心房，再经过肺循环而入左心房。哈维当时由于工具的限制，对于动脉与静脉之间究竟是如何连接的还只能依靠臆测，因此当时认为动脉血是穿过组织的孔隙而通向静脉的。直至 1661 年意大利组织学家马尔皮基应用简单的显微镜发现了毛细血管之后，血液循环的全部路径才被搞清楚，并确立了循环生理的基本规律。

17 世纪，法国哲学家笛卡尔首先将反射概念应用于生理学，这位伟大的哲学家认为动物的每一活动都是对外界刺激的必要反应，刺激与反应之间有固定的神经联系，他称这一连串的活动为反射。反射概念直至 19 世纪初期由于谢灵顿明确了脊髓背根司感觉和腹根司运动的发现，才获得结构与功能的依据。

18 世纪，法国化学家拉瓦锡首先发现氧气和燃烧原理，指出呼吸过程同燃烧一样，都要消耗 O_2 并产生 CO_2，从而为机体新陈代谢的研究奠定了基础。意大利物理学家伽伐尼发现动物肌肉收缩时能够产生电流，于是开启了生物电这一新的生理学研究领域。

19 世纪，生理学开始进入全盛时期。法国著名生理学家贝尔纳提出了内环境的重要概念。同期，德国的路德维希所创造的记纹鼓，长期以来成为生理学研究的必备仪器。德国海登海因首次运用小胃制备法以研究胃液分泌的机制。俄罗斯著名生理学家巴甫洛夫以唾液分泌为客观指标，对大脑皮层的生理活动规律进行了详尽的研究，提出了著名的条件反射概念和高级神经活动学说，并获 1904 年的诺贝尔生理学或医学奖。

知识链接

巴甫洛夫小胃

德国生理学家海登海因首次运用慢性的小胃制备法来研究胃液分泌的机制,他设计制备的小胃被称为海登海因小胃,该小胃制备法后来经俄罗斯著名生理学家巴甫洛夫改进为巴甫洛夫小胃,分别证实了胃液分泌的调节既有体液机制又有神经机制,两位科学家都对消化生理作出了不朽的贡献。

　　1903 年英国的谢灵顿出版了《神经系统的整合作用》,对于脊髓反射的规律进行了长期而精密的研究,为神经系统的生理学奠定了巩固的基础。美国生理学家坎农于 1929 年提出了稳态概念,进一步发展了贝尔纳的内环境恒定的理论,认为内环境理化因素之所以能够在狭小范围内波动而始终保持相对稳定状态,主要有赖于自主神经系统和有关的内分泌激素的经常性调节。

　　19 世纪末至 20 世纪初,随着西学东渐,我国一批有志青年学子留学欧美,在生理学领域取得了不俗的研究成果。国内生理学泰斗蔡翘先生在芝加哥大学学习期间,就在老师的指导下,对美洲袋鼠脑组织进行解剖研究,发现了眼球运动的中枢位于顶盖前核,该部位被国际神经解剖学界命为"蔡氏区"。著名神经生物学家冯德培,在神经 - 肌肉接头生理学、神经与肌肉间营养性相互关系的研究方面取得了开创性的成果。被科学界誉为"试管婴儿之父"的张明觉 1959 年将兔交配后由子宫内回收的精子与卵子在体外受精,然后,将受精卵移植到另一母兔的输卵管内,借腹怀孕,成功地生产出仔兔,为人类试管婴儿的诞生奠定了基础。中华人民共和国成立后,中国科学院设立了上海生理研究所,多数高等医学院校都建立了生理研究室,在针刺镇痛、人工合成胰岛素等领域均取得了世界领先的研究成果。

课堂互动

在日常生活中如何判定某个体是否具有生命?请谈谈你的看法。

第三节　生命的基本特性

　　有生命个体与非生命个体根本区别在于其具有新陈代谢、兴奋性、生殖和适应性等四个基本特性。

一、新 陈 代 谢

　　机体与环境不断进行物质交换,以实现自我更新的生命过程称为新陈代谢。新陈代谢包括同化和异化两个方面。机体从外界摄取营养物质并转化为自身成分,以实现其生长、发育、更新和修复的过程,称为同化作用;体内成分不断分解以释放能量并将代谢产物排出体外的过程称为异化作用。在以上物质代谢过程中,同时伴随能量的产生、转化、贮存、释放和利用,即能量代谢。新陈代谢一旦停止,生命活动也随之终止。

二、兴 奋 性

　　当机体所处的内外环境发生变化时,其功能活动会发生相应变化,例如刺激性气味引起喷嚏或屏气；气温下降时皮肤血管收缩等。机体对于内外环境变化具有发生反应的能力或特性称为兴奋性。通常将引起机体功能改变的内外环境的变化因素称为刺激。机体接受刺激后其功能活动的变化则称为反应。反应可分为兴奋和抑制两种形式。机体接受刺激后，功能活动由弱变强的变化称为兴奋；机体接受刺激后，功能活动由强变弱或由活动变为静止则称为抑制。

机体不同的组织其兴奋性具有较大的差异，即使是同一组织，在不同生理状态下其兴奋性也是不相同的。肌肉、神经、腺体三类组织兴奋性较高，只需要很小的刺激即可引起特定的反应，称为可兴奋组织。生理学常以刺激阈的大小作为衡量机体兴奋性高低的指标。刺激阈是指刚刚引起机体或组织发生反应的最小刺激强度。对于组织而言，刺激阈越小，其兴奋性越高；反之，兴奋性越低的组织其刺激阈越大。

三、生 殖

生物体生长发育到一定阶段后，可产生与自己相似的子代个体，以绵延种族、延续生命活动，这一过程称为生殖（详见第十二章）。

四、适 应 性

机体能根据外部环境状况而调整内部活动的生理特性称为适应性。以体温的调节为例，适应性分为行为适应和生理适应两种类型，当外界气温高于体温时，机体可通过减少衣着，寻找荫凉有风的地方，甚至借助空调、风扇以维持体温正常，为体温的行为调节；在环境气温较高时，机体皮肤血管扩张，血流加快，通过对流、传导、蒸发、辐射等物理学方式加快生理散热过程，以维持体温正常，为生理性体温调节。

第四节 人体功能活动的稳态及其调节

一、内环境及其稳态

机体内细胞共同生存的细胞外液环境称为内环境。正常情况下，内环境的理化成分，如 O_2 和 CO_2 的含量、离子的组成与浓度、温度、渗透压及酸碱度等，虽然经常处于变动中，但变动范围很小。内环境的理化特性保持相对稳定的状态，称为内环境稳态。内环境稳态是细胞进行正常生命活动的必要条件。因为细胞的新陈代谢过程是由很多复杂的酶促反应组成，而酶促反应只有在一定的理化条件下才能正常进行。此外，细胞的生物电活动也只有在一定的离子浓度下才能维持正常。一旦内环境理化性质发生改变，将引起机体某些功能紊乱，引起疾病甚至死亡。

生命活动过程中，机体必须不断地进行新陈代谢，必然产生代谢产物；同时外界环境也是经常发生剧烈变化的。因此，新陈代谢和外环境变化将随时影响甚至破坏内环境稳态。机体各器官、系统在神经系统和体液因素的调节下，通过各种复杂的协调活动，才能保持内环境稳态。

二、机体功能调节的方式

机体功能活动的调节主要有神经调节、体液调节和自身调节三种方式。

1. 神经调节　在中枢神经系统整合作用下，通过传入和传出神经纤维的联系，实现对机体功能活动调节称为神经调节。神经调节的基本方式是反射。反射是指在中枢神经系统的参与下，机体对内外环境变化的刺激所产生的适应性反应。如强光照射眼睛引起瞳孔缩小，进食引起唾液分泌等均为典型的反射。

反射的结构基础是反射弧，它由感受器、传入神经、中枢神经、传出神经和效应器五个不同部分共同组成（图1-1）。以搔扒反射为例，用沾有硫酸溶液的纸片接触实验动物蛙的某一肢体末梢，将引起该肢体屈曲。其中与硫酸纸片相接触的皮肤上有对化学刺激敏感的感受器，该感受器受到硫酸纸片刺激兴奋，经躯体感觉传入神经送至脊髓，脊髓整合后经传出神经的传递，导致受刺激肢体的屈肌收缩，达到回避伤害刺激的目的。对于反射而言，反射弧的五个部分缺一不可。任何环节发生障碍，反射都将无法实现。

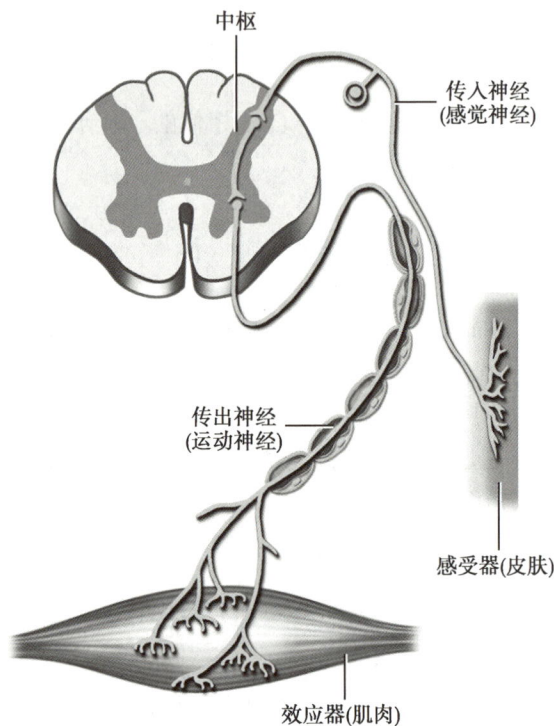

图1-1　反射与反射弧结构示意图

按反射形成的条件和反射弧特点的不同，可将反射分为非条件反射和条件反射两类。

（1）非条件反射：非条件反射是由种族遗传因素决定的，即先天具有的，与个体生存密切相关的反射。其反射弧是相对固定的，吸吮反射就是一种典型的非条件反射。

（2）条件反射：在非条件反射基础上经后天学习和训练后建立的反射称为条件反射。

神经调节的特点是调节反应比较迅速、准确，影响的范围相对较窄，持续时间较短暂。

2. 体液调节　由内分泌系统产生的激素等生物活性物质通过体液运输而发挥的调节作用称为体液调节。例如，进食后随着碳水化合物在消化道的消化和吸收，血中葡萄糖浓度升高，刺激胰岛产生胰岛素，胰岛素有选择性地作用于机体某些细胞，经多种途径使进餐后血糖恢复到正常水平。体液调节与神经调节比较，其调节速度较慢，作用范围较广，持续时间较长。

3. 自身调节　机体的组织、细胞不依赖外来神经和体液因素而对刺激产生的适应性反应称为自身调节。例如，脑的血流量在动脉压变化时能保持相对不变，就是通过颈动脉的肌源性收缩和舒张来实现的。当动脉压在一定范围内升高时，脑血管自动收缩，增大血流阻力，使脑的血流不因血压增高而增多；反之，体动脉血压在一定范围内降低时，脑血管舒张，降低血流阻力，保障脑血流不因血压下降而减少。自身调节能力有限,范围狭小,在人体的调节作用不是很大。

三、机体调节的自动控制原理

人体调节系统如同一个由众多子系统构成的复杂的自动控制系统。神经和内分泌系统对机体各种功能活动起着重要的调节作用,称为机体的控制系统;其他器官系统受神经和内分泌系统的调节控制,则称为受控系统。机体控制系统通常是一种闭环系统,在控制部分发出信号改变受控部分的活动的同时,受控部分也可发出信号返回到控制部分,并改变控制活动的强度,称为反馈(图1-2)。由受控部分返回到控制部分的信息,称为反馈信息。根据反馈信息对控制系统影响结果的不同,可以将反馈分为正反馈与负反馈两种不同类型。

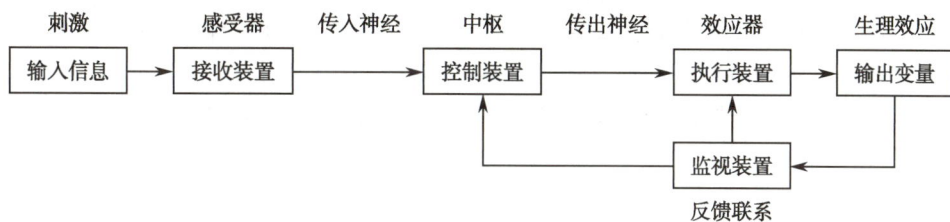

图 1-2 生物控制系统示意图

1. 正反馈 反馈信息的作用与控制信息的作用相同,对控制部分起加强作用的反馈称为正反馈。正反馈使原控制效应得以加强,这种反馈在机体调节中常见于需要快速完成的一些生理过程,如血液凝固、排尿反射和分娩等。这些生理活动一旦发动,就会通过正反馈机制,使之在最短的时间内得以完成。

2. 负反馈 反馈信息的作用与控制信息的作用相反,对控制部分产生削弱作用的反馈称为负反馈。负反馈导致控制效应减弱,促使受控系统生理状态恢复到调控变化之前。血糖浓度的调节、血压的调节等需要维持相对稳定的生理状态的调控,均为负反馈调节。负反馈调节是机体维持内环境稳态的最重要的一种调节方式。

(唐晓伟)

? 复习思考题

1. 动物在体实验分为哪两类,各有何特点?
2. 举例说明以反射弧为结构基础,以反射为基本方式的神经调节过程。
3. 什么是正反馈、负反馈,举例说明两者的生理意义?
4. 神经调节、体液调节和自身调节的特点分别是什么?

第二章　细胞的基本功能

1. 掌握单纯扩散、易化扩散、主动转运的概念及特点，静息电位、动作电位、局部电位、阈电位、兴奋-收缩偶联的概念。

2. 熟悉静息电位和动作电位的产生机制，兴奋在同一细胞上的传导机制及特点，神经-肌肉接头的兴奋传递过程，Ca^{2+}在兴奋-收缩偶联中的作用。

3. 了解细胞膜的信号转导方式，肌丝的组成及肌丝滑行学说，骨骼肌的收缩形式。

细胞是组成机体的基本结构和功能单位，机体各组织、器官和系统的功能活动机制都是以细胞为基本单位进行。构成机体的细胞或某些细胞群体，许多基本的功能活动具有普遍性。本章重点讨论细胞的具有普遍性的基本功能，如细胞膜的物质转运功能、细胞膜受体功能、生物电现象及肌细胞的收缩功能。

第一节　膜结构与跨膜转运

一、细胞膜的成分与结构

人体的细胞具有细胞膜，它是细胞进行生命活动的重要结构基础，是分隔细胞内容物与细胞外部环境的一层薄膜。电镜下可见，细胞膜由三层结构组成，即致密的内、外层和透明的中间层，这三层结构又被称为单位膜。细胞膜和细胞内各种细胞器如线粒体、溶酶体等的膜结构和化学组成基本相同。细胞膜主要由脂质、蛋白质和少量糖类物质组成。关于这三种物质在膜中排列的形式，曾提出了多种假说，目前为大多数人所接受的是"液态镶嵌模型"学说。该学说认为细胞膜是以液态的脂质双层为基架，其中镶嵌着不同结构和功能的蛋白质，在膜外侧，部分镶嵌蛋白质和脂质还连着糖链（图2-1）。

1. 细胞膜的脂质　细胞膜的脂质主要由磷脂、胆固醇和少量糖脂组成，磷脂占总量的70%以上。脂质分子都是双嗜性分子，分为头部和尾部。头部为亲水端，由磷酸盐和碱基构成，朝向膜内外两侧；尾部为疏水端，由长链脂肪酸烃链构成，朝向膜中央。此外，脂质的熔点较低，在一般体温条件下呈溶胶状态，从而具有一定的流动性。但由于脂质分子具有极性，因而使它们的移动一般只限于同一分子层。脂质双分子层在热力学上的稳定性和流动性，可使细胞承受相当大的张力和变形而不易破裂，即使有时膜的结构发生一些较小的断裂，也可很快自动融合而修复。

2. 细胞膜的蛋白　膜蛋白主要以表面蛋白和整合蛋白两种形式存在于膜脂质双层中，但排列很不规则，有的镶嵌在脂质双层中扎根较浅，靠近膜的内侧面或外侧面；有的贯穿整个脂质双层，两端露在膜的两侧。这些膜中的蛋白质在机械支持、物质运输、受体、酶及特异性抗原等方面起着重要作用。由于脂质双分子层是液态的，镶嵌在脂质层中的蛋白质可以移动，即蛋白质分

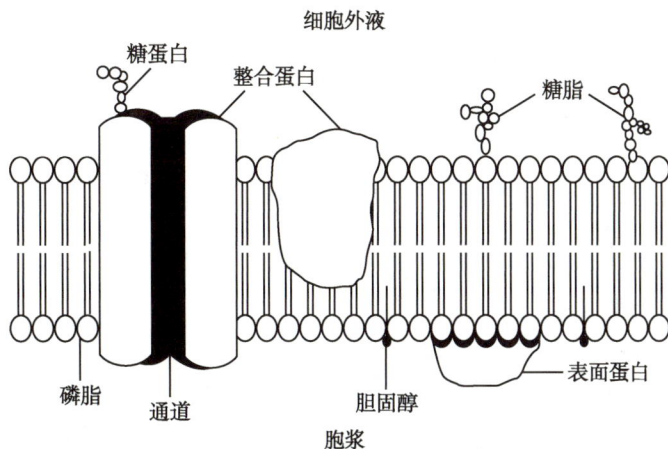

图 2-1　细胞膜液态镶嵌模型

子可以在膜的脂质分子间横向漂浮移位。

3. 细胞膜的糖类　它们大多是一些寡糖或多糖链,以共价键的形式与膜脂质或膜蛋白结合形成糖脂或糖蛋白。结合在脂质和蛋白分子的糖链,大多数伸向膜外,可起到"分子语言"的作用,作为一种分子标记发挥抗原或受体的作用,表示某种免疫信息或作为膜受体的可识别部分。如 ABO 血型系统中,红细胞上的不同抗原特性就是由糖脂或糖蛋白上不同的寡糖链决定的。

二、细胞膜的物质转运功能

细胞各种生命活动的进行都需要依赖细胞膜的物质转运功能而实现。人体生理学中将物质经细胞膜进出细胞的过程称为细胞膜的物质转运功能。常见的细胞膜物质转运方式有以下几种:

(一)单纯扩散

单纯扩散是指某些脂溶性小分子物质(如 O_2、CO_2、N_2、乙醇、尿素、乙醚、NH_3 等)从膜的高浓度一侧向低浓度一侧进行跨膜转运的过程。单纯扩散的特点是不需要膜蛋白的参与,也不需要代谢耗能,是一种简单的物理现象。物质在单位时间内移动量的大小,可用"通量"表示,即某种物质在每秒钟内通过每平方厘米平面的摩尔或毫摩尔数。决定扩散通量的因素主要取决于被转运物质在膜两侧的浓度差和膜对该物质的通透性。通透性是指细胞膜对某物质通过的阻力大小或难易度,其大小取决于物质的分子大小和脂溶性的高低。在一般情况下,浓度差大、通透性大,扩散通量就大;反之,扩散通量就小。

(二)易化扩散

易化扩散是指一些非脂溶性小分子物质或带电离子,在膜蛋白的帮助下,从膜的高浓度一侧向低浓度一侧进行的跨膜转运过程。根据协助参与易化扩散的膜蛋白的不同,易化扩散可分为载体介导的易化扩散和通道介导的易化扩散两种形式。

1. 载体介导的易化扩散　载体介导的易化扩散是指某些水溶性小分子物质(如葡萄糖、氨基酸、核苷酸等)经膜中载体蛋白构型变化,将物质由膜的高浓度一侧向低浓度一侧移动的过程(图 2-2)。此转运过程如"渡船"一样,来回摆渡,可反复进行。载体介导的易化扩散具有以下特点:

(1)高度特异性:一种载体只能转运某种特定结构的物质,这与载体蛋白和它所转运的物质之间具有高度结构特异性有关。

（2）饱和现象：物质转运量在一定范围内，随物质浓度增加而增加，但超过某一限度时，物质浓度的增加则不能使转运量继续增加，称饱和现象。其原因是细胞膜中载体蛋白的数量或与某物质结合的位点数量有限，物质的转运量因此受到限制。

（3）竞争性抑制：如果某一载体可以同时转运 A 和 B 两种物质，当 A 物质转运增加时，B 物质的转运就会减少。这是因为数量有限的载体蛋白或结合位点被浓度高的转运物竞争性地占据，浓度较低的物质则受到抑制。

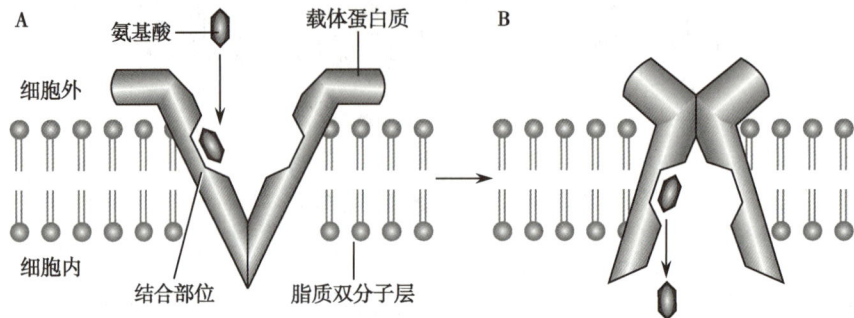

图 2-2　载体介导的易化扩散示意图
A. 载体蛋白质与被转运物结合；B. 载体蛋白质与被转运物分离

2. 通道介导的易化扩散　通道介导的易化扩散是指各种带电离子（如 Na^+、K^+、Ca^{2+}、Cl^- 等）在膜中通道蛋白的帮助下，顺浓度梯度和 / 或电位梯度的跨膜转运过程（图 2-3）。

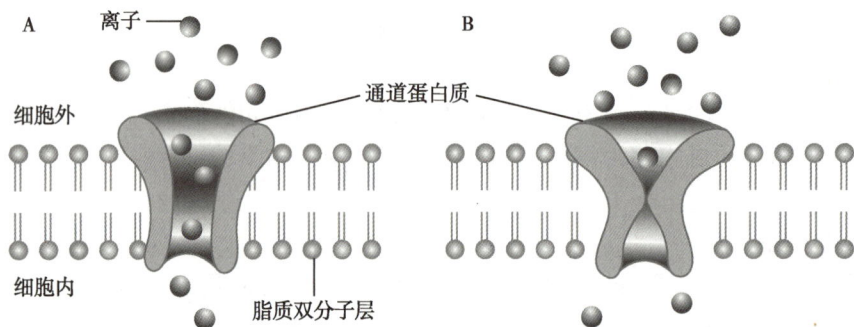

图 2-3　通道介导的易化扩散示意图
A. 通道开放；B. 通道关闭

通道蛋白犹如一道贯通细胞膜脂质双层的"闸门"，在一定条件下通过通道蛋白分子构象的改变，引起"闸门"迅速开放或关闭，这一过程称为门控。通道开放时，物质从膜的高浓度一侧向低浓度一侧移动。通道关闭时，即使膜两侧存在浓度差，也不能通过细胞膜。根据引起通道开闭的条件不同，将通道分为三类（图 2-4）：

（1）化学（配体）门控通道：这类通道受膜内外某些化学物质调控。例如，骨骼肌终板膜中的 N_2 型乙酰胆碱受体阳离子通道与神经末梢释放的乙酰胆碱（acetylcholine，ACh）结合，引起终板膜化学门控 Na^+ 通道开放，最终导致骨骼肌细胞的兴奋和收缩。

（2）电压门控通道：这类通道受膜电位调控。例如，神经细胞轴突膜中的电压门控 Na^+ 通道。

（3）机械门控通道：这类通道受机械刺激调控。例如，耳蜗毛细胞中的机械门控钾通道。

（三）主动转运

主动转运是指某些离子和小分子物质在膜蛋白的帮助下，由细胞代谢供能而进行的逆浓度梯度和 / 或电位梯度的跨膜转运过程。根据转运过程中是否直接消耗能量，主动转运分为两种类型：原发性主动转运和继发性主动转运。一般所说的主动转运是指原发性主动转运。

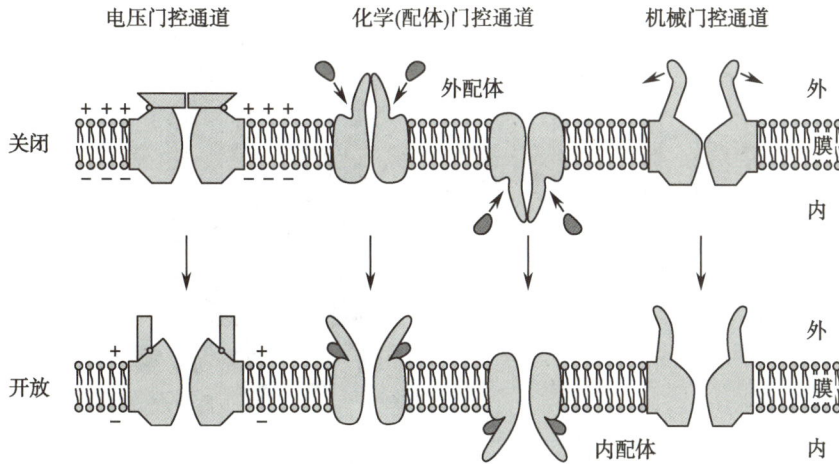

图 2-4　通道的门控性

1. 原发性主动转运　原发性主动转运是指细胞膜直接利用代谢产生的能量将某些带电离子(如 Na^+、K^+、Ca^{2+}、Cl^- 等)在膜中离子泵(即泵蛋白)的帮助下,逆浓度梯度和 / 或电位梯度的跨膜转运过程。离子泵的化学本质是 ATP 酶,具有水解 ATP 的能力。离子泵种类繁多,常以其转运的离子种类命名,如同时转运 Na^+ 和 K^+ 的钠 - 钾泵、转运 Ca^{2+} 的钙泵、转运 H^+ 的氢泵(质子泵)等。目前研究最多和最清楚的是钠 - 钾泵。

钠 - 钾泵简称钠泵,广泛分布于哺乳动物细胞膜中,其化学本质是 Na^+-K^+ 依赖式 ATP 酶。当细胞内 Na^+ 浓度增高和 / 或细胞内 K^+ 浓度增高时,钠泵被激活,分解 ATP 释放能量,并利用此能量将 Na^+ 从细胞内泵出,同时将细胞外的 K^+ 泵入。通常钠泵每分解 1 分子 ATP,可逆浓度梯度将 3 个 Na^+ 泵出膜外,同时将 2 个 K^+ 泵入膜内,产生一个正电荷的净外流,故钠泵是一种生电性泵,从而建立起一种储能机制(图 2-5)。但这种化学定比关系,在不同情况下可以改变。

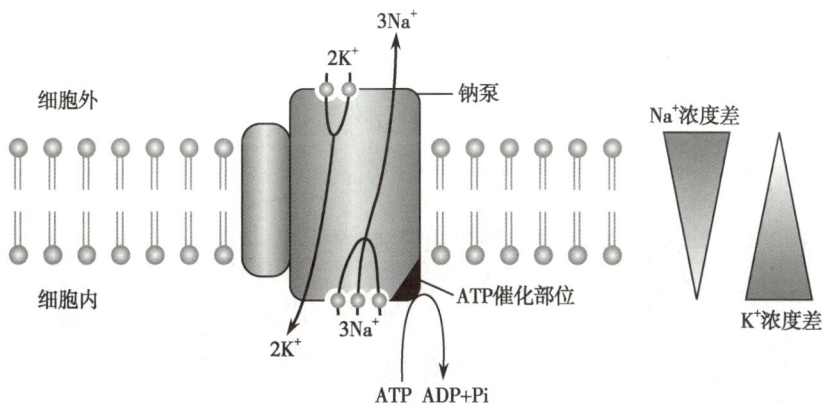

图 2-5　钠泵主动转运示意图

2. 继发性主动转运　继发性主动转运是指细胞间接利用 ATP 能量在膜中载体蛋白的帮助下,将某些物质逆浓度梯度的跨膜转运过程。介导这种转运的载体蛋白同时要结合和转运两种或两种以上的分子或离子,故继发性主动转运也称联合转运。根据物质的转运方向,联合转运可分为同向转运和逆向转运两种形式(图 2-6)。

(1)同向转运:是指被转运的物质都向膜的同一方向的联合转运。例如,葡萄糖、氨基酸在小肠黏膜上皮及肾小管上皮细胞的重吸收,甲状腺上皮细胞的聚碘过程等都是逆浓度差进行的同向转运。

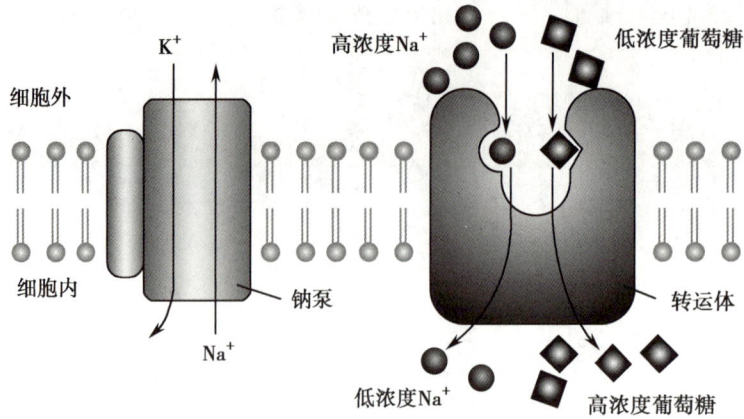

图 2-6   继发性主动转运示意图

钠泵的活动,造成细胞外 Na^+ 的高浓度,转运体将 Na^+ 顺浓度差转入
细胞,同时利用释放的能量将葡萄糖逆浓度差移入细胞

（2）逆向转运：是指被转运的物质向膜的相反方向的联合转运,其载体称交换体。例如,细胞普遍存在的 Na^+-H^+ 交换、Na^+-Ca^{2+} 交换等都是逆浓度差进行的逆向转运。

（四）入胞与出胞

细胞对于一些大分子物质或团块类物质进出细胞,则是通过入胞或出胞实现的,这些过程需要更多蛋白质参与,需要消耗能量,因此,入胞与出胞是一个主动的过程（图 2-7）。

1. 入胞   是指大分子或团块物质如侵入体内的细菌、病毒、低密度脂蛋白等通过细胞膜的运动进入细胞的过程。根据摄入物的物理属性不同,入胞分为吞饮和吞噬两种类型。若进入细胞的物质是固态,称为吞噬,例如,白细胞或巨噬细胞将异物或细菌吞噬到细胞内部。吞噬进行时,首先是细胞膜对某系异物（如细菌）进行识别,然后细胞向异物周围伸出伪足,伪足逐渐将异物包围起来,形成吞噬小体,再通过膜的融合和断裂,最后将吞噬物连同包被它的这部分细胞膜移入细胞内。若进入细胞的物质是液态,则称为吞饮。例如,小肠上皮细胞对营养物质的吸收,属吞饮过程。

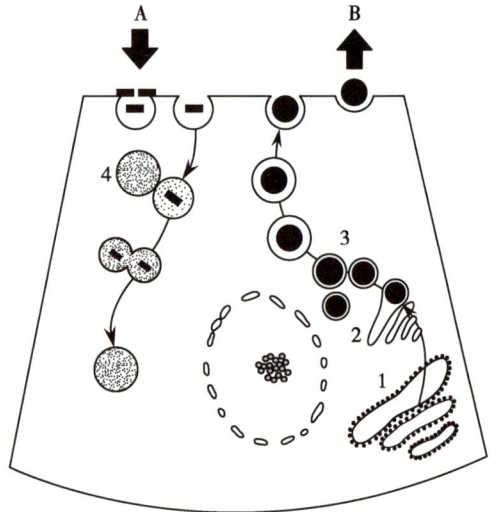

图 2-7   入胞与出胞示意图

A. 入胞；B. 出胞
1. 粗面内质网；2. 高尔基复合体；3. 分泌颗粒；4. 溶酶体

2. 出胞   是指大分子或团块物质排出细胞的过程,主要见于细胞的分泌活动等。例如,消化腺分泌消化液,内分泌腺分泌激素,神经纤维末梢神经递质释放等过程。出胞过程是：细胞内形成的分泌颗粒或囊泡,先向细胞膜内侧移动,并与细胞膜在某点接触、相互融合、破裂,最后将囊泡内容物从裂口排到胞外,而囊泡膜也变成了细胞膜的一部分。

第二节　细胞膜受体功能

一、受　　体

（一）受体的概念

受体（receptor）是指存在于细胞膜或细胞内的一类特殊蛋白质，它们能识别并特异性结合生物活性物质（称配体），并引发细胞特定的生理效应。根据受体存在的部位不同，受体可分为膜受体、胞浆受体和核受体。本节主要介绍膜受体及其跨膜信号转导功能。在细胞的跨膜信号转导过程中，生物活性物质（如神经递质、激素、细胞因子等）或物理信号（如电、声、光和机械牵张等）作用于细胞时，这些能在细胞间传递信息的信号分子一般并不直接进入细胞，但却能引起相应的生物效应，主要是通过受体或离子通道作用的介导从而完成信号从细胞外转入细胞内的跨膜信号转导。

（二）受体的特性

受体与信号分子结合主要具有以下特性：

1. 特异性　受体能准确识别和特异性结合与它对应的配体，产生特定的生理效应，这种特性保证了信息转导的精确可靠。

2. 饱和性　细胞膜上某种受体的数量和能力是有限的，因此它结合某种配体的数量也有一定的限度。

3. 可逆性　受体与配体的结合是可逆的，既能结合，也可以解离，解离后可得到原来的配体。

二、细胞跨膜信号转导功能

依据膜受体特性不同，细胞跨膜信号转导有多种通路，主要有离子通道蛋白介导的跨膜信号转导、G 蛋白（鸟苷酸结合蛋白）偶联受体介导的跨膜信号转导和酶偶联受体介导的跨膜信号转导三种类型。

（一）通道蛋白介导的跨膜信号转导

通道蛋白是一类兼有通道和受体功能的膜蛋白，也可称为离子通道型受体。当配体（如神经递质）与受体的特异性位点结合时，受体蛋白的构象发生改变，离子通道开放，引起特定离子跨膜移动，从而引起细胞膜电位改变，进而引起细胞一系列的功能变化（图 2-8）。可见，此时通道开关的意义已不单纯是转运某种物质，同时也是将引起通道开关的某种刺激信号，传递给细胞内的功能系统，从而实现了跨膜的信号转导。例如，骨骼肌终板膜中的 ACh 受体阳离子通道与运动神经末梢释放的 ACh 结合后，受体构象发生改变，离子通道开放，引起 Na^+、K^+ 离子跨膜移动，导致膜电位改变，最终引起肌细胞兴奋。

（二）G 蛋白偶联受体介导的跨膜信号转导

G 蛋白偶联受体介导的跨膜信号转导是由膜的 G 蛋白偶联受体、G 蛋白（鸟苷酸结合蛋白）、G 蛋白效应器、第二信使和蛋白激酶等组成的跨膜信号传递系统（图 2-9）。当配体与 G 蛋白偶联受体结合后，可激活 G 蛋白，进而激活 G 蛋白效应器（如腺苷酸环化酶），在活化效应器酶作用下，催化某些物质（如 ATP）产生第二信使（如 cAMP），第二信使可进一步激活蛋白激酶而导致细胞功能改变。例如，蛋白激酶 A（PKA）使心肌细胞钙通道磷酸化而加强心肌收缩力。G 蛋白偶联受体介导的跨膜信号转导需要经过多级信号分子的中继，具有明显的信号放大效应。

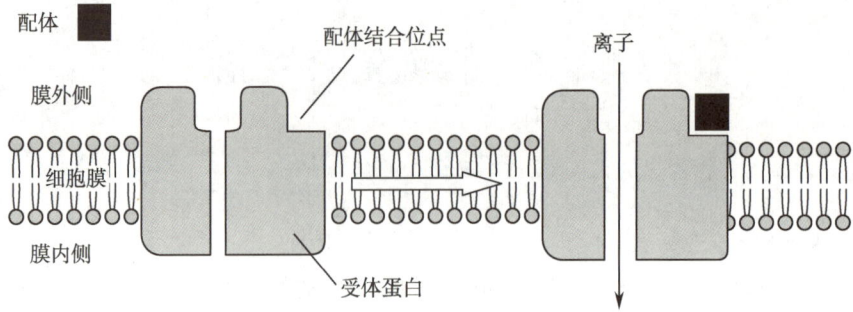

图2-8　离子通道型受体模式图

受体蛋白本身具有通道功能,并有配体结合位点;配体不与受体结合时,通道关闭;当配体与受体结合后,通道开启

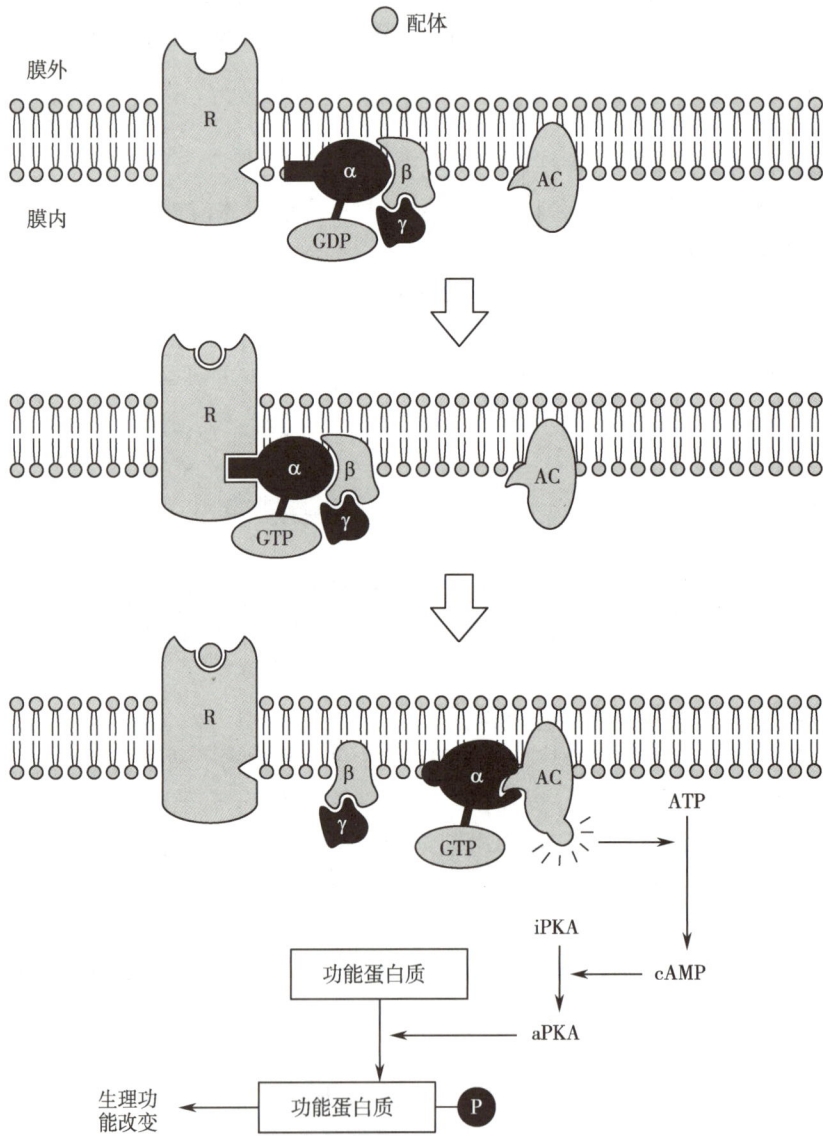

图2-9　G蛋白偶联型介导的信号转导过程

R:G蛋白偶联型受体;α、β、γ为G蛋白的三个亚基;AC:腺苷酸环化酶;iPKA:无活性的PKA;aPKA:活性形式的PKA;GDP:鸟苷二磷酸;GTP:鸟苷三磷酸;P:磷酸;ATP:腺苷三磷酸;cAMP:环磷酸腺苷

（三）酶偶联受体介导的跨膜信号转导

酶偶联受体是指既有酶的活性，同时又有受体作用的一类膜蛋白。体内的胰岛素等肽类激素、表皮生长因子和神经生长因子等都是通过酶偶联受体进行信号转导的。其中重要的有酪氨酸激酶受体和鸟苷酸环化酶受体两类。

1. 酪氨酸激酶受体　酪氨酸激酶受体是一种结构简单的、贯穿于细胞膜双层脂质的膜蛋白，通常只有一个跨膜的 α 螺旋，在膜外侧有与配体结合的位点，而胞内结构具有酪氨酸激酶活性。当配体（如胰岛素）与酪氨酸激酶受体胞外部分结合后，其胞内侧的酪氨酸激酶即被激活，使底物在酪氨酸残基上发生磷酸化，产生生物效应（图 2-10）。

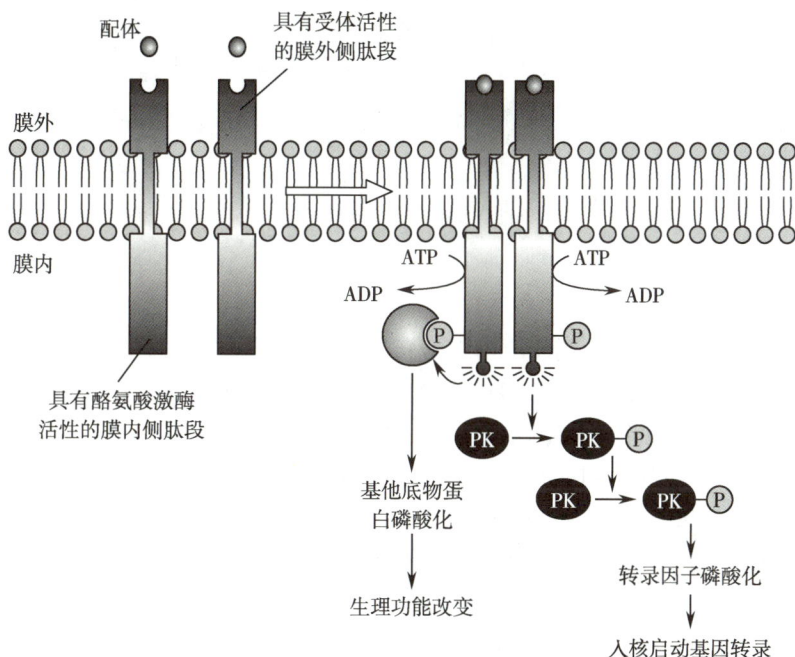

图 2-10　受体酪氨酸酶信号转导通路示意图
ADP：腺苷二磷酸；ATP：腺苷三磷酸；P：磷酸；PK：蛋白激酶

2. 鸟苷酸环化酶受体　鸟苷酸环化酶受体是单个跨膜 α 螺旋分子，细胞外侧的 N 端有与配体结合的位点，胞内侧的 C 端有鸟苷酸环化酶的活性结构域。当配体（如心房钠尿肽）与鸟苷酸环化酶受体胞外部分结合后，首先激活鸟苷酸环化酶（Gc），活化的 Gc 催化鸟苷三磷酸（GTP）生成环磷酸鸟苷（cGMP），后者进一步激活 cGMP 依赖的蛋白激酶 G（PKG），激活的 PKG 通过对底物蛋白磷酸化而实现信号转导，最后产生生理效应。

第三节　细胞生物电

细胞在生命活动过程中产生电现象，称为细胞生物电。生物电与细胞兴奋性的产生和传导有着密切关系。生物电已被广泛应用于医学的实验研究和临床疾病的诊断及监护，临床上常用的心电图、脑电图、肌电图都是在器官水平上记录到的生物电，是大量组织细胞生物电活动总和的结果。

细胞的生物电现象主要以跨膜电位即膜内外电位差的形式表现出来，主要有细胞安静时的静息电位和受刺激时产生的动作电位。

生物电历史发展

最早记载生物电现象是在 18 世纪末,意大利解剖医学家及物理学家伽伐尼在解剖一只青蛙时,发现当金属刀的刀尖碰到青蛙腿上外露的神经时,蛙腿发生了抽搐现象。于是,伽伐尼创造了术语"动物电"来描述这个现象,并由此认为肌肉活动是由电流或者是神经里的物质引起的。1922 年,H.S.加瑟和 J.埃夫兰格首先用阴极射线示波器研究神经动作电位,奠定了现代电生理学的技术基础。1939 年,A.L.霍奇金和 A.F.赫胥黎将微电极插入枪乌贼大神经,直接测出了神经纤维膜内外的电位差。1949 年,G.凌宁等开始用微电极插入细胞内记录其电活动,使电生理技术达到细胞水平。1976 年 E.内尔等用微电极的尖端剥离极小的一片细胞膜,记录到细胞膜上单个离子通道的电流,接近了分子水平。

一、静 息 电 位

(一)静息电位的概念

静息电位(resting potential,RP)是指细胞在安静状态下存在于膜两侧的电位差。静息电位常采用细胞内电位记录方法测量(图 2-11)。测量结果表明,安静状态下细胞膜内、外两侧存在外正内负且相对稳定的直流电位。据测定,记录膜电位时均以细胞外为零电位,则各种细胞的静息电位都为负值,范围在 $-100 \sim -10\text{mV}$。不同细胞的静息电位正常值不同。例如,哺乳类动物的骨骼肌和神经细胞为 $-90 \sim -70\text{mV}$,平滑肌细胞为 $-60 \sim -50\text{mV}$;人的红细胞约为 -10mV 等。

通常把细胞在安静状态时,细胞膜两侧的外正内负的状态,称为极化。以静息电位为准,若膜内电位向负值增大的方向变化,即静息电位值增大表示膜的极化状态增强,称超极化;若膜内电位向负值减小的方向变化,即静息电位值减小表示膜的极化状态减弱,称去极化或除极化;细胞从静息状态时的外正内负状态变成外负内正状态,称为反极化,即极化状态的反转;去极化后再向静息时极化状态恢复的过程,称复极化。

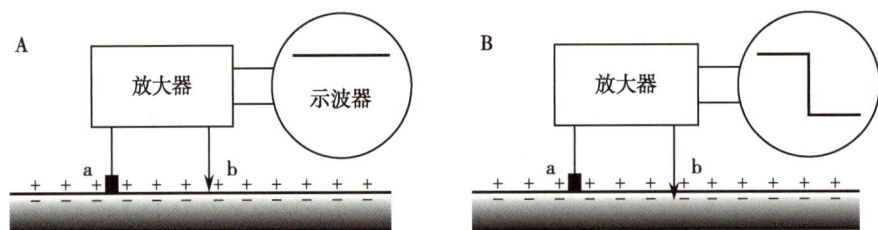

图 2-11 静息电位测定示意图

A. 电极 a 与 b 均置于细胞外表面;B. 电极 a 置于细胞外,电极 b 插入细胞内,记录到细胞内外的电位差

(二)静息电位的产生机制

生物电的产生主要是由于带电离子的跨膜转运形成的,而离子转运速率主要取决于该离子在细胞膜内外两侧的浓度差和膜对离子的通透性。细胞在安静状态下,细胞膜主要对 K^+ 有较大的通透性,而安静时膜内 K^+ 浓度比膜外高,在膜内外 K^+ 浓度差的势能驱动下,K^+ 顺浓度差向膜外扩散,细胞内带负电荷的蛋白质(A^-)有随同 K^+ 外流的倾向,但因膜对 A^- 无通透性而被阻隔在膜的内侧面。在 K^+ 外流过程中,使膜外侧带上正电荷而膜内侧带负电荷,这样细胞膜两侧出现了一个逐渐增大的外正内负的电位差;该电位差对 K^+ 外流起着阻止作用。随着 K^+ 外流的增多,电位差增大,对 K^+ 外流的阻力增大,最后当促使 K^+ 外流的浓度差和阻止 K^+ 外流的电

位差两个驱动力达到平衡时，K^+ 外流停止。此时，K^+ 在膜两侧的浓度差和电位差两个驱动力的代数和，即 K^+ 的电 - 化学驱动力为零，K^+ 的跨膜净扩散量为零，此时膜两侧的电位差即为静息电位，也称为 K^+ 的平衡电位。简言之，静息电位产生机制主要是 K^+ 外流所形成的电 - 化学平衡电位。

静息电位的大小主要受细胞外液 K^+ 浓度的影响，当细胞外 K^+ 浓度升高（如高血钾）时，细胞内、外 K^+ 浓度差减小，K^+ 外流减少，静息电位减小；反之，细胞外 K^+ 浓度降低时，静息电位增大。

> **课堂互动**
>
> 请思考：细胞受到刺激时膜内负值增大，是去极化改变吗？如果膜两侧的电位从 –83mV，变化到 –73mV，膜电位是增大了还是减小了？你是如何判定的呢？

二、动作电位

（一）动作电位的概念和特点

1. 动作电位的概念　　动作电位（action potential，AP）是指可兴奋细胞接受有效刺激后，在静息电位基础上产生的一个快速、可逆、可传播的电位变化。动作电位的出现是大多数可兴奋细胞受刺激时共有的特征性表现，是细胞兴奋的标志。实验观察到，在静息电位基础上给予神经纤维一个有效刺激，其膜电位由静息状态的 –70mV，迅速上升到 +30mV，形成动作电位的上升支（去极相）；随后又迅速下降到接近静息电位水平，形成动作电位的下降支（复极相）。上升支和下降支共同形成尖锋样电位变化，称为锋电位。锋电位是动作电位的主要部分，被视为动作电位的标志。上升支超过 0mV 的净变正部分，称超射；在锋电位之后的低幅缓慢的电位变化，称后电位。后电位又可分为首先出现的负后电位（去极化后电位），继后出现的正后电位（又称超极化后电位），后电位之后膜电位恢复到静息电位水平（图 2-12）。

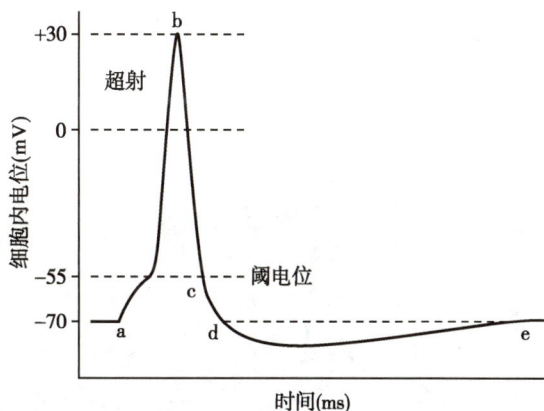

图 2-12　动作电位模式图
ab. 锋电位上升支；bc. 锋电位下降支；cd. 负后电位；de. 正后电位

2. 动作电位的特点　　动作电位具有以下特点：

（1）全或无现象：动作电位可因刺激强度不够而不产生（无），当刺激强度达到一定程度引起膜去极化达到阈电位时（见后文），即可爆发动作电位，其幅度就达到最大值，不会因刺激强度增加而增大（全）。

（2）不衰减性传导：动作电位在细胞膜上受刺激处产生后，可沿细胞膜迅速向周围传导，直至传遍整个细胞,其幅度和波形不会因传导距离的增加而减小。

（3）脉冲式发放:由于不应期的存在,使连续多个动作电位不会融合在一起,动作电位之间总是具有一定间隔,呈现一个个分离的脉冲式动作电位发放,而形成脉冲式。

（二）动作电位的产生机制

动作电位的产生机制与静息电位基本相似,都是离子跨膜转运的结果。离子跨膜转运需要两个必不可少的因素,一是离子的电 - 化学驱动力,二是细胞膜对离子的通透性。动作电位的产生正是在静息电位基础上两者发生改变的结果。当细胞受到有效刺激时,首先是细胞膜对 Na^+ 的通透性开始增大,Na^+ 在较大的电 - 化学驱动力下流入细胞内,当 Na^+ 内流使膜去极化达到阈电位（见后文）时,通过正反馈,引起膜对 Na^+ 通道突然大量开放,细胞外的 Na^+ 快速、大量内流,使膜电位急剧上升,形成锋电位的上升支,即去极化时相;随后由于 Na^+ 通道失活而关闭,同时细胞膜上 K^+ 通道被激活而开放,K^+ 在强大的电 - 化学驱动力下快速外流,使膜迅速复极化,形成锋电位的下降支,即复极化时相。动作电位产生期间,Na^+ 内流和 K^+ 外流,激活了膜上的钠泵,通过钠泵的活动,可将流入细胞内的 Na^+ 泵出,流出细胞外的 K^+ 泵入,使 Na^+、K^+ 浓度分布恢复到兴奋前的安静状态,为下一次兴奋作准备。钠泵运转是形成后电位的主要机制。

（三）动作电位产生的条件

1. 阈电位　当细胞受到有效刺激引起细胞膜上 Na^+ 通透性突然大量增加的临界膜电位数值,称阈电位（threshold potential,TP）。阈电位一般比静息电位绝对值小 $10 \sim 20mV$,刺激强度必须使静息电位减小到阈电位水平,才能触发动作电位,从而触发动作电位的产生。这也是动作电位具有"全或无"特点的原因。阈强度也可定义为刚好能使膜去极化达到阈电位水平的最小刺激强度。

2. 局部电位　阈下刺激引起少量钠通道开放,受刺激局部出现一个较小的去极化,这种限于受刺激膜局部出现的微小去极化称局部电位或局部反应。局部电位有以下特点:

（1）等级性:局部电位的幅度可随阈下刺激强度的增大而增大,没有"全或无"特点。

（2）衰减性传导:局部电位呈电紧张性扩布,其幅度随传播距离的增加而减小,最后消失。

（3）可总和:局部电位无不应期,可以发生时间总和或空间总和,通过总和使膜去极化达到阈电位,从而可触发动作电位（图2-13）。

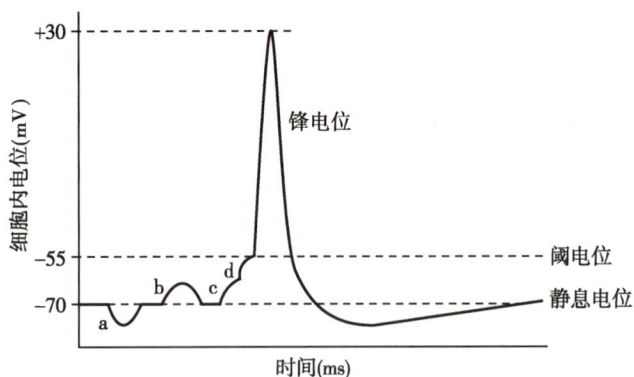

图 2-13　刺激引起膜超极化、局部反应及其总和

a. 超极化;b. 局部去极化;c、d. 局部去极化的时间总和

三、动作电位的传导

动作电位可沿细胞膜向周围呈不衰减性传导,直至整个细胞膜都产生动作电位为止,这一过

程称传导。在神经纤维上传导的动作电位，称神经冲动。

1. 兴奋传导的机制 动作电位的传导原理可用局部电流学说解释。即当细胞某一处受刺激而兴奋时，兴奋区的膜电位呈外负内正的反极化状态，而相邻未兴奋区的膜电位仍处于外正内负的极化状态。这样兴奋区与相邻未兴奋区可发生电荷移动，形成局部电流。局部电流的方向在膜内侧是由兴奋区流向未兴奋区，膜外由未兴奋区流向兴奋区；形成局部电流回路。局部电流的作用是使邻近未兴奋区发生去极化，当去极化达到阈电位时即可爆发动作电位，这样的过程沿细胞膜连续下去，细胞膜依次产生动作电位，直至动作电位传遍整个细胞膜（图 2-14）。由于局部电流的刺激强度常可以超过引起细胞兴奋所需的阈值数倍，因而以局部电流为基础的传导过程是很安全的，一般不易出现阻滞，这一点与突触传递过程有明显差别。

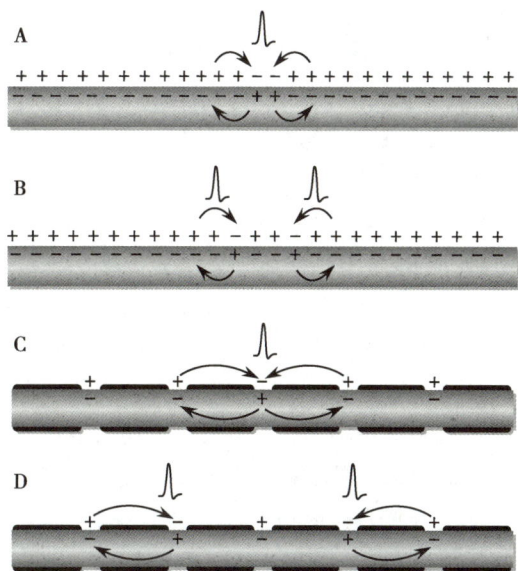

图 2-14　动作电位在神经纤维上的传导模式图
A、B. 动作电位在无髓神经纤维上的依次传导；
C、D. 动作电位在有髓神经纤维上的跳跃式传导

无髓神经纤维和肌纤维的兴奋传导都是以局部电流在细胞膜上顺序发生的，而在有髓鞘神经纤维，兴奋传导则呈现出跳跃式传导。这是由于有髓神经纤维的髓鞘具有绝缘作用，且有髓鞘包裹区域的轴突膜中几乎没有钠通道，所以，髓鞘部位不能发生动作电位。在郎飞结处，轴突膜中有非常密集的钠通道，且轴突膜是裸露的，因此，有髓神经纤维在受到刺激时，动作电位只能在郎飞结处产生，兴奋传导时的局部电流也只能在两个相邻的郎飞结之间进行，兴奋由一个郎飞结跨越结间区跳至下一个郎飞结，这种兴奋传导方式称为跳跃式传导。据测定，人体的一些较粗的有髓鞘神经纤维传导速度最快可达 100m/s 以上，而许多无髓鞘神经纤维传导速度则不足 1m/s。因此，有髓神经纤维传导速度要比无髓神经纤维快得多，是一种"节能"的传导方式（图 2-14）。

2. 兴奋传导的特点

（1）双向传导：指细胞膜上某处产生的动作电位，可向兴奋区的膜两侧传导，并且很快传遍整个细胞，使整个细胞产生兴奋。

（2）不衰减性传导：指动作电位在细胞膜上传导时，其幅度和波形不会因传导距离的增大而减小。

（3）生理完整性：包括结构和功能完整性两个方面。若细胞结构破坏或局部用药（如利多卡因阻断钠通道）等因素破坏细胞功能完整性，均可使兴奋传导发生阻滞。

第四节　肌细胞收缩功能

人体各种形式运动，主要靠肌细胞的收缩功能完成。人体的肌组织有三种，即骨骼肌、心肌和平滑肌。从分子水平来看，三种肌细胞收缩的基本形式和原理是相似的。本节以骨骼肌为例，说明肌细胞的收缩功能。

中国生理学的主要推动者——冯德培院士

冯德培（1907—1995 年），浙江临海人，神经生理学家，中国科学院生物学部主任委员（院士）、原中央研究院院士、美国国家科学院外籍院士、第三世界科学院院士、英国伦敦大学学院院士、印度国家科学院外籍院士，神经 - 肌肉接头研究领域国际公认的先驱者之一，中国生理学、神经生物学的主要推动者之一。

冯德培院士的主要学术成就集中在神经和肌肉的能力学、神经 - 肌肉接头和神经肌肉营养性相互关系等研究领域。冯院士发现静息肌肉被拉长时产热增加，这一发现被称为"冯氏效应"；在神经 - 肌肉接头生理学方面，在 1936—1941 年间进行了大量的开创性研究，成为这一领域的先驱者；在神经肌肉间营养性关系方面，带领合作者发现了鸡慢肌纤维去神经后肥大的现象，并对阐明神经如何决定肌纤维类型的机制作出重要贡献；晚年带领学生开展了中枢突触可塑性的研究。

一、神经 - 肌肉接头的兴奋传递

骨骼肌属于随意肌，机体骨骼肌的活动是在神经系统的控制下完成的，支配骨骼肌的神经是躯体运动神经。躯体运动神经纤维与骨骼肌细胞之间相互接触并传递信息的部位，称为神经 - 肌肉接头。

（一）神经 - 肌肉接头的结构

神经 - 肌肉接头由接头前膜、接头间隙和接头后膜三部分构成（图 2-15）。运动神经纤维末梢在接近其支配的骨骼肌细胞膜时失去髓鞘，裸露的轴突末梢形成膨大并嵌入到肌细胞膜终板的膜凹陷中，形成神经 - 肌肉接头。因其呈板片状，又称运动终板，简称终板。接头前膜是运动神经轴突末梢膜的一部分。接头后膜是与接头前膜相对的骨骼肌细胞膜，也称终板膜。接头间隙是接头前膜与接头后膜之间的间隙，宽约 $20\sim30nm$，其中充满细胞外液。接头前膜内侧的轴浆中含有许多小泡，小泡内含有乙酰胆碱（ACh）分子。接头后膜上有 N_2 型 ACh 受体阳离子通道，也有很多乙酰胆碱酯酶，可将 ACh 分解为胆碱和乙酸，使其失活。

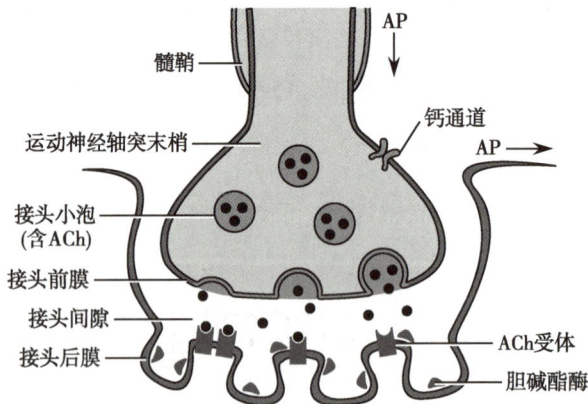

图 2-15　神经 - 肌肉接头的结构与化学传递过程示意图

（二）神经 - 肌肉接头的兴奋传递过程

神经 - 肌肉接头处的兴奋传递过程具有电 - 化学 - 电传递的特点。当神经冲动沿神经纤维传到接头前膜时，激活接头前膜上电压门控钙通道，Ca^{2+} 顺电 - 化学梯度由细胞外液进入轴突末梢，促进小泡向接头前膜方向移动，并与前膜融合、破裂，以小泡为单位，量子式释放 ACh 进入接头间隙并扩散到终板膜，结合并激活终板膜上的 N_2 型 ACh 受体阳离子通道，使膜对 Na^+、K^+ 通透性增加（主要是 Na^+ 通透性增加），引起 Na^+ 内流和少量 K^+ 外流。由于 Na^+ 内流超过 K^+ 外流，两种离子移动的综合效应是使终板膜发生去极化，称终板电位（EPP）。终板电位属于局部电位，无不应期，可总和，有电紧张性扩布。由于终板电位的电紧张性扩布，使邻近的肌细胞膜去极化总和达到阈电位时即可触发动作电位，并可传遍整个肌细胞膜。

神经 - 肌肉接头处的兴奋传递是通过神经递质 ACh 介导完成的，ACh 释放后的几毫秒内，即可被接头间隙和接头后膜上的乙酰胆碱酯酶迅速分解而消除其作用，这样就保证了神经 - 肌肉接头的兴奋传递为 1∶1 的传递。

（三）神经 - 肌肉接头处的传递特点

与神经纤维兴奋传导比较，神经 - 肌肉接头的兴奋传递具有以下特点：

1. 电 - 化学 - 电的传递　神经 - 肌肉接头的兴奋传递是通过神经末梢释放神经递质 ACh 来完成的，整个传递过程可概括为电 - 化学 - 电的传递。

2. 单向传递　在神经 - 肌肉接头处，兴奋只能由接头前膜传递给接头后膜，不能反传。这是乙酰胆碱只存在于神经轴突的小泡中，而 N_2 型 ACh 受体阳离子通道只存在于接头后膜上的缘故。

3. 时间延搁　神经 - 肌肉接头的兴奋传递过程大约需要 0.1～1.0 毫秒，比神经纤维传导冲动的速度要慢得多。这是因为神经 - 肌肉接头兴奋传递过程属于电 - 化学 - 电的传递，涉及 ACh 的释放、与受体结合等多个环节，故耗时较长。

4. 易受内环境变化的影响　由于神经 - 肌肉接头暴露于细胞外液的环境中，因此细胞外液的离子成分、pH、药物和细菌毒素等都容易影响神经 - 肌肉接头的兴奋传递。例如，Ca^{2+} 和 Mg^{2+} 通过影响 ACh 释放进而影响神经 - 肌肉接头的传递。有机磷农药和新斯的明能抑制胆碱酯酶活性，使神经 - 肌肉接头处堆积大量 ACh，导致终板电位持续产生，出现肌震颤。筒箭毒碱能与 ACh 竞争 N_2 型 ACh 受体，使终板膜不能产生终板电位，从而阻断神经 - 肌肉接头的兴奋传递，使肌肉松弛，故筒箭毒碱可作为肌松药。

二、肌细胞的收缩原理

（一）骨骼肌细胞的结构特点

骨骼肌细胞的结构特点是细胞内含有大量的肌原纤维和丰富的肌管系统，它们很有规律地排列，形成特殊的微细结构，是骨骼肌实现收缩功能的重要结构。

1. 肌原纤维与肌节　光镜下可见，骨骼肌细胞内含有上千条直径约 1～2μm 纵向平行排列的肌原纤维，纵贯肌细胞全长，并呈现出有规则的明暗交替的横纹，分别称为明带（I 带）和暗带（A 带）。明带中央有一条与肌原纤维垂直的横线，称 Z 线。明带长度是可变的。暗带的中央有一段相对透亮的区域，称为 H 带；H 带中央有一条暗线，称 M 线。暗带长度固定。相邻两条 Z 线之间的一段肌原纤维称为一个肌节，是肌肉收缩和舒张的基本功能单位，包括一个位于中间的暗带和其两侧各 1/2 的明带（图 2-16）。

电镜下可见，肌节的明带和暗带实际上是由粗、细肌丝重叠形成的。明带只有细肌丝，细肌丝的一端附于 Z 线，而另一端深入粗肌丝之间；H 带只有粗肌丝，M 线是把成束的粗肌丝联结在一起的结构。H 带两侧的暗带则是粗、细肌丝重叠区，两种肌丝在肌节中有规律地交错排列。

2. 肌管系统　骨骼肌细胞中有横管和纵管两套独立的管道系统。横管又称 T 管，是由肌细胞膜内凹而形成，与肌原纤维相垂直，在 Z 线水平形成环绕肌原纤维的管道，并与细胞外液相通，在肌肉营养物质的运输、废物排出、离子交换等方面起重要作用。纵管又称 L 管，即肌质

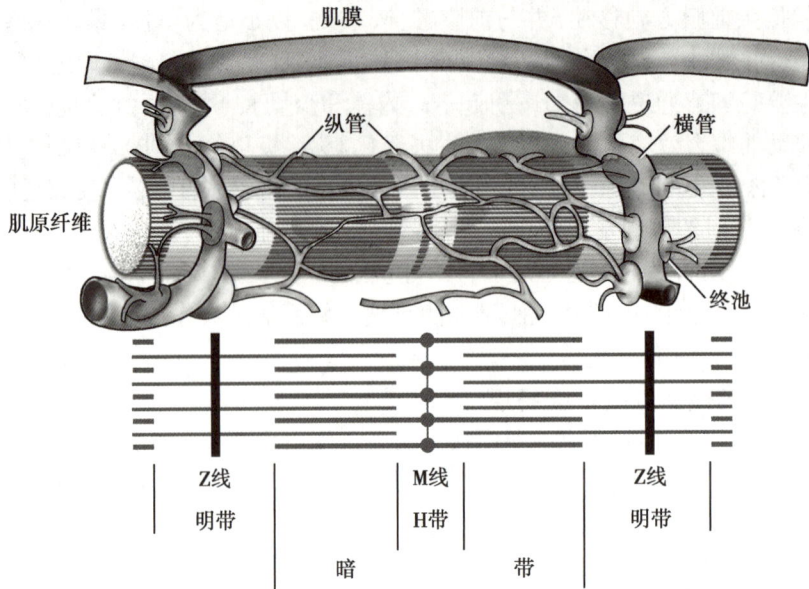

图 2-16　骨骼肌细胞的结构模式图

网，与肌原纤维平行排列，在 Z 线附近与横管靠近的部分膨大，称为终池，也称钙池，是骨骼肌细胞内 Ca^{2+} 贮存库。终池内 Ca^{2+} 浓度比肌浆高近万倍。终池膜上有丰富的钙泵，其作用是通过对 Ca^{2+} 的贮存、释放和再摄取，借以触发和终止肌肉收缩。横管与其两侧的终池形成三联管结构。三联管的作用是把从横管传来的动作电位转换为终池 Ca^{2+} 的释放，而终池 Ca^{2+} 的释放则是引起肌细胞收缩的直接动因，从而完成横管向终池的信息传递。因此，三联管是骨骼肌细胞兴奋 - 收缩偶联的关键部位（图 2-16）。

（二）骨骼肌收缩机制——滑行学说

20 世纪 50 年代初期，Huxley 等提出了肌丝滑行理论来解释肌肉收缩的机制。该学说认为，骨骼肌收缩和舒张是粗肌丝与细肌丝在肌节内相互滑行所致，肌细胞内部并没有肌丝长度缩短或卷曲。

1. 肌丝的分子组成　肌丝由粗肌丝和细肌丝组成（图 2-17）。

（1）粗肌丝的分子组成：粗肌丝主要由肌球蛋白（又称肌凝蛋白）分子组成。肌球蛋白分子形如豆芽，由头部和杆状部两部分组成。杆状部相互聚合朝向 M 线，构成粗肌丝的主干；头部则有规律地伸出粗肌丝主干的表面，形成横桥。横桥具有两个重要的特性：①在一定条件下能与肌动蛋白可逆性结合，拖动细肌丝向暗带中央滑行；②具有 ATP 酶活性，可分解 ATP 释放能量，为滑行过程提供能量，但在未与肌动蛋白结合以前横桥的酶活性很低。

（2）细肌丝的分子组成：细肌丝由三种蛋

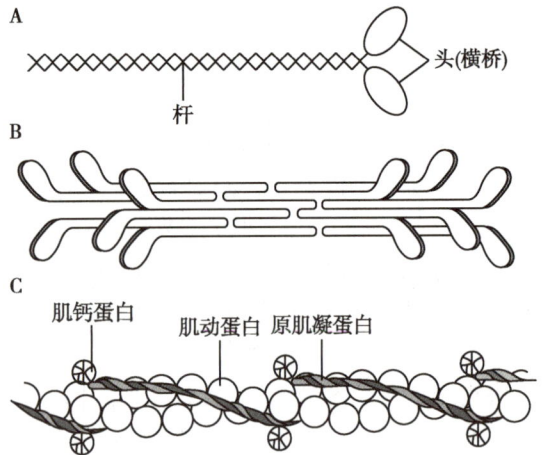

图 2-17　肌丝分子结构示意图
A. 肌凝蛋白；B. 粗肌丝；C. 细肌丝

白质组成。①肌动蛋白：又称肌纤蛋白，是三种蛋白中最多的一种，约占细肌丝的 60%。肌动蛋白分子呈球状，许多肌动蛋白分子聚焦并相互缠绕成双螺旋状，构成细肌丝的主干，在肌动蛋白分子上规则地分布着能与横桥相结合的位点。由于肌动蛋白与肌球蛋白两者都与肌肉收缩有直接关系，因而被统称为收缩蛋白。②原肌球蛋白：又称原肌凝蛋白，分子呈长杆状，为双螺旋状细丝,肌肉舒张时其位于肌动蛋白双螺旋沟壁上,掩盖了肌动蛋白分子上的横桥结合位点,阻止横桥与肌动蛋白的结合,这种作用称为原肌球蛋白的"位阻效应"。③肌钙蛋白:又称原宁蛋白,分子呈球形,由 TnT、TnI、TnC 三个亚单位构成。肌肉舒张时 TnT 和 TnI 分别与原肌球蛋白和肌动蛋白相连,从而使原肌球蛋白保持在肌动蛋白的横桥结合位点上,发挥其"位阻效应";TnC 上有与 Ca^{2+} 结合的位点,其结合 Ca^{2+} 后构象改变,从而触发肌丝滑行即肌肉收缩,能与 Ca^{2+} 结合。原肌球蛋白和肌钙蛋白虽然不直接参与肌丝的滑行,但可调控收缩蛋白间的相互作用,故称为调节蛋白。由此可见,横桥与肌动蛋白的相互作用,是引起肌丝滑行的必要条件(图 2-18)。

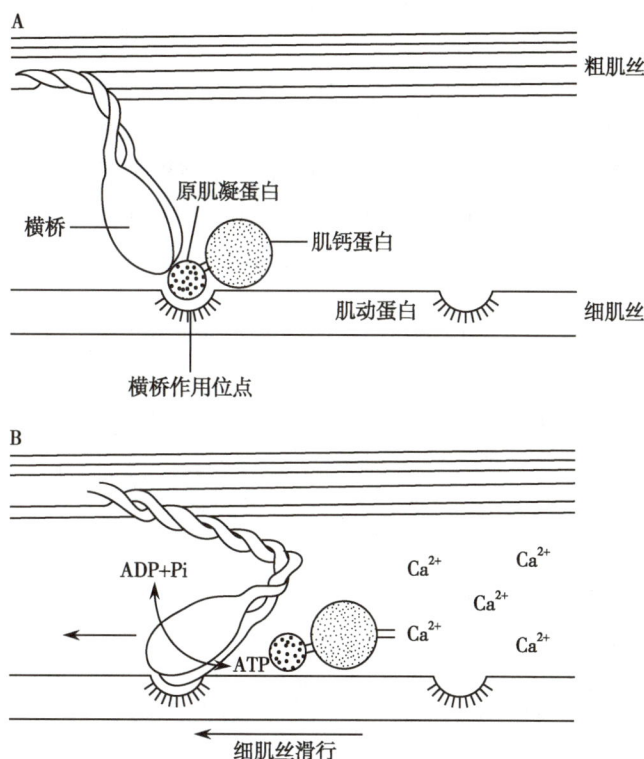

图 2-18 肌丝滑行机制示意图
A. 肌舒张;B. 肌收缩

2. 肌丝的滑行过程 当肌细胞上的动作电位引起肌浆中的 Ca^{2+} 浓度升高时,肌钙蛋白的 TnC 亚单位与 Ca^{2+} 结合并发生构象变化,使 TnI 亚单位与肌动蛋白结合减弱,原肌球蛋白发生位移,暴露出肌动蛋白上的横桥结合位点,"位阻效应"解除,横桥立即与肌动蛋白结合。两者的结合导致横桥构象改变,势能释放,横桥拖动细肌丝向 M 线方向滑行,将细肌丝拉向粗肌丝内。横桥一次摆动后与肌动蛋白的亲和力降低而分离,分离的横桥再次分解 ATP 而使横桥重新复位,横桥再与肌动蛋白的下一个横桥结合位点结合,出现一次新的摆动,如此反复,即通过横桥周期完成粗、细肌丝之间的滑行,结果两 Z 线相互靠拢,肌小节缩短,出现肌肉收缩。

当肌浆中 Ca^{2+} 被肌质网上的钙泵转运回终池,肌浆内 Ca^{2+} 浓度降低时,Ca^{2+} 与肌钙蛋白分离,肌钙蛋白恢复安静时的构象,原肌球蛋白复位,"位阻效应"恢复,横桥周期停止,横桥与肌动蛋白脱离,细肌丝滑出,结果是使肌节延长,出现肌肉舒张。

(三)骨骼肌的兴奋-收缩偶联

把骨骼肌细胞产生动作电位的电兴奋与肌丝滑行的机械收缩联接起来的中介过程,称兴奋-收缩偶联。兴奋-收缩偶联的结构基础是三联管,起关键作用的偶联物是 Ca^{2+}。骨骼肌的兴奋-收缩偶联过程至少包括三个基本步骤:①横管膜的动作电位传导:由于横管膜是骨骼肌细胞膜的延续部分,骨骼肌细胞膜上的动作电位可沿横管膜传至三联管处,激活横管膜上的 L 型钙通道。②终池内 Ca^{2+} 的释放与肌肉收缩:横管膜上的 L 型钙通道通过构象改变,使终池膜上钙释放通道开放,终池内的 Ca^{2+} 顺浓度梯度大量释放入肌浆并与肌钙蛋白结合,从而触发肌肉收缩。③终池对 Ca^{2+} 的回收与肌肉舒张:待肌细胞兴奋结束,肌浆中的 Ca^{2+} 激活终池膜上的钙泵,通过分解 ATP 释放能量,将肌浆中的 Ca^{2+} 主动转运到终池贮存,肌浆中的 Ca^{2+} 浓度降低,Ca^{2+} 与肌钙蛋白分离,粗、细肌丝的相互作用解除,细肌丝从粗肌丝中滑出,出现肌肉舒张。可见,肌肉的舒张过程也需要消耗能量。

三、骨骼肌的收缩形式

1. 等长收缩　是指肌肉收缩时长度不变而张力增加的收缩形式,这是在肌肉收缩时所产生的张力不足以克服所承受的负荷时出现的一种收缩形式。等长收缩虽然产生了很大张力,但肌肉的长度没有缩短,肌肉作用的物体没有发生位移。因此,等长收缩所做的功为零。在正常人体内,等长收缩的主要作用是维持人体的位置和姿势。例如,人在站立时,为了对抗重力,维持姿势而产生的有关肌肉收缩均为等长收缩。在手提重物时,手臂用力但物体尚未离地时,手臂屈肌的收缩,属等长收缩。

2. 等张收缩　是指肌肉收缩时只有长度的缩短而张力保持不变,这是在肌肉收缩时产生的张力等于或大于所承受的负荷时出现的一种收缩形式。等张收缩是在肌肉收缩时所承受的负荷小于肌肉收缩力的情况下产生的。等张收缩时,由于长度缩短,被肌肉所作用的物体移位。因此,等张收缩是做了功的,其数值等于物体的重量和物体位移距离的乘积。等张收缩的主要作用是使物体发生位移。例如,当肌肉收缩克服重力垂直举起杠铃时的有关肌肉的收缩主要就是等张收缩。

3. 单收缩　是指一块骨骼肌受到一次短促的有效刺激时,爆发一次动作电位,引起一次迅速的收缩和舒张,称为单收缩。根据肌肉所受的负荷不同,单收缩可以是等长收缩,也可以是等张收缩。实验记录的单收缩曲线可分为潜伏期、收缩期和舒张期三个时期(图 2-19)。一次单收缩的持续时间,可因不同肌肉而有显著差异,如人的眼外肌,一次单收缩不超过 10 毫秒,而蛙腓肠肌的可达 100 毫秒以上。

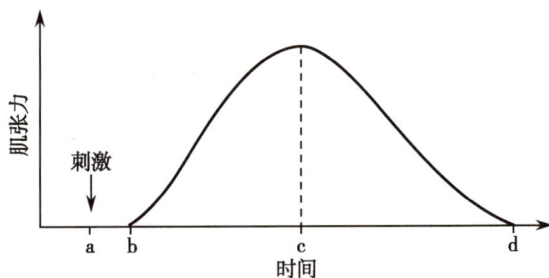

图 2-19　骨骼肌的单收缩曲线
ab. 潜伏期;bc. 收缩期;cd. 舒张期

课堂互动

请大家思考:人体内骨骼肌的收缩形式有哪些?有单收缩吗?说出理由。

4. 强直收缩　当骨骼肌受到频率较高的连续有效刺激时,新的收缩过程与上次尚未结束的收缩过程发生总和,称为强直收缩。刺激的频率不同,可引起两种不同程度的强直收缩,即不完全强直收缩和完全强直收缩两种形式。前者是指肌肉受到连续的有效刺激后,每一个新刺激落在前一收缩过程的舒张期,表现为舒张不完全,记录到的收缩曲线呈锯齿状;后者是指肌肉受到连续的有效刺激后,每一个新刺激都落在前一收缩过程的收缩期,各次收缩完全融合在一起,表现为只有收缩期而没有舒张期,记录到的收缩曲线顶端呈一平直线,且幅度大于单收缩和不完全强直收缩的幅度(图 2-20)。在等长收缩条件下,完全强直收缩产生的肌张力可达单收缩的

3～4倍。生理条件下,支配骨骼肌的运动神经总是发放连续冲动,因此,体内骨骼肌的收缩形式几乎都属强直收缩,但持续时间长短不一。

四、影响骨骼肌收缩的主要因素

1. 前负荷 前负荷是指骨骼肌收缩前所承受的负荷。肌肉收缩前,在前负荷的作用下,肌纤维被拉长;肌肉收缩前的肌肉长度,称初长度。在其他因素不变的情况下,逐渐增加前负荷使初长度增加,测定肌肉进行等长收缩时,在不同初长度下肌肉收缩产生张力的关系曲线,即长度 - 张力关系

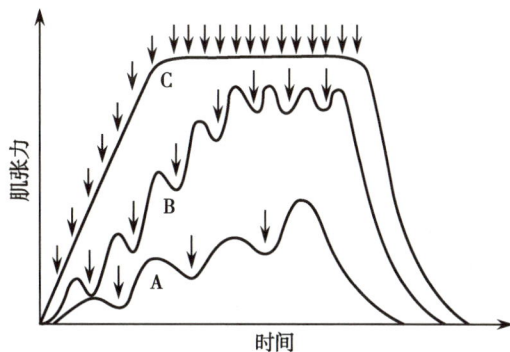

图 2-20 骨骼肌的强直收缩曲线

A、B. 不完全强直收缩;C. 完全强直收缩(曲线上箭头表示刺激)

曲线(图 2-21)。该曲线表明,在一定范围内肌肉收缩产生的张力与初长度呈正变关系,但过度增加初长度则可使收缩产生的张力下降。使肌肉收缩产生最大张力时的初长度,称为最适初长度。最适初长度对应的肌节长度为 2.0～2.2μm,此时粗、细肌丝处于最适重叠状态,所有横桥都处于能与肌动蛋白横桥结合位点相结合的位置,在进行等长收缩时能产生最大的收缩张力,做功的效率也最高,此时的张力称最大张力。产生最大张力的前负荷,称最适前负荷。若前负荷过大,肌节被拉长,超过最适初长度时,粗、细肌丝重叠程度降低,横桥与肌动蛋白结合位点的结合数量减少,收缩时产生的张力也会下降;若肌节长度超过正常肌节的最大长度时,细肌丝完全从粗肌丝中拉出,横桥与肌动蛋白结合位点完全不能结合,此时肌肉不能收缩,产生的张力为零。显然,在一定范围内,初长度越长,肌肉收缩力越大。在整体情况下,骨骼肌细胞一般都处于最适初长度。

2. 后负荷 后负荷是指骨骼肌在收缩时所承受的负荷,它是肌肉收缩的阻力或做功对象。肌肉进行等张收缩时产生的张力与后负荷相等,故可用张力来描述后负荷的大小。肌肉在有后负荷作用的情况下收缩,总是张力增加在前,长度缩短在后。通过测定不同后负荷(张力)时肌肉缩短的速度的关系曲线,称张力 - 速度关系曲线(图 2-22)。该曲线表明,后负荷(张力)增加与肌肉缩短速度呈反变关系。当后负荷为零时,肌肉产生的收缩张力为零,而肌肉可产生最大缩短速度(V_{max}),此时肌肉收缩形式表现为等张收缩。当后负荷增大到使肌肉不能缩短时,肌肉可产生最大收缩张力(P_0),而肌肉的缩短速度为零,此时肌肉收缩形式表现为等长收缩;后负荷在零

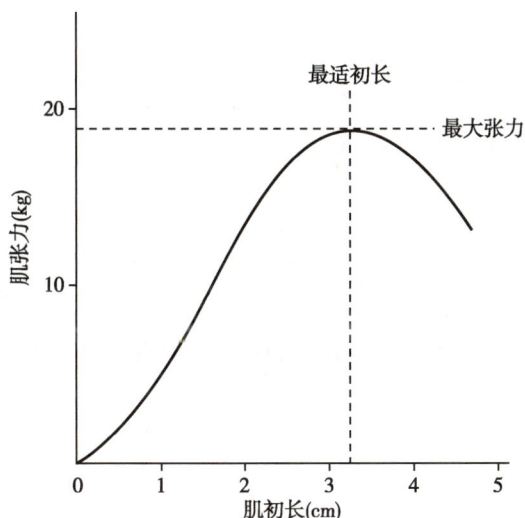

图 2-21 骨骼肌长度 - 张力关系曲线

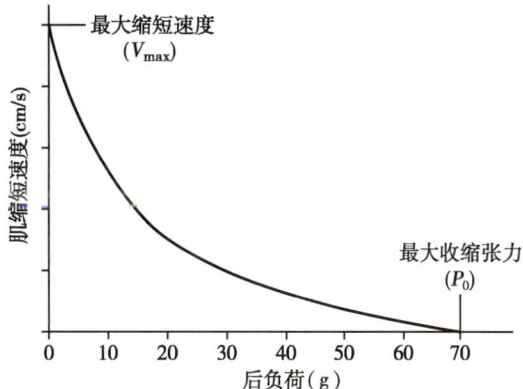

图 2-22 骨骼肌张力 - 速度关系曲线

与 P_0 之间，随着后负荷增加，肌肉产生的收缩张力增大，而肌肉缩短速度减小。后负荷增大引起肌张力增大，是因为同一时间内横桥与肌动蛋白结合的数目增加的缘故；后负荷增大使肌肉的缩短速度减小是由于横桥摆动速度减慢、横桥周期延长所致。若后负荷过小，虽然肌肉缩短速度很快，但张力小，亦不利于做功。因此后负荷过大或过小，都会降低肌肉做功的效率，适度的后负荷才能获得肌肉做功的最佳效率。

3. 肌肉收缩能力　肌肉收缩能力是指与前、后负荷无关的肌肉内在结构和功能特性。肌肉收缩能力增强时，收缩产生的张力、缩短的速度做功效率都会提高，可使长度 - 张力关系曲线上移、张力 - 速度关系曲线右上移。与肌肉收缩相关的内在特性涉及许多方面，例如，兴奋 - 收缩偶联过程中肌浆内 Ca^{2+} 浓度的变化、横桥 ATP 酶活性、各种功能蛋白水平等。体内许多神经递质、体液物质、治疗药物、病理因素都可影响肌肉收缩能力。例如组织缺氧、酸中毒时，肌肉收缩能力降低；而 Ca^{2+} 和肾上腺素则能使肌肉收缩能力增强。

（杨宏静）

？ **复习思考题**

1. 比较细胞膜的跨膜物质转运方式。
2. 试述静息电位和动作电位的概念及产生机制。
3. 比较动作电位和局部电位各有何特点？
4. 简述神经 - 肌肉接头兴奋传递过程。

扫一扫，测一测

思维导图

第三章 血液生理

学习目标

1. 掌握血液的组成,血浆蛋白功能,血浆渗透压的组成及生理意义,三种血细胞正常值和生理功能,血液凝固、纤维蛋白溶解、ABO 和 Rh 血型的基本概念。

2. 熟悉正常人体血量,三种血细胞的形态,红细胞的生理特性,白细胞的分类,输血原则,血型鉴定及交叉配血的意义和方法。

3. 了解血细胞比容,红细胞沉降率的概念和临床意义,红细胞的生成与破坏,血小板的生理特性,血液凝固和纤维蛋白溶解的生理过程。

课堂互动

你知道人体的正常血液是由哪些物质组成的?血液具有哪些理化特性和生理功能?

血液是存在于血管中的一种结缔组织,在心脏推动下周而复始地循环流动,担负着机体的运输、防御、维持内环境稳态和实现体液调节等功能。血液在机体代谢中也起着十分重要的作用,如体内任何器官的血流量不足,均可能造成严重的代谢紊乱和组织损伤。如机体患较严重的疾病,在其病程达到某阶段时,常能引起血液性质或成分的变化。另一方面,血液疾病也常能引起机体各器官系统的功能紊乱。因此,大量失血、血液成分或性质的严重改变、血液循环的严重障碍等,都将危及健康与生命。

第一节 血液的组成及理化特性

一、血液的基本组成

血液是一种在心血管系统内循环流动的红色液体组织,属于体液的一部分。血液由液态的血浆和混悬于其中的血细胞组成。血浆由溶剂水和溶质两部分组成。血细胞又分为红细胞、白细胞、血小板三类。其中,红细胞占绝大部分。

(一)血量

血量是指人体内血液的总量。一个健康的成年人血量为体重的 7%~8%,即每公斤体重有 70~80ml 的血液。血量包括循环血量和储备血量两部分。循环血量是指心血管内参与循环流动的血量;储备血量是指滞留在肝、脾、肺、肾及皮下静脉丛的血量。机体在剧烈运动、大出血、情绪激动等紧急情况下,储备血量可被动员进入心血管系统参与循环流动,补充循环血量,以适应机体的需求。

正常人体内的血量总是维持相对恒定的,它使血管保持一定的充盈度,从而维持正常血压和血流，保证体内各器官、组织在单位时间内有充足的血液灌流。若血量不足将会引起血压下降，器官、组织、细胞缺血，导致机体代谢障碍。如机体一次失血不超过 10% 时（约 500ml），可通过贮存血量的补偿和心血管系统的调节反应，使血量很快恢复。失掉的水和电解质由组织液加速回流，可在 1～2 小时内补足，血浆蛋白可在 24 小时内补足。故一次献血 200～300ml 时，一般不会影响健康；若失血一次达 20% 时，则机体难以代偿，可出现血压下降、脉搏加快、四肢冰冷、眩晕、恶心、口渴等临床表现；如果失血量超过 30%，将会危及生命，应尽快采取急救措施，最佳的方法是立即输血。

（二）血液的组成

血液的组成：

```
          ┌ 水(91%~92%)
          │                      ┌ 血浆蛋白 ┌ 白蛋白
          │                      │         ├ 球蛋白
血浆(50%~60%)                    │         └ 纤维蛋白原
          │         ┌ 电解质 ┌ Na⁺、K⁺、Ca²⁺、Mg²⁺
          └ 溶质(8%~9%)     └ HCO⁻、Cl⁻、HPO₄²⁻、SO₄²⁻
血液                          ├ 气体
          │                   └ 其他有机物 ┌ 激素
          │                              ├ 代谢产物
          │                              └ 营养物
          │         ┌ 红细胞
          └ 血细胞(50%~60%) ├ 白细胞
                           └ 血小板
```

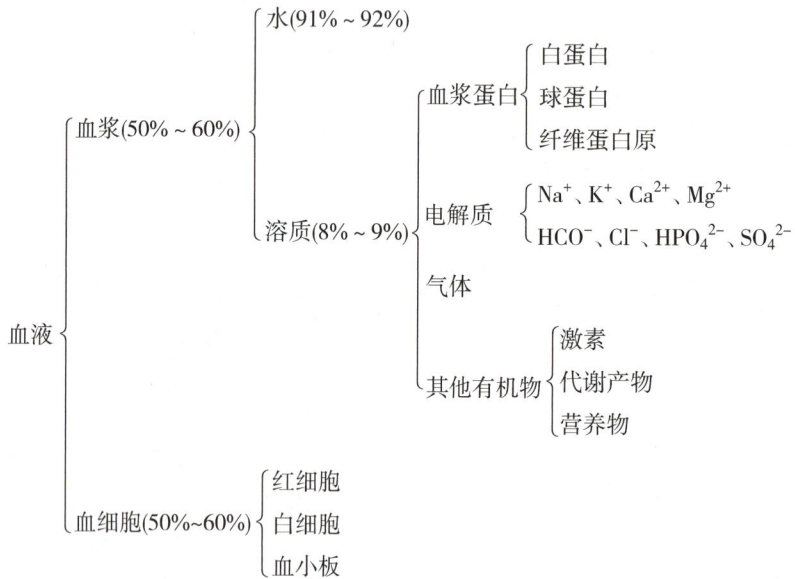

（三）血细胞比容

血浆和血细胞合在一起称为全血。血细胞在全血中所占的容积百分比，称为血细胞比容。若将经抗凝处理的血液置于分血计玻管内，经离心沉淀后，分血计中的血液分为两层（图 3-1）：上层淡黄色透明液体为血浆；下层红色不透明的为红细胞，在红色沉淀的表面有一白色的薄层为白细胞和血小板。正常成年男性的血细胞比容为40%～50%，女性为 37%～48%，新生儿由于血细胞数目较多，血细胞比容约为 55%。血细胞比容的数值反映了红细胞数量的相对值。当红细胞或血浆量发生改变时，都可使血细胞比容发生改变。如某些贫血的患者由于红细胞数目减少，血细胞比容可减少；而大面积烧伤或严重腹泻导致脱水患者的血细胞比容可升高。

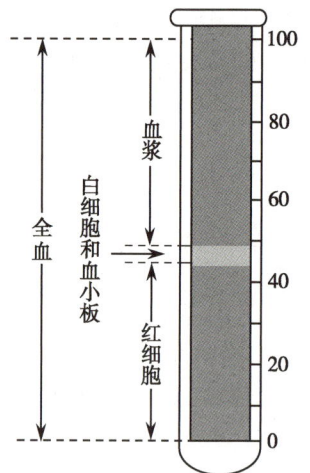

图 3-1　血细胞比容示意图

（四）血浆的化学成分与功能

血浆为血液的液体部分，是血细胞生存的环境细胞外液。血浆的主要成分为水，占血浆的 91%～92%，水对血液的物质运输、调节体温等功能具有重要作用。溶质占 8%～9%，溶质中含量最多的是血浆蛋白。血浆量及其成分的相对稳定，是维持血细胞正常功能活动的前提条件。测定血浆的成分，从中了解体内物质代谢或某些器官的功能状况，对诊断疾病有很大的帮助。

1. 血浆蛋白　血浆蛋白是血浆中多种蛋白质的总称。用盐析法可将其分为白蛋白、球蛋白和纤维蛋白原三大类。正常成人血浆蛋白总量为 60～80g/L，其中白蛋白（A）分子量最小，而含量最多，为 40～50g/L。血浆球蛋白（G）是多种球蛋白的混合物，其含量为 20～30g/L，用蛋白电泳法可分为 α_1、α_2、β、γ 四种。纤维蛋白原分子量最大，而含量最少，为 2～4g/L，主要参与凝血。白蛋白与球蛋白的比值（A/G）为（1.5～2.5）/1，全部白蛋白和大多数球蛋白主要由肝脏合成，因此临床上肝功能检查可以测定 A/G 比值。当肝脏病变（如肝硬化）时，可致 A/G 比值下降，严重者甚至出现倒置。血浆蛋白的分类、正常值和主要生理功能见下表（表 3-1）。

表 3-1 正常成人血浆蛋白的分类、正常值和主要生理功能

血浆蛋白分类	正常值（g/L）	主要生理功能
白蛋白	40～50	形成血浆胶体渗透压，调节血管内外水的平衡，维持正常的血容量；运输激素、脂类物质、离子、维生素及多种代谢产物；缓冲血浆酸碱度
球蛋白	20～30	形成免疫球蛋白和补体参与免疫反应
纤维蛋白原	2～4	参与血液凝固、抗凝和纤溶等生理过程

2. 非蛋白含氮化合物 血浆中除蛋白质以外的其他含氮物质总称为非蛋白含氮化合物。主要包括尿素、尿酸、肌酐、肌酸和胆红素等。临床上把非蛋白含氮化合物所含氮元素的总量称为非蛋白氮（NPN）。正常成人血浆中 NPN 含量为 14.5～25mmol/L，其中 1/3～1/2 为尿素氮（BUN）。由于血中 NPN 主要经肾脏排出，故测定血中 NPN 或 BUN 含量，有助于了解肾功能和体内蛋白质的代谢情况。

3. 无机盐 无机盐约占血浆总量的 0.9%，绝大部分以离子形式存在。血浆中的正离子主要为 Na^+，还有少量 K^+、Ca^{2+}、Mg^{2+}；负离子主要为 Cl^-，还有 HCO_3^-、HPO_4^{2-} 等。这些离子在形成并维持血浆晶体渗透压、神经和肌肉的正常兴奋性，以及调节酸碱平衡等方面起着重要作用。

4. 气体 血浆中还含有 O_2 和 CO_2 等气体。

此外，血浆中还含有葡萄糖、脂类、乳酸、酮体等有机物质和微量的酶、激素、维生素等。

二、血液的理化特性

（一）血液的颜色

血液的颜色主要取决于红细胞内血红蛋白的颜色。动脉血中红细胞含氧合血红蛋白较多，呈鲜红色；静脉血中红细胞含去氧血红蛋白较多，呈暗红色。血浆呈淡黄色，来源于血红蛋白的代谢产物。空腹血浆清澈透明，进餐后，尤其摄入较多的脂类食物，血浆中悬浮着脂蛋白微滴而变得混浊。因此，临床上做某些血液化学成分检测时，要求空腹采血，以避免食物对检测结果产生影响。

（二）血液的比重

正常成人全血的比重为 1.050～1.060，主要取决于红细胞的数量。血液中红细胞的数量越多则全血的比重愈大。血浆的比重为 1.025～1.030，主要与血浆蛋白的含量有关；红细胞比重大于血浆，为 1.090～1.092，与其所含血红蛋白的量成正比。测定全血或血浆的比重可间接估算红细胞和血红蛋白的含量。

（三）血液的黏滞性

血液的黏滞性（也称黏度）主要来源于血液内部分子或颗粒之间的摩擦力。通常在体外测定血液或血浆与水相比的黏滞性，如以水黏滞性为 1，则全血的黏滞性为水的 4～5 倍，血浆为水的 1.6～2.4 倍。全血的黏滞性主要取决于所含红细胞的数量，血浆的黏滞性主要取决于血浆蛋白的含量。严重贫血的患者体内红细胞数量减少，血液黏滞性下降；而大面积烧伤的患者，血中水

分大量渗出血管，血液浓缩，黏滞性升高。血液黏滞性是形成血流阻力的重要因素之一，可作为反映血液在血管中是否足够通畅的指标。

此外，当血流速度很快时，血液黏滞性不随流速而变化；但当血流速度小于一定限度时，黏滞性与流速成反比关系。这主要是由于血流缓慢时，红细胞叠连或聚集成团，使血液黏滞性增大，血流阻力增加，从而影响血液循环的正常进行。

课堂互动

你知道临床上用于输液的液体有哪些吗？能否举例说明？

（四）血浆渗透压

1. 渗透现象和渗透压　渗透压是溶液的一种基本特性。当用半透膜隔开两种不同浓度的溶液时，则水分子从浓度低的一侧通过半透膜向高浓度的一侧扩散，这种现象称渗透现象。渗透压是指溶液中的溶质颗粒通过半透膜吸引水分子的力量。溶液渗透压的大小与单位容积溶液中溶质的颗粒数目成正比，而与溶质的种类及颗粒的大小无关。因此，在单位容积的溶液中，溶质颗粒数目愈多，渗透压愈大；数目愈少，渗透压愈小。表示渗透压的单位有千帕（kPa）和毫渗透摩尔/升（mOsm/L）（1mOsm/L=2.58kPa）。

2. 血浆渗透压的组成和数值　血浆渗透压由两部分构成。①血浆晶体渗透压：由血浆中晶体物质（主要为 NaCl）所形成的渗透压，如血浆中的无机盐、葡萄糖、尿素等晶体物质；②血浆胶体渗透压：由血浆中胶体物质（主要为白蛋白）所形成的渗透压。

血浆渗透压的数值约为 300mOsm/L（约相当于 5 790mmHg 或 770kPa）。由于血浆中晶体物质的分子量小，颗粒多，所形成的晶体渗透压大，其数值是 298.7mOsm/L（约相当于 766.7kPa），而血浆蛋白分子量大，颗粒数目少，所形成的胶体渗透压小，仅为 1.3mOsm/L（约相当于 3.3kPa）。因此血浆渗透压主要由含较多溶质数目的晶体渗透压构成。

人体内的组织液和细胞内液的渗透压都和血浆渗透压相等。临床上所用的等渗、低渗和高渗溶液都是与血浆渗透压比较而言的。与血浆渗透压相等或相近的溶液称为等渗溶液，如 0.9% NaCl 溶液或 5% 葡萄糖溶液，所以 0.9% NaCl 溶液又称为生理盐水；而高于或低于血浆渗透压的溶液则相应地称为高渗或低渗溶液。临床上常用的高渗溶液有 50% 葡萄糖、20% 甘露醇等溶液。

3. 血浆渗透压的生理意义　在体内，血浆所接触到的是两种生物半透膜，即血细胞膜和毛细血管壁。由于细胞膜和毛细血管壁的通透性不同，因而表现出晶体渗透压与胶体渗透压不同的生理作用。

（1）血浆晶体渗透压的作用：细胞膜允许水分子自由通透，对某些无机盐离子等不易通透，对蛋白质无通透性。正常情况下，细胞膜内、外的渗透压保持相对稳定，以维持细胞内、外水分相对平衡，血细胞也得以保持正常形态和功能。如果血浆晶体渗透压过低，因渗透作用进入红细胞内的水分增多，红细胞就会发生肿胀膨胀，甚至破裂，红细胞中的血红蛋白逸出，这种现象称为溶血；反之，血浆晶体渗透压增高，则红细胞内水分渗出，红细胞出现皱缩变形。因此，血浆晶体渗透压对维持细胞内、外水分的正常交换、保持红细胞的正常形态和功能具有重要作用。

（2）血浆胶体渗透压的作用：毛细血管壁的通透性较大，水分子和晶体物质可以自由通过，因而毛细血管壁两侧的晶体渗透压基本相等。但毛细血管壁不允许大分子的蛋白质通过，因此，毛细血管内、外水分的相对平衡取决于由血浆蛋白构成的血浆胶体渗透压的大小。如肝脏、肾脏疾患等引起机体低蛋白血症（主要是白蛋白减少），血浆胶体渗透压降低，水分由血浆大量向组织间隙渗出导致组织液生成增多，造成组织水肿；相反，如大量呕吐、腹泻等使血浆胶体渗透压升高，水由组织向血管内渗透，使血浆量增加。因此，血浆胶体渗透压对调节毛细血管内、外水分的交换，维持正常血浆容量有重要作用。如临床上静脉滴注大分子右旋糖酐具有扩充血容量的作用。

（五）血浆酸碱度

正常人血浆为弱碱性，pH 保持在 7.35～7.45。血浆酸碱度保持相对稳定，是组织细胞正常活动的必要条件。如果血中酸性物质过多，使 pH 低于 7.35，称为酸中毒；相反，pH 高于 7.45，称为碱中毒。酸中毒或碱中毒都会影响酶的活性，影响组织细胞的正常生理活动，甚至危及生命。

血浆酸碱度能保持相对稳定，原因是：①血液本身的缓冲作用。在血液中含有数对具有缓冲作用的物质，其中以血浆中的 $NaHCO_3/H_2CO_3$ 这一缓冲对最为重要，两者比值一般在相对 20/1，对于保持 pH 在正常范围内起关键作用。②血浆中的蛋白质、钠盐 / 蛋白质、红细胞中的血红蛋白钾盐 / 血红蛋白等均是很有效的缓冲系统，能将一般酸、碱物质对血浆 pH 的影响大大减少。③肺脏和肾脏的正常功能活动，在维持血浆 pH 稳定中也具有重要作用。它们能不断地排出体内过剩的酸或碱，使血中的 $NaHCO_3/H_2CO_3$ 值保持在正常范围内。

知识链接

等渗溶液和等张溶液

等渗溶液是指溶液的渗透压与血浆渗透压相等或相近的溶液。等张溶液是指能够使悬浮于其中的红细胞保持正常形态和大小的溶液。溶液的张力是由通过细胞膜的物质决定的。1.9% 的尿素溶液是等渗溶液，但尿素分子可以顺浓度梯度自由通过红细胞膜，进入红细胞内部，导致红细胞内渗透压升高，继而吸引水进入红细胞内部，出现红细胞肿胀破裂而溶血，其不是等张溶液不能输入血液中。而临床所用的生理盐水（0.9% NaCl 的溶液）或 5% 葡萄糖溶液，由于 NaCl 和葡萄糖都不能随意自由透过细胞膜，故这两种溶液既是等渗溶液也是等张溶液。

第二节　血细胞生理

一、红细胞的生理

（一）红细胞的形态、数量与功能

正常成熟的红细胞（RBC）无核，呈双凹圆碟形，平均直径约 8μm，边缘厚，中央薄，这种形态使红细胞的表面积增大，因而与血浆之间的交换面积增大，有利于气体交换。同时也增加了红细胞的可塑性，在血液流经微小毛细血管和血窦孔隙时，红细胞形态可发生改变而通过。

红细胞是血液中数量最多的一种血细胞，也是人体数量最多的一种细胞。正常成年男性的红细胞数量为 $(4.0～5.5)×10^{12}/L$，平均 $5.0×10^{12}/L$；女性为 $(3.5～5.0)×10^{12}/L$，平均 $4.2×10^{12}/L$；新生儿可超过 $6.0×10^{12}/L$。出生后数周逐渐减少，6 月龄时降至最低。儿童时期内，红细胞一直保持在较低水平，到青春发育时期逐渐增加接近于成人水平。红细胞数量不仅有性别和年龄的差异，还可因其他条件而发生改变。如长期居住高原者的红细胞多于平原者；运动时多于安静时。

红细胞的主要功能是运输 O_2 和 CO_2，并对血浆酸碱度变化起缓冲作用。这两项功能都是由所含的血红蛋白来完成的。一旦红细胞破裂，血红蛋白释入血浆，其功能即丧失。正常成年男性血红蛋白含量为 120～160g/L；女性为 110～150g/L。血液中血红蛋白含量的多少既与每个红细胞中的含量有关，也与红细胞的数量有关。红细胞的数量或血红蛋白含量低于正常最低值，称为贫血。此外，红细胞内含有多种缓冲对，对血液中的酸、碱性物质起缓冲作用。

（二）红细胞的生理特性

红细胞双凹圆盘状的形态使其具有可塑变形性、悬浮稳定性和渗透脆性等生理特性。

1. 红细胞的可塑变形性　红细胞在血液循环中通过小于其直径的毛细血管和血窦孔隙时发生变形，通过后又恢复原状，这种特性称为可塑变形性。可塑变形性是红细胞生存所需的重要特性。红细胞的表面积与体积的比值愈大，其变形能力也愈大。故正常双凹圆碟形的红细胞变形能力大于异常球形红细胞的变形能力。衰老、受损红细胞的变形能力常降低。

2. 红细胞的悬浮稳定性　红细胞的比重虽大于血浆，但如将抗凝血注入血沉管垂直静置，发现红细胞下沉十分缓慢。红细胞悬浮于血浆中不易下沉的特性，称为红细胞的悬浮稳定性。通常以红细胞在第一小时末下沉的距离来表示红细胞的沉降速率，称为红细胞沉降率（ESR），简称血沉。用魏氏法检测血沉的正常值：成年男性为 0～15mm/h；女性为 0～20mm/h。血沉的快慢是衡量红细胞悬浮稳定性的指标。血沉加快表示红细胞的悬浮稳定性降低。妇女在月经期或妊娠期，血沉一般较快。某些疾病，如活动期肺结核、风湿热和恶性肿瘤等，血沉可明显加快。故测定血沉有助于某些疾病的诊断。

红细胞的悬浮稳定性来源于红细胞在下降时与血浆之间产生的摩擦力，以及红细胞携带相同电荷彼此之间所产生的排斥力，阻碍了红细胞的下沉。血沉的快慢取决于红细胞的叠连与否。叠连是指许多红细胞彼此以凹面相贴，重叠在一起的现象。当红细胞发生叠连时，红细胞与血浆接触的有效面积减少，与血浆间的摩擦力降低，血沉加快。影响血沉快慢的因素，主要取决于血浆的成分，而不是红细胞本身。一般情况下，血浆中的白蛋白和卵磷脂增多，可减少红细胞叠连，延缓血沉；而球蛋白、纤维蛋白原和胆固醇增多，可加速红细胞叠连，使血沉加快。

3. 红细胞的渗透脆性　正常情况下，红细胞内、外液体之间的渗透压基本相等，使红细胞保持正常形态和大小。如将红细胞置于一系列渗透压不同的低渗溶液中，水分子将渗入红细胞内，使红细胞膨胀，甚至破裂而溶血，这种现象称为渗透性溶血。如将红细胞置于 0.6%～0.8% NaCl 溶液中，水分渗入红细胞使之膨胀，但不破裂；置于 0.40%～0.45% NaCl 溶液中，部分红细胞由于过度膨胀而开始破裂；若置于 0.30%～0.35% NaCl 溶液中，则全部红细胞发生破裂，出现溶血。这说明红细胞膜对低渗透溶液中水分渗入所引起的膨胀有一定的抵抗力。红细胞在低渗盐溶液中发生膨胀破裂的特性，称为红细胞渗透脆性。观察红细胞对低渗盐溶液抵抗力的大小，称为脆性实验。其抵抗力的大小与脆性呈反变关系。即抵抗力大的脆性小，反之则脆性大。一般来说，初成熟的红细胞脆性小，抵抗力大；衰老的红细胞脆性大，抵抗力小。而遗传性球形红细胞增多症患者，红细胞的脆性明显增大；巨幼红细胞性贫血患者，红细胞的脆性显著减小。因此，红细胞脆性实验具有一定的临床意义。

（三）红细胞的生成与破坏

红细胞的生成与破坏呈动态平衡，使其在血液中的数量保持在一定的范围之内。如果破坏这种平衡，则会导致疾病。

1. 红细胞的生成过程　胚胎时期，红细胞的生成部位主要是卵黄囊、肝、脾和骨髓。成人红细胞的生成来自红骨髓的干细胞。干细胞分化为红系定向祖细胞，然后分化为原红细胞，再经 4 次有丝分裂，依次为早幼红细胞、中幼红细胞、晚幼红细胞、网织红细胞，最后成为成熟的红细胞，进入血液循环。以上变化约需 7 天。一个原红细胞通过增殖分化，可形成 8～32 个成熟的红细胞。因此，红骨髓造血功能的正常与否是红细胞生成的前提。

2. 红细胞生成的原料　在红细胞生成过程中，与红细胞发育成熟有关的物质主要有以下几种：

（1）蛋白质和铁：蛋白质和铁是合成血红蛋白的主要原料。铁的来源有两个途径：①由食物供应的铁称为外源性铁。②由红细胞衰老破坏释放的铁可被机体再利用，称为内源性铁。成人每天约需 20～30mg 铁，其中 95% 来自内源性铁。当衰老破坏的红细胞被巨噬细胞吞噬后，释放的铁聚集成铁黄素颗粒存于巨噬细胞内。血浆中的运铁蛋白穿梭于巨噬细胞与幼红细胞之间运送铁。

一般来说，日常膳食中所含蛋白质已足够造血之需。但对于贫血患者，则应补充质量较高的蛋白质。

（2）叶酸和维生素 B_{12}：在红细胞发育成熟过程中，还需要微量的叶酸和维生素 B_{12}。它们是红细胞成熟所必需的物质，称为红细胞成熟因子。叶酸和维生素 B_{12} 是合成 DNA 的重要物质。叶酸属于水溶性 B 族维生素，在体内需转化成四氢叶酸后，才能参与 DNA 的合成。叶酸的转化需要维生素 B_{12} 的参与。当维生素 B_{12} 缺乏时，可导致叶酸的相对不足，造成红细胞成熟障碍，细胞分裂增殖减慢，使许多红细胞停滞在幼红细胞阶段，引起巨幼红细胞性贫血或称大细胞性贫血。另外，维生素 B_{12} 需与胃腺壁细胞分泌的内因子（一种糖蛋白）结合成一种复合物，才能在回肠内被吸收。因此，当胃大部分切除或萎缩性胃炎等，均可引起内因子分泌不足，影响维生素 B_{12} 吸收，继而影响红细胞的分裂增殖，也可引起巨幼红细胞性贫血。

3. 红细胞生成的调节　血液中红细胞数量的维持，主要受促红细胞生成素和雄激素的调节。

（1）促红细胞生成素：促红细胞生成素（EPO）是一种糖蛋白，分子量为 34 000，是调节红细胞生成的主要因素。肾脏是产生 EPO 的主要部位，肝脏也可少量生成。任何原因引起肾脏氧供不足，如贫血、缺氧或肾血流量减少时，均可刺激肾脏 EPO 的合成与分泌增多，其随血液循环进入红骨髓，主要促进晚期红系祖细胞的增殖分化；通过激活基因表达，促进血红蛋白合成；促进网织红细胞的释放。待红细胞数量增加，机体缺氧缓解后，肾脏产生的 EPO 随之减少，靠这种负反馈调节，使红细胞数量维持在正常水平。高原比平原居民的红细胞数量及血红蛋白含量较多，就是由于缺氧造成的。慢性肾病和肾切除患者，血中 EPO 降低，红细胞生成减少，由此造成的贫血称肾性贫血。

（2）雄激素：雄激素一方面直接刺激骨髓，促进有核细胞分裂和加速血红蛋白的合成；另一方面又可促进肾脏合成与释放 EPO 增多，从而间接地使红细胞生成增加。故临床上常采用雄激素来治疗骨髓造血功能降低造成的贫血。相反，雌激素可抑制红细胞的生成。雌激素与雄激素的不同效应，可能是女性红细胞数量和血红蛋白含量低于男性的主要原因。

4. 红细胞的破坏　红细胞的平均寿命约为 120 天。衰老的红细胞主要被肝、脾等器官中的巨噬细胞吞噬和分解。血红蛋白分解为珠蛋白、铁和血红素。铁可供再造血红蛋白，珠蛋白参与体内蛋白质代谢，血红素则转化为胆红素及其衍生物经肠道及肾排出体外。正常红细胞的生成与破坏呈动态平衡。当脾功能亢进时，可使红细胞破坏增加，引起脾性贫血。

课堂互动

当机体受到大剂量放射线照射，骨髓的造血功能受到抑制，会出现什么类型的贫血？

（　　　）

　　A. 缺铁性贫血　　　　B. 再生障碍性贫血　　　　C. 巨幼红细胞性贫血
　　D. 小细胞性贫血　　　E. 大细胞性贫血

二、白细胞的生理

白细胞（WBC）为无色、有核的球形细胞，体积比红细胞大。按其形态特点可分为两类：一类细胞质中有特殊颗粒，称为有粒白细胞或粒细胞，包括中性粒细胞、嗜酸性粒细胞和嗜碱性粒细胞；另一类细胞质中没有特殊颗粒，称为无粒细胞，包括淋巴细胞和单核细胞。

（一）白细胞的总数与分类计数

正常人白细胞总数为 $(4.0 \sim 10.0) \times 10^9/L$。其中中性粒细胞最多，淋巴细胞次之。分别计算每一类白细胞的百分比，称为白细胞分类计数。

当白细胞数量超过 $10 \times 10^9/L$ 时，称为白细胞增多；低于 $4.0 \times 10^9/L$ 时，称为白细胞减少。白细胞数量在不同情况下波动范围较大，如饭后、运动时、女子月经期、妊娠期等，白细胞数均有所增加。一天之内，下午较早晨稍多。新生儿血液中白细胞总数可达 $20 \times 10^9/L$，但于出生后 2 周左右接近于正常成人的最高值。

临床通过检测血液中白细胞总数和分类计数的变化，有助于某些疾病的诊断，是临床医学中应用最广泛的检测项目。正常人体白细胞分类计数及形态特点见下表（表 3-2）。

表 3-2　正常人体白细胞分类计数及形态特点

名称	正常值（$\times 10^9/L$）	百分比（%）	形态特点
中性粒细胞	2.04～7.0	50～70	直径 10～12μm，细胞核为杆状或分叶状，细胞质颗粒微细，染成淡红色
嗜碱性粒细胞	0～0.1	0～1	直径 8～10μm，细胞核不规则，细胞质颗粒大小不等，染成蓝紫色
嗜酸性粒细胞	0.02～0.5	0.5～5	直径 10～15μm，细胞核分为两叶，细胞质颗粒粗大，染成橘红色
单核细胞	0.12～0.8	3～8	直径 14～20μm，细胞核呈肾形，细胞质染成灰蓝色
淋巴细胞	0.8～4	20～40	直径 7～12μm，细胞核较大，呈圆形，染成深蓝色。细胞质较少，染成天蓝色

（二）白细胞的生理功能

除淋巴细胞外，所有的白细胞都能伸出伪足做变形运动，凭借这种运动，白细胞得以穿过毛细血管壁，这一过程称为白细胞渗出。渗出到血管外的白细胞可沿着某些化学物质的浓度梯度做定向移动，迁移到产生这些化学物质的部位，从而发挥其生理作用，这一特性称为趋化性。能吸引白细胞发生定向移动的化学物质称为趋化因子，人体细胞的降解产物、抗原 - 抗体复合物等都具有趋化活性，白细胞可按照这些物质的浓度梯度游走到炎症部位，将细菌等异物吞噬、消灭。

1. 中性粒细胞　中性粒细胞具有十分活跃的变形能力、化学趋向性、吞噬和消化作用。它能吞噬入侵的病原微生物、机体自身的坏死组织及衰老的红细胞等。当细菌入侵，局部有炎症时，炎症组织、细菌产生的某些物质及某些活化的补体具有趋向性，可吸引中性粒细胞通过变形运动从毛细血管的缝隙中渗出，趋向炎症部位，将细菌吞噬，并在细胞内溶酶体酶作用下将其消化分解。溶酶体释放的酶还可将粒细胞本身、死亡细菌及周围组织溶解液化形成脓液。脓液中死亡而未破裂的中性粒细胞称为脓细胞。因此，中性粒细胞是机体发生急性炎症时的主要反应细胞，处于机体抵制病原微生物特别是化脓性细菌入侵的第一线。故急性感染时，血中白细胞总数明显增多，尤其是中性粒细胞增多。若中性粒细胞减少到 $1.0 \times 10^9/L$ 时，机体抵抗力明显下降，极易引发感染。

2. 单核细胞　单核细胞是白细胞中体积最大的一种。单核细胞也具有变形运动、化学趋向性和吞噬作用，但吞噬能力较弱。单核细胞在血液中停留约 2～3 天后，迁移到肝、脾等组织中，继续发育为巨噬细胞。巨噬细胞体积进一步增大，溶酶体颗粒也增多，吞噬能力大为增强。其主要功能有：①吞噬并杀灭入侵的致病物质，如病毒、疟原虫和结核分枝杆菌等；②清除坏死组织和衰老的红细胞、血小板等；③能识别和杀伤肿瘤细胞；④参与免疫反应，在免疫反应的初级阶段和淋巴细胞相互作用，激活淋巴细胞的特异性免疫功能；⑤巨噬细胞能产生集落刺激因子、白细胞介素等，对其他细胞起调节作用，在某些慢性炎症时，其数量常常增加。

3. 嗜碱性粒细胞 嗜碱性粒细胞能释放肝素、组胺、过敏性慢反应物质、嗜酸性粒细胞趋化因子等。肝素具有抗凝血作用；组胺和过敏性慢反应物质可使毛细血管壁通透性增加，使平滑肌收缩，特别是支气管的平滑肌收缩而引起哮喘、荨麻疹等过敏反应症状；嗜酸性粒细胞趋化因子可吸引嗜酸性粒细胞聚集于反应局部，以限制嗜碱性粒细胞在过敏反应中的作用。

4. 嗜酸性粒细胞 嗜酸性粒细胞的主要功能有：①抑制嗜碱性粒细胞合成与释放生物活性物质，并释放组胺酶和芳香基硫酸酯酶，灭活组胺和过敏慢反应物质，从而减弱它们在过敏反应中的作用；②参与对蠕虫的免疫反应，嗜酸性粒细胞能黏着于蠕虫体上，通过释放颗粒内碱性蛋白和过氧化物酶等，杀伤蠕虫。故患有过敏反应或某些寄生虫病时，常伴有血中嗜酸性粒细胞增多。

5. 淋巴细胞 淋巴细胞又称免疫细胞，参与机体的特异性免疫功能。按淋巴细胞发生和功能的不同分为三类：①胸腺依赖式淋巴细胞（T淋巴细胞），由骨髓产生，在胸腺激素的作用下发育成熟，参与细胞免疫，血液中淋巴细胞的80%～90%属于T淋巴细胞；②非胸腺依赖式淋巴细胞（B淋巴细胞），由骨髓产生，主要停留在淋巴组织，在抗原的刺激下转化为浆细胞，产生抗体，参与体液免疫；③自然杀伤细胞（NK细胞），具有抗肿瘤、抗感染和免疫调节作用。

课堂互动

某患者查外周血发现血中嗜酸性粒细胞计数增多，可见于哪些疾病？能否举例说明？

三、血小板的生理

血小板（PLT）是从骨髓成熟的巨核细胞裂解脱落下来的细胞碎片。其形态不规则，体积很小，直径约为2～4μm，无细胞核。血小板虽很小，可是含有10余种生物活性物质，并具有正常代谢功能。

（一）血小板的数量

正常成人血液中血小板的数值为（100～300）×10⁹/L。通常午后较清晨高，妊娠中晚期及剧烈运动后较高。血小板数量超过1000×10⁹/L时，称血小板过多，易发生血栓；当血小板数量低于50×10⁹/L时，毛细血管脆性增加，微小的创伤就会使皮肤和黏膜下出现出血点或产生紫癜，临床上称为血小板减少性紫癜。

（二）血小板的生理特性

1. 黏附 当血管内膜受损而暴露出胶原组织时，血小板立即黏附在暴露出来的胶原上，这一现象称为黏附。血小板黏附是止血过程中十分重要的起始步骤。

2. 聚集 血小板一旦发生黏附，便彼此粘连而形成聚合体，这一过程称为聚集。血小板聚集后，膜的通透性发生改变，水分容易进入细胞，使血小板肿胀，导致细胞膜破裂，血小板解体。

3. 释放 当血小板接受刺激后，将贮存于致密体、α-颗粒或溶酶体内的许多物质排出的现象，称血小板释放。释放的物质如腺苷二磷酸（ADP）、5-羟色胺、儿茶酚胺和血小板因子Ⅲ（PF₃）等生物活性物质，可参与止血和凝血过程。

4. 收缩 血小板内含有血小板收缩蛋白，其主要成分类似骨骼肌的肌动蛋白和肌球蛋白，它可在钙离子的作用下发生收缩,使聚集的血凝块回缩成坚实的止血栓,牢固地堵住伤口,使出血停止。

5. 吸附　血小板能将许多凝血因子吸附到它的表面。当血管破损时,随着血小板的黏附与聚集吸附大量凝血因子,使破损局部凝血因子显著增高,促进并加速凝血过程的进行。

(三)血小板的生理功能

1. 生理性止血功能　小血管因损伤引起出血,经一定时间后出血自然停止的现象,称生理性止血。从血管破损出血到出血自然停止的时间,称出血时间。正常人出血时间为 1～4 分钟。生理性止血是一个复杂的过程,它与血小板的数量和功能有密切关系。在整个生理性止血过程中,血小板发挥的作用是:①受损血管收缩。首先,由于损伤刺激反射性引起局部血管收缩,血流缓慢,使血小板在受损血管处被激活,出现黏附、聚集和释放,所释放的 ADP、5- 羟色胺和儿茶酚胺等,可进一步使局部血管平滑肌收缩,以减缓出血而促进止血。②血管受损处血小板聚集形成松软的止血栓,堵塞血管破裂口。③血小板释放一些与凝血有关的物质,如血小板因子Ⅲ(PF$_3$)等,促进血液凝固,形成坚实的止血栓,达到有效止血。上述三个生理止血过程密切相关,且血小板始终都起着重要作用。因此,对出血时间延长的人,应考虑是否与血小板数量减少或功能异常有关。

2. 参与血液凝固功能　血小板含有多种与凝血有关的血小板因子,包括血小板因子Ⅲ(PF$_3$)等,是凝血过程中必不可少的因素。血小板表面能吸附纤维蛋白原、凝血酶原等多种凝血因子,所以对血液凝固过程有很强的促进作用。

3. 维持血管内壁的完整性　正常情况下,血小板可随时沉着于血管内壁上,以填补内皮细胞脱落留下的空隙,也可与血管内皮细胞融合,这对保持血管内壁的完整有重要作用。

第三节　血液凝固与纤维蛋白溶解

一、血　液　凝　固

血液由流动的液体状态转变成不流动的凝胶状态的过程,称为血液凝固,简称凝血。血液从血管破损处流出,由流体变成凝胶状态的时间称为凝血时间。正常人凝血时间为 2～8 分钟。凝血是一系列由许多凝血因子参与的循序发生的酶促反应过程。其最终反应是血浆中的可溶性纤维蛋白原转变为不溶性的纤维蛋白细丝,交织成网的细丝把血细胞网罗起来形成血凝块,起到止血作用。血液凝固后 1～2 小时,血凝块回缩,在其周围析出淡黄色的透明液体,称为血清(Serum)。血清与血浆的主要区别在于血清中不含纤维蛋白原和被消耗的凝血因子。血液凝固的生理意义在于防止血管损伤后造成大量出血。

(一)凝血因子

凝血因子是指血浆和组织中直接参与凝血的各种物质的总称。根据各凝血因子被发现的先后次序,按照世界卫生组织(WHO)的统一命名法,用罗马数字编号的有 12 种(表 3-3),其中因子Ⅵ是由因子Ⅴ转变而来,因而被取消了。此外,也有因子不用罗马数字命名的,例如血小板因子Ⅲ(PF$_3$)和前激肽释放酶。

上述凝血因子,只有因子Ⅲ来自组织细胞,其余因子均存在于血浆中。凝血因子的化学本质,除因子Ⅳ是 Ca^{2+} 和因子Ⅲ是脂蛋白外,余者都属于蛋白质。大多数凝血因子都在肝脏内合成,并以无活性的形式存在于血浆中,只有被激活后才能发挥作用,被激活的因子,通常在其右下角加"a"(activated)。此外,因子Ⅱ、Ⅶ、Ⅸ、Ⅹ的合成需要有维生素 K 参加,属于维生素 K 依赖因子。所以,当肝功能受损或缺乏维生素 K 时,均可影响血液凝固过程,常出现凝血障碍而发

表 3-3　按国际命名法编号的凝血因子

因子	同义名	合成部位	凝血过程中的作用
I	纤维蛋白原	肝	变为纤维蛋白
II	凝血酶原	肝	被激活为凝血酶
III	组织因子	内皮细胞和许多细胞	启动外源性凝血
IV	钙离子	—	参与多种过程
V	前加速素	内皮细胞和血小板	调节蛋白
VII	前转变素	肝	参与外源性凝血
VIII	抗血友病因子	肝为主	调节蛋白
IX	血浆凝血活酶	肝	变为有活性的 Xa
X	斯多特 - 帕劳因子	肝	变为有活性的 Xa
XI	血浆凝血活酶前质	肝	变为有活性的 Xa
XII	接触因子	肝	启动内源性凝血
XIII	纤维蛋白稳定因子	肝细胞和血小板	不溶性纤维蛋白的形成

生出血倾向。

（二）血液凝固过程

血液凝固是凝血因子顺序激活的一系列酶促反应,形成"瀑布"样连锁反应的过程。整个过程可分为三个基本步骤:凝血酶原激活物的形成、凝血酶的形成和纤维蛋白的形成。其间关系如图 3-2 所示:

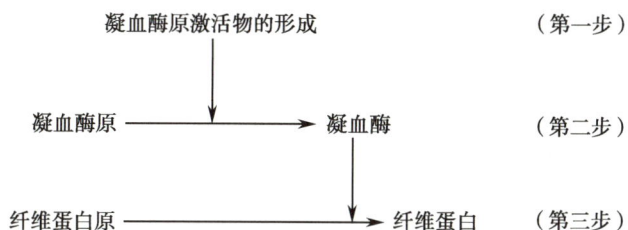

图 3-2　凝血过程的三个基本步骤

1. 凝血酶原酶激活物的形成　凝血酶原酶激活物是 Xa、V、Ca^{2+}、PF_3 同时存在的总称。其形成的关键是因子 X 的激活,而因子 X 的激活可分为内源性和外源性激活两条途径。

（1）内源性激活途径:由因子 XII 激活开始至因子 X 激活的过程,称为内源性激活途径。这个过程完全依赖血浆内的凝血因子。当血管内膜受损时,暴露出来的胶原纤维激活因子 XII 成为 XIIa,XIIa 能激活前激肽释放酶成为激肽释放酶,激肽释放酶通过正反馈作用,使 XIIa 大量生成。XIIa 又能激活因子 XI 为 XIa,在此过程中,还有高分子激肽原参与。XIa 在 Ca^{2+} 参与下激活因子 IX 生成 IXa。从因子 XII 激活到 XIa 形成的步骤,称为接触活化阶段。

PF_3（血小板磷脂）提供磷脂表面,因子 IXa 和 X 分别通过 Ca^{2+} 连接在磷脂表面,因子 IXa 激活因子 X 成为 Xa,该反应在磷脂表面进行,能够防止凝血因子被血流稀释或被血浆中其他因素抑制,此反应阶段称为磷脂表面阶段。

由 XIa、因子 VIII、PF_3 和 Ca^{2+} 形成的"因子 VIII 复合物",可激活因子 X 成为 Xa。其中因子 VIII 不直接激活因子 X,而是作为一种辅助因子,加快了因子 X 激活的速度。若先天或遗传性缺乏因子 VIII、IX、XI 时,则凝血过程十分缓慢,甚至微小的创伤即可引起出血不止,或出现自发性皮下、黏膜、关节腔内出血,临床上称之为甲型、乙型、丙型血友病（hemophilia A、B、C）。

　　（2）外源性激活途径：依靠组织释放的因子Ⅲ参与激活因子 X 的过程，称为外源性激活途径。因子Ⅲ广泛存在于血管外的各种组织（如脑、肺和胎盘）中，当组织损伤、血管破裂时，组织细胞释放因子Ⅲ进入血管，与血浆中的 Ca^{2+} 和因子Ⅶ形成"因子Ⅶ复合物"，使因子 X 激活成 X a。因子Ⅶ在血液中浓度很低，必须有因子Ⅲ同时存在才能发挥作用。因子Ⅲ是一种磷脂蛋白质，能为因子Ⅶ的催化过程提供磷脂表面，同时将因子Ⅶ和因子 X 都结合于该表面上。一般来说，外源性激活途径启动的凝血反应涉及的凝血因子较少，耗时较短，所以比内源性凝血要快。

　　事实上，无论是组织创伤使血管穿破，血液流出血管，或者仅是血管内皮损伤，体内单纯由一种途径引起的凝血过程并不多见，一般是内源性和外源性同时起作用。用纯化的凝血因子进行实验可观察到：因子Ⅻa 形成后，可以激活因子Ⅲ；而因子Ⅶ复合物能够激活因子Ⅸ等。说明内源性与外源性激活途径发生的反应可以相互促进。

　　2. 凝血酶的形成　由内源性或外源性激活途径形成的因子 X a、因子 V、Ca^{2+} 和 PF_3，总称为凝血酶原激活物。该激活物可迅速将血浆中的凝血酶原激活为凝血酶。在此反应中，因子 X a 和凝血酶原同时连接在 PF_3 提供的磷脂表面，因子 X a 激活凝血酶原成为凝血酶。因子 V 作为辅助因子，可加快凝血酶的生成速度。

　　3. 纤维蛋白的形成　纤维蛋白原在凝血酶的催化下，水解转变为纤维蛋白单体，单体在Ⅻa 的作用下形成稳固的纤维蛋白多聚体，即不溶于水的血纤维（图 3-3）。血纤维网罗血细胞而形成血凝块。

　　总之，凝血过程是许多凝血因子相继激活的一系列酶促反应过程，通过正反馈作用，加快了凝血反应的完成。当血液凝固一段时间后，血凝块逐渐回缩，析出的淡黄色透明液体为血清。血清与血浆的主要区别在于，血清中不含纤维蛋白原及某些被消耗的凝血因子。

（三）血浆中的抗凝因素

　　正常人血浆中虽含有各种凝血因子，但血液是不会在血管中凝固的。即使出血，血液凝固也是在破损的血管局部进行，并且在出血停止创伤愈合后，血凝块被逐渐溶解。究其原因，首先是正常血管内皮光滑完整，因子Ⅻ不易发生表面激活，血液中又无因子Ⅲ，故不会启动内源性或外源性凝血过程；其次，血液流速很快，即使血浆中有一些凝血因子被激活，也会不断地被稀释运走，使凝血过程不能完成；最后是正常血浆中存在着抗凝系统，主要为抗凝血酶、肝素等抗凝血物质。机体本身存在的这种抗凝和纤溶机制，不仅能预防正常状态时血管内血液凝固，还能对血液凝固加以适当的调节和限制。

　　1. 抗凝血酶Ⅲ　抗凝血酶Ⅲ是肝脏合成的一种脂蛋白，为血浆中主要的抗凝物质。是一种丝氨酸蛋白酶抑制物，由肝细胞和血管内皮细胞产生。它能够和凝血酶、因子Ⅸa、X a、Ⅺa、Ⅻa 及激肽释放酶分子中的丝氨酸残基结合，使其失去活性。在正常情况下，抗凝血酶的直接抗凝血

内源性凝血　　　　　　　　　　　　外源性凝血

接触异物　　　　　　　　　　　　　组织损伤释放

XII ⟶ XIIa ┄┄⟶ 激肽释放酶

前激肽释放酶

XI ⟶ XIa
Ca²⁺

IX ⟶ IXa　PF₃　VIII　Ca²⁺

III　VII　Ca²⁺

X ⟶ Xa　PF₃　V　Ca²⁺ ⟵ X

II ⟶ IIa　　Ca²⁺

纤维蛋白原 ⟶ 纤维蛋白单体

纤维蛋白单体 ⟵ XIIIa ⟵ XIII　Ca²⁺

稳定的纤维蛋白多聚体

凝血酶原激活物形成　凝血酶形成　纤维蛋白形成

⟶ 变化方向　　┄┄⟶ 催化作用

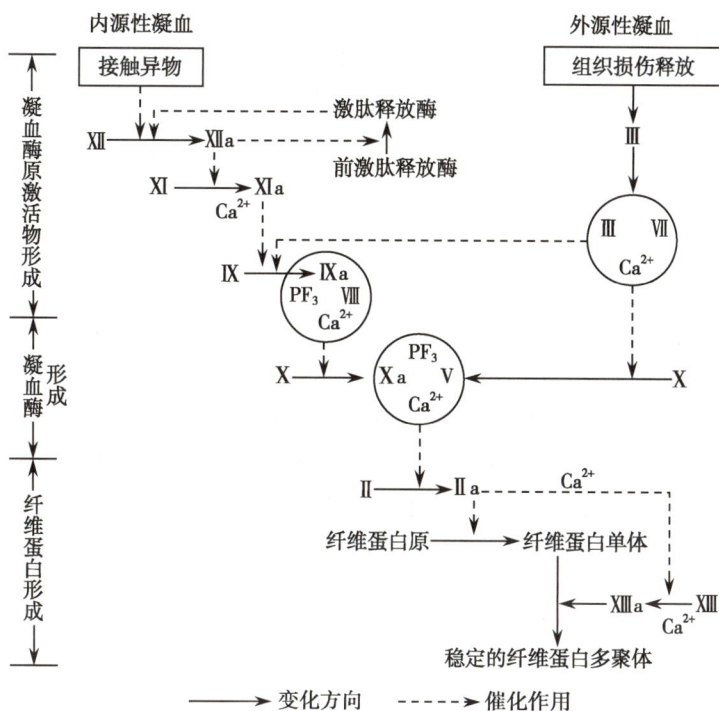

图 3-3　血液凝固示意图

作用非常慢而弱,但它与肝素结合后,其抗凝作用可增加 2 000 倍。

2. 肝素　肝素是一种酸性糖胺聚糖,主要由嗜碱性粒细胞和肥大细胞产生。肝素分布在体内大多数组织中,尤以肝、心、肺和肌组织中含量最多。肝素的抗凝作用主要有:①增强抗凝血酶的作用:肝素通过与抗凝血酶分子上的赖氨酸残基结合,使其与凝血酶的亲和力增加 100 倍,加速凝血酶的失活。②肝素能抑制凝血酶原的激活过程,阻止血小板黏附聚集。③刺激血管内皮细胞释放纤溶酶原激活物,促进纤维蛋白溶解。因此,肝素在临床上作为一种抗凝剂广泛应用于防治血栓性疾病。

3. 蛋白质 C　是一种由肝脏合成的维生素 K 依赖因子,是以酶原形式存在并具有抗凝作用的血浆蛋白。其能灭活因子 V a 和VIIIa,削弱 X a 对凝血酶原的激活作用,促进纤维蛋白溶解。

(四)血液凝固的加速与延缓

根据血液凝固的原理,在临床上可采取一些措施来加速、延缓或防止血液凝固,以便帮助对疾病的诊断和治疗。

1. 加速凝血措施　在进行外科手术时,常用温热生理盐水纱布压迫伤口止血,原理就是利用粗糙面激活因子XII,并促进血小板黏附、聚集、释放 PF₃ 等;还有利用温热加速酶促反应,促进血液凝固,有利于止血。此外,为防止维生素 K 缺乏患者在手术时大出血,常在术前给予一定量的维生素 K,促使肝脏合成 II、VII、IX、X 凝血因子,以加速血液凝固。

2. 延缓凝血的措施　若将血液置于光滑或温度较低的环境中,如在容器表面涂有硅胶或石蜡,增加异物表面的光滑度,均可延缓凝血。在临床输血、检验和科研中,常在抽出体外的血液中加入适量的抗凝剂,延缓凝血。如加入枸橼酸钠,可与血浆中 Ca²⁺ 形成不易电离的可溶性络合物,若用量适度对机体无害,所以常作为输血时的抗凝剂。加入草酸盐,可与血浆中的 Ca²⁺ 形成不易溶解的草酸钙沉淀,是化验室常用的抗凝剂,因草酸盐对机体有毒性,故不能用于临床输血。两者都是通过使血浆中的 Ca²⁺ 显著减少或消失,达到抗凝作用。维生素 K 拮抗剂如华法林,也可以在体内起到抗凝作用。而肝素在体内、体外均有强大的抗凝作用,已广泛应用于临床防治血栓形成。

课堂互动

患者在野外出现动脉或静脉出血时，可以采取哪些方法止血？所依据的生理学原理是什么？

二、纤维蛋白溶解

正常情况下，组织损伤后所形成的止血栓在完成止血使命后将逐步溶解，从而保证血管通畅。止血栓的溶解主要依赖于纤维蛋白溶解系统。血浆中纤维蛋白降解液化的过程，称为纤维蛋白溶解，简称纤溶。纤维蛋白溶解系统主要包括纤维蛋白溶解酶原（简称纤溶酶原）、纤维蛋白溶解酶（简称纤溶酶）、纤溶酶原激活物和纤溶酶原抑制物四种成分。纤维蛋白溶解的基本过程大致分为纤溶酶原的激活、纤维蛋白和纤维蛋白原的降解两个主要步骤（图3-4）。

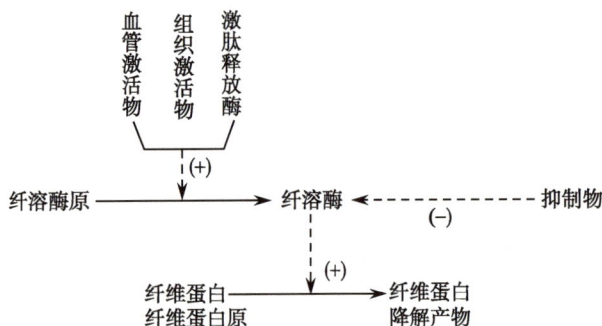

图3-4　纤维蛋白溶解示意图

（一）纤维蛋白溶解酶原的激活

纤溶酶原是血浆中的一种 β 球蛋白，主要由肝脏合成。它经各种激活物的作用转变为纤溶酶。纤溶酶原激活物分布很广。主要有三类：①血管激活物：在小血管内皮细胞合成，当血管内出现血纤维时释放于血浆中，并吸附在纤维蛋白凝块上，以促进血管内血凝块溶解。②组织激活物：这类激活物广泛地存在于体内组织中，其中以子宫、卵巢、肾上腺、前列腺、甲状腺和肺等组织中含量较多，当这些器官受损伤时，组织激活物便大量释放出来，促进纤溶。所以，这些器官手术时止血困难、术后易发生渗血，以及妇女月经血液不凝固都是组织激活物释放造成的。此外，从尿液中提取出来的尿激酶，也属组织激活物，是由肾脏合成和分泌的，临床上用作血栓溶解剂。③依赖于因子Ⅻa 的激活物：血浆中的前激肽释放酶被Ⅻa 激活生成激肽释放酶，即可激活纤溶酶原。

（二）纤维蛋白和纤维蛋白原的降解

纤维蛋白和纤维蛋白原在纤溶酶的作用下可被分解成许多可溶性的小肽，称为纤维蛋白降解产物。纤维蛋白降解产物一般不再发生血液凝固，其中一部分还具有抗凝血作用。

（三）纤溶抑制物

血液中能抑制纤溶的物质统称为纤溶抑制物。按其作用环节分为两类：一类抑制纤溶酶原激活的称为抗活化素；另一类抑制纤溶酶活性的称为抗纤溶酶。这两类物质存在于血浆和组织中。正常血液中，抗纤溶酶的作用远强于纤溶酶，故纤溶酶难于发挥作用，不易水解血浆中的纤维蛋白原和其他凝血因子。在血凝块中，由于纤维蛋白只吸附纤溶酶原和激活物，而不吸附纤溶抑制物，因此，纤溶酶大量形成并发挥作用，使纤维蛋白溶解。纤溶激活物和抑制物，以及纤溶的酶促反应，总称为纤溶系统。

（四）纤维蛋白溶解的生理意义

纤溶系统对保持血管内血液处于液体状态,防止血栓的形成,保证血流通畅具有十分重要的生理意义。正常情况下,血液凝固系统和纤维蛋白溶解系统是两个既对立又统一的功能系统,都是机体的一种保护性生理过程,它们之间存在着动态平衡,共同维持血流通畅。当这两个系统之间的平衡发生紊乱时,即可出现出血和凝血方面的异常。

第四节　血型与输血原则

一、血　　型

血型是指血细胞膜上的特异性抗原类型。通常所谓血型,主要指红细胞血型。目前国际输血协会认可的人类红细胞血型系统多达 29 个,193 种抗原。医学上较为重要的血型系统是 ABO、Rh、MNSs、Lutheran、Kell、Lew-is、Duff、Kidd 等,其中与临床关系较为密切的是 ABO 血型系统和 Rh 血型系统。

（一）ABO 血型系统

1. ABO 血型系统的分型　ABO 血型是根据红细胞膜上所含抗原的种类不同或有无来分型。将血型分为 A 型、B 型、AB 型和 O 型四个基本类型。这一系统中,红细胞膜上含有两种不同的抗原(这些抗原在红细胞凝集反应中也称凝集原),分别称 A 抗原(A 凝集原)和 B 抗原(B 凝集原)。在血清中存在两种与抗原相对抗的天然抗体(能与红细胞膜上的凝集原起反应的特异抗体也称为凝集素),分别称为抗 A 抗体(抗 A 凝集素)和抗 B 抗体(抗 B 凝集素)。正常情况下,同一个体的血液中,相对抗的抗原和抗体是不会同时并存的。凡红细胞膜上只含有 A 抗原的为 A 型,其血清中含有抗 B 抗体;膜上只含有 B 抗原的为 B 型,其血清中含有抗 A 抗体;膜上 A、B 两种抗原均有的为 AB 型,其血清中无抗体;膜上无抗原的为 O 型,其血清中抗 A、抗 B 抗体均有(表 3-4)。

表3-4　ABO 血型系统的抗原和抗体

血型	红细胞膜上的抗原	血清中的抗体	血型	红细胞膜上的抗原	血清中的抗体
A 型	A	抗 B	AB 型	A、B	无
B 型	B	抗 A	O 型	无	抗 A、抗 B

课堂互动

如果父亲是 A 型,母亲是 B 型,孩子可能是什么血型?

2. 血型遗传　血型是先天遗传的。在人类 ABO 血型的遗传中,受细胞核染色体上 A、B 和 O 三个等位基因所控制。其中 A 和 B 属于显性基因,O 属于隐性基因(表 3-5)。每一种血型均出两个遗传基因所决定。血型基因由父母双方各遗传一个基因给子女,故知道父母血型,就能推算出子女可能有的血型(表 3-6)。例如红细胞上表现型为 O 者只可能来自两个 O 基因;而表现型 A 和 B 者,有可能来自 AO 和 BO 基因,因此 A 型或 B 型的父母完全有可能生下 O 型

表3-5　ABO 血型的遗传基因和表现

血型遗传基因	AA、AO	BB、BO	AB	OO
血型表现型	A 型	B 型	AB 型	O 型

的子女；而 AB 血型的父母不可能生下 O 型子女。但在法医判断血缘关系时，只能作否定的参考依据，而不能作肯定的判断。

表 3-6   ABO 血型的遗传关系

母亲血型	父亲血型			
	O 型	A 型	B 型	AB 型
O	O	O、A	O、B	A、B
A	O、A	A、O	O、A、B、AB	A、B、AB
B	O、B	O、A、B、AB	B、O	A、B、AB
AB	A、B	A、B、AB	A、B、AB	A、B、AB

（二）Rh 血型系统

Rh 血型是与 ABO 血型系统同时存在的另一类血型系统。1940 年 Landsteiner 和 Wiener 用恒河猴的红细胞重复注射家兔体内，引起家兔血清中产生抗恒河猴红细胞抗体（凝集素），再用含这种抗体的血清与人的红细胞混合，发现有 85% 的美洲白种人的红细胞被这种血清凝集，这表明人类红细胞具有与恒河猴同样的抗原，称为 Rh 阳性血型；另有约 15% 的人红细胞不被这种血清所凝集，称为 Rh 阴性血型。这种血型系统即称为 Rh 血型系统。我国汉族绝大多数人属 Rh 阳性，Rh 阴性者不足 1%。但有些少数民族，Rh 阴性者较汉族高，如塔塔尔族为 15.8%，苗族为 12.3%，布依族和乌孜别克族均为 8.7%。因此，在 Rh 阴性血型较多的地区工作的医护人员，对 Rh 血型应当特别重视。

1. Rh 血型系统的抗原   Rh 血型系统是红细胞血型中最复杂的一个系统。目前已发现 40 多种 Rh 抗原（Rh 因子），与临床关系密切的有 C、c、D、E、e 五种抗原，其中以 D 抗原的活性最强。通常将红细胞膜上含有 D 抗原者称为 Rh 阳性；不含 D 抗原者称 Rh 阴性。

2. Rh 血型的特点及其临床意义   Rh 血型系统的主要特点是不论 Rh 阳性还是 Rh 阴性，其血清中不存在天然抗 Rh 抗体。只有 Rh 阴性的人接受 Rh 阳性者的红细胞后，产生后天获得性抗 Rh 抗体，即免疫性抗体。抗 Rh 抗体可与 Rh 阳性者红细胞发生凝集反应。

二、输 血 原 则

（一）输血原则

1. 输血原则   临床输血遵循的根本原则，就是要避免在输血过程中出现红细胞凝集反应。如果在输血时，当含有相同抗原和抗体的红细胞与血清相遇，且达到一定的浓度时，会引起红细胞凝集反应，使红细胞破裂溶血。因此，临床上输血要求输同型血。只有在缺乏同型血的情况下，才可根据供血者的红细胞不被受血者的血清所凝集的原则，可缓慢、少量（一般不超过 300ml）输入异型血液。

2. 交叉配血试验   为确保输血安全，不论同型或异型输血，均应在输血前做交叉配血试验（图 3-5）。即把供血者的红细胞与受血者的血清相混合，称为直接配血（主侧）；再把受血者的红细胞与供血者的血清相混合，称为间接配血（次侧）。如果两侧均无凝集反应时，可输血；如果主侧凝集，不能输血；如果仅次侧凝集，可谨慎地少量输血，且要密切观察有无输血反应的发生。

（二）ABO 血型与输血

由于 ABO 血型系统的个体差异，为保证输血安全，临床上输血

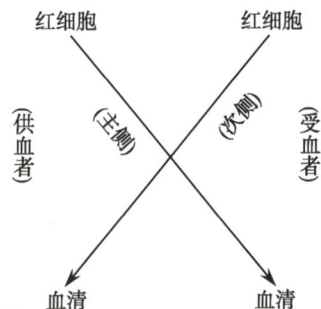

红细胞   红细胞

（供血者）（主侧）（次侧）（受血者）

血清   血清

图 3-5   交叉配血示意图

前一般会要求检验 ABO 血型类型，做交叉配血实验，根据结果判断是否输血，并且尽量输同型血。O 型血的红细胞膜上无抗原，故在必要时可输给其他血型者；而 AB 型血的血清中无抗体，故可接受其他型血液。至于供血者输入的血清中抗体进入受血者的血液循环后，很快被稀释，使其浓度降低到不足以引起受血者的红细胞发生凝集反应。

（三）Rh 血型与输血

1. 输血溶血反应 在输血方面，当 Rh 阴性的受血者第一次接受 Rh 阳性的血液后，不会发生凝集反应，但可使受血者血清中产生抗 Rh 抗体。这样，在第二次再输入 Rh 阳性血液时，就会发生红细胞凝集反应，发生溶血。这就是临床上重复输同一供血者的血液时，也要做交叉配血试验的原因。

2. 新生儿溶血反应 在妊娠方面，当 Rh 阴性的母亲孕育了 Rh 阳性的胎儿时，胎儿的红细胞因某种原因（如少量胎盘绒毛脱落）进入母体血液循环，也可产生抗 Rh 抗体。如果第二次母亲再孕育 Rh 阳性胎儿时，母亲体内的抗 Rh 抗体就可透过胎盘进入胎儿血液，使胎儿的红细胞凝集，发生溶血，重者可导致胎儿死亡。

由于血型种类较多，所以输血不仅要鉴定血型，而且每次输血之前均应进行交叉配血试验。

思政元素

不忘初心使命，无偿献血我先行

血液是拯救伤病员生命的重要物质，至今仍无法人工制造，只能依靠人们用爱心提供。每当人们不计报酬地献出自己宝贵而有限的血液，去换取他人生命的延续或新生，我们的社会就多了一份关爱。倡导无偿献血是拯救生命的需要，是社会文明和进步的体现。

为保证医疗临床用血需要和安全，保障献血者和用血者身体健康，发扬人道主义精神，促进社会主义物质文明和精神文明建设，我国实行无偿献血制度，倡导 18 周岁至 55 周岁的健康公民自愿献血。对献血者，发给国务院卫生行政部门制作的无偿献血证书，有关单位可以给予适当补贴。

无偿献血，利国利民。捐出一份热血，献出一份爱心，是以实际行动践行"不忘初心、牢记使命"的具体表现，广大身体健康的青年学生，应当行动起来，用热血筑起爱的长城，让青春永放光彩！

（黄维琳）

? 复习思考题

1. 简述血浆渗透压的组成及生理意义。
2. 血液凝固有哪两种途径？区别和联系是什么？
3. 何谓血型？临床输血的原则是什么？
4. 利用生理学知识分析引起再生障碍性贫血、缺铁性贫血、巨幼红细胞性贫血的原因。

扫一扫，测一测

思维导图

第四章 血液循环

学习目标

1. 掌握心室肌细胞动作电位产生过程及特点,心肌细胞生理特性,心动周期概念,心脏泵血过程,心输出量的概念及影响因素,动脉血压的形成及影响因素,颈动脉窦和主动脉弓压力感受性反射,肾上腺素和去甲肾上腺素、抗利尿激素和肾素-血管紧张素-醛固酮对心血管的作用。

2. 熟悉心音的产生机制,正常心电图的波形及生理意义,中心静脉压概念及影响因素,组织液生成与回流过程,静脉回流影响因素,心交感神经和迷走神经支配效应及其递质和受体。

3. 了解血液循环的功能,微循环的血流量的调节,冠脉循环、脑循环、肺循环。

心血管系统由心脏和血管共同组成。血液在心血管中按一定的方向周而复始地流动称为血液循环。血液循环过程中,心脏是推动血液流动的动力器官;血管是血液流动的管道,起输送血液、分配血流并为血液与组织进行物质交换提供场所的作用。

血液循环的主要生理功能是将营养物质运输到全身各器官、组织及细胞,供其利用,同时将代谢产物运输到肾、肺、皮肤等器官排出体外,以保证人体新陈代谢正常进行、维持内环境的相对稳定和血液的防卫免疫功能。血液循环一旦发生障碍,就会破坏人体内环境稳态,导致组织、器官的代谢紊乱、功能失调,引起疾病,严重时可危及生命。

思政元素

一场抢救生命接力赛

2021年7月13日9时45分许,在中南大学湘雅医学院新校区,一名邮政工作人员下车后因身体不适突然倒地,面部血流不止。同行的三位同事被这突如其来的场景吓到,马上拨打了120。在这紧急关头,湘雅医学院2020级研究生姜燕正好路过,身穿裙子的姜燕已顾不得优雅,她见状马上跪在温度超过40℃的滚烫的地面上,仔细查看患者情况,首先对患者的呼吸和心跳进行了评估。见到此时患者面色发紫,瞳孔开始放大,心跳和呼吸已停止,她当机立断,向正在附近巡逻的保卫人员求助,并马上开始做心肺复苏。师生们闻讯赶来,纷纷施援手,一场抢救生命接力赛由此开启……经过两轮心肺复苏和一次电除颤,患者心跳和脉搏渐渐恢复。同学们运用医学知识和技能,弘扬见义勇为的精神,成功挽救了生命,也唤起作为医学生的使命感和自豪感。

第一节 心脏生理

心脏的主要功能是泵血。通过心房和心室有节律地、交替地收缩和舒张,将静脉内的血液吸入心脏并射入动脉,推动血液在血管内沿单一方向循环流动。心脏有序的舒缩活动,是由其生理特性所决定的,而心肌细胞的生物电活动是触发心肌收缩和泵血的动因。因此,学习心肌细胞生物电活动的规律,对于理解心肌的生理特性和心脏的泵血功能有重要的意义。

一、心肌细胞的跨膜电位

根据心肌细胞动作电位去极化速率的不同及其产生机制,可以将心肌细胞分为快反应细胞和慢反应细胞。前者包括心房、心室肌细胞和浦肯野细胞,其去极化过程由快钠通道开放、钠离子快速内流引起;后者则包括窦房结 P 细胞和房室结细胞,其去极化过程由慢钙通道开放、钙离子缓慢内流引起。

根据心肌细胞的组织学和电生理学特点,又可将心肌细胞分为两类:一类是普通的心肌细胞,包括心房肌和心室肌,这类心肌细胞主要执行收缩功能,故又称为工作细胞;另一类为组成心内特殊传导系统的心肌细胞,主要包括窦房结细胞和浦肯野细胞,它们没有收缩功能,但可自动产生节律性兴奋,故又称为自律细胞。

(一)工作细胞的跨膜电位

心房肌细胞和心室肌细胞的跨膜电位及其形成机制基本相同,以下以心室肌细胞为例,介绍工作细胞的跨膜电位及其形成机制。

1. 静息电位 心室肌细胞的静息电位稳定,为 $-90\sim-80\text{mV}$,其形成机制与神经细胞和骨骼肌细胞相似,主要是 K^+ 外流所致。此外,生电性钠泵的活动也可影响静息电位。

2. 动作电位 心室肌细胞的动作电位,包括去极化和复极化两个过程,可分为 0 期、1 期、2 期、3 期和 4 期五个时期(图 4-1)。

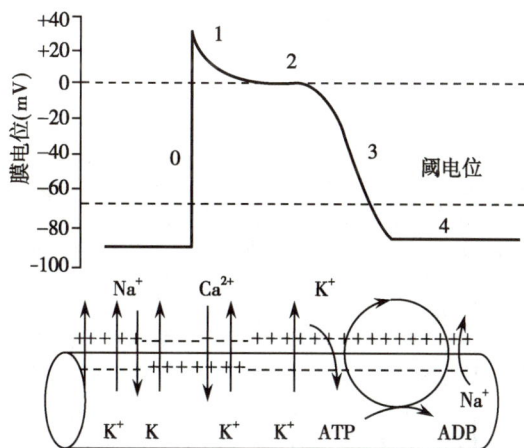

图 4-1 心室肌细胞动作电位和主要离子流示意图

(1)去极化过程(0 期):心室肌细胞受到有效刺激时,膜上 Na^+ 通道部分开放,少量 Na^+ 内流,膜电位去极化。当膜电位去极化达到阈电位(-70mV)时,膜上 Na^+ 通道大量开放,Na^+ 大量快速内流,膜电位迅速上升到约 $+30\text{mV}$,整个过程历时 1~2 毫秒。因此,0 期去极化的形成由膜上 Na^+ 通道开放、Na^+ 快速内流所致,与神经细胞和骨骼肌细胞的去极化过程相似。此 Na^+ 通道开放与关闭都很迅速，又称为快钠通道，可被河豚毒素（tetrodotoxin，TTX）选择性阻断。

（2）复极化过程：心室肌细胞的复极化过程可分为 4 个时期，历时 250～300 毫秒。

1）1 期（快速复极初期）：心室肌细胞动作电位去极化达到峰值后，膜内电位由 +30mV 快速下降到 0mV 左右，此为 1 期，历时约 10 毫秒。此时钠通道已失活关闭，Na^+ 内流停止，同时激活一种主要由 K^+ 负载的一过性的外向离子流。因此，1 期主要是由 K^+ 的快速外流所致。

2）2 期（平台期）：1 期复极膜电位接近 0mV 左右时，复极化速度变慢，膜电位停滞在 0mV 膜电位水平，持续 100～150 毫秒，此期记录的动作电位图形较平坦，故称为平台期，又称为缓慢复极期。2 期心室肌细胞膜上慢 Ca^{2+} 通道开放，Ca^{2+} 缓慢持续内流，同时伴有 K^+ 外流，两种离子流动方向相反，处于相对平衡状态，在电位上相互抵消。2 期（平台期）是心室肌细胞动作电位区别于神经细胞和骨骼肌细胞动作电位的主要特征。

3）3 期（快速复极末期）：3 期复极化速度较快，膜电位由 0mV 左右快速恢复到 –90mV，完成整个复极化过程，历时 100～150 毫秒。此期慢 Ca^{2+} 通道关闭，Ca^{2+} 内流停止，K^+ 外流进一步增强。3 期时，K^+ 外流使膜电位负值增加，而膜电位负值的增加进一步促进 K^+ 外流，这种正反馈过程使 3 期复极越来越快，直至复极化到原来膜电位水平。

4）4 期（静息期）：3 期复极结束后，心室肌细胞膜电位恢复到静息时的水平，但此时离子跨膜转运仍在活跃进行。这是因为动作电位期间有 Na^+、Ca^{2+} 进入细胞和 K^+ 流出细胞，造成细胞内、外离子分布的改变。通过膜上 Na^+-K^+ 泵、Na^+-Ca^{2+} 交换体和钙泵的活动，将内流的 Na^+、Ca^{2+} 排出细胞，同时将外流的 K^+ 摄入细胞，使细胞内外离子浓度恢复至兴奋前的水平。

心房肌细胞动作电位的时程较短，仅 150～200 毫秒，可能与其细胞膜对 K^+ 的通透性较大有关。

（二）自律细胞的跨膜电位

自律细胞与非自律细胞相比，其动作电位的最大特点是 4 期膜电位不稳定，可缓慢自动地去极化，称为 4 期自动去极化。4 期自动去极化是自律细胞与非自律细胞的主要区别，也是形成自律性的基础。

1. 窦房结 P 细胞动作电位　窦房结 P 细胞动作电位（图 4-2）与心室肌细胞明显不同，没有明显的 1 期和 2 期，仅分为 0、3、4 三个时期。0 期去极化缓慢，幅度较小（约 70mV），由 Ca^{2+} 内流所致，3 期复极化为 K^+ 外流。当 P 细胞动作电位 3 期复极达最大值后，立即开始自动去极化，称 4 期自动去极化。P 细胞 4 期起始处的膜电位称最大复极电位（maximal repolarization potential，MRP），为 –70mV。4 期自动去极化机制比较复杂，主要是 K^+ 外流逐渐减少，Na^+、Ca^{2+} 少量内流所引起，其中 K^+ 外流进行性衰减最为重要。窦房结 P 细胞 4 期自动去极化速度较快，自律性最高，是心脏正常起搏点。

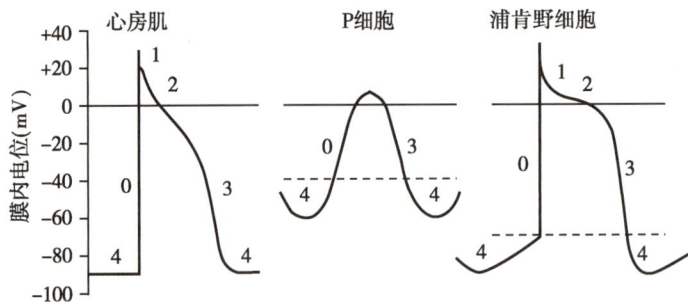

图 4-2　心房肌、P 细胞和浦肯野细胞的生物电

2. 浦肯野细胞动作电位　浦肯野细胞动作电位（图 4-2）形成原理与心室肌细胞基本相同，但其 4 期膜电位不稳定，可自动去极化。4 期自动去极化是由 4 期 K^+ 外流逐渐衰减，而 Na^+ 内流

逐渐增加所致。浦肯野细胞最大复极电位为 –90mV，由于其 4 期自动去极化速度较慢，因而自律性较低。

知识链接

"救命神器"——自动体外除颤器（AED）

AED（automated external defibrillator）是自动体外除颤器的简称，它是一种普通公众也可掌握操作的智能、便携的医疗器械。AED 内置语音提示，听它说，跟它做。它可以自行判断、分析患者身体情况，识别是否为可除颤心律，如为可除颤心律，会提供高能量电流，对人体的特定区域放电，帮助因心室颤动、无脉性室性心动过速导致骤停的心脏恢复正常的心律，在抢救心源性猝死患者过程中起着至关重要的作用，有"救命神器"之称。当患者突然倒地失去反应，评估环境，保障安全，第一时间拨打 120；检查患者，当患者失去呼吸或进入濒死喘息状态时，要立即对患者进行心肺复苏，同时打开 AED 并根据语音提示对患者进行急救。在心搏骤停时，只有在最佳抢救时间的"黄金 4 分钟"内，使用 AED 配合心肺复苏，才是最有效制止猝死的办法。

二、心肌的生理特性

心肌细胞具有自律性、兴奋性、传导性和收缩性四种基本的生理特性。收缩性是指心肌能在肌膜动作电位的触发下产生收缩反应的特性，以收缩蛋白的功能活动为基础，是心肌的机械特性。自律性、兴奋性和传导性都是以细胞膜的生物电活动为基础的，属于电生理特性。

心肌的工作细胞具有兴奋性、传导性和收缩性，但一般不能自动产生节律性兴奋，即不具有自律性。自律细胞因其有自动发生节律性兴奋的特性，具有自律性、兴奋性和传导性，但其含肌原纤维很少或完全缺乏，基本丧失收缩功能，不具有收缩性。

（一）自律性

心肌在无外来刺激的条件下能自动产生节律性兴奋的能力或特性称为自动节律性，简称自律性。具有自律性的组织或细胞称为自律组织或自律细胞。自律性的高低可用单位时间（每分钟）内自动发生兴奋的次数，即自动兴奋的频率来衡量。

1. 心脏的起搏点 心脏的特殊传导系统具有自律性，但心脏特殊传导系统各部分自律性高低不同，其中以窦房结 P 细胞的自律性为最高（自动兴奋频率为每分钟约 100 次），其次为房室交界（每分钟为 40～60 次），末梢浦肯野纤维自律性最低（每分钟为 20～40 次）。由于窦房结的自动节律性最高，总是在其他特殊传导组织尚未发生兴奋（或兴奋未到达心肌细胞）之前就首先发生兴奋，其兴奋向外扩布，依次激动心房肌、房室交界、房室束、心室内传导组织和心室肌，从而引起整个心脏兴奋和收缩。故正常情况下，窦房结是控制心脏兴奋和收缩的正常部位，为正常起搏点；其他自律组织仅起兴奋传导作用，而不表现出其自律性，为潜在起搏点。在某些病理情况下，如窦房结起搏功能障碍或传导阻滞或窦房结以外的自律组织的自律性异常增高而成为起搏点控制心脏的活动，称为异位起搏点。以窦房结为起搏点的心脏活动节律，称为窦性节律；由异位起搏点控制的心脏活动节律，称为异位节律。

2. 影响自律性的因素 自律细胞的自动兴奋是 4 期自动去极化使膜电位从最大复极电位达到阈电位水平而引起的。因此，自动兴奋频率的高低主要取决于 4 期自动去极化的速度，也取决于最大复极电位水平和阈电位水平之间的差距（图 4-3）。

（1）4 期自动去极化的速度：去极化速度快，到达阈电位所需时间缩短，单位时间内发生兴奋次数增多，自律性升高。反之，去极化速度慢，到达阈电位所需时间延长，单位时间内发生兴奋

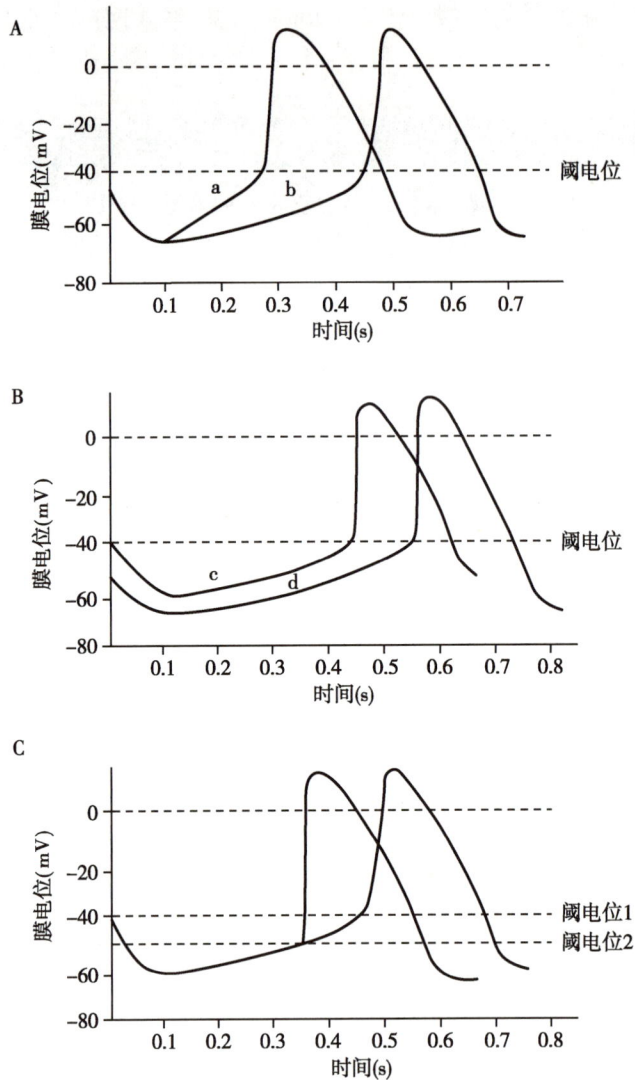

图 4-3　影响自律性的因素

A. 自动去极化速度（a、b）对自律性的影响；B. 最大复极电位（c、d）
对自律性的影响；C. 阈电位水平（1、2）对自律性的影响

的次数减少，自律性降低。

（2）最大复极电位和阈电位之间的差距：最大复极电位的绝对值减小或阈电位水平下移，都能使两者之间的差距缩小，自动去极化达到阈电位的时间缩短，自律性升高。反之，则自律性降低。

（二）兴奋性

心肌细胞对刺激发生反应的能力称为兴奋性。心肌细胞在受到一次刺激发生兴奋后，其兴奋性会发生周期性变化。

1. 心肌细胞兴奋性的周期性变化　心肌细胞兴奋性的变化与跨膜电位的变化密切相关，可分为以下几个时期（图 4-4）。

（1）有效不应期：心肌细胞发生兴奋后，从动作电位 0 期去极化开始到 3 期复极化膜电位达 -55mV 的时期，无论给予多强的刺激，都不会发生反应，称为绝对不应期（absolute refractory period, ARP），此期内兴奋性等于零。3 期复极化从 -55mV 到 -60mV 这段时期内，若给予强大的刺激，可使细胞膜发生部分去极化，产生局部反应，称为局部反应期（local response period）。由于从 0 期去极化开始到 3 期膜电位恢复到 -60mV 这段时期内，心肌细胞不能产生新的动作电位，称为有效不应期（effective refractory period, ERP）。有效不应期包括绝对不应期和局部反应期。

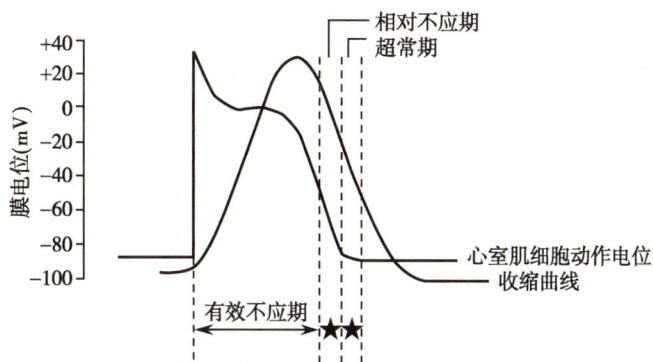

图 4-4　心室肌细胞动作电位期间兴奋性变化及其与机械收缩的关系

（2）相对不应期：3 期复极化从 –80～–60mV 的这段时期内，若给予心肌阈上刺激，则可引起一次新的动作电位，此期称为相对不应期（relative refractory period，RRP）。在相对不应期内，心肌细胞的兴奋性已逐渐恢复，但仍低于正常。

（3）超常期：在 3 期复极化过程中，膜电位从 –90～–80mV 的这段时期内，若给予心肌一个阈下刺激，就可引起一次兴奋，产生动作电位，此期心肌兴奋性高于正常，故称为超常期（supranormal period，SNP）。

复极化过程完成后，膜电位恢复到正常静息时的水平，兴奋性也恢复正常。

2. 心肌兴奋性周期性变化的特点　心肌细胞兴奋性的特点是有效不应期特别长，相当于整个收缩期和舒张早期。此期心肌不会产生第二次兴奋和收缩。

3. 期前收缩与代偿间歇　当整个心脏以窦房结的节律进行活动时，窦房结产生的每次兴奋都是在前一次兴奋的不应期结束后才传到心房和心室引起心肌兴奋和收缩，故心脏的收缩和舒张能够按照窦房结的节律交替出现。如果在心室肌的有效不应期之后到下次窦房结兴奋到达之前，心室肌受到额外的刺激，则可以提前产生一次兴奋称为期前兴奋，由期前兴奋引发的收缩称为期前收缩。期前兴奋也有自己的有效不应期，下次窦房结的兴奋传到心室时，如果落在期前兴奋的有效不应期内则不能引起心室肌的兴奋和收缩，必须等待下一次窦房结的兴奋传来时才能产生兴奋和收缩。所以，在一次期前收缩之后，往往会出现一段较长的心室舒张期，称为代偿间歇（图 4-5）。

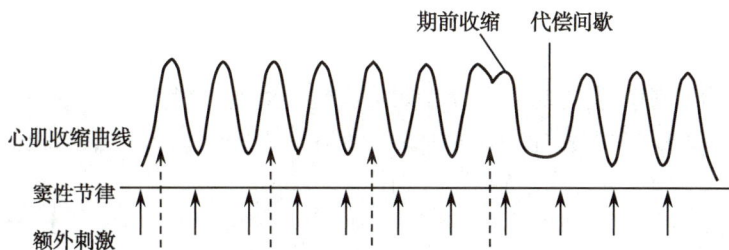

图 4-5　期前收缩与代偿间歇

4. 影响兴奋性的因素　兴奋性的高低取决于静息电位与阈电位之间的差距。

（1）引起 0 期去极化的离子通道性状：以心室肌为例，0 期去极化的引起与 Na^+ 通道的激活有关。Na^+ 通道有备用、激活和失活三种状态，Na^+ 通道处于哪种状态，取决于当时膜电位水平及有关动作电位的时间进程。当膜电位处于静息电位水平时，Na^+ 通道处于备用状态，此时给予一个有效刺激，可激活 Na^+ 通道，使膜电位去极化至阈电位水平，引发动作电位，此时兴奋性为正常水平。当 Na^+ 通道处于失活状态，无论给予多大刺激都不能引起兴奋，此时的兴奋性为零。

（2）静息电位与阈电位之间的差距：静息电位绝对值增大或阈电位水平上移，静息电位与阈电位之间差距增大，引起兴奋所需刺激强度也增大，兴奋性降低。反之，静息电位绝对值减小或阈电位水平下移，静息电位与阈电位之间差距缩小，兴奋性升高。但当静息电位显著减小时，可由于部分 Na^+ 通道失活使阈电位水平上移，结果兴奋性反而降低。

（三）传导性

心肌细胞具有传导兴奋的能力或特性，称为心肌的传导性。窦房结是心脏正常起搏点，由窦房结发出的兴奋沿一定途径传遍整个心脏，控制心脏的节律性活动。

1. 心内兴奋传导的途径　心肌细胞间及心脏内的特殊传导系统均可传导兴奋。

心肌细胞某处发生的兴奋，能沿细胞膜传导至整个细胞，其兴奋传导的机制与神经纤维和骨骼肌细胞相同。由于心肌细胞间特殊的缝隙连接，兴奋可以通过闰盘迅速扩布到相邻的细胞，使整个心室或心房成为一个功能性合胞体。心房和心室之间有结缔组织相隔离，正常情况下两者间仅通过房室交界相互连接，心房和心室各自构成一个功能单位。

兴奋在心脏内的传播，是通过特殊传导系统完成的。正常情况下，窦房结产生的兴奋直接传给心房肌纤维，并沿着由一些小的心房肌束组成的优势传导通路将兴奋直接传到房室交界，然后由房室束和左右束支传到浦肯野纤维网，引起心室肌兴奋。整个心内兴奋传导时间约为 0.22 秒，其中兴奋在心房内传导约需 0.06 秒，房室交界传导约需 0.10 秒，心室内传导约需 0.06 秒。

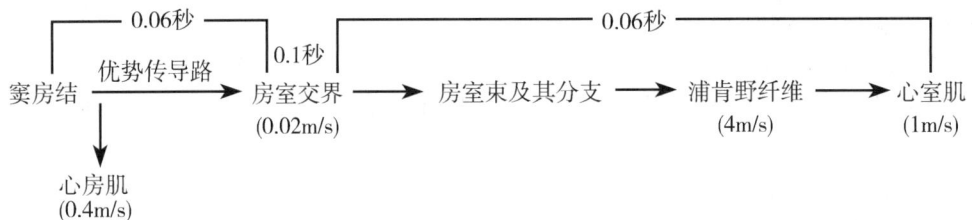

房室交界处兴奋传导的速度较慢，需要时间较长，称为房室延搁。房室延搁的生理意义在于使心房收缩完毕后，心室才能发生收缩，有利于心室的射血和充盈。

2. 影响传导性的因素

（1）0 期去极化的速度和幅度：0 期去极化速度快、幅度高，所形成的局部电流也就愈快、愈强，促使邻近未兴奋部位去极化达阈电位而产生动作电位的时间就愈短，因而兴奋传导速度快。反之，0 期去极化速度慢、幅度低，则兴奋传导速度慢。

（2）邻近未兴奋部位膜的兴奋性：如邻近未兴奋部位膜的兴奋性处于有效不应期内，离子通道处于失活状态，局部电流不能使之兴奋，结果传导阻滞；如邻近未兴奋部位膜的兴奋性处于相对不应期或超常期内，则产生的动作电位 0 期去极化速度和幅度都降低，使传导减慢。此外，邻近未兴奋部位膜的静息电位与阈电位差距加大，则膜的兴奋性降低，去极化达阈电位水平所需的时间延长，传导速度减慢；反之，则传导速度加快。

（3）心肌细胞的直径：心肌细胞的直径与细胞内电阻成反比关系，直径较细的细胞内电阻大，传导速度较慢，直径较粗的细胞内电阻小，则传导速度较快。如房室结纤维直径细小，仅约 $0.3\mu m$，传导速度很慢，仅约 $0.1m/s$；浦肯野纤维直径粗大，约 $70\mu m$，传导速度在心内传导系统中最快，可达 $4m/s$ 左右。

（四）收缩性

与骨骼肌比较，心肌细胞收缩性具有以下特点：

1. "全或无"式收缩　由于兴奋在心肌细胞间传播迅速，心肌一旦兴奋，会引起所有心房肌或心室肌同时收缩，也称同步收缩。同步收缩效果好、力量大，有利于心脏泵血。对于心肌来说，阈下刺激不能引起心肌收缩，而当刺激强度达到阈值后，所有心房肌或心室肌细胞几乎同步收缩，称为"全或无"式收缩。

2. 不发生强直收缩 心肌兴奋性周期的有效不应期特别长，相当于整个收缩期和舒张早期。由于在有效不应期内，任何刺激都不能使心肌细胞产生兴奋和收缩，所以心肌不会发生强直收缩，从而使心肌的收缩和舒张有规律地交替进行，以保证心脏的泵血功能。

3. 对细胞外液中 Ca^{2+} 的依赖性 心肌细胞的肌质网没有骨骼肌发达，贮存 Ca^{2+} 较少。因此，心肌兴奋-收缩偶联所需的 Ca^{2+}，除一部分由终池释放外，还必须依赖细胞外液中 Ca^{2+} 扩散进入膜内。在一定范围内，细胞外液中 Ca^{2+} 浓度升高，细胞兴奋时内流的 Ca^{2+} 增多，心肌收缩力增强；细胞外液中 Ca^{2+} 浓度降低，则心肌收缩力减弱。当细胞外液中 Ca^{2+} 浓度显著降低甚至无 Ca^{2+} 时，心肌细胞膜虽然仍能产生动作电位，却不能发生收缩，称为兴奋-收缩脱偶联。

课堂互动

心脏移植主要是针对晚期充血性心力衰竭和严重冠状动脉疾病进行的外科移植手术。讨论心脏移植与心肌生理特性机制的相关性及对器官捐献的看法。

三、心脏的泵血功能

（一）心率与心动周期

1. 心率 每分钟心脏跳动的次数称为心率。正常成年人安静状态时心率为 60～100 次/min，平均 75 次/min。心率可因年龄、性别和生理功能状态而异。新生儿心率可超过 130 次/min，随着年龄增长而逐渐减慢，至青春期时接近成年人。成年人中，女性的心率比男性稍快。同一个人，安静时心率较慢，运动或激动时心率加快。

2. 心动周期 心脏每收缩和舒张一次，构成一个机械活动周期，称为心动周期。在一个心动周期中，首先是两心房收缩，继而舒张。当心房开始舒张时，心室开始收缩，继而舒张。在心室舒张末期，心房又开始收缩，进入下一个心动周期，如此周而复始。心动周期的长短与心率成反比关系。按正常成年人平均心率 75 次/min，则每个心动周期历时 0.8 秒，其中心房收缩 0.1 秒，舒张 0.7 秒；心室收缩 0.3 秒，舒张 0.5 秒（图 4-6）。心房、心室同时舒张的时期称为全心舒张期，一般出现在心室舒张的前 0.4 秒。由于心室的舒缩活动是推动血液流动的主要动力，故常以心室舒缩活动作为心脏活动的主要指标，把心室收缩期简称为心缩期，心室舒张期简称为心舒期。在一个心动周期中，心房和心室的收缩期都短于舒张期。心率加快时，心动周期缩短，收缩期和舒张期都相应缩短，但舒张期缩短的程度更大，这对心脏的持久活动是不利的。

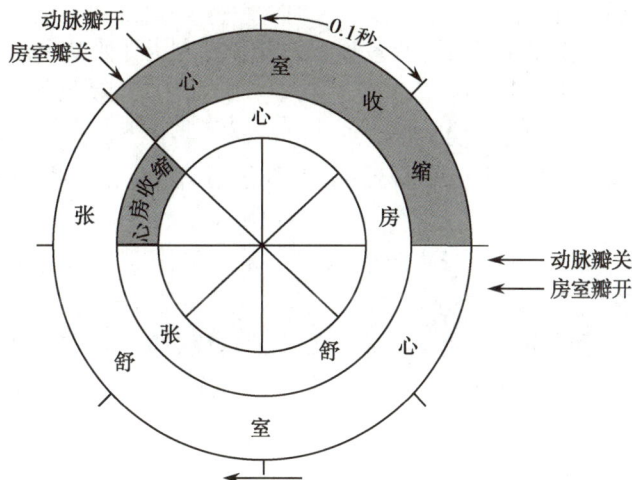

图 4-6 心动周期示意图

（二）心脏的泵血过程

心脏的泵血是通过心脏收缩和舒张的交替活动而完成的。在一个心动周期中，左、右心室的泵血过程相似，而且几乎同时进行。肺动脉压约为主动脉压的 1/6，在心动周期中右心室内压的变化幅度比左心室内压变动小得多。现以左心室为例来说明一个心动周期中心脏的泵血过程（图 4-7）。

心室收缩期

等容收缩期　　　　快速射血期　　　　减慢射血期

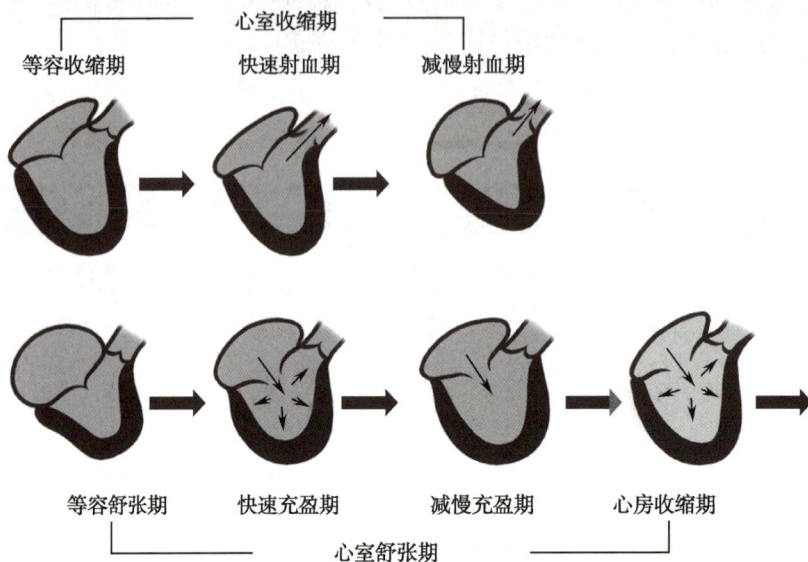

等容舒张期　　快速充盈期　　减慢充盈期　　心房收缩期

心室舒张期

图 4-7　心脏泵血示意图

1. 心室收缩与射血　心室收缩期可分为等容收缩期、快速射血期和减慢射血期三个时期。

（1）等容收缩期：心室开始收缩前，心室内压低于房内压，房室瓣处于开放状态；室内压低于主动脉压，主动脉瓣处于关闭状态。由于心室开始收缩，室内压升高，当室内压超过房内压时，房室瓣关闭，此时，室内压尚低于主动脉压，半月瓣仍处于关闭状态，心室暂时成为一个封闭的腔。从房室瓣关闭直到主动脉瓣开启的这段时间，心室肌的强烈收缩使室内压急剧上升，而心室容积不变，故称为等容收缩期。此期历时约 0.05 秒。该期的长短与心肌收缩力的强弱及动脉血压的高低有关，在心肌收缩力减弱或动脉血压升高时，等容收缩期将延长。

（2）快速射血期：随着心室肌继续收缩，室内压继续上升，当室内压超过主动脉压时，主动脉瓣被推开，血液由心室快速射入主动脉，这一时期心室射出的血量约占总射血量的 2/3，血流速度很快，故称为快速射血期，历时约 0.1 秒。此期心室的容积明显缩小，室内压持续上升并达峰值，主动脉压也随之升高达峰值。

（3）减慢射血期：快速射血期之后，心室收缩力量和室内压开始减小，射血速度减慢，称减慢射血期。此时室内压虽略低于主动脉压，但因血液具有较高的动能，仍能逆着压力梯度继续流向动脉，心室容积继续缩小。历时约 0.15 秒。

2. 心室舒张与充盈　心室舒张期可分为等容舒张期、快速充盈期、减慢充盈期和心房收缩期 4 个时期。

（1）等容舒张期：射血后，心室开始舒张，射血停止，室内压下降，主动脉内的血液向心室方向反流，推动主动脉瓣关闭。此时室内压仍高于房内压，房室瓣仍处于关闭状态，心室又暂时成为一个封闭的腔。从主动脉瓣关闭直至房室瓣开启的这段时间，心室肌发生舒张而心室容积并不改变，称为等容舒张期，历时 0.06～0.08 秒。此时心室肌的继续舒张使室内压急剧下降。

（2）快速充盈期：随着心室肌的舒张，室内压持续下降，当室内压低于房内压时，血液冲开房室瓣，心房和大静脉内的血液主要受到心室内低压的"抽吸"作用而迅速流入心室，心室容积迅速增大，称为快速充盈期，历时约 0.11 秒。此期流入心室的血液量约为心室总充盈量的 2/3。

（3）减慢充盈期：随着心室内血液充盈量的增加，心室与心房、大静脉之间的压力差减小，血液流入心室的速度减慢，称为减慢充盈期，历时约 0.22 秒。

（4）心房收缩期：在心室舒张期的最后 0.1 秒，心房开始收缩，房内压升高，将更多的血液挤入心室，使心室进一步充盈，此期流入心室的血液量约占心室总充盈量的 10%～30%。

心动周期中左心室内压力、容积和瓣膜的变化见图 4-8。

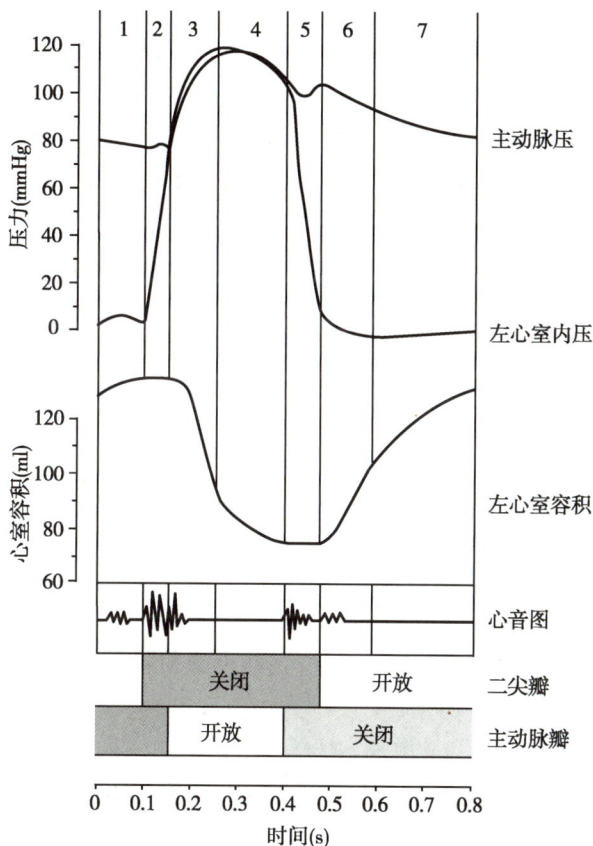

图 4-8　心动周期中左心室内压力、容积和瓣膜等变化

1. 心房收缩期；2. 等容收缩期；3. 快速射血期；4. 减慢射血期；5. 等容舒张期；6. 快速充盈期；7. 减慢充盈期

课堂互动

胸外按压是心肺复苏过程中的重要环节，依据心脏的泵血过程分析胸外按压的原理。

四、心脏泵血功能的评价

评价心脏的泵血功能，常以下述指标衡量。

（一）每搏输出量与射血分数

一侧心室每次收缩所射出的血量称为每搏输出量（stroke volume），简称搏出量。安静状态下，每搏输出量为 60～80ml，平均 70ml。由于人体在安静时，心室舒张末期的容积为 120～130ml，所以在射血期末，心室内还存有一部分血液。每搏输出量与心室舒张末期容积之比称为射血分数（ejection fraction），即

$$射血分数 = \frac{搏出量}{心室舒张末期容积（ml）} \times 100\%$$

正常成年人安静时的射血分数约为55%～65%。心肌收缩力越大，则每搏输出量越多，心室内余下的血液越少，射血分数也越大。在心功能减退、心室扩大的患者，虽然搏出量可能和正常人无明显差异，但已不能与扩大的心室舒张末期容积相适应，以致射血分数明显下降。因此，与搏出量相比射血分数能更准确地反映心脏泵血功能。

（二）心输出量与心指数

一侧心室每分钟射出的血量称为每分输出量，也称心输出量或心排出量。心输出量等于搏出量与心率的乘积，如果心率以75次/分计算，搏出量为70ml，则心输出量约为5.0L/min。心输出量可因性别、年龄和人体功能状态的不同而有差别。一般健康成年男性安静状态下的心输出量为4.5～6.0L/min，女性的心输出量比同体重男性约低10%。

人体安静时心输出量与体表面积成正比。安静与空腹状态下，每平方米体表面积的心输出量，称为心指数（cardiac index）。可作为评价身材不同个体的心功能指标。中等身材的成年人，体表面积为1.6～1.7m²，以安静时心输出量为4.5～6.0L/min计算，则心指数约为3.0～3.5L/（min·m²）。

（三）心脏做功量

心脏做功量也是临床上评价心脏泵血功能的重要指标。心室一次收缩所做的功称为每搏功，心室每分钟所做的功称为每分功，等于每搏功乘以心率。每搏功常用下式计算：

$$左心室每搏功(J)=搏出量(L)×13.6(L/kg)×9.807×$$
$$(平均动脉压-左心房平均压)(mmHg)×0.001$$

（四）影响心输出量的因素

心输出量等于搏出量与心率的乘积。因此，凡能影响每搏输出量和心率的因素都能影响心输出量。

1. 搏出量　心率不变时，搏出量增加，则心输出量增加；搏出量减少，则心输出量也减少。搏出量的多少则取决于心室肌的前负荷、后负荷和心肌收缩能力等三个因素。

（1）前负荷：心室肌收缩前所承受的负荷，称为心肌的前负荷，是由心室舒张末期的血液充盈量决定的。心室舒张末期血液的充盈量是由静脉回心血量和心室上一次射血后剩余血量两部分构成，其中静脉回心血量是影响心肌前负荷的主要因素。在一定范围内，静脉回心血量增加，前负荷增大，心室肌初长度增加，心肌收缩力增强，搏出量增多。相反，静脉回心血量减少，搏出量减少。这种通过改变心肌初长度而引起心肌收缩力改变的调节，称为异长自身调节。

（2）后负荷：后负荷是指心室肌开始收缩后遇到的负荷。对心室而言，后负荷是指心室收缩时遇到的阻力，即为大动脉血压。如其他条件不变，动脉血压升高，后负荷增加，导致等容收缩期延长，射血期缩短，射血速度减慢，搏出量减少。但是，搏出量的减少使心室内剩余的血量增多，如果舒张期内从静脉回流的血量不变，则心室舒张末期容积增加，即前负荷增大，通过异长自身调节使心肌收缩力加强，搏出量回升。

由此可见，心室后负荷本身可直接影响搏出量，但后负荷的改变可以使心肌收缩能力增加，维持适当的心输出量。如果动脉血压持续升高，心室肌因长期加强收缩而逐渐发生肥厚，最终将导致心脏泵血功能减退，进而出现心室肥厚、扩张以致心力衰竭。

（3）心肌收缩能力：心肌不依赖于前、后负荷而改变其收缩功能的内在特性，称为心肌收缩能力。心肌收缩能力增强，搏出量增加。这种调节与心肌初长度无关，故称为等长自身调节。心肌收缩能力的大小决定于肌肉本身的功能状态，受神经和体液因素的影响。心交感神经、儿茶酚胺和Ca^{2+}能增加心肌的收缩能力；心迷走神经、乙酰胆碱、K^+、缺氧和酸中毒使心肌收缩能力减弱。

2. 心率　在一定范围内,心输出量与心率呈正变关系,即心率加快,心输出量增多。但是,如果心率过快,超过 160～180 次 /min,由于心舒期明显缩短,充盈量明显不足,导致搏出量显著减少,心输出量反而减少。当心率加快尚未超过上述限度时,尽管心室充盈时间有所缩短,但由于心室充盈主要在快速充盈期内完成,心室充盈量及搏出量不会明显减少,心率加快可使心输出量明显增加。当心率太慢,低于 40 次 /min,尽管心室舒张期延长,但心室充盈已接近最大值,再延长心室舒张时间也不能进一步增加充盈量和搏出量,反而因心率过慢而使心输出量减少。

(五)心力储备

心力储备是指心输出量能随机体代谢需要而增长的能力。健康成年人安静时,心输出量约为 4.5～6.0L/min,剧烈运动动时,心输出量可增加到 25～30L/min。心力储备包括心率储备和搏出量储备。健康成年人安静时,心率平均为 75 次 /min,活动加强时则心率加快,此称为心率储备。剧烈活动时可通过心缩期射血量增加和心舒期充盈量增加而增加搏出量,此称为搏出量储备。前者称为收缩期储备,后者称为舒张期储备。收缩期储备可达 35～40ml,舒张期储备仅 15ml 左右。

五、心音和心电图

(一)心音

心动周期中,心肌收缩、瓣膜开闭及血液流速改变等因素引起的振动,通过周围组织传导至胸壁产生的声音,用听诊器可以听到,称为心音。如果用传感器把这些机械振动转换成电信号记录下来,即为心音图。在每一心动周期中,一般可听到两个心音,分别称为第一心音和第二心音。某些健康儿童和青年人有时还可听到第三心音。40 岁以上的健康人可能出现第四心音。

1. 第一心音　发生在心缩期,标志着心室收缩的开始,在心尖搏动处(左锁骨中线第 5 肋间)听诊最清楚。第一心音是由于房室瓣突然关闭引起心室内血液和室壁的振动,以及心室射血引起的大血管壁和血液湍流所发生的振动而产生的。第一心音的特点是音调较低,持续时间较长。

2. 第二心音　发生在心舒期,标志着心室舒张的开始,分别在主动脉瓣和肺动脉瓣听诊区(胸骨两旁第二肋间)听诊最清楚。第二心音是由于主动脉瓣和肺动脉瓣迅速关闭,血流冲击大动脉根部引起的血液、管壁及心室壁的振动而产生的。第二心音的特点是音调较高,持续时间较短。

第三心音出现在心室快速充盈期末期,通常在心尖部右上方听诊较为清楚。第三心音是由于快速充盈期末血流从心房突然冲入心室,使心室壁和乳头肌突然伸展及充盈血流突然减速发生振动所致,其特点是音调低,持续时间较短。

第四心音出现在心室舒张晚期,与心房收缩有关。正常心房收缩一般不产生声音,在异常强烈的心房收缩和左心室壁顺应性下降时,可产生第四心音。

心音听诊在心脏疾病的诊断中具有重要意义,可以帮助确定心缩期和心舒期的起止时刻,了解心率和心律的情况,以及瓣膜或心肌是否正常。

(二)心电图

在每个心动周期中,由窦房结产生的兴奋,依次传向心房和心室,引起心房和心室先后发生兴奋。心脏各部分在兴奋过程中出现的生物电活动,可以通过心脏周围的导电组织和体液传导到体表。将测量电极放置在体表的一定部位记录到心脏兴奋发生和传导过程中的电变化波形,称为心电图(electrocardiogram,ECG)。

记录心电图必须使用特制的心电图记录纸，在心电图记录纸上有1mm间隔的横竖直线，横线表示时间，竖线表示电压。通常心电图机的灵敏度和走纸速度分别设置为1mV/cm和25mm/s，故纵向每一小格表示0.1mV，横向每一小格表示0.04秒。在描记心电图时，引导电极安放的位置和连接方式，称为心电图导联。一般采用国际通用的标准导联，包括三类12个导联，即3个标准肢体导联（分别为Ⅰ、Ⅱ、Ⅲ导联）、3个加压单极肢体导联（分别为aVR、aVL、aVF导联）和6个单极胸导联（V$_1$～V$_6$导联）。不同导联上记录的心电

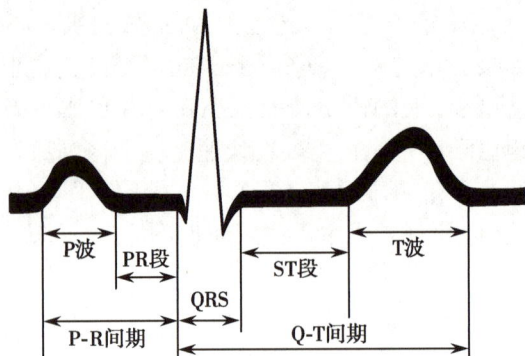

图4-9 正常心电图

波形是不相同的，但都包含相继出现的一个P波、一个QRS波群、一个T波，有时T波后还可出现一个小的u波（图4-9）。

P波：表示左右两心房去极化时产生的电位变化。P波小而圆钝，历时0.08～0.11秒，波幅不超过0.25mV。

QRS波群：表示左右两心室去极化过程中产生的电位变化。QRS波历时0.06～0.10秒。

T波：反映心室复极化过程中的电位变化。历时0.05～0.25秒，波幅0.1～0.8mV。

u波：T波后出现的一个较小的波，其产生原理尚不十分清楚。

P-R（P-Q）间期：是指从P波起点至QRS波起点之间的时间。代表心房开始兴奋到心室开始兴奋所经历的时间。历时0.12～0.20秒。

S-T段：是指从QRS波终点至T波起点之间的线段。表示心室肌细胞全部处于动作电位的平台期，各部位之间电位差很小。

Q-T间期：是指从QRS波起点至T波终点之间的时间。反映从心室开始去极化到完全复极化所经历的时间。

第二节 血 管 生 理

血管可分为动脉、毛细血管和静脉三大类。各类血管分别具有不同的结构和功能特点。主动脉、肺动脉及其发出的最大分支，血管管壁富含弹性纤维，具有良好的弹性，称为弹性贮器血管。中动脉管壁上弹性纤维较少，主要由平滑肌构成，其主要功能是将血液输送到各器官和组织，故称为分配血管。小动脉和微动脉管壁富含平滑肌，管径小，血流阻力大，称为毛细血管前阻力血管（约占总外周阻力的47%）。毛细血管数量多、口径小、血流慢，且管壁只有一层内皮细胞和基膜，因此通透性大，是血液与组织液进行物质交换的部位，故称交换血管。静脉血管与相应的动脉血管相比，数量较多，口径大而管壁较薄，循环系统中约有60%～70%的血液在静脉系统中，故称容量血管。

一、血流动力学规律

血液在心血管系统中流动的力学称为血流动力学，主要研究的问题是血流量、血流阻力和血压，以及三者之间的相互关系。其原理与一般流体力学的原理基本相同，符合流体力学的一般规律。但血管系统是比较复杂的管道系统，血流速度受心脏舒缩活动的影响，血管具有弹性和可扩张性，血液内含有血细胞和胶体物质，所以血液在血管系统内流动除符合流体力学的一般规律

外，还具有自身的特点。

（一）血流量和血流速度

1. 血流量 单位时间内流过血管某一截面的血量称血流量，也称容积速度，单位为 ml/min 或 L/min。在循环系统中，血流量与血压和血流阻力之间的关系为 $Q=\Delta P/R$。该公式中 Q 代表血流量，ΔP 代表血管两端的压力差，R 代表血流阻力。

由于心和血管是一个密闭的管道系统，所以在整个体循环中，动脉、毛细血管和静脉各段血管的血流量是相等的。就某一器官而言，其血流量与该器官的动 - 静脉压差成正比，与器官的血流阻力成反比。正常情况下，静脉血压很低，灌注各器官的动脉血压相差并不大，因而影响器官血流量的主要因素是器官内的血流阻力。

2. 血流速度 血液中某一质点在血管中单位时间内流动的距离称为血流速度（V），也称线速度，通常用 mm/s 表示。血流速度与血流量（Q）和血管的横截面积（A）有关，可用下式表示：

$$V=Q/A$$

血管的横截面积是指任一截面上并联血管的总横截面积。由于心输出量是稳定的，所以各种血管内的血流速度主要取决于血管的横截面积。主动脉总横截面积较小，所以血流速度较快；小动脉总横截面积较大，血流速度慢；毛细血管总横截面积最大，故其血流速度最慢。

（二）血流阻力

血流阻力（R）来源于血液内部分子摩擦和血液与管壁的摩擦，与血管半径、（r）、血管长度（L）和血液的黏滞性（η）密切相关，可用下式表示：

$$R=8L\eta/\pi r^4$$

血管的长度一般不会发生变化，可以看作一个常数，则总外周阻力与血液的黏滞性成正比，与血管半径的 4 次方成反比。生理情况下，在整个体循环总外周阻力中，大动脉阻力约占 9%；小动脉及其分支约占 16%，微动脉阻力约占 41%；毛细血管阻力约占 27%；静脉阻力约占 7%。可见产生阻力的主要部位是小动脉及微动脉。

（三）血压

血压（blood pressure）是指血管内流动的血液对单位面积血管壁的侧压力，即压强。按照国际标准计量单位的规定，压强的单位为帕（Pa）。因帕的单位较小，故血压单位常用千帕（kPa）表示。由于长期以来人们用水银检压计测量血压，因此习惯上用水银柱的高度即毫米汞柱（mmHg）表示血压的数值。其换算关系是：1mmHg≈0.133kPa。

血压可分为动脉血压、毛细血管血压和静脉血压。当血液从主动脉流向外周时，因不断克服血管对血流的阻力而消耗能量，因此血压逐渐降低。其中，在主动脉和大动脉段降落较小，小动脉降落较大。在体循环中，微动脉段的血流阻力最大，血压降落最为显著。如微动脉起始端的血压约 85mmHg，则血液流经微动脉后压力下降约 55mmHg，在毛细血管起始端血压仅约 30mmHg。静脉血管的起始部血压降至 15～20mmHg，到了体循环的终点（右心房）血压最低，接近于 0mmHg，即接近于大气压。通常所说的血压是指动脉血压。

二、动脉血压与脉搏

（一）动脉血压的正常值

在一个心动周期中，动脉血压随着心室收缩和舒张而发生规律性的波动。心室收缩中期，动脉血压升高所达到的最高值称为收缩压（systolic pressure）；心室舒张末期动脉血压下降所达到的最低值称为舒张压（diastolic pressure）。收缩压与舒张压之差称为脉搏压，简称脉压。在一个心动周期中,动脉血压的平均值称为平均动脉压。由于心动周期中心舒期长于收缩期,故平均动脉压更接近舒张压,粗略估算,约等于舒张压 +1/3 脉压。

一般所说的动脉血压是指主动脉血压。由于在大动脉中血压降幅很小,为了测量方便,通常将上臂测得的肱动脉血压代表主动脉压。我国健康成年人安静状态时收缩压为 100～120mmHg,舒张压为 60～80mmHg,脉压为 30～40mmHg。血压的数值可因年龄、性别及其他生理情况而改变。一般来说,成年人安静时收缩压持续≥140mmHg 和 / 或舒张压持续≥90mmHg,称为高血压。收缩压低于 90mmHg 或舒张压低于 60mmHg,则称为低血压。血压是推动血液循环和保证对各种组织血液供应的必要条件,血压过高或过低对机体都是有害的。

(二)动脉血压的形成

1. 循环系统内足够的血液充盈　是形成动脉血压的前提条件。循环系统中血液充盈的程度可用循环系统平均充盈压来表示。其大小取决于血量和循环系统容积之间的相对关系。若血量增多或循环系统容积缩小,则循环系统平均充盈压增高;若血量减少或循环系统容积增大,循环系统平均充盈压则降低。

2. 心室收缩射血　是形成动脉血压的必要条件。根本原因,外周阻力也是重要因素。心室收缩时释放的能量,在正常情况下,由于外周阻力的存在,心室收缩释放的能量分两部分,一部分推动血液流动,成为血液的动能;另一部分形成对血管壁的侧压,形成势能,即压强能。

3. 外周阻力　心室收缩射血时,由于受到外周阻力的作用,只有约 1/3 的血液流向外周,其余部分贮存在具有弹性的大动脉内,使大动脉血压升高,并使大动脉管壁扩张。如未遇到外周阻力,则全部表现为推动血液流动的动能,射出的血流将全部迅速流向外周,此时不对动脉血管壁产生侧压力,即不形成动脉血压。

4. 大动脉管壁的弹性　心室收缩射血时,主动脉和大动脉的扩张变形一方面缓冲血压的升高,另一方面将这部分能量以势能的形式贮存在大动脉管壁上。心室舒张时大动脉管壁发生弹性回缩,将贮存的能量释放出来,成为血液继续流动的动力,并维持舒张期血管内一定的压力。因此,大动脉管壁的弹性对动脉血压具有缓冲作用,并能使心室间断射血变成血管内连续的血流,在动脉血压形成中也起到重要作用(图 4-10)。

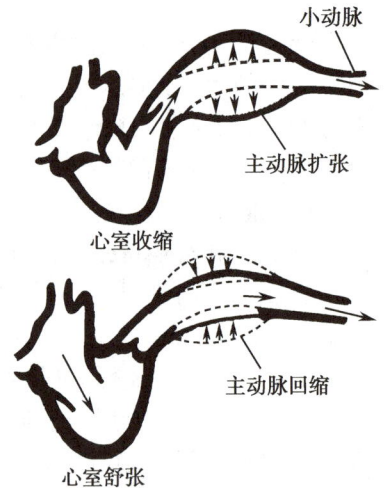

图 4-10　大动脉管壁弹性作用示意图

(三)影响动脉血压的因素

凡能影响动脉血压形成的因素,都能影响动脉血压。

1. 搏出量　搏出量增多时,动脉血压升高,以收缩压升高较为明显。这是由于心缩期射入动脉的血量增多,假定在这段时间内流出动脉系统的血量不变,则心缩期主动脉和大动脉内血量就更多,故收缩压明显升高。由于动脉血压升高,使血流速度加快,如果此时心率和外周阻力变化不大,则大动脉内增多的血量大部分仍可在心舒期中流到外周,到心舒期末存留在大动脉内的血量增加不多,舒张压升高幅度较小,故脉压增大。反之,搏出量减少时,主要使收缩压降低,脉压减小。因此,收缩压主要反映搏出量的多少。

2. 心率　若其他因素不变,心率增加时,心动周期缩短,在心舒期内流到外周的血量减少,心舒期末在主动脉内存留的血量增多,故舒张压明显升高。由于动脉血压升高,使血流速度加快,使心缩期内有较多的血液流向外周,故收缩压升高不多,脉压减小。反之,心率减慢时,舒张压显著降低,脉压增大。因此,心率的改变对舒张压影响较大。

3. 外周阻力　外周阻力主要来自小动脉和微动脉。若其他因素不变,外周阻力增大时,心舒期内血液流至外周的速度减慢，心舒期末，大动脉内存留的血量增多，舒张压明显升高。由于动脉血压升高，使血流速度加快，心缩期内有较多的血液流向外周，故收缩压也升高但不如舒张压升高明显，脉压减小。反之，外周阻力减小时，主要使舒张压降低，脉压增大。因此，舒张压的高低主要反映外周阻力的大小。

4. 大动脉管壁的弹性　　大动脉管壁的弹性具有缓冲动脉血压变化的作用，当大动脉管壁的弹性降低时，收缩压升高，舒张压降低，脉压明显变大。大动脉管壁的弹性随年龄的增长而逐渐降低，当老年人大动脉管壁的弹性降低时，会使收缩压升高，舒张压降低，脉压增大。但若同时伴有动脉硬化而外周阻力增加时，则收缩压、舒张压都会升高。

> **课堂互动**
>
> 　　老年人常常因为动脉硬化而造成收缩压升高，从而引起单纯收缩期高血压。依据血流动力学规律和影响动脉血压的因素分析其机制。

5. 循环血量和血管容量的比例　　在正常情况下，人体的循环血量和血管容量是相适应的，血管充盈程度变化不大，维持了一定的体循环平均充盈压，由此引起的血压波动亦不大。大失血时，循环血量减少，如果血管的容量变化不大，则回心血量减少，心输出量减少，循环系统平均充盈压降低，动脉血压降低。如果循环血量不变，而血管容量增大，也会使动脉血压降低。

（四）脉搏

在一个心动周期中，大动脉管壁发生周期性的搏动，称为动脉脉搏，简称脉搏。脉搏形成的原理是心室收缩将血液射入主动脉，使主动脉管壁扩张，心室舒张射血停止时主动脉管壁又弹性回缩。这种发生在主动脉的周期性搏动，依次传向全身各部位的动脉血管，故心室每收缩和舒张一次，都可能在外周动脉上出现一次搏动。动脉脉搏起始于主动脉根部，沿着动脉管壁向外周血管传播，用手指可在身体浅表部位的动脉处摸到。

脉搏的波形可以用脉搏描记仪记录下来，称为脉波图（图4-11）。脉波图包括一个升支和一个降支，降支中间有一个小波，叫作降中波，降中波前面的下凹部分称为降中峡。脉搏波形与心血管的功能有关。

升支是在心室快速射血时动脉血压迅速上升，血管壁突然扩张所致。上升支的斜率和幅度可以反映射血速度和心输出量及射血时所遇阻力的大小。射血时遇到的阻力大，射血速度慢，心输出量少，则上升支的斜率小，幅度也低；反之，其上升支的斜率大，幅度也高。

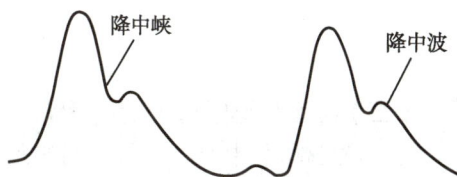

图4-11　正常颈总动脉脉搏波形

降中峡以前的降支是由于心室减慢射血期，射血量减少，动脉血压开始降低，血管壁开始回缩而形成。降中波是心室开始舒张，心室内压力迅速降低，主动脉内血液向心室方向反流，血液撞击在已经关闭的主动脉瓣继续流向外周，使主动脉根部的管壁稍有扩张，从而使下降支中段出现一个折返波。此后心室继续舒张，血液不断流向外周，动脉血压继续下降，动脉管壁继续回缩，形成下降支后段。下降支可大致反映外周阻力的大小。外周阻力较大时，下降支的下降速度慢，降中峡的位置高；外周阻力较小时，则下降速度变快，降中峡的位置较低。主动脉瓣狭窄，其上升支斜率和幅度都较小；主动脉瓣关闭不全时，下降支陡峭，降中波不明显或消失。

中国古代传统医学家独创的诊法——脉诊

　　两千多年来中医习惯脉诊，即用手指按脉，根据脉象来诊断疾病，是一项独特诊法，是中医"四诊"（望、闻、问、切）之一，也是辨证论治的一种不可少的客观依据，对分辨疾病的原因，推断疾病的变化，识别病情的真假，判断疾病的预后等，都具有重要的临床意义。脉诊是通过按触人体不同部位的脉搏，以体察脉象变化的切诊方法，又称切脉、诊脉、按脉、持脉。脉象的形成与脏腑气血密切相关，若脏腑气血发生病变，血脉运行就会受到影响，脉象就有变化。脉象的变化与疾病的病位、性质和邪正盛衰相关，病位浅在表则脉浮，病位深在里则脉沉；疾病性质属寒则脉迟，属热则脉数；邪气盛则脉实，正气虚则脉虚。如久病脉缓，是胃气渐复病情向愈之兆；久病脉洪，则多属邪盛正衰的危候。外感热病，热势渐退，脉象出现缓和，是将愈之候；若脉急数，烦躁，则病进。此外，脉象与内外环境的关系十分密切。由于气候、年龄、性别、体质、劳逸及精神状态等因素的影响，脉象也会发生某些生理变化。

三、静脉血压与血流

　　静脉血管是血液回流入心脏的通道，其血流阻力小、容量大，而且易扩张，起着贮血库的作用。静脉系统内血容量的改变，可有效调节回心血量和心输出量，以适应机体在不同生理状态时的需要。

（一）静脉血压

　　通常把人体各器官的静脉血压称为外周静脉压，而将右心房或胸腔大静脉的压力，称为中心静脉压（central venous pressure，CVP）。正常人的中心静脉压为 $4\sim12cmH_2O$。中心静脉压的高低，取决于心脏的射血能力和静脉回流的速度。一方面，心脏功能良好，能及时将静脉回心的血液射入动脉，则中心静脉压低；反之，心脏射血功能不全时，不能及时将静脉回心血量射出，使中心静脉压升高（造成静脉淤血）。另一方面，静脉回心血量显著增多，也可使中心静脉压升高。例如血量过多或全身静脉收缩时，都可使回心血量增加，中心静脉压升高。反之，静脉回心血量减少，则中心静脉压降低。故中心静脉压在临床上常作为判断心血管功能的重要指标，也可作为控制输液速度和输液量的监测指标。

（二）影响静脉回心血量的因素

　　外周静脉压和中心静脉压之间的压力差，是促进静脉回心血量的动力，凡是能改变这个压力差的因素都能影响静脉回心血量。

　　1.体循环平均充盈压　体循环平均充盈压是反映循环系统充盈程度的指标。血量增加或容量血管收缩时，体循环平均充盈压升高，静脉回心血量也就增多。反之，血量减少或容量血管舒张时，体循环平均充盈压降低，静脉回心血量减少。

　　2.心肌收缩力　心肌收缩力增强时，搏出量增多，心舒期室内压下降，中心静脉压降低，可以促进静脉血液回流增多。右心功能不全时，右心室射血能力下降，不能及时把血液射入肺动脉，因而心舒期右心室内压升高，体循环静脉血回流受阻，患者可出现颈外静脉怒张、肝充血肿大、下肢水肿等体征。左心功能不全时，可影响肺静脉血液回流，造成肺淤血和肺水肿。

　　3.重力和体位　静脉回流受重力影响较大。人体直立时，心脏水平以下的静脉受重力作用，充盈扩张，容量增加，静脉回心血量减少。平卧位时重力对静脉血流影响较小。由平卧位变为直立位时，由于重力影响，大量血液滞留于心脏以下部位的血管中，导致静脉回流量减少。长期卧床的患者，其静脉管壁紧张性降低，更易于扩张，由平卧位突然直立时，由于回心血量减少，可导致直立性低血压，发生晕厥。

课堂互动

某些人由蹲位突然直立时，会感到头晕眼黑，片刻即恢复。试根据所学过的循环生理知识解释这一现象发生的机制？

4. 骨骼肌的挤压作用　骨骼肌收缩时可使肌肉内和肌肉间的静脉受到挤压，静脉回流加快，促使静脉血回流。肌肉舒张时，静脉内压力降低，有利于毛细血管内血液流向静脉。骨骼肌收缩与舒张及静脉瓣对静脉回流起着"泵"的作用，称为"肌肉泵"或"静脉泵"。肌肉泵有助于克服重力对静脉血回流的影响，静脉瓣膜的存在也起到防止血液逆流的作用。长时间站立不动，下肢静脉血液回流障碍。

5. 呼吸运动　吸气时胸膜腔负压增大，胸腔内大静脉和右心房压力也降低，有利于外周静脉血液回流至右心房；呼气时相反，静脉血液回流速度减慢。因此，呼吸运动对静脉回流也起着"泵"的作用，称为"呼吸泵"。

四、微 循 环

微循环（microcirculation）是微动脉与微静脉之间的血液循环，基本功能是实现物质交换。

（一）微循环的组成

各器官的组织结构和功能不同，微循环的结构也不尽相同。典型的微循环功能单位由微动脉、后微动脉、毛细血管前括约肌、真毛细血管、通血毛细血管（或称直捷通路）、动 - 静脉吻合支和微静脉7个部分组成（图4-12）。

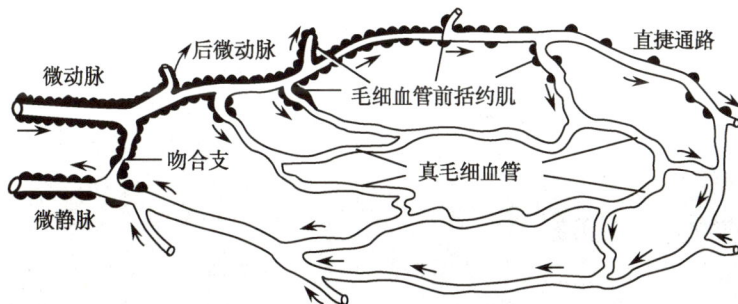

图4-12　微循环模式图

微动脉是小动脉的分支，属于毛细血管前阻力血管，其管壁上平滑肌的舒缩活动，起着控制微循环的血流量"总闸门"的作用。微动脉进一步分支为后微动脉，其管壁平滑肌细胞较少。真毛细血管从后微动脉上发出，其起始端有1～2个平滑肌细胞构成毛细血管前括约肌，在微循环中起"分闸门"的作用。微静脉属于毛细血管后阻力血管，是毛细血管血液回流的通路，起"后闸门"的作用。通血毛细血管是后微动脉的延续，口径较大，经常处于开放状态。在微动脉和微静脉之间还有动 - 静脉吻合支。

（二）微循环的血流通路

1. 迂回通路　迂回通路是指血液从微动脉经后微动脉、毛细血管前括约肌、真毛细血管汇集到微静脉的通路。该通路因真毛细血管数量多、血流慢、管壁薄、通透性大，是血液与组织液进行物质交换的主要部位，又称营养通路。真毛细血管开放与关闭交替进行，安静时同一时间内只有约20%开放，运动时开放数量增多，使血液和组织液之间的物质交换面积增大，微循环血流量增加以满足组织的代谢需要。

2. 直捷通路　直捷通路是指血液从微动脉经后微动脉、通血毛细血管进入微静脉的通路。通血毛细血管经常处于开放状态，血流速度较快，主要功能是使一部分血液迅速通过微循环经静脉流回心脏，以增加静脉回心血量。该通路也可与组织液进行少量的物质交换。

3. 动 - 静脉短路　血液从微动脉经动 - 静脉吻合支直接回流到微静脉，称为动 - 静脉短路。此通路主要分布在人的皮肤，特别是手指、足趾、耳郭等部位较多，经常处于关闭状态，不能进行物质交换，其功能是参与体温调节。环境温度升高时，在神经调节下，吻合支开放，皮肤血流量增多，有利于散热；环境温度降低时，吻合支关闭，皮肤血流量减少，可减少散热。

（三）微循环的调节

微循环血流量受微动脉和后微动脉控制。生理情况下，微动脉和后微动脉在交感缩血管神经和缩血管物质的作用下，保持一定程度的紧张性，维持微循环一定程度的血流量。活动加强时，组织代谢产物增多，微动脉和后微动脉舒张，进入微循环的血流量增加。

毛细血管开放与关闭受毛细血管前括约肌控制。毛细血管前括约肌的舒缩活动主要受局部代谢产物的影响。当一处真毛细血管关闭一段时间后，该处将积聚较多的代谢产物，这些代谢产物引起该处毛细血管前括约肌舒张，真毛细血管网开放，经过物质交换将代谢产物清除。代谢产物被清除后，毛细血管前括约肌收缩，真毛细血管网重新回到关闭状态，如此周而复始，以适应组织代谢的需要。

（四）微循环的物质交换方式

组织细胞之间的空隙称为组织间隙，其中充满着组织液。组织液是组织细胞直接生活的环境，细胞通过细胞膜与组织液进行物质交换，组织液与血液之间则通过毛细血管壁进行物质交换。血液与组织液之间物质交换的最重要方式是扩散，此外，还可以通过滤过和重吸收、入胞和出胞等方式进行物质交换。

五、组织液生成与回流

组织液大部分呈胶冻状，不能自由流动，其成分除含大分子蛋白质较少外，其余部分与血浆基本相同。

（一）组织液的生成与回流

组织液是血浆成分滤过毛细血管壁而形成的。组织液中水和小分子物质回到毛细血管内称为组织液回流，也叫重吸收。液体的滤过和重吸收取决于四个因素：毛细血管血压、组织液静水压、血浆胶体渗透压和组织液胶体渗透压。其中毛细血管血压和组织液胶体渗透压是促进毛细血管内液体滤出的力量，血浆胶体渗透压和组织液静水压则是将液体重吸收入血管内的力量。两种力量相互作用，决定液体进出的方向。滤过力量与重吸收力量之差，称为有效滤过压（effective filtration pressure，EFP）。可用下式表示：

有效滤过压 =（毛细血管血压 + 组织液胶体渗透压）–（血浆胶体渗透压 + 组织液静水压）

有效滤过压>0，液体从毛细血管滤出，组织液生成；有效滤过压<0，液体重吸收入毛细血管，成为血浆，组织液回流。正常人体血浆胶体渗透压约为25mmHg，毛细血管动脉端血压平均为32mmHg，静脉端血压平均为14mmHg，组织液静水压约为2mmHg，组织液胶体渗透压约为

8mmHg。这样，毛细血管动脉端有效滤过压为13mmHg；静脉端有效滤过压约–5mmHg，所以在动脉端液体滤出毛细血管，在静脉端液体则被重吸收（图4-13）。

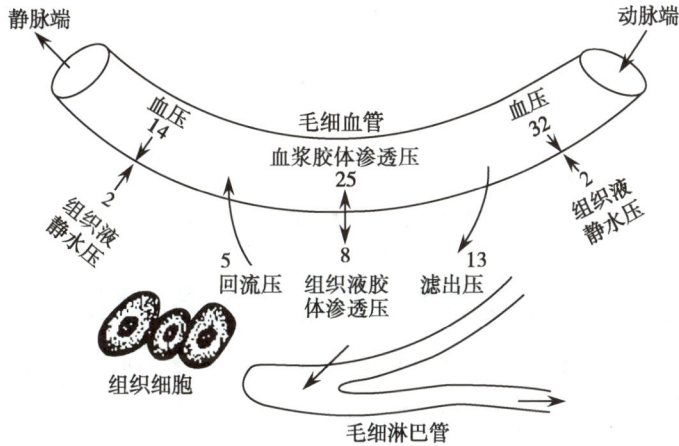

图4-13 组织液生成与回流示意图

图中数值单位为mmHg

组织液不断地生成与回流，流经毛细血管的时候，有0.5%～2%在毛细血管动脉端以滤出的方式进入组织间隙，其中约90%在静脉端被重吸收入毛细血管，其余约10%（包括滤过的白蛋白分子）进入毛细淋巴管，成为淋巴液，最后回流入静脉。

（二）影响组织液生成与回流的因素

1. 毛细血管血压 毛细血管血压是促进组织液生成的主要因素。毛细血管血压升高时，有效滤过压增大，组织液生成增多。毛细血管血压受毛细血管前阻力和后阻力的影响。如炎症部位小动脉扩张，毛细血管前阻力降低，毛细血管血压升高，有效滤过压增大，组织液生成增多，可形成局部水肿；又如右心功能不全时，体循环静脉回流受阻，毛细血管后阻力增加，毛细血管血压升高，有效滤过压增大，组织液生成增多，出现水肿。

2. 血浆胶体渗透压 血浆胶体渗透压是促进组织液回流的动力。当血浆胶体渗透压降低时，有效滤过压增大，组织液回流减少而出现水肿。如某些肾脏疾病，肾小球毛细血管壁通透性增大，血浆蛋白从尿中排出，血浆胶体渗透压降低，而出现水肿。

3. 淋巴回流 由于大约10%的组织液需经淋巴系统回流入血液，任何原因造成的淋巴回流受阻，都易导致受阻部位远端出现组织水肿。

4. 毛细血管壁的通透性 正常情况下，蛋白质分子不能透过毛细血管壁，毛细血管内外胶体渗透压保持一定比例。过敏性反应时，组胺释放增多，毛细血管壁通透性增大，部分血浆蛋白可随液体渗出毛细血管，使血浆胶体渗透压降低，组织液胶体渗透压升高，有效滤过压增大，组织液生成增多而出现水肿。

（三）淋巴循环

1. 淋巴液生成与回流 组织液进入毛细淋巴管成为淋巴液。毛细淋巴管的起始部为盲端，管壁由单层内皮细胞构成，通透性极高。内皮细胞互相覆盖如瓦片状，形成向管腔内开放的单向活瓣。组织液中的蛋白质、脂肪滴和红细胞、细菌等颗粒可通过内皮细胞间隙进入毛细淋巴管，同时单向活瓣作用限制淋巴液倒流。组织液与毛细淋巴管内淋巴液之间的压力差是促使组织液进入毛细淋巴管的动力。淋巴液由毛细淋巴管经淋巴管和淋巴结，分别由胸导管和右淋巴导管注入左、右锁骨下静脉。

2. 淋巴回流的生理意义

（1）回收蛋白质：组织间液中的蛋白质分子不能通过毛细血管壁进入血液，但比较容易透过毛细淋巴管壁而形成淋巴的组成部分。每天约有 75～200g 蛋白质由淋巴液带回血液，使组织液中蛋白质浓度保持在较低水平。

（2）运输脂肪和其他营养物质：由肠道吸收的脂肪 80%～90% 是由小肠绒毛的毛细淋巴管吸收。

（3）调节血浆和组织液的液体平衡：每天生成的淋巴液约 2～4L 回到血浆，大致相当于全身的血浆量。

（4）防御和免疫作用：淋巴回流经过淋巴结时，因受伤出血而进入组织的红细胞和侵入机体的细菌被清除，淋巴结产生的淋巴细胞和浆细胞还参与免疫反应。

课堂互动

丝虫病作为一种寄生虫疾病，通过蚊虫传播，进入人体阻塞淋巴管，导致"象皮肿"的发生。根据淋巴回流作为组织液回流血液的途径之一，分析丝虫病患者出现"象皮肿"的原因？

第三节　心血管活动的调节

人体处在不同功能状态时，各器官组织的代谢水平不同，对血流量的需求也不同。人体可以通过神经调节、体液调节和自身调节机制对心血管的活动进行调节，从而调整全身各器官的血流分配，使各器官的血流量适应其代谢水平的需要。

一、神 经 调 节

心肌和血管平滑肌受自主神经支配。机体对心血管活动的神经调节是通过各种心血管反射实现的。

（一）心脏和血管的神经支配

1. 心脏的神经支配　支配心脏的传出神经为心交感神经和心迷走神经。

（1）心交感神经及其作用：心交感神经节前纤维起自脊髓胸段 1～5 灰质侧角的神经元，节后纤维组成心脏神经丛，支配窦房结、房室交界、房室束、心房肌和心室肌。心交感神经节后纤维末梢兴奋时，释放去甲肾上腺素。去甲肾上腺素与心肌细胞膜上的 β_1 受体结合后，可使细胞膜对 Ca^{2+} 通透性增大，Ca^{2+} 内流增多，结果使心率加快、房室传导速度加快、心肌收缩力增强，心输出量增多。这些效应分别称为正性变时作用、正性变传导作用和正性变力作用。

左右两侧心交感神经对心脏的支配有差异，右侧心交感神经节后纤维主要支配窦房结，左侧心交感神经主要支配房室交界、心室肌。β 受体拮抗剂如普萘洛尔等可阻断心交感神经对心脏的兴奋作用。

（2）心迷走神经及其作用：心迷走神经节前纤维起自延髓的迷走神经背核和疑核，节后纤维支配窦房结、心房肌、房室交界、房室束及其分支。心室肌上只有极少的心迷走神经节后纤维分布。心迷走神经节后纤维兴奋时释放乙酰胆碱。乙酰胆碱与心肌细胞膜上 M 受体结合时，细胞膜对 K^+ 通透性增大，对 Ca^{2+} 通透性降低，Ca^{2+} 内流减少，引起心率减慢，房室传导减慢，心房肌收缩力减弱。这些效应分别称为负性变时作用、负性变传导作用和负性变力作用。

右侧心迷走神经主要支配窦房结,左侧心迷走神经主要支配房室交界。M受体拮抗剂如阿托品可阻断心迷走神经对心脏的抑制作用。

2. 血管的神经支配

(1)交感缩血管神经纤维及其作用:交感缩血管神经节前纤维起自脊髓胸腰段灰质侧角,节后纤维末梢释放的递质是去甲肾上腺素。去甲肾上腺素与血管平滑肌细胞膜上 α、β_2 受体结合后,分别引起血管平滑肌收缩和舒张。去甲肾上腺素与 α 受体结合的能力较强,与 β_2 受体结合能力较弱,故交感缩血管神经纤维兴奋时的主要效应是引起血管收缩。

人体几乎所有血管都受交感缩血管神经纤维的支配,在不同部位和不同种类血管上的分布密度不同,皮肤血管上分布密度最大,其次为骨骼肌和内脏血管,分布密度最小的是冠状血管和脑血管。不同种类血管上,小动脉和微动脉分布密度较大,静脉血管则分布较少,毛细血管上则没有神经纤维分布。

(2)交感舒血管神经纤维:此类神经主要分布在骨骼肌血管上,其节后纤维末梢释放乙酰胆碱,与血管平滑肌细胞膜上的 M 受体结合,导致血管舒张。平时不参与对血管活动的调节,没有紧张性活动,只有机体处于情绪激动、恐慌和发生防御反应时才发挥作用,使骨骼肌血管舒张,血流量增加。

(3)副交感舒血管神经纤维:此类神经主要分布在脑膜、唾液腺、胃肠外分泌腺及外生殖器等少数器官的血管上,其节后纤维末梢释放的递质是乙酰胆碱,与血管平滑肌细胞膜上 M 受体结合,使血管舒张,调节局部血流量,对循环系统总外周阻力影响则很小。

(二)心血管中枢

中枢神经系统中与控制心血管活动有关的神经元集中的部位称为心血管中枢。心血管中枢广泛分布在中枢神经系统的各个部位。

1. 延髓心血管中枢 心血管活动最基本的中枢在延髓。动物实验表明,在延髓上缘横断脑干,只要保持延髓与脊髓的完整及其正常联系,动脉血压无明显变化;在延髓后 1/3 水平横断脑干,破坏了脊髓结构的完整,即使没有离断延髓与脊髓的联系,动脉血压也将降低,证明控制心血管活动的基本中枢结构在延髓。延髓头端腹外侧部存在心交感中枢和交感缩血管中枢,分别发出心交感神经和交感缩血管神经,刺激该部会引起血压升高。延髓尾端腹外侧部存在舒血管区,该区神经元兴奋可抑制交感缩血管区神经元的活动,导致血管舒张。延髓疑核和迷走神经背核存在心迷走中枢,心迷走神经节前纤维即从这里发出,刺激该部位会引起血压降低。延髓孤束核为传入神经换元站,接受来自心血管各种感受器的传入信息,然后发出纤维到心交感中枢和交感缩血管中枢和心迷走中枢,影响以至改变其活动。

延髓心血管中枢神经元经常保持一定程度的兴奋性,称为心血管中枢的紧张性。心交感中枢与心迷走中枢的紧张性活动是相互拮抗的,安静时心迷走中枢紧张性大于心交感中枢,活动时则心交感中枢紧张性加强。

2. 延髓以上心血管中枢 延髓以上的脑干部分、丘脑,以及大脑和小脑中也存在着与心血管活动有关的神经元,它们在心血管活动调节中的作用较延髓心血管中枢更加高级。主要表现为对心血管与机体其他功能之间的复杂整合作用,把许多不同的生理反应统一起来,使之相互协调,相互配合。

(三)心血管反射

当机体处于不同的生理状态或内、外环境发生变化时,可通过神经调节引起各种心血管反射,使循环系统功能与当时机体状态或环境变化相适应。神经系统对心血管活动的调节主要是通过压力和化学感受性反射实现的。

颈动脉窦按摩

颈动脉窦位于胸锁乳突肌中部的内侧缘，如果将手放到颈动脉窦可以摸到颈动脉的搏动。颈总动脉分为颈内动脉、颈外动脉，颈总动脉的末端和颈内动脉的起始处，会有一处膨大，即颈动脉窦。颈动脉窦按摩在仰卧位和站立位，通常在倾斜的床上进行。检查期间应持续监测心电图和血压，记录基本心率和血压后，在胸锁乳突肌前缘环状软骨水平按摩右颈动脉窦 5～10 秒，切不可同时按压两侧，以免引起脑缺血和心脏停搏。如果没有效果，1～2 分钟后按摩对侧。如果触发心搏骤停反应，则静脉注射阿托品 1mg 或 0.02mg/kg 并重复按摩以评估减压反射的效果。颈动脉窦按摩是终止室上性阵发性心动过速发作的方法之一。所以，医学上把颈动脉窦形象地比喻为"心跳的刹车器"。

1. 颈动脉窦和主动脉弓压力感受性反射　颈动脉窦和主动脉弓压力感受性反射又称减压反射。在颈动脉窦和主动脉弓血管壁的外膜下分布着丰富的感觉神经末梢，分别称为颈动脉窦和主动脉弓压力感受器，可以感受动脉血管壁的牵张刺激。颈动脉窦的传入神经为窦神经，经舌咽神经进入延髓。主动脉弓的传入神经为主动脉神经，经迷走神经传入延髓。传入神经纤维在延髓孤束核交换神经元，然后到达延髓心血管中枢。动脉血压突然升高时，压力感受器传入冲动增多，引起心迷走中枢紧张性增强、心交感中枢和交感缩血管中枢紧张性降低，结果使心迷走神经传出冲动增多、心交感神经和交感缩血管神经传出冲动减少，导致心输出量减少和外周阻力降低，动脉血压降低。反之，当动脉血压突然降低时，压力感受器受到的刺激减少，传入冲动减少，引起心迷走中枢紧张性降低、心交感中枢和交感缩血管中枢紧张性增强，结果使动脉血压回升（图 4-14）。

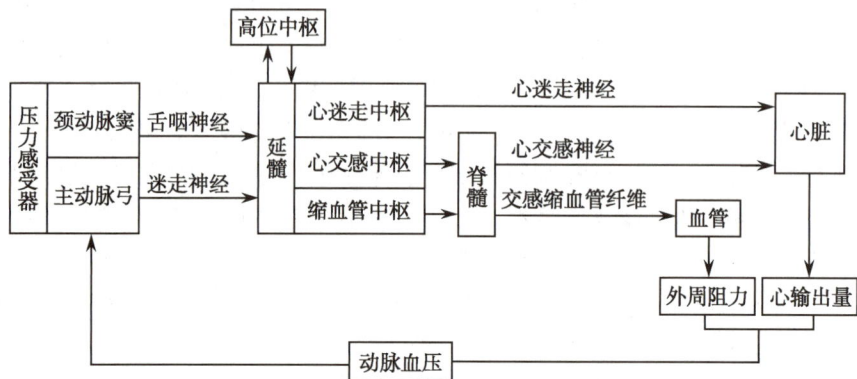

图 4-14　减压反射示意图

压力感受性反射是一种负反馈调节，其生理意义在于短时间内快速调节动脉血压，维持动脉血压相对稳定。压力感受性反射主要感受的血压变化范围为 60～180mmHg（8.0～24.0kPa）（图 4-15），对迅速变化的动脉血压比较敏感，对缓慢变化的血压或持续性高血压不敏感。故高血压患者不会通过压力感受性反射使血压恢复到正常水平，而是在比正常高的血压水平上保持血压的相对稳定。

2. 颈动脉体和主动脉体化学感受性反射　在颈总动脉分叉处和主动脉弓区域存在颈动脉体和主动脉体化学感受器，对血液中 O_2、CO_2 和 H^+ 浓度变化敏感。当血液中 O_2 分压降低、CO_2 分压升高和 H^+ 浓度升高时，可以刺激这些化学感受器，传入冲动分别经窦神经和主动脉神经传入到延髓。来自化学感受器的传入冲动主要使呼吸中枢兴奋，呼吸加深加快；呼吸运动的加强再反射性地影响心血管活动，使心率加快，心输出量增加，外周阻力升高，动脉血压升高。

正常情况下，化学感受性反射的效应主要是调节呼吸运动，对心血管和血压并不起明显的调

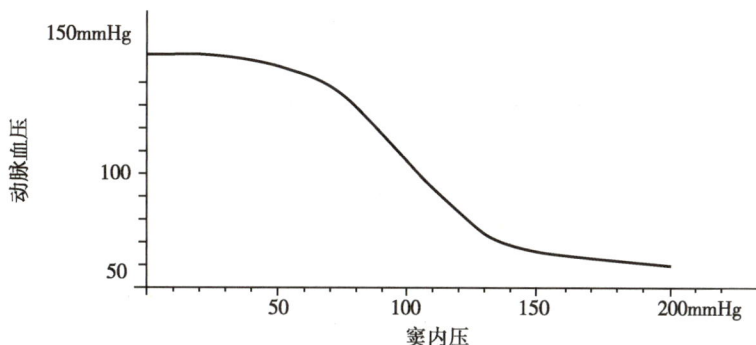

图 4-15　窦内压与动脉血压的关系

节作用。只有在缺氧、窒息、失血、动脉血压过低和酸中毒等情况下才参与心血管活动的调节。

除压力感受性反射和化学感受性反射外，还有多种调节心血管活动的反射。如心房、心室和肺循环大血管壁内存在许多感受器，可以感受心房、心室和肺循环中的压力和容积变化，总称为心肺感受器。循环血量增加，回心血量增加时，心肺感受器受刺激兴奋，引起的效应是交感神经紧张性降低，迷走神经紧张性加强，心输出量减少，动脉血压降低。同时，抗利尿激素和醛固酮分泌减少，尿量增多，循环血量减少。

二、体 液 调 节

心血管活动的体液调节是指存在于体液中一些化学物质对心肌和血管平滑肌的调节作用。这些化学物质有些是通过血液输送，广泛作用于心血管系统；有些则在局部组织中形成，主要作用于局部的血管或心肌，对局部组织的血流起调节作用。

（一）肾上腺素和去甲肾上腺素

肾上腺素（epinephrine，E 或 adrenaline，A）和去甲肾上腺素（noradrenaline，NA 或 norepine-phrine，NE）在化学结构上都属于儿茶酚胺。血液中的肾上腺素和去甲肾上腺素主要由肾上腺髓质分泌，两者对心脏和血管的作用相似，但又有各自的特点，其作用主要取决于两种激素与肾上腺素能受体结合能力的不同。肾上腺髓质分泌的儿茶酚胺中，肾上腺素约占 80%，去甲肾上腺素约占 20%。

肾上腺素能受体分为 α 和 β 两种类型，β 受体又分为 $β_1$ 和 $β_2$ 两种亚型。在血管、皮肤、肾脏和胃肠道血管平滑肌上的 α 受体较多，不同种类的血管中以小动脉和微动脉较多，此类受体被激活，可使血管收缩；在骨骼肌和肝脏的动脉血管，$β_2$ 受体占优势，此类受体兴奋时，可使血管舒张。在心脏，主要是 $β_1$ 受体，激活时可产生正性变时、变力和变传导作用。

肾上腺素与 α、$β_1$ 和 $β_2$ 受体结合能力都很强，对心脏的作用是使心率加快，心肌收缩力加强，心输出量增加，收缩压升高；对血管的作用，一方面使皮肤、内脏小动脉和微动脉收缩，另一方面使冠脉、骨骼肌和肝脏动脉舒张，因此总外周阻力变化不明显，舒张压升高不多。去甲肾上腺素主要与血管平滑肌的 α 受体的结合力较强，也能与心肌 $β_1$ 受体结合，而与血管平滑肌 $β_2$ 受体结合的能力较弱，可使全身血管广泛收缩，外周阻力增加，舒张压明显升高；去甲肾上腺素与 $β_1$ 受体结合加快心率的作用可被升高血压后引起的减压反射增强负反馈抑制，导致心率反而减慢。因此，临床上常用甲肾上腺素作为强心药，而用去甲肾上腺素作为升压药。

（二）肾素 - 血管紧张素系统

肾素 - 血管紧张素系统（renin-angiotensin system，RAS）是机体重要的体液调节系统，肾素 - 血管紧张素系统主要参与体液平衡、摄盐和血压的调节，尤其在体内细胞外液量减少和血压降低时，可通过调节血流阻力和肾脏排钠量，维持组织器官的血液供应。肾素是由肾脏近球细胞产生分泌的一种酸性蛋白酶。肾素可将血浆中主要来源于肝脏合成的血管紧张素原水解为血管紧张素Ⅰ（10肽），后者经过肺循环时，在血管紧张素转换酶作用下，生成血管紧张素Ⅱ（8肽），血管紧张素Ⅱ还可进一步被氨基肽酶水解为血管紧张素Ⅲ（7肽）。血管紧张素Ⅱ可使全身小动脉收缩，外周阻力升高，容量血管收缩，回心血量增加，具有很强的升高血压作用；还可刺激肾上腺皮质球状带合成并分泌醛固酮，使Na^+和水重吸收增多，循环血量增加，血压升高。血管紧张素Ⅲ的缩血管作用较弱，而促进肾上腺皮质合成并释放醛固酮的作用较强。由于肾素、血管紧张素、醛固酮三者关系密切，故合称为肾素 - 血管紧张素 - 醛固酮系统（renin-angiotensin-aldosterone system，RAAS）。

当各种原因引起肾血流量不足、血浆中Na^+浓度降低或交感神经兴奋时，均可引起肾脏近球细胞分泌肾素增加。急性肾炎或肾动脉狭窄时，肾素分泌增多，通过血管紧张素使动脉血压升高，临床称为肾源性高血压。

（三）血管升压素

血管升压素（vasopressin，VP）也称抗利尿激素（antidiuretic hormone，ADH），由下丘脑视上核和室旁核神经元合成，然后经下丘脑 - 垂体束运输到神经垂体储存，并经常少量地释放入血。血管升压素可使肾远曲小管和集合管对水的通透性增加，促进水的重吸收，进而使尿量减少，又称为抗利尿激素。当血管升压素分泌增多时还可使血管平滑肌收缩，动脉血压升高。一般情况下，血管升压素并不经常对血压起调节作用。只是在机体严重失血、失水等情况下，血管升压素释放明显增多，才引起血压升高。

（四）心房钠尿肽

心房钠尿肽（atrial natriuretic peptide，ANP）又称心钠素，是由心房肌细胞合成和释放的一类多肽，心房壁受到牵拉，可引起心房钠尿肽释放。心房钠尿肽可使血管舒张，外周阻力降低；使搏出量减少，心率减慢，心输出量减少；心房钠尿肽还可作用于肾脏内相应受体，使肾脏排水排钠增多；也可抑制肾的近球细胞释放肾素，抑制醛固酮的释放。在脑内，心房钠尿肽可抑制血管升压素的释放。因此，心房钠尿肽具有调节水盐平衡，降低血压的作用。

（五）激肽释放酶 - 激肽系统

激肽是一类具有舒血管活性的多肽类蛋白质，激肽释放酶分为两类，分别存在于血浆和肾、唾液腺、胰腺等器官组织内。激肽原在激肽释放酶作用下生成激肽。激肽能够使血管平滑肌舒张和毛细血管壁通透性增加，局部血流量增多，外周阻力降低，表现出降压作用。还可刺激游离的神经末梢引起疼痛。

（六）组胺

组胺（histamine）是组氨酸脱羧生成的，存在各种组织中，特别在皮肤、肺和胃肠道黏膜的肥大细胞中含量较多。组织损伤、炎症或过敏反应时即可释放组胺。组胺有很强的舒血管作用，并增加毛细血管壁的通透性，使血浆成分漏出，形成局部组织水肿。

（七）前列腺素

前列腺素（prostaglandin，PG）是一类活性强、种类多、功能各异的不饱和脂肪酸，全身许多组织细胞都能产生，按其分子结构不同可分为多种类型。不同的前列腺素对血管平滑肌的作用效应不同，如前列腺素E具有强烈的舒血管作用，而前列腺素F则使静脉收缩。前列环素是血管组织中合成的一种前列腺素，具有强烈的舒血管作用。前列腺素的作用一般只局限于局部。

（八）组织代谢产物

组织代谢产物如CO_2、乳酸、腺苷和H^+等都具有舒血管作用，使局部血流量增加。

三、自 身 调 节

在没有外来神经和体液因素影响的情况下，各器官组织的血流量仍通过局部血管的舒缩活动得到适当的调节，这种调节机制是在器官组织或血管本身，故称为自身调节。通过自身调节，当器官血管的灌注压突然升高时，器官的血管收缩，能保持流经该器官的血流量不至于因灌注压升高而增多；当器官血管的灌注压突然降低时，器官的血管舒张，能保持流经该器官的血流量不至于因灌注压降低而减少。这种调节在肾、脑、心、肝、肠系膜和骨骼肌的血管中都存在。

第四节　器 官 循 环

体内各器官血流量都由该器官的动、静脉压力差和阻力血管的舒缩状态所决定。由于各器官的结构和功能不同，器官血管分布也各有特点，因此其血液供应的具体情况和调节机制也各不相同。

一、冠 脉 循 环

（一）冠脉循环的解剖特点

冠脉循环是指心脏的血液循环。心脏接受左、右冠状动脉血液供应，冠状动脉主干和大分支行走于心脏表面，其较小分支由心肌外层垂直穿过心肌，然后在心内膜下分支成网。心肌毛细血管极为丰富，与心肌纤维数的比例为1∶1，且与心肌纤维并行，使心肌与冠脉血液之间的物质交换比较容易进行。冠状动脉之间有吻合支，可建立侧支循环，但时间较长，一般需要8～12小时。

（二）冠脉循环的生理特点

1. 血流量大　冠状动脉直接开口于主动脉根部，其压力与主动脉一致，加之长度较短，所以具有很高的压力。在安静状态下，冠脉血流量为每100g心肌组织血流量为60～80ml/min，中等体重的人冠脉血流量约为225ml/min，占心输出量的4%～5%，活动加强时则更多。

2. 心舒期供血　冠状动脉的分支垂直穿行于心肌组织之间，心肌节律性收缩对冠脉血流的影响很大，尤其左冠状动脉更为显著，心肌收缩时，血流阻力增大，冠脉流量减少，甚至倒流。心舒期主动脉压虽然降低，但由于心肌收缩的挤压作用解除，血流阻力减小，冠脉流量反而增加。心率加快时，心室的舒张期明显缩短，冠脉流量减少。

3. 动静脉氧差大　心肌摄氧能力强，耗氧量大。静脉血中氧含量较低，因此冠脉的动静脉氧差大。活动加强时，心肌耗氧量增加，必须通过增加冠脉流量才能满足心肌代谢的需要。

（三）冠脉循环血流量的调节

1. 心肌代谢产物对冠脉血流量的影响　心肌代谢产物是影响冠脉流量的主要因素。心肌活动加强，代谢水平提高时，产生的代谢产物也随之增多，此时的冠脉流量可显著增加。心肌代谢产物有多种，如缓激肽、乳酸、腺苷、CO_2、H^+等，其中以腺苷的作用最为显著，具有强大的舒血管作用。

2. 神经调节　冠状动脉受交感神经和迷走神经支配。交感神经可直接使血管平滑肌收缩，冠脉流量减少。同时又使心率加快，收缩力加强，代谢产物增多，冠脉流量增加。迷走神经可以直接使冠脉舒张，但在完整机体内，刺激迷走神经对冠脉流量影响较小，这是由于迷走神经对心脏的抑制作用，使产生的代谢产物减少，故冠脉流量变化不明显。

3. 体液调节　肾上腺素和去甲肾上腺素一方面可以直接作用于冠脉血管的肾上腺素能受体，引起血管活动改变。更主要是通过加强心肌的代谢活动，代谢产物增多而使冠脉流量增加。

课堂互动

冠状动脉粥样硬化性心病，简称冠心病。"心跳不止，生命不息"，依据"冠脉循环"的学习内容分析心脏如何获得足够的滋养？冠心病又是如何严重危害心脏的活动呢？

二、脑 循 环

（一）脑循环的特点

1. 血流量大 脑组织血流量大，安静情况下100g脑组织血流量平均为50~60ml/min，脑的重量仅占体重的约2%，但血流量占心输出量的15%。脑组织耗氧量也较大，整个脑组织耗氧量约占全身耗氧量的20%。脑对缺血、缺氧耐受程度低，脑血流中断5~10秒意识就会丧失，停止血流的时间超过5~6分钟即引起永久性脑损伤。

2. 血流量变化小 脑组织位于骨性颅腔内，颅腔容积固定，脑血管的舒缩活动受到很大限制，所以脑血流量变化很小。

（二）脑血流量的调节

1. 自身调节 脑血管舒缩范围小，血流阻力基本不变，脑血流量主要取决于动脉血压。动脉血压升高时，脑血流量增多；反之，脑血流量减少。正常情况下，脑循环的灌注压为80~100mmHg。脑血流量存在良好的自身调节机制，平均动脉压在60~140mmHg范围内变动时，脑血管可以通过自身调节使血流量保持相对稳定。当平均动脉压低于60mmHg时，脑血流量就会明显减少，导致脑组织功能障碍。反之，当平均动脉压超过脑血管自身调节的上限时，脑血流量显著增加，严重时可因脑毛细血管压过高而引起脑水肿。

2. 神经和体液调节 脑血管接受交感缩血管神经和副交感舒血管神经的支配，但神经对脑血管活动的调节意义不大。缺O_2、CO_2分压和H^+浓度升高，可使脑血管舒张，血流量增加，其中CO_2的作用最为显著。

（三）血脑屏障和血 - 脑脊液屏障

毛细血管和脑组织之间具有限制某些物质自由扩散的屏障，称为血脑屏障。血中脂溶性物质如O_2、CO_2及某些麻醉药物和乙醇等很容易通过毛细血管壁，进入脑组织。青霉素、胆盐和H^+等则不易通过。静脉注射锥虫蓝能迅速进入全身各处的组织，但不能使脑组织染色。形成血脑屏障的结构基础尚不十分清楚，目前认为毛细血管内皮细胞、内皮下基膜和星形胶质细胞的血管周足等结构可能是血脑屏障的结构基础。血脑屏障对脑组织具有保护意义，可防止有害物质进入，维持神经细胞的正常功能。

知识链接

中医脏腑功能与循环生理

中医认为血是行于脉中而循环流注全身的富有营养和滋润作用的红色液体，是构成和维持人体生命活动的基本物质之一。血必须在脉中正常运行，才能发挥其生理功能，"血主濡之""血主润之"。而血液的正常运行，是各个脏腑共同作用的结果。心为君主之官，是人体生命活动的主宰，《灵枢·邪客》说："心者，五脏六腑之大主也……"其和血液循环的关系主要体现在"心主血脉"。心主血脉是指心有推动血液在脉管内运行以营养全身的功能，包括主血和主脉两个方面，血液在脉管内运行，主要依赖于心气的推动，同时还有赖于血液的充盈和脉道的通畅。血脉是指血液和脉管及血液在脉管中的运行。心与脉直接相连，血液在心和脉中不停地流动，循环往复。心、脉、血三者共同组成一个循行于全身的密闭系统，而心起主导作用。心气充沛，血液充盈，脉道流畅，则血就可流布全身，发挥其"濡、润"之功。

血液与脑脊液之间也存在屏障，称为血 - 脑脊液屏障。脑脊液与一般组织液形成的原理不完全相同，大部分来自脑室脉络丛上皮细胞及室管膜细胞的分泌，小部分来自脑和软脑膜毛细血管的滤过。由于存在血 - 脑脊液屏障作用，使脑脊液中蛋白质含量极少，葡萄糖、K^+、HCO_3^-、Ca^{2+}较少，Na^+和 Mg^{2+} 浓度则较高。由此可见，血液与脑脊液之间的物质交换不是被动过程，而是主动转运。形成血 - 脑脊液屏障的基础主要是由脉络丛上皮和脉络丛毛细血管内皮细胞之间连接紧密，以及脉络丛和室管膜细胞对各种物质的特殊载体系统。其意义在于维持脑组织和脑脊液中内环境的相对稳定。

三、肺　循　环

（一）肺循环的特点

1. 途径短、血流阻力小、血压低　肺动脉主干长 4cm，分为左、右肺动脉后分支进入肺，再分为若干小支进入肺泡壁形成毛细血管网，最后汇入肺静脉。相比之下，肺循环途径比体循环短得多。肺动脉及其分支短而粗，管壁薄，肺动脉壁的厚度仅约为主动脉壁的 1/3；且肺循环血管全都位于胸腔负压环境中，因此肺循环的血流阻力明显小于体循环。用导管插入法可直接测量肺动脉压。正常人肺动脉收缩压约 22mmHg，舒张压约 8mmHg，平均压约 13mmHg。用间接方法可测得肺循环毛细血管平均压约 7mmHg，肺静脉压 1～4mmHg。可见，肺循环血流阻力小且血压低。

2. 血容量大，变化也大　通常情况下，肺部血管床内可容纳血液 450～600ml，占循环系统总血容量的 9%～12%。由于肺组织和肺血管的可扩张性大，故肺血容量的变化范围较大。在用力呼气时，肺部血容量可减少到 200ml 左右，而在深吸气时则可增加到 1 000ml 左右。因此，肺循环血管可起储血库作用。当机体失血时，肺循环可将一部分血液转移到体循环中，起代偿作用。在呼吸周期中，肺循环血流量可发生周期性变化，并对左心室搏出量和动脉血压产生影响。在吸气时，由于胸腔内负压加大，从腔静脉回到右心房的血量增多，右心室搏出量随之增多，此时由于肺扩张而使肺循环血管也扩张，致使肺静脉回到左心房的血量减少，左心室搏出量随之减少。经过几次心搏后，扩张的肺循环血管逐渐被充盈，因而由肺静脉回流入左心房的血量逐渐回升。呼气时则发生相反的变化。由于上述左心室搏出量的周期性改变，因而动脉血压在吸气相之初逐渐下降，至吸气相中期降到最低点，在吸气相后半期逐渐回升，呼气相前半期继续上升，至呼气相中期达最高点，在呼气相后半期又开始下降，周而复始。这种呼吸周期中出现的血压波动称为动脉血压的呼吸波。

3. 毛细血管的有效滤过压较低　如前所述，肺循环毛细血管血压平均为 7mmHg，血浆胶体渗透压平均为 25mmHg，肺组织间液的胶体渗透压约为 14mmHg，肺组织液静水压约为 –5mmHg。因此，肺毛细血管的有效滤过压较低，仅约 +1mmHg[（7+14）–（–5+25）]。这样，较低的有效滤过压使肺毛细血管有少量液体持续进入组织间隙。这些液体除少量渗入肺泡内被蒸发外（同时也对肺泡内表面起湿润作用），其余大部分进入肺淋巴管而返回血液循环。在某些病理情况下，如左心衰竭时，由于肺静脉压升高，肺毛细血管血压也随之升高，就可能有较多的血浆滤出毛细血管而进入肺组织间隙和肺泡内，使肺泡内液体积聚，从而形成肺水肿和肺淤血，导致呼吸功能障碍。

（二）肺循环血流量的调节

1. 局部组织化学因素的影响　肺泡内气体的 O_2 分压对局部肺循环血管的舒缩活动具有较大影响。急性或慢性低氧都能使肺循环血管收缩，血流阻力增大，这与体循环中低氧通常引起血管舒张的情况正相反。当一部分肺泡内气体的 O_2 分压降低时，这些肺泡周围的微动脉收缩，尤其在肺泡气 CO_2 分压升高时，其效应更加显著，但其机制目前尚不清楚。肺泡内气体的低氧引起局部缩血管反应具有重要的生理意义。肺循环中某处血管因局部肺泡通气不足，O_2 分压降低而收缩，使此处的血流量减少，可使较多的血液转移到那些通气充足、O_2 分压较高的肺泡。假如没有这种缩血管反应，血液流经通气不足的肺泡时，将不能充分氧合，即导致肺换气效率降低。但当吸入的气体 O_2 分压过低时，如在高海拔地区，可引起肺微动脉广泛收缩，血液阻力较大，肺动脉压显著升高。长期居住在低海拔地区的人，若以较快的速度登上高海拔地区，常可发生肺动脉高压，甚至发生肺水肿；长期居住在高海拔地区的人，常可因肺动脉高压使右心室负荷长期加重而导致右心室肥厚。

2. 神经调节　肺循环血管受交感和迷走神经的双重支配。刺激交感神经的直接效应是肺血管收缩和血流阻力增大。但在整体情况下，交感神经兴奋时由于体循环血管收缩，可将一部分血液挤入肺循环，使肺循环血流量增加。刺激迷走神经的直接效应是肺血管舒张。

3. 体液调节　肾上腺素、去甲肾上腺素、血管紧张素 II、血栓素 A_2、前列腺素 F_{2a} 等可使肺循环微动脉收缩；而组胺、5- 羟色胺等则能使肺循环微静脉收缩，但它们在流经肺循环后随即分解失活。

（刘海霞）

？ 复习思考题

1. 简述心室细胞动作电位的主要特征、分期及其离子基础。
2. 列表说明心脏在收缩射血过程心腔压力、容积、瓣膜开闭情况及血流方向的变化。
3. 简述动脉血压的形成及影响动脉血压的因素。
4. 右心衰时为什么会出现颈静脉怒张、肝肿大和下肢水肿？
5. 比较肾上腺素和去甲肾上腺素对心血管活动的作用特点。

0403
扫一扫，测一测

0404
思维导图

第五章 呼吸生理

0501

PPT 课件

0502

知识导览

学习目标

1. 掌握肺通气的动力和阻力，胸膜腔内压的形成和意义，气体交换的原理和过程，影响肺换气的因素，呼吸中枢，化学感受性反射及生理意义。

2. 熟悉呼吸的全过程，肺通气功能的评价，氧气和二氧化碳在血液中的运输，氧解离曲线及影响因素。

3. 了解肺泡表面活性物质的作用，肺的牵张反射。

机体在新陈代谢的过程中，需要不断地从外界环境中摄取 O_2，并把产生的 CO_2 排出体外，这种机体与外界环境之间的气体交换过程，称为呼吸。它是维持机体正常新陈代谢和生命活动所必需的基本生理过程之一。呼吸系统的功能与血液循环系统的功能紧密相连，气体在肺部与外界环境之间进行交换依赖于肺循环，而在全身组织细胞进行交换则依赖于体循环。人和高等动物的整个呼吸过程由三个相互联系并同时进行的基本环节组成（图 5-1）：①外呼吸：是指外部环境与肺泡毛细血管血液之间的气体交换，包括肺通气与肺换气两个过程。前者是指肺与外界环境之间的气体交换过程；后者则为肺泡与肺毛细血管血液之间的气体交换过程。②气体在血液中的运输：是衔接外呼吸和内呼吸的中间环节，即血液把从肺泡摄取的 O_2 运送到组织细胞，同时将组织细胞产生的 CO_2 运送到肺泡的过程。③内呼吸：是指血液与组织细胞之间的气体交换过程，又称为组织换气。

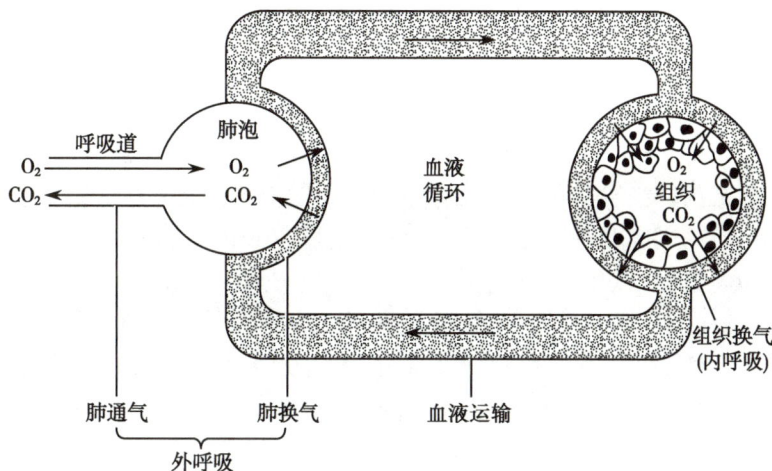

图 5-1 呼吸全过程示意图

呼吸的生理意义是维持机体内环境中 O_2 和 CO_2 浓度的相对稳定，保证生命活动的正常进行，因此，其中任何一个环节发生障碍，均可使组织细胞缺 O_2 和 CO_2 蓄积，导致内环境紊乱，从而影响新陈代谢的正常进行和其他生理功能的正常发挥。呼吸一旦停止，生命也将随之终止。

第一节 肺 通 气

一、肺通气的结构基础

肺通气是指肺与外界环境之间的气体交换过程。实现肺通气的基本结构包括呼吸道、肺、胸廓、呼吸肌等。呼吸道是肺通气时气体进出肺的通道，同时还对吸入的气体具有加温、加湿、滤过、清洁作用，以及引起咳嗽、喷嚏等防御性反射和保护功能；肺泡是由单层上皮细胞构成的半球形小囊泡，成人约有 3 亿～4 亿个肺泡，是肺换气的主要场所；胸廓是由肋骨、胸骨、脊柱和肋间肌构成的骨性支架，肺位于密闭的胸廓中，肺借助于胸膜腔负压的偶联作用，可随胸廓容积的改变而张缩，而胸廓的扩大和缩小是由呼吸肌的舒缩活动造成的。呼吸肌从功能上可分为吸气肌与呼气肌两类，主要的吸气肌有膈肌和肋间外肌，主要的呼气肌有肋间内肌和腹壁肌群。此外，还有一些肌肉如斜角肌、胸锁乳突肌等，称为辅助呼吸肌。

二、肺通气的动力与阻力

气体经呼吸道进出肺，取决于推动气体流动的动力与气体流动时所遇到的阻力之间的相互作用。

（一）肺通气的动力

按照物理学原理，气体总是从压力高处流向压力低处，所以要实现肺通气，必须在肺泡内气压（简称肺内压）与外界大气压之间存在一定的压力差。通常情况下，大气压是相对恒定的，气体能否进出肺，主要取决于肺内压的变化，因此，大气压与肺内压之间的压力差是实现肺通气的直接动力。肺内压的变化取决于肺的扩张和缩小，但肺本身并不具有主动扩张和回缩的能力，其容积的变化依赖于胸廓的扩大与缩小，而胸廓的扩大与缩小又是通过呼吸肌的收缩和舒张来实现的，因此，呼吸肌的收缩和舒张活动，即呼吸运动是实现肺通气的原动力。

1. 呼吸运动　通过呼吸肌的收缩和舒张引起胸廓节律性扩大和缩小的过程，称为呼吸运动。胸廓扩大称为吸气运动，而胸廓缩小则称为呼气运动。呼吸运动根据其深度、参与活动的呼吸肌的主次可呈现不同的型式。

（1）平静呼吸：安静状态下，和缓而均匀的呼吸称为平静呼吸。平静呼吸主要是由膈肌和肋间外肌的舒缩来完成的。当膈肌收缩时，膈穹隆下降，使胸廓的上下径增大（图 5-2A）。同时肋间外肌收缩，肋骨上提，使胸廓的前后、左右径均增大（图 5-2B）。膈肌和肋间外肌收缩，使胸腔容积增大，通过胸膜腔的偶联作用，引起肺扩张，肺容积增大，肺内压下降，当低于大气压时，外界气体进入肺，形成吸气。平静呼气时，膈肌和肋间外肌舒张，胸廓弹性回位，胸腔容积缩小，肺发生弹性回缩，使肺容积缩小，肺内压升高，当高于大气压时，肺内气体被呼出，形成呼气。因此，平静呼吸的特点是：吸气运动是由吸气肌收缩产生的，属于主动过程；而呼气运动则是吸气肌舒张产生的，呼气肌不参与活动，属于被动过程。

（2）用力呼吸：人在劳动或运动时深而快的呼吸，称为用力呼吸或深呼吸。用力吸气时，除膈肌和肋间外肌加强收缩外，胸锁乳突肌、斜角肌等辅助吸气肌也参与收缩，使胸廓和肺容积进一步扩大，肺内压更低，以吸入更多的气体；用力呼气时，除吸气肌舒张外，肋间内肌和腹壁肌等呼气肌群也参与收缩，使胸腔和肺的容积进一步缩小，肺内压更大，以呼出更多的气体。由于用力呼吸时，吸气肌、呼气肌和辅助呼吸肌都参与了呼吸运动，因此，用力呼吸的特点是：无论吸气运动或是呼气运动都属于主动过程。

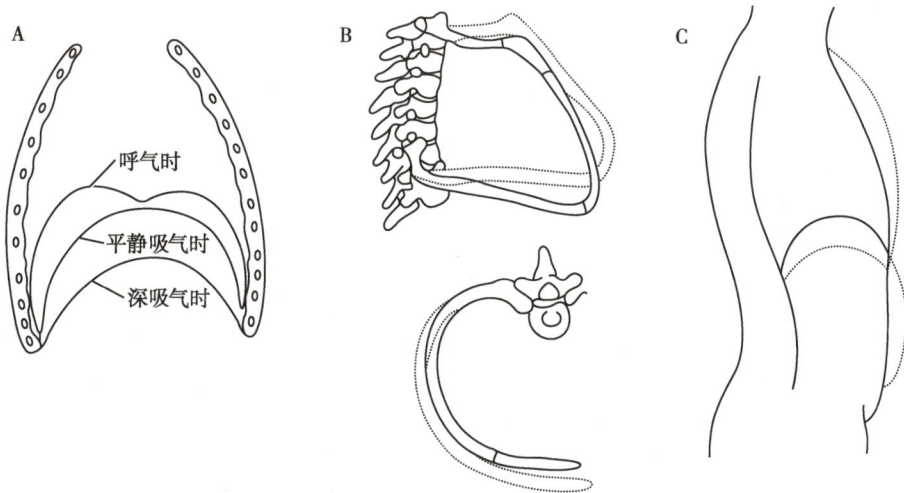

图 5-2 呼吸时膈、肋骨及胸腹运动

A. 膈运动；B. 肋骨运动；C. 胸腹运动
实线表示呼气时位置；虚线表示深吸气时位置

（3）胸式呼吸和腹式呼吸：以膈肌的舒缩活动为主，主要表现为腹壁起伏明显的呼吸运动，称为腹式呼吸。以肋间外肌的舒缩活动为主，主要表现为胸壁起伏明显的呼吸运动，称为胸式呼吸。一般情况下，正常成人大多呈腹式和胸式共存的混合式呼吸（图 5-2C）。只有在胸部或腹部活动受限时才会出现某种单一形式的呼吸运动。如妊娠晚期、严重腹水或腹膜炎症等情况下，因膈肌运动受限，故主要依靠肋间外肌舒缩而呈胸式呼吸；而胸膜炎、肋骨骨折等，肋间外肌运动受限，主要依靠膈肌舒缩而呈腹式呼吸。

（4）呼吸频率：每分钟呼吸运动的次数称为呼吸频率。正常人安静时的呼吸频率为 12～18 次/min，可随年龄、性别、肌肉活动和情绪等的不同而变化。如新生儿呼吸频率比成人快，运动时呼吸可暂时加快。

2．肺内压 肺泡内气体的压力称为肺内压。在呼吸运动中，肺内压随胸腔的容积变化而变化（图 5-3）。吸气之初，肺容积随胸廓逐渐扩大而相应增大，肺内压下降，低于大气压 1～2mmHg，空气在此压力差的推动下经呼吸道进入肺泡。随着肺内气体逐渐增多，肺内压也逐渐升高，至吸气末，肺内压与大气压相等，气体停止流动，吸气结束。呼气开始时，肺容积随着胸廓的逐渐缩小而相应减少，肺内压逐渐升高并超过大气压 1～2mmHg，肺泡内气体经呼吸道呼出体外。随着肺内气体逐渐减少，肺内压逐渐下降，至呼气末，肺内压又降到与大气压相等，气体又停止流动，呼气结束。

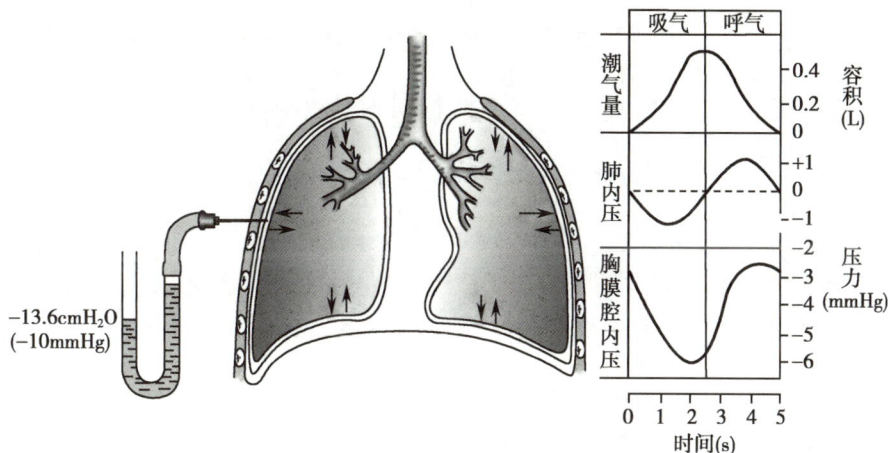

图 5-3 呼吸时肺内压、胸膜腔内压及呼吸气量的变化

呼吸过程中,肺内压变化的幅度与呼吸运动的深浅、缓急和呼吸道的通畅程度有关。若呼吸浅而快,则肺内压变化幅度较小;反之,呼吸深而慢,或呼吸道不够通畅,则肺内压变化幅度较大。用力呼吸时,肺内压的升降幅度会有所增加。

知识链接

人工呼吸

在呼吸过程中由于肺内压的交替升降,形成肺内压和大气压之间的压力差,是肺通气的直接动力。临床上对呼吸停止的患者所采取的诸多抢救方法,就是根据这一原理,通过人为地改变肺内压,建立肺内压和大气压之间的压力差来维持肺通气功能,以纠正机体缺氧,促进自发呼吸恢复。用人工方法维持肺的通气功能称为人工呼吸。常用的人工呼吸的方法有两类:一类是人工的使胸廓有节律地扩大与缩小,使肺扩张与回缩,改变肺内压,实现肺通气,即负压呼吸法。如提臂压胸法、压背法等。另一类是利用高压向肺内输入气体,使肺内压增高,肺扩张,然后停止输气,让肺自然回缩,实现呼气,即正压呼吸法。如口对口人工呼吸及使用人工呼吸机。

3. 胸膜腔内压   肺与胸廓在结构上并不相连,肺随胸廓节律性扩大或缩小,是通过胸膜腔的偶联作用进行的。在肺和胸廓之间存在一密闭、潜在的腔隙称为胸膜腔,由覆于肺表面的脏层胸膜和衬于胸廓内壁的壁层胸膜所构成。腔内只有少量浆液,没有气体。浆液的存在不仅起润滑作用,减轻呼吸运动时脏层胸膜与壁层胸膜的摩擦,而且由于浆液分子的内聚力,使两层胸膜紧紧相贴,不易分开,从而保证了肺可随胸廓的运动而张缩。

胸膜腔内的压力称为胸膜腔内压。胸膜腔内压可用连接检压计的针头刺入胸膜腔内直接测定,也可用测定食管内压来间接反映胸膜腔压力的变化。若将大气压视为零,由于胸膜腔内压力通常低于大气压,故习惯上称为胸膜腔负压,简称胸内负压(图5-3)。平静呼吸时,吸气末胸膜腔内压约为 $-10\sim-5mmHg$($-1.33\sim-0.665kPa$),呼气末约为 $-5\sim-3mmHg$($-0.665\sim-0.399kPa$)。

胸膜腔负压自出生即形成,并随着胸廓和肺的生长发育而逐渐加大。胎儿一出生,立即进行呼吸,肺一旦张开(第一次吸气后),就不能回复到原来的状态,即使是最强呼气,肺泡也不可能完全被压缩。而且胎儿出生后胸廓的生长速度比肺快,因此,肺总处于被扩张状态,只是呼气时被扩张的程度较小而已。另一方面,肺又是弹性组织,并借呼吸道与大气相通,当其被扩张时,总存在回缩倾向。因此,正常时胸膜腔实际上通过胸膜脏层,受到肺内压(使肺扩张)与肺弹性回缩力(使肺泡缩小)两种方向相反力的影响。因此胸膜腔内承受的实际压力为:

$$胸膜腔内压=肺内压-肺回缩力$$

正常人不论在吸气末或呼气末,由于气流停止,此时肺内压与大气压相等,因而:

$$胸膜腔内压=大气压-肺回缩力$$

若将大气压视为零,则:

$$胸膜腔内压=-肺回缩力$$

由此可见,胸膜腔负压实际上是由肺的回缩力所造成的,因此,其值也随呼吸运动的变化而变化。吸气时,肺扩张,肺的回缩力增大,胸膜腔负压增大(绝对值增大);呼气时,肺缩小,肺的回缩力减小,胸膜腔负压也减小(绝对值减小)。

胸膜腔负压的生理意义：①使肺总是处于扩张状态，而不至于萎陷，并使肺能随胸廓的扩大而扩张。②使腔静脉和胸导管等扩张，有利于静脉血和淋巴液的回流。由于胸膜腔负压的形成与维持，是以胸膜腔的密闭性为前提的，因此在胸壁贯通伤或肺损伤累及胸膜脏层使胸膜受损时，气体将顺压力差进入胸膜腔内，而造成气胸。此时胸膜腔负压减小甚至消失，肺将因其本身的回缩力而萎陷，造成肺不张，导致肺通气功能障碍，也阻碍静脉和淋巴回流。严重的气胸不仅影响患侧的呼吸和循环功能，同时也会导致纵隔向健侧移位甚至出现纵隔随呼吸左右摆动，也将累及健侧的呼吸和循环功能，此时若不紧急处理，将危及生命。

课堂互动

胸壁没有明显外伤，有没有可能出现气胸？

综上所述，肺与外界大气之间的压力差，是实现肺通气的直接动力，而呼吸肌的舒缩引起胸廓容积的变化是导致肺内压改变的根本原因，因此，呼吸肌的舒缩是肺通气的原动力。胸膜腔负压的存在，则能保证肺处于扩张状态并随胸廓的运动而张缩，是使原动力转化为直接动力的关键。

（二）肺通气的阻力

肺通气过程中遇到的各种阻止气体流动的力，统称为肺通气的阻力。肺通气的阻力分为弹性阻力和非弹性阻力两种，正常情况下，弹性阻力约占总通气阻力的 70%，非弹性阻力约占总通气阻力的 30%。

1. 弹性阻力和顺应性 弹性阻力是指弹性物体在外力作用下变形时，具有对抗变形和自动回位的力。肺和胸廓都具有弹性，当其容积发生改变时，就会产生弹性阻力。因此，弹性阻力包括肺弹性阻力和胸廓弹性阻力。弹性阻力的大小通常用顺应性来表示。顺应性是指在外力作用下，弹性组织扩张的难易程度。容易扩张者，其顺应性大，弹性阻力小；不易扩张者，其顺应性小，弹性阻力大。可见顺应性与弹性阻力成反比关系，即：顺应性 =1/ 弹性阻力。

（1）肺弹性阻力：肺弹性阻力来自以下两个方面：

一是在肺泡的内表面覆盖着薄层液体，与肺泡内气体之间形成液 - 气界面，由于液体分子之间存在着吸引力（内聚力），从而产生了使液体表面尽量缩小的力，即表面张力。对于半球状肺泡来说，表面张力指向肺泡腔，合力构成向心的回缩力，使肺泡趋于缩小。肺泡表面张力约占肺弹性阻力的 2/3。表面张力愈大，肺泡愈不易扩张，且可使肺泡失去稳定性。

二是肺组织内含有弹性纤维，当肺扩张时，这些纤维被牵拉后产生弹性回缩力。肺弹性回缩力约占肺弹性阻力的 1/3。在一定范围内，肺扩张得越大，其弹性回缩力越大，弹性阻力也就越大。肺气肿时，弹性纤维被破坏，弹性阻力减小，致使肺泡气体不易呼出，肺内残余气量增大，不利于肺通气。

肺泡表面活性物质（alveolar surfactant）由肺泡 II 型上皮细胞合成并分泌，是一种复杂的脂蛋白混合物，主要成分是二棕榈酰卵磷脂（DPL）。它以单分子层的形式覆盖在肺泡液体的表面，具有降低肺泡表面张力的作用（可使肺泡表面张力降低到原来的 1/14～1/7）。其生理意义有：①降低吸气阻力，有利于肺的扩张，使吸气省力；②减少肺间质和肺泡内组织液的生成，防止肺水肿的发生，有利于肺泡处气体交换；③调节大小肺泡内压，维持肺泡容积稳定。根据 Laplace 定律，肺泡回缩压（P）与肺泡表面张力（T）成正比，与肺泡半径（r）成反比，即 $P=2T/r$。正常人的肺是由大小不等的肺泡构成，且彼此连通，如果大、小肺泡的表面张力相等，则大肺泡因半径大，而回缩压小；小肺泡因半径小，而回缩压大，那么气体就顺压力差从小肺泡内流入大肺泡，从而导致大肺泡膨胀，小肺泡塌陷（图 5-4A、B）。但实际上在正常人体内这种情况并不发生。这是因为在正常人体内,大小肺泡表面活性物质的分子密度不同,其降低肺泡表面张力的作用也不相同。肺表面活性物质在肺泡内液 - 气界面的密度可随肺泡半径的变小而增大,也随肺泡半径的增大而减小。大肺泡因其表面积大,表面活性物质分子密度小,降低表面张力的作用较弱,而小肺泡因其表面积小,表面活性物质分子密度大,降低表面张力的作用较强,这就使大小肺泡内的压力趋于稳定,既防止了大肺泡的过度膨胀,又防止了小肺泡的塌陷,从而保持了大小肺泡的稳定性(图 5-4C)。

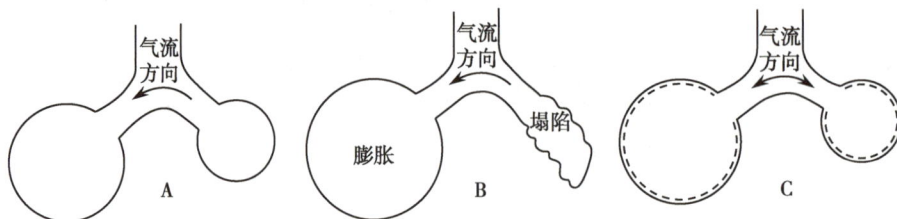

图 5-4   肺泡表面活性物质使连通的大小肺泡维持相对稳定
A. 无表面活性物质时,小肺泡回缩压大,气体流入大肺泡;B. 为 A 的结果;C. 大肺泡表面活性物质分子密度小,降低表面张力的作用较弱,而小肺泡表面活性物质分子密度大,降低表面张力的作用较强,使大小肺泡相对稳定

综上所述,肺的弹性阻力包括肺泡表面张力和肺弹性回缩力,它是吸气的阻力,但对呼气来说却起着动力作用。当肺泡表面活性物质缺乏时,吸气阻力增大,肺不易扩张,但呼气阻力减小,因此不利于吸气而有利于呼气。肺弹性纤维被破坏时,吸气阻力减小而呼气阻力增大,使肺泡气不易呼出,残气量增大,也不利于肺通气。

(2)胸廓弹性阻力:胸廓的弹性阻力与肺不同。肺的弹性阻力始终是一种吸气的阻力,其方向使肺回缩;而胸廓弹性回缩力的方向则可随胸廓所处的位置不同而改变。平静吸气末(肺容量约为肺总量的 67%),胸廓处于自然位置时,胸廓无变形,其弹性阻力为零。平静呼气或深呼气时(肺容量小于肺总量的 67%),胸廓小于自然容积,胸廓被牵引向内而缩小,其弹性回缩力向外,成为吸气的动力,呼气的阻力;深吸气时(肺容量大于肺总量的 67%),胸廓大于自然容积,胸廓被牵引向外而扩大,其弹性回缩力向内,构成吸气的阻力,呼气的动力(图 5-2)。胸廓畸形、胸腔积液、肥胖等患者,胸廓弹性阻力增大,不利于肺通气。

2.非弹性阻力   非弹性阻力包括气道阻力、黏滞阻力和惯性阻力,约占呼吸总阻力的 1/3。气道阻力是气体流经呼吸道时,气体分子间和气体分子与气道壁之间的摩擦力;黏滞阻力是呼吸时,胸廓、肺等组织相对位移产生的摩擦;惯性阻力是气流在发动、变速、换向时因气流和组织的惯性所产生的阻力。平静呼吸时,惯性阻力和黏滞阻力都很小,可忽略;气道阻力是非弹性阻力的主要成分,占 80%～90%,是临床上通气障碍最常见的病因。气道阻力受气流速度、气流形式和气道口径等的影响。气流速度快、气流呈湍流、气道口径减小等都能使气道阻力增大而影响肺通气。由于气道阻力与呼吸道半径的 4 次方成反比,因此,气道口径的变化是影响气道阻力的主要因素。

三、肺通气功能的评价

肺通气是呼吸过程的一个重要环节。使用肺量计所测得的肺容量和肺通气量,可作为评价肺通气功能的基本指标。

(一)肺容量
肺容量是指肺所容纳的气体量。肺可容纳的最大气体量,称肺总容量。肺总容量由潮气量、补吸气量、补呼气量及残气量四部分组成(图 5-5)。正常成人男性约为 5L,女性约为 3.5L。

1. 潮气量 潮气量是指平静呼吸时每次吸入或呼出的气量。潮气量可随呼吸的幅度而变化。正常成人平静呼吸时，潮气量为400~600ml，平均约500ml。用力呼吸时，潮气量增大。

2. 补吸气量 平静吸气末，再尽力吸气所能吸入的气量称为补吸气量。正常成人补吸气量约为1 500~2 000ml。补吸气量反映吸气的储备能力。潮气量与补吸气量之和等于深吸气量，它是衡量通气潜力的一个重要指标。

3. 补呼气量 平静呼气末，再尽力呼气所能呼出的气量称为补呼气量。正常成人约为900~1 200ml。该气量的大小，表示呼气贮备能力。

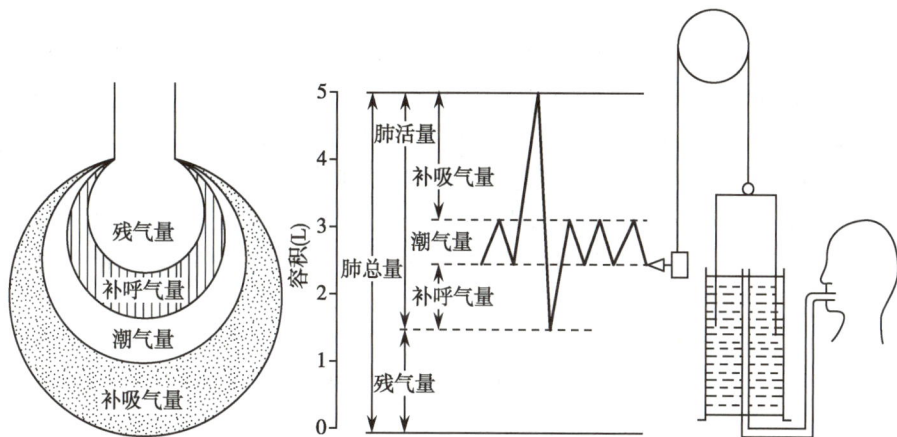

图 5-5 肺容积与肺容量示意图

4. 余气量和功能余气量 最大呼气后仍残留在肺内不能被呼出的气量称为余气量。正常成人约为1 000~1 500ml。老年人因肺弹性降低，故余气量比青壮年大。支气管哮喘和肺气肿的患者，余气量增大。余气量过大，表示肺通气功能不良。平静呼气末，肺内所余留的气量称为功能余气量。它是余气量与补呼气量之和，正常成人约为2 500ml。肺气肿的患者功能余气量增加，肺实质性病变时功能余气量减少。

5. 肺活量、用力肺活量和用力呼气量 在最大吸气后，再做最大呼气所能呼出的最大气量称为肺活量。肺活量＝潮气量＋补吸气量＋补呼气量。其数值有较大的个体差异，与身材、性别、年龄、体位、呼吸肌强弱等有关。正常成人男性平均约为3 500ml，女性约为2 500ml。肺活量的大小反映了肺一次通气的最大能力，是最常用的测定肺通气功能的指标之一。但由于肺活量测定时，仅测呼出的气量而不限制呼气的时间。因此，即使一些通气功能有障碍（如肺组织弹性降低或呼吸道狭窄）的患者，可通过延长呼气时间，使测出的肺活量仍在正常范围之内。因此，肺活量难以充分反映肺组织的弹性状态和气道通畅程度等变化。为此，提出了用力肺活量和用力呼气量的概念（亦称时间肺活量）。用力肺活量（FVC）是指一次最大吸气后，尽力尽快呼气所能呼出的最大气体量。正常时，用力肺活量略小于在没有时间限制条件下测得的肺活量。用力呼气量（FEV）是指最大吸气后，再用力尽快呼气，在一定时间内所能呼出的气体量。通常以第1、2、3秒末的FEV所占FVC的百分比来表示。正常成人的FEV_1/FVC、FEV_2/FVC和FEV_3/FVC分别约为83%、96%、99%，其中FEV_1/FVC的价值最大，在临床上鉴别阻塞性肺疾病和限制性肺疾病中具有重要意义。在哮喘等阻塞性肺疾病患者，FEV_1的降低比FVC更明显，因而FEV_1/FVC变小，此外还显示余气量增大；而在肺纤维化等限制性肺疾病患者，FEV_1和FVC均下降，但FEV_1/FVC仍可基本正常，此外还显示余气量减少。

（二）肺通气量

肺通气量是指单位时间内进出肺的气体总量，包括每分通气量与肺泡通气量。

1. 每分通气量 每分通气量是指每分钟吸入或呼出肺的气量。它等于潮气量与呼吸频率的乘积。平静呼吸时，正常成人呼吸频率为每分钟12～18次，潮气量500ml，则每分通气量为6 000～9 000ml。

每分通气量随年龄、性别、身材和活动量的不同而有差异。劳动和运动时，每分通气量增大。以最快速度和最大用力呼吸时，每分钟所能吸入或呼出的最大气量称为最大随意通气量，或最大通气量。正常人其值变异较大，一般可达70～120L，是估计受试者能进行多大运动量的生理指标之一。

2. 肺泡通气量　肺泡通气量是指每分钟吸入肺泡并能与血液进行气体交换的新鲜气体量，也称有效通气量。

由于呼吸过程中，每次所吸入的气体，并不都能进行有效的气体交换，因此，将这部分有通气但不进行气体交换的区域称为无效腔。无效腔包括解剖无效腔和肺泡无效腔，两者合称为生理无效腔。解剖无效腔是指从鼻到终末细支气管之间的气体通道。一般正常成人其容量较恒定，约为150ml。肺泡无效腔是指进入肺泡的气体，因为血流在肺内分布不均，而未能与血液发生气体交换的这一部分肺泡容积。健康成人平卧时，肺泡无效腔接近于零。

从气体交换的角度而言，只有进入肺泡并与血液进行气体交换的新鲜气体量，才是真正有效的通气量，因此，肺泡通气量的计算公式为：

$$肺泡通气量 = (潮气量 - 无效腔气量) \times 呼吸频率$$

按以上公式，如平静呼吸时，潮气量为500ml，呼吸频率为12次/min，无效腔气量为150ml，则每分肺泡通气量为4 200ml，相当于每分通气量的70%左右。

由于解剖无效腔是个常数，所以肺泡通气量主要受潮气量和呼吸频率的影响。但两者的变化对每分通气量和肺泡通气量的影响是不同的。如潮气量加倍或呼吸频率减半，或潮气量减半而呼吸频率加倍时，每分通气量都保持不变，但肺泡通气量却发生明显改变，如表5-1所示。因此，从气体交换的角度考虑，在一定范围内，深而慢的呼吸比浅而快的呼吸效率高。

表5-1　呼吸的深度和呼吸频率对肺通气的影响

	潮气量(ml)	呼吸频率(次/min)	每分通气量(ml/min)	肺泡通气量(ml/min)
平静呼吸	500	12	500×12=6 000	(500-150)×12=4 200
浅快呼吸	250	24	250×24=6 000	(250-150)×24=2 400
深慢呼吸	1 000	6	1 000×6=6 000	(1 000-150)×6=5 100

第二节　气体的交换

气体的交换包括肺换气和组织换气。肺换气是指肺泡与肺毛细血管血液之间的气体交换过程。组织换气是指血液与组织细胞之间的气体交换过程。

一、气体交换的原理

（一）气体的扩散

气体分子总是从压力高处向压力低处净转移，直至各处压力相等，这一过程称为气体扩散。肺换气和组织换气都是通过气体扩散方式进行的。单位时间内气体扩散的量称为气体的扩散速率。

气体的扩散速率与气体的分压差（ΔP）、气体在溶液中的溶解度（S）、扩散面积（A）和温度

(T) 成正比，与气体分子量（MW）的平方根、扩散距离（d）成反比。即：

$$D \propto \frac{\Delta P \cdot T \cdot A \cdot S}{d \cdot \sqrt{MW}}$$

在正常机体内，O_2 和 CO_2 的扩散速率，对于扩散面积、温度和扩散距离来说是相同的，在上述诸因素不变的情况下，气体的分压差是影响气体扩散速率的主要因素。但 O_2 和 CO_2 的分子量及它们在液体中的溶解度是不同的。CO_2 分子量的平方根是 O_2 分子量平方根的 1.17 倍，CO_2 在血浆中的溶解度约是 O_2 的 24 倍，所以，若再将 O_2 在动、静脉血液中的分压差比 CO_2 大 10 倍这一因素综合起来，CO_2 的扩散速率则是 O_2 的扩散速率的近 2 倍。由于 CO_2 比 O_2 容易扩散，因此，临床上缺 O_2 比 CO_2 潴留更为常见，呼吸困难的患者常常会先出现缺 O_2。

（二）气体交换的原理

在混合气体中，某种气体产生的压力称为该气体的分压，混合气体的总压力等于各组成气体的分压力之和。人在安静时，肺泡气、动脉血、静脉血、组织中的 PO_2 和 PCO_2 是各不相同的（表 5-2）。分压差的大小决定气体交换的方向和交换量的多少。分压差愈大，扩散速率也愈大。气体分压可按下式计算：

气体分压 = 总压力 × 该气体的容积百分比

表 5-2 O_2 和 CO_2 在各处的分压[mmHg（kPa）]

	海平面大气	肺泡气	动脉血	静脉血	组织
PO_2	159（21.2）	104（13.9）	100（13.3）	40（5.3）	30（4.0）
PCO_2	0.3（0.04）	40（5.3）	40（5.3）	46（6.1）	50（6.7）

二、肺泡与血液之间气体交换

（一）肺换气的过程

如图 5-6 所示，肺泡气中的 PO_2 高于静脉血的 PO_2，而 PO_2 则低于静脉血。故肺动脉内的静脉血流经肺毛细血管时，在分压差的推动下，O_2 由肺泡扩散入血液，CO_2 则从血液扩散到肺泡。肺换气的结果，使含 O_2 量较低的静脉血变成了含 O_2 量较高的动脉血。

（二）影响肺换气的因素

肺换气除主要受气体分压差影响外，还受呼吸膜的厚度和面积，以及通气/血流比值的影响。

1. 呼吸膜的厚度和面积 呼吸膜是指肺泡腔与肺毛细血管之间的膜。它由六层结构组成（图 5-7），这六层结构很薄，总厚度不到 1μm，有的部位仅 0.2μm，故通透性良好，气体分子很容易扩散通过。正常成年人呼吸膜的总面积可达 $100m^2$，安静状态下，用于气体扩散的呼吸膜面积约 $40m^2$。气体扩散速度与呼吸膜面积成正比，与呼吸膜的厚度成反比。在病理情况下，若呼吸膜的面积减小（如肺气肿、肺不张等）或呼吸膜的厚度增大（如肺

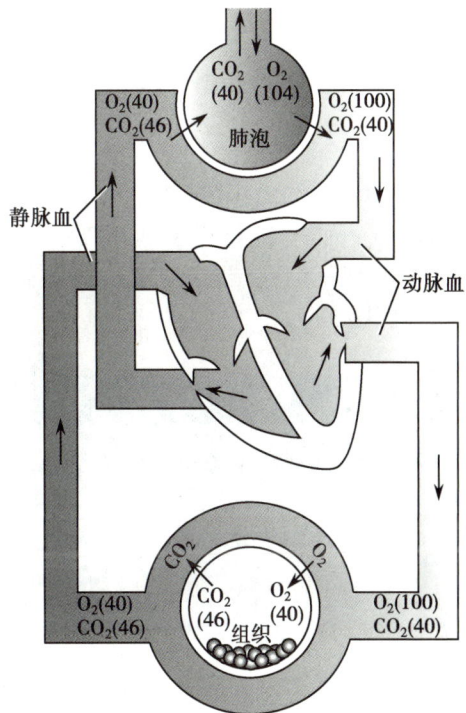

图 5-6 气体交换示意图

数字代表气体分压，单位为 mmHg

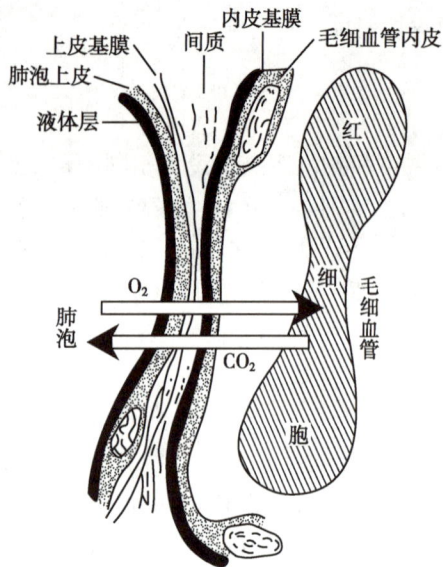

图 5-7   呼吸膜结构示意图

水肿、肺纤维化等），都会降低气体扩散速度，减少扩散量。

2. 通气 / 血流比值   通气 / 血流比值是指每分肺泡通气量（V）和每分肺血流量（Q）的比值（V/Q）。正常成年人安静时约为 4.2/5=0.84。当 V/Q 等于 0.84 时，肺泡通气量和肺血流量为最适匹配，气体交换的效率最高。如果 V/Q 大于 0.84，意味着肺通气过剩或肺血流不足，使部分肺泡气未能与血液进行气体交换，相当于增大了肺泡无效腔（如部分肺动脉栓塞）；反之，如果 V/Q 小于 0.84，则意味着肺通气不足或肺血流过多，部分血液流经通气不良的肺泡，因未能得到充分的气体更新就又流回了心脏，相当于形成了功能性动 - 静脉短路（如支气管痉挛、异物时）（图 5-8）。由此可见，V/Q 增大或减小，都将导致气体交换效率降低，妨碍气体交换。

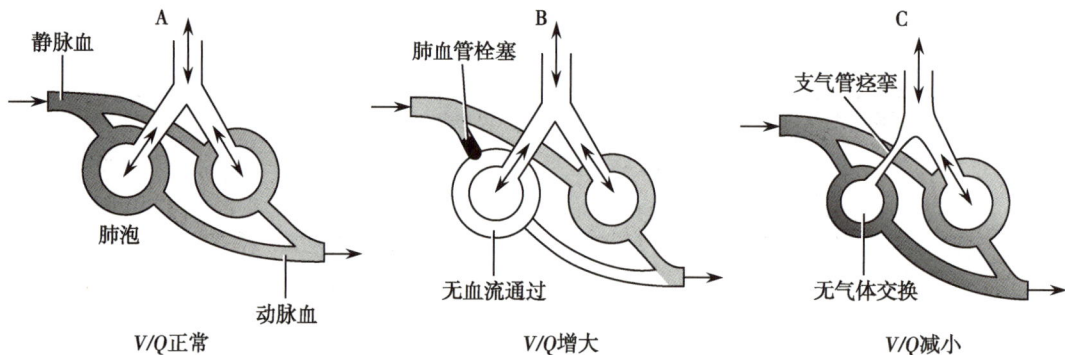

图 5-8   通气血流比值变化示意图

三、组织与血液之间气体交换

当血液流经组织时，由于细胞代谢不断消耗 O_2，并产生 CO_2，使组织内的 PO_2 低于动脉血中的 PO_2；而 PCO_2 则高于动脉血中的 PCO_2。在分压差的推动下，O_2 由血液向组织细胞扩散，CO_2 则由组织细胞向血液扩散。通过组织换气，使动脉血变成了含 O_2 量较少、含 CO_2 量较高的静脉血（图 5-6）。

课堂互动

是不是动脉中的血液都是动脉血，静脉中的血液都是静脉血？

第三节   气体的运输

肺泡扩散入血液的 O_2 必须通过血液循环运送到各器官和组织，供细胞利用；从组织细胞扩散入血液的 CO_2 也必须由血液循环运送到肺泡，排出体外。因此，气体在血液中的运输是实现肺换气和组织换气的重要环节。O_2 和 CO_2 在血液中的运输形式有两种，即物理溶解和化学结合。其中物理溶解的量较少，化学结合为主要运输形式。由于进入血液的气体必须先溶解，才能进行化学结合，同样结合状态的气体也要先溶解于血液，才能从血液中逸出。所以虽然物理溶解的量少，但却是气体实现化学结合的必要环节。

一、氧 的 运 输

血液中以物理溶解形式存在的 O_2 量仅占血液总 O_2 含量的 1.5% 左右，化学结合的约占 98.5%。扩散入血液的 O_2 进入红细胞后，与红细胞内的血红蛋白（Hb）结合，以氧合血红蛋白（HbO_2）的形式运输。

（一）Hb 与 O_2 结合的特征

1. 快速性和可逆性 血红蛋白与 O_2 的结合反应快，不到 0.01 秒，可逆，不需要酶参与，主要受 PO_2 的影响。当血液流经 PO_2 高的肺部时，血液中的 O_2 扩散入红细胞后，与红细胞内的血红蛋白（Hb）结合，形成氧合血红蛋白（HbO_2）；当血液流经 PO_2 低的组织时，氧合血红蛋白（HbO_2）迅速解离，释出 O_2，成为去氧血红蛋白（Hb），可用下式表示：

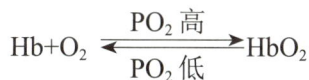

$$Hb+O_2 \xrightleftharpoons[PO_2 低]{PO_2 高} HbO_2$$

2. 是氧合而非氧化 Fe^{2+} 与 O_2 结合后仍是二价铁，所以，该反应是氧合，而不是氧化。

3. 血红蛋白与 O_2 结合的量 血液含氧的程度通常用血氧饱和度表示。在足够 PO_2 下，1g Hb 可以结合 1.34～1.39ml O_2。如果按正常成人血液中的血红蛋白浓度为 150g/L 计算，1 000ml 血液中，Hb 可能结合的最大 O_2 量应为 201ml/L。Hb 所能结合的最大 O_2 量称为 Hb 的氧容量，简称血氧容量；而实际结合的 O_2 量称为 Hb 的氧含量，简称血氧含量；血氧含量占血氧容量的百分比称为血氧饱和度。

（二）氧解离曲线及影响因素

氧解离曲线是表示血液 PO_2 与血氧饱和度关系的曲线（图 5-9）。从图可见，在一定范围内血氧饱和度与氧分压成正比，即：PO_2 降低，氧解离增多，血氧饱和度下降。但血氧饱和度与氧分压之间并非完全呈线性关系，而是呈近似"S"形曲线，这种"S"形曲线有重要的生理意义。

氧解离曲线上段相当于 PO_2 在 60～100mmHg 之间波动时的血氧饱和度，曲线较平坦，表明在这个范围内 PO_2 的变化对血氧饱和度或血氧含量影响不大。这一特性使在高原、高空或某些呼吸系统疾病时，吸入气或肺泡气 PO_2 有所下降，但只要不低于 60mmHg，血氧饱和度仍能维持在 90% 以上，血液仍可携带足够量的 O_2，不致引起明显的低氧血症。氧解离曲线中段相当于 PO_2 在 40～60mmHg 之间时的血氧饱和度，曲线较陡，可以反映安静状态下机体的供 O_2 情况。曲线的下段坡度陡直，相当于 PO_2 在 15～40mmHg 之间时的血氧饱和度，表明在这个范围内，PO_2 稍有下降，就会有较多的 O_2 从氧合血红蛋白中解离出来，血氧饱和度就会明显下降，这一特点有利于组织细胞摄取 O_2，这段曲线可反映血液供 O_2 的储备能力。

氧解离曲线受许多因素的影响，主要影响因素有血液中 PCO_2、pH 和温度。PCO_2 升高、pH 降

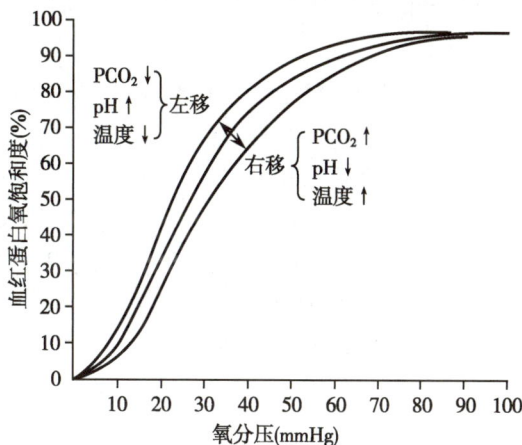

图 5-9 氧解离曲线及其影响因素

低、体温升高使氧离曲线右移，即血红蛋白与氧的亲和力降低，有利于氧的释放；反之，曲线左移，血红蛋白与氧的亲和力增加，氧合血红蛋白形成增多。

二、二氧化碳的运输

1. 物理溶解　CO_2 在血液中的溶解度比 O_2 大，100ml 血液中可溶解 3ml CO_2，约占血液中 CO_2 总运输量的 5%。

2. 化学结合　以化学结合形式运输的 CO_2 占 95%。CO_2 在血液中的化学结合形式有以下两种：

（1）碳酸氢盐的形式：以碳酸氢盐形式运输的 CO_2，约占血液 CO_2 总运输量的 88%，是 CO_2 运输的主要形式。细胞代谢产生的 CO_2 扩散进入红细胞内，在红细胞内的碳酸酐酶的催化下，与 H_2O 结合生成 H_2CO_3，H_2CO_3 又迅速解离成 HCO_3^- 和 H^+。红细胞膜对负离子如 HCO_3^- 和 Cl^- 有极高的通透性。生成的 HCO_3^- 除小部分与细胞内的 K^+ 结合成 $KHCO_3$ 外，大部分扩散入血浆与 Na^+ 结合生成 $NaHCO_3$，同时，血浆中的 Cl^- 则向细胞内转移，以使红细胞内外保持电荷平衡，这种现象称为氯转移（图 5-10）。红细胞中生成的 HCO_3^- 与血浆中的 Cl^- 互换的结果，避免了 HCO_3^- 在细胞内的堆积，有利于 CO_2 的运输。由于红细胞膜对正离子通透性极小，反应中产生的 H^+，不能伴随 HCO_3^- 外移，则大部分与 HbO_2 结合，生成 HHb，同时释放出 O_2，故 Hb 是红细胞内重要的缓冲物质。

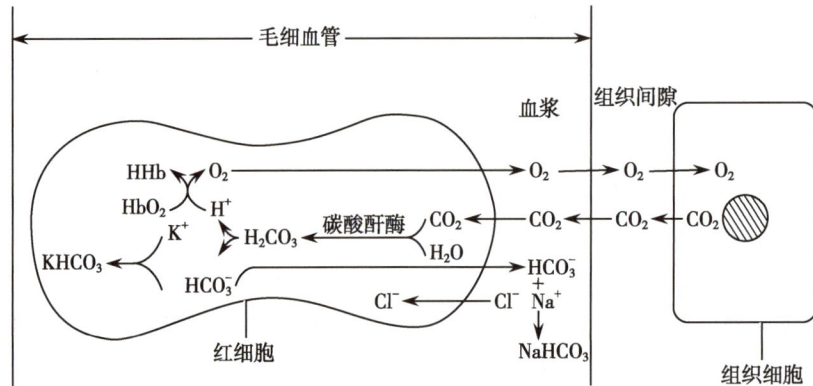

图 5-10　CO_2 在血液中的运输示意图

当静脉血流至肺泡时，肺泡内 CO_2 分压较低，上述反应向相反的方向进行，即 HCO_3^- 自血浆进入红细胞，在碳酸酐酶的催化下形成 H_2CO_3，再解离出 CO_2 扩散入血浆，然后扩散入肺泡，排出体外。

从 CO_2 的运输中不难看出，CO_2 与 H_2CO_3、HCO_3^- 及 H^+ 有着密切的关系，在体内酸碱平衡的调节中，有许多缓冲对在起着重要的作用，其中 $NaHCO_3/H_2CO_3$ 尤为重要。因此，机体内 CO_2 含量的变化将直接影响着 H_2CO_3、HCO_3^- 和 H^+ 的变化，从而改变机体的酸碱平衡。临床上因呼吸障碍而引起 CO_2 潴留，可导致酸中毒，称其为呼吸性酸中毒。

（2）氨基甲酸血红蛋白的形式：进入红细胞中的 CO_2 能直接与 Hb 的氨基结合，形成氨基甲酸血红蛋白（$HHbNHCOOH$），以该种形式运输的 CO_2 约占总运输量的 7%。这一反应迅速、可逆，不需要酶的参与，其结合量主要受 Hb 含 O_2 量的影响。HbO_2 与 CO_2 结合的能力比 Hb 与 O_2 的结合力小，因此，当动脉血液流经组织时，HbO_2 解离释出 O_2，同时促进还原 Hb 与 CO_2 结合，形成大量的氨基甲酸血红蛋白。在肺部，O_2 与 Hb 的结合促使氨基甲酸血红蛋白解离，释放 CO_2。通过这一形式运输的 CO_2 量虽然占总运输量的 7%，但在肺部排出的 CO_2 总量中却约有

18% 是经氨基甲酸血红蛋白释放出来的,可见这种形式的运输效率较高,这对 CO_2 的排出具有重要的生理意义。

第四节 呼吸运动的调节

呼吸运动是一种受意识控制的节律性活动。其幅度和频率随体内、外环境条件的变化而改变。例如在肌肉活动时,代谢增强,呼吸运动加深加快,肺通气量增大,机体可摄入更多 O_2,排出更多 CO_2。呼吸节律的形成和这种适应性改变都是通过神经系统的调节来实现的。

一、呼吸中枢与呼吸节律的形成

(一)呼吸中枢

中枢神经系统内,产生和调节呼吸运动的神经元群称为呼吸中枢。呼吸中枢广泛分布于中枢神经系统内,包括大脑皮质、间脑、脑桥、延髓和脊髓等,它们在呼吸节律的产生和呼吸运动调节中所起的作用不同。正常节律性呼吸运动是在各级呼吸中枢的共同作用下实现的。

1.脊髓 脊髓中有支配呼吸肌的运动神经元,在动物实验中,如果在延髓和脊髓之间做一横切,呼吸运动立即停止。这些现象说明,脊髓本身不能产生呼吸节律,脊髓的呼吸运动神经元是联系高位呼吸中枢和呼吸肌的中继站。

2.低位脑干 低位脑干是指脑桥和延髓。若在动物中脑和脑桥之间横断脑干,呼吸节律无明显变化;在延髓和脊髓之间横断,则呼吸运动停止。这表明呼吸节律产生于低位脑干。如果仅在脑桥与延髓之间横断,动物仍有节律性呼吸,但呼吸不规则,表明延髓可产生基本的呼吸节律,是呼吸活动的基本中枢。如果在脑桥的上、中部之间横断,呼吸将变慢变深。这一结果提示,脑桥上部有抑制吸气活动的中枢结构,称为呼吸调整中枢。低位脑干的呼吸运动调节系统是不随意的自主呼吸节律调节系统(图 5-11)。

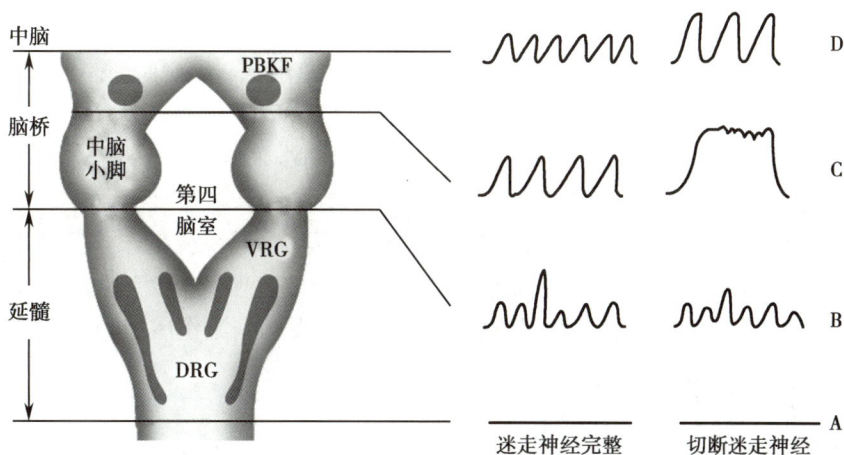

图 5-11 脑干内呼吸核团(背侧面)和在不同平面横断脑干后呼吸的变化
DRG:背侧呼吸组;VRG:腹侧呼吸组;PBKF:臂旁内侧核
A、B、C、D 表示不同平面横切后呼吸的变化

3.高位脑 呼吸运动还受脑桥以上中枢部位的影响,如大脑皮质、边缘系统、下丘脑等。大脑皮质可通过皮质脊髓束和皮质脑干束在一定程度上随意控制低位脑干和脊髓呼吸神经元的活动,以保证其他呼吸运动相关活动的完成,例如说话、唱歌、哭笑、咳嗽、吞咽、排便等。一定程

度的随意屏气或加深加快呼吸也靠大脑皮质的控制而实现。

（二）呼吸节律的形成

呼吸肌属于骨骼肌，由躯体神经支配，无自律性。但在一般情况下，呼吸运动是有节律、不受意识支配的。这种自主的呼吸节律是如何形成的，一直是呼吸生理研究的课题之一。至今虽已肯定呼吸节律源于低位脑干，主要在延髓，但其形成的机制目前尚不完全清楚。但被多数人认可的有两种：一是起步细胞学说，该学说认为，节律性呼吸是由延髓内具有起步样活动的神经元节律性兴奋引起的；二是神经元网络学说，该学说认为呼吸节律的产生依赖于延髓内呼吸神经元之间复杂的相互联系和相互作用。有人在大量实验研究的基础上提出中枢吸气活动发生器和吸气切断机制的看法，认为在延髓有一个中枢吸气活动发生器引发吸气神经元呈渐增性放电，产生吸气；还有一个吸气切断机制，使吸气切断而发生呼气；当吸气切断机制的活动减弱时，

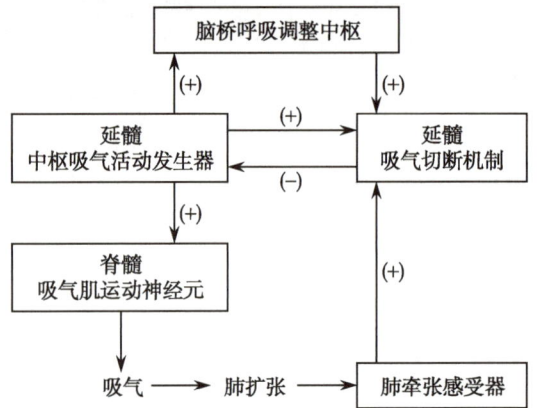

图 5-12　呼吸节律形成机制模式图
"+"表示兴奋；"−"表示抑制

又引起吸气（图 5-12）。上述两种假说尚有诸多不明之处，有待进一步研究证实。但是有一点是肯定的，即使起步细胞存在，神经网络对于正常节律性呼吸活动的样式和频率的维持也是必不可少的。

二、呼吸的反射性调节

（一）机械性反射调节

呼吸的机械性反射调节包括肺牵张反射、呼吸肌本体感受性反射，以及防御性呼吸反射（咳嗽反射、喷嚏反射）。这里只介绍肺牵张反射。

肺牵张反射是指肺扩张或缩小而引起呼吸的反射性变化，又称黑 - 伯反射。肺牵张感受器主要分布在支气管和细支气管的平滑肌层中，对牵拉刺激最敏感。吸气时，肺内气量达到一定容积（正常成人约为 800ml）时，肺牵张感受器因扩张而兴奋，冲动沿迷走神经传入延髓，使吸气神经元抑制，呼气神经元兴奋，结果吸气停止，转入呼气。肺牵张反射是一种负反馈调节机制，其意义是阻止吸气过深过长，促使吸气转为呼气。

肺牵张反射有明显的种间差异。在动物（尤其是兔）这一反射较明显。正常成人，平静呼吸时肺牵张反射不发挥作用，深吸气时才能引起肺牵张反射。病理情况下，如肺炎、肺水肿、肺充血等，由于肺顺应性降低，肺不易扩张，吸气时对牵张感受器的刺激作用增强，传入冲动增多，可引起这一反射，使呼吸变浅变快。

（二）化学性反射调节

血液中 PCO_2、PO_2 和 H^+ 浓度的改变，可通过化学感受器反射性地改变呼吸运动的频率和幅度，以维持血液中 PCO_2、PO_2 和 pH 的相对恒定。

1. 化学感受器　参与呼吸调节的化学感受器依其所在部位的不同，分为外周化学感受器和中枢化学感受器。

（1）外周化学感受器：外周化学感受器位于颈动脉体和主动脉体。当动脉血中 PCO_2 升高、H^+ 浓度升高或 PO_2 降低时，均可刺激该感受器，产生的冲动分别经窦神经（后并于舌咽神经）和主动脉神经（后并于迷走神经）传入延髓呼吸中枢，反射性地引起呼吸加深加快。在呼吸调节中，

颈动脉体作用较主动脉体大。

（2）中枢化学感受器：中枢化学感受器位于延髓腹外侧浅表部位，对脑脊液中 H^+ 浓度的改变极为敏感。但血液中的 H^+ 不易通过血脑屏障，故血液 pH 的变化对中枢化学感受器的直接作用不大。血液中的 CO_2 能迅速通过血脑屏障，CO_2 从脑血管扩散进入脑脊液，在碳酸酐酶的作用下，与 H_2O 结合生成 H_2CO_3，继而解离出 H^+，使化学感受器周围液体中的 H^+ 浓度升高，从而刺激中枢化学感受器，引起呼吸中枢兴奋。此外，中枢化学感受器对血液中的 PO_2 的变化不敏感。

2. CO_2 对呼吸的影响 CO_2 是调节呼吸运动的最重要的生理性化学因素。血液中一定水平的 PCO_2 是维持正常呼吸的重要生理刺激因素。人过度通气，可发生呼吸暂停，这是由于 CO_2 排出过多，以致对呼吸中枢的刺激减弱所造成。适当增加吸入气中 CO_2 含量，可使呼吸加深加快，肺通气量增加（图 5-13）。但当吸入过多的 CO_2 气体时（CO_2 含量超过 7%～20% 时），反而会使中枢神经

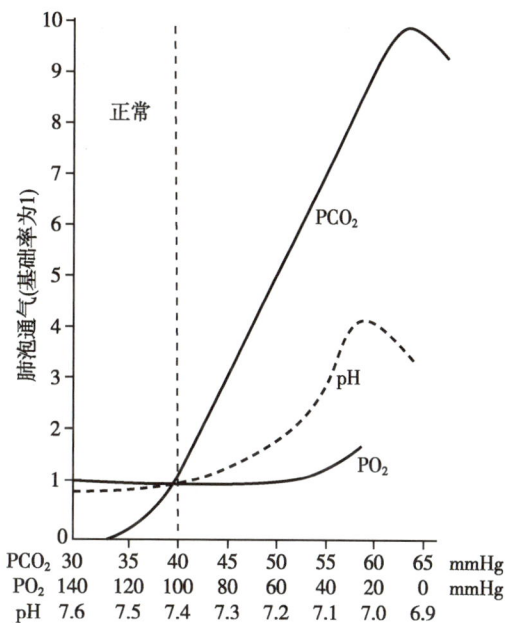

图 5-13　血液中 PO_2、PCO_2、pH 对肺泡通气率的影响

系统包括呼吸中枢活动抑制，致使体内 CO_2 堆积，引起呼吸困难、头痛、头晕，甚至昏迷、呼吸停止等症状，临床上称 CO_2 麻醉。CO_2 兴奋呼吸的作用是通过刺激中枢化学感受器和外周化学感受器两条途径实现的，使呼吸中枢兴奋，呼吸加深加快，但以前者为主，约占总效应的 80%，说明中枢化学感受器对 CO_2 的变化更为敏感。

3. H^+ 对呼吸的影响 当血液中 H^+ 浓度升高时，血液 pH 减小，呼吸加强；反之，H^+ 浓度降低，pH 增大，则呼吸减弱（图 5-13）。虽然中枢化学感受器对 H^+ 的敏感性很高，但由于 H^+ 不易透过血脑屏障，因此，血液中的 H^+ 对呼吸的影响主要是通过外周化学感受器产生的反射性活动。

4. 低 O_2 对呼吸的影响 当吸入气体 PO_2 降低时，呼吸加深、加快，肺通气增加。低 O_2 对呼吸的兴奋作用完全是通过外周化学感受器实现的。低 O_2 对呼吸中枢的直接作用是抑制，这种抑制效应随低 O_2 程度的加深而逐渐加强。轻度低 O_2 可以通过刺激外周化学感受器来兴奋呼吸中枢，在一定程度上可以对抗低 O_2 对中枢的直接抑制作用。在严重低 O_2 时，外周化学感受性反射已不能对抗低 O_2 对中枢的抑制，终将导致呼吸障碍，甚至呼吸暂停。

👥 **课堂互动**

低海拔居民登高至海拔 3 000m 以上时，呼吸运动可能会有什么变化？为什么？

上面所述是 CO_2、H^+ 浓度及低 O_2 三种因素分别对呼吸的影响。实际上，在体内三者往往存在着相互关系，一种因素的改变会引起其余一或两种因素相继改变，或几种因素同时改变。对机体的影响，必须全面分析，综合考虑。

（欧阳翌国）

? 复习思考题

1. 肺通气的动力是什么？要克服哪些阻力？

2. 胸膜腔负压形成的前提条件是什么？有何生理意义？

3. 简述血液中 PCO_2、PO_2 和 H^+ 浓度的改变对呼吸运动的影响。

4. 结合呼吸膜的改变，试分析肺气肿、肺不张、肺水肿、肺纤维化等病理变化对气体交换的影响。

第六章　消化与吸收

学习目标

　　1. 掌握唾液、胃液、胰液、胆汁的性质、成分及生理作用,食物在胃内和小肠内消化过程及其调节,胃、小肠的运动形式及生理意义,影响胃排空的因素,营养物质吸收的主要部位及原因。

　　2. 熟悉消化、吸收、蠕动、分节运动、胃排空、胃肠激素等概念。

　　3. 了解消化管平滑肌的生理特性;消化系统的神经支配及作用,主要调节胃肠道运动、消化腺分泌的胃肠道激素分泌部位和生理功能。

　　食物在消化道内被分解成可被人体吸收的小分子物质的过程,称为消化。消化分为机械性消化和化学性消化。机械性消化是指通过消化道的运动将食物磨碎并使之与消化液充分混合,同时将食糜不断向消化道的远端推进的过程;化学性消化是指在消化液中各种酶的作用下,将食物中的大分子物质分解为可被机体吸收的小分子物质的过程。食物经消化后的小分子营养物质,以及水、无机盐和维生素等透过消化道黏膜进入血液和淋巴液的过程称为吸收。未被吸收的食物残渣和消化道脱落的上皮细胞进入大肠后形成粪便,经肛门排出体外。

第一节　消化道的运动

一、消化道平滑肌的特性

除口腔、咽、食管上段和肛门外括约肌是骨骼肌外,其余消化道均是由平滑肌构成。

（一）消化道平滑肌的一般生理特性

1. 自动节律性　离体的消化管平滑肌在适宜的环境中,仍能进行自动节律性收缩,但节律缓慢且不规则。

2. 兴奋性较低　消化道平滑肌的兴奋性较骨骼肌、心肌低,收缩的潜伏期、收缩期和舒张期所占的时间比骨骼肌长得多,使食物在消化道内停留较长时间,利于消化和吸收。

3. 具有紧张性　消化道平滑肌经常保持一种微弱的持续收缩状态,称为紧张性,又称为紧张性收缩。其作用是保持胃、肠的形态和位置,并使消化道保持一定的基础压力,有利于消化液和食糜相混合,也是消化道产生其他运动的基础。

4. 富有伸展性　消化道平滑肌具有较大伸展性。这一特性使消化道特别是胃可以容纳大量食物而压力无明显升高。

5. 对刺激的敏感性不同　消化道平滑肌对电刺激、切割刺激不敏感,而对化学、温度及机械牵拉刺激特别敏感。

（二）消化道平滑肌的电生理特性

1. 静息电位　胃肠道平滑肌细胞的静息电位为 $-50 \sim -60mV$,其产生的机制主要是 K^+ 由膜内向膜外扩散和生电性钠泵的活动所形成，此外，还有少量 Ca^{2+}、Cl^- 等的参与。许多因素可影响静息电位的水平，例如机械牵张、刺激迷走神经、Ach 及某些胃肠激素均可使静息电位（水平上移）减小；而肾上腺素、去甲肾上腺素和交感神经兴奋则可以使静息电位（水平下移）增大。胃肠道平滑肌的静息电位不稳定，可产生自动缓慢去极化。

2. 慢波电位或基本电节律　消化道平滑肌在静息电位的基础上，可自发地产生周期性去极化和复极化，形成缓慢的节律性电位波动，称为慢波电位，慢波电位可决定消化道的收缩节律，故又称基本电节律。其波动幅度为 10～15mV，持续时间由数秒至十几秒，频率在每分钟 3～12 次变动，胃为 3 次 /min，十二指肠为 11～12 次 /min，回肠末端为 8～9 次 /min。慢波电位使平滑肌细胞膜电位更接近阈电位，若在此基础上受到刺激去极化达到阈电位时，即可爆发动作电位。

3. 动作电位　又称为快波。平滑肌细胞去极化主要是 Ca^{2+} 的内流引起，复极化是由 K^+ 外流引起。由于发生动作电位时 Ca^{2+} 内流已足以引起平滑肌收缩，故在动作电位后即消化道平滑肌发生收缩。每个慢波基础上产生的动作电位数目越多，平滑肌收缩的幅度就越大（图 6-1）。一旦慢波消失，动作电位和收缩均不能产生。所以慢波实际是平滑肌收缩的起步电位，是收缩节律的控制波。

👥 **课堂互动**

请同学们比较消化道平滑肌和骨骼肌、心肌的生理特性差别。

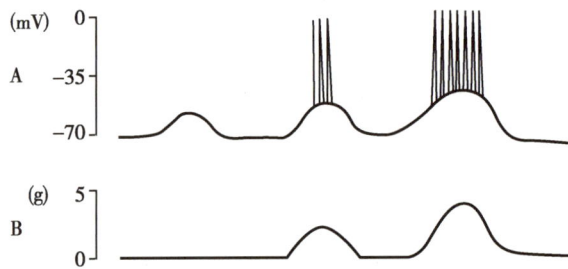

图 6-1　消化管平滑肌电活动和收缩之间的关系
A. 细胞内电极记录的基本电节律曲线，第二、三个波的去极化期出现数目不同的动作电位；B. 肌肉收缩曲线，收缩波只出现在有动作电位时，动作电位数目越多收缩的幅度越大

二、咀嚼与吞咽

食物进入口腔咀嚼是消化的起点。在口腔内食物经过咀嚼被磨碎，通过咀嚼和舌的搅拌使食物与唾液充分混合，形成食团。食物在口腔内停留的时间仅有 15～20 秒，然后被吞咽，经咽、食管进入胃。

（一）咀嚼

咀嚼是由咀嚼肌协调、有顺序地收缩而完成的一系列复杂的节律性动作。其主要作用是：①磨碎、混合和润滑食物，使之易于被吞咽，减少大块、粗糙食物对胃肠道黏膜产生的机械性损伤；②使食物与唾液充分混合，开始化学消化；③反射性引起胃、小肠、胰、肝、胆囊的活动，为食物的进一步消化过程做好准备。咀嚼是一种随意运动，受主观意识控制。

（二）吞咽

吞咽是指食物由口腔经咽、食管进入胃的过程，是一系列反射活动。根据食团经过的部位，可将吞咽分为三期。

第一期，也称口腔期。食团由口腔到咽，是随意动作。

第二期，也称咽期。食团由咽至食管上端，是食团刺激软腭触觉感受器，冲动传至位于延髓和脑桥下端网状结构中吞咽中枢，引起一系列快速反射动作。

第三期，也称食管期。食团沿食管下行入胃，由食管蠕动完成。

三、胃 的 运 动

（一）胃的运动形式

胃的运动形式有容受性舒张、紧张性收缩和蠕动三种。容受性舒张是胃的特征性运动。

1. 容受性舒张　进食时食物刺激咽和食管等处的感受器，反射性地引起胃底和胃体的平滑肌舒张，称为容受性舒张。胃内无食物时，胃的容积约为50ml，进食后，由于胃的容受性舒张，胃的容积可增大到1.0～2.0L，其生理意义是使胃能够容纳食物而胃内压并无显著变化，防止食糜过早排入小肠，有利于食物在胃内充分消化。

2. 紧张性收缩　胃壁平滑肌经常处于一定程度的收缩状态称为紧张性收缩。这种收缩使胃保持一定的形态和位置，维持一定的胃内压，有利于胃液渗入食物，促进化学性消化。此外，紧张性收缩也是胃其他运动形式的基础。若胃的紧张性收缩过低，则容易导致胃下垂或胃扩张。

3. 蠕动　食物进入胃后大约5分钟便开始蠕动。蠕动波从胃中部开始，有节律地向幽门方向推进，每分钟约3次。一个蠕动波1分钟左右到达幽门，通常是一波未平一波又起。其生理意义是磨碎食物，使食物与胃液充分混合形成糊状的食糜，并将食糜逐步推入十二指肠。一个蠕动波通常可将1～2ml食糜排入十二指肠（图6-2）。

（二）胃的排空及其控制

1. 食糜由胃排入十二指肠的过程称为胃排空。一般在食物进入胃内5分钟后开始。胃运动引起胃内压升高是胃排空的动力，幽门和十二指肠的收缩则是胃排空的阻力。排空的速度与食物的化学组成、物理性状和胃的运动情况有关。一般来说，稀的流体食物比稠的固体食物排空快；小块食物比大块食物易排空；在三大营养物质中，糖类排空最快，蛋白质次之，脂肪最慢；混合食物完全排空约需4～6小时。

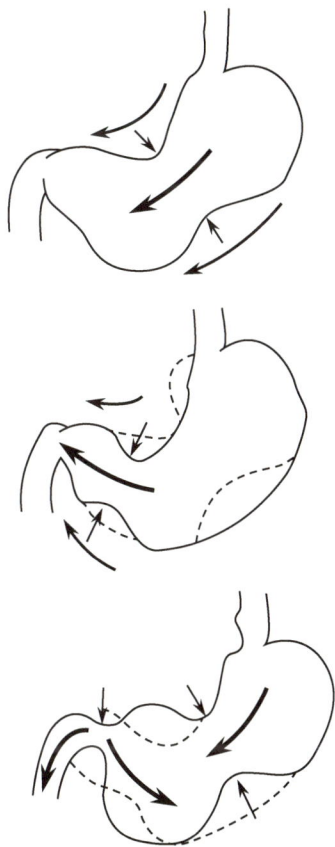

图6-2　胃的蠕动

2. 胃排空是间断进行，受胃和十二指肠两方面因素的影响。①食物在胃内促进胃排空，由于食糜对胃壁的机械和化学刺激，通过神经与体液作用，使胃运动增强，胃内压升高大于十二指肠内压，当胃蠕动波到达幽门时，幽门括约肌松弛，食糜顺压力差进入十二指肠；②食糜进入十二指肠后抑制胃的排空，如十二指肠中的盐酸、脂肪、渗透压和机械性扩张，刺激肠壁上的有关感受器，反射性地抑制胃的运动，使胃的排空暂停，这种反射称为肠-胃反射。肠-胃反射对盐酸特别敏感，当pH降至3.5～4.0时，此反应即发生。随着酸性食糜被中和，抑制作用解除，胃的运动又加强，下一次胃排空开始。此外，进入十二指肠中的盐酸和脂肪还可以引起小肠黏膜释放肠抑胃素，抑制胃的运动，延缓胃排空。因此，十二指肠内的反馈机制包括神经反射和体液因素两种反馈，对胃的排空起着重要的控制作用。

（三）呕吐

胃及十二指肠的内容物经口腔强力驱出体外的一种反射性动作称为呕吐。呕吐时，十二指肠和空肠上段强烈收缩，胃和食管下端舒张，同时，膈肌和腹肌也强烈收缩，挤压胃内容物经过食管、咽、口腔强力吐出。有时因十二指肠内容物倒流入胃，呕吐物中可混有胆汁和小肠液。

呕吐是一种具有保护作用的反射性动作，可将胃内有害物质排出。但长期剧烈的呕吐会影响进食和正常消化活动，并且使大量的消化液丢失，造成体内水、电解质和酸碱平衡的紊乱。呕吐中枢位于延髓网状结构的背外侧缘，与呼吸、心血管中枢有密切联系，故呕吐之前除有消化道症状（如恶心）外，还常出现呼吸急促和心跳加快等症状。引起呕吐的原因很多，物理或化学性刺激作用于舌根、咽部、胃肠、胆管、泌尿生殖器官等处感受器，冲动传至中枢引起呕吐；脑水肿、脑肿瘤等造成颅内压增高也可直接刺激呕吐中枢引起喷射状呕吐；中枢性催吐药阿扑吗啡，是通过兴奋呕吐中枢附近的一个特殊的化学感受器，促进呕吐中枢兴奋而起到催吐效果，主要用于不能洗胃、抢救意外中毒的患者；晕船、晕车和航空病是由螺旋摆动刺激前庭器官，兴奋呕吐中枢而引起的。

四、小肠的运动

小肠的运动靠肠壁平滑肌的舒缩来完成。小肠运动对食物的消化和吸收都有重要作用，其主要功能是进一步研磨、搅碎及混合食糜，推送食糜向大肠方向运动，促进食糜的消化和吸收。

（一）小肠的运动形式

1. 分节运动　是一种以肠壁环行肌为主的节律性收缩和舒张运动，是小肠的特征性运动形式。分节运动在空腹时几乎不发生，进食后才逐渐加强。在食糜存在的一段肠管，环行肌以一定的间隔交替收缩或舒张，把食糜分成许多节段。数秒后，原来收缩的肠段舒张，而原来舒张处则发生收缩，使原来节段的食糜被分割成两半，而相邻的两半则合并为一个新的节段，如此反复进行，可使食糜与消化液充分混合，便于化学性消化的进行（图6-3）。通过分节运动，可增加食糜与小肠黏膜的接触，不断挤压肠壁又促进血液和淋巴回流，有利于营养物质的吸收。由于小肠上端分节运动频率高于下端，频率梯度的存在对食糜有一定的推进作用。

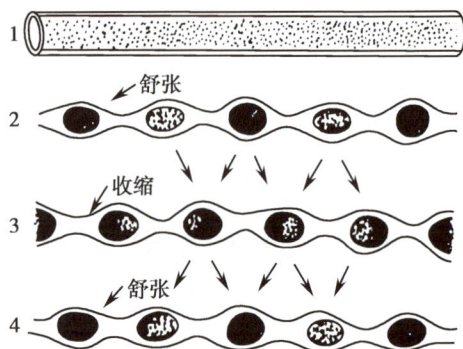

图6-3　小肠的分节运动示意图

2. 紧张性收缩　小肠平滑肌保持一定程度的收缩状态，称为紧张性收缩。紧张性收缩可使小肠保持一定的基础压力，以维持小肠一定的形状和位置，是其他运动形式有效进行的基础，在进餐后显著增强，能使食糜在肠腔内的混合和转运加速，也有利于吸收。

3. 蠕动　小肠的任何部位都可发生蠕动，并向远端传播，推进的速度为0.5~2.0cm/s，蠕动波很弱，每个蠕动波只能把食糜向前推送数厘米。小肠蠕动的意义在于将经过分节运动作用后的食糜向前推进到一个段新的肠管，然后再继续分节运动，如此反复进行。

在小肠还可常见到一种行进速度快（2~25cm/s）、传播距离远的蠕动，称为蠕动冲，可将食糜从小肠的始端推送到末端，有时可推送入结肠。

（二）回盲括约肌的功能

在回肠末端与盲肠交界处，环形肌明显增厚，起着括约肌的作用，称为回盲括约肌。回盲括约肌经常保持一定的收缩状态，能防止回肠内容物过快地进入大肠，延长食糜在回肠内停留的时间，以便充分地消化和吸收。此外，还能阻止大肠内容物向回肠倒流。

肠鸣音

肠蠕动时，肠内的水和气体等内容物被推送而产生的声音称为肠鸣音。正常情况下，肠鸣音大约每分钟4～6次。肠蠕动增强时，肠鸣音达每分钟10次以上，但音调不高亢，称肠鸣音活跃，见于急性胃肠炎、服泻药后或胃肠道大出血时；如次数多且肠鸣音响亮、高亢，甚至呈叮当声或金属调，称肠鸣音亢进，见于机械性肠梗阻。肠鸣音音调减弱、次数减少称肠鸣音减弱，见于老年性便秘、腹膜炎、电解质紊乱（低血钾），胃肠动力低下等。如持续听诊3～5分钟未听到肠鸣音，称为肠鸣音消失，见于急性腹膜炎或麻痹性肠梗阻。

五、大肠的运动和排便

（一）大肠的运动形式

大肠的主要功能是吸收食糜中的水和电解质，形成和贮存粪便。正常时大肠的运动很微弱，对刺激的反应较迟缓，与大肠贮存粪便的功能相适应。

1. 袋状往返运动　这是在空腹时最多见的一种运动形式，由环行肌无规律地收缩所引起，它使结肠袋中的内容物向两个方向作短距离的位移，但并不向前推进。它有利于内容物的研磨与混合，还通过与肠黏膜的充分接触，促进水和无机盐的吸收。

2. 分节推进或多袋推进运动　是由一个结肠袋或多个结肠袋收缩，把大肠内容物缓慢向下一肠段推进的运动。进食或拟副交感药物都会使这种运动增强。

3. 蠕动　由一些稳定向前的收缩波组成大肠的蠕动。收缩波前方的平滑肌舒张，往往充有气体；收缩波的后面则保持收缩状态，使这段肠管闭合并排空。大肠还有一种收缩力强，行进很快，且传播很远的蠕动，称为集团蠕动。它通常开始于横结肠，可将一部分大肠内容物推送至降结肠或乙状结肠。集团蠕动一般在进食之后，最常发生在早餐后1小时内，由于胃内容物进入十二指肠而引起，故称为十二指肠-结肠反射。

（二）排便

1. 粪便的形成　排入大肠的内容物可在大肠内停留10小时以上，其中一部分水和无机盐等被大肠黏膜吸收，食物残渣和部分未被吸收的营养物质经过大肠内细菌的发酵和腐败作用，形成粪便。粪便中除食物残渣外，还包括脱落的肠上皮细胞和大量的细菌。此外，机体的一些代谢产物，如由肝排出的胆色素衍生物，由血液通过肠壁排至肠腔中的某些重金属，如铅、汞等的盐类，也可包含在粪便中。

2. 排便　排便是受主观意识控制的脊髓反射。人的直肠内通常没有粪便。肠蠕动将粪便推入直肠时，刺激直肠壁内的机械感受器兴奋，冲动沿盆神经和腹下神经传入纤维传到脊髓腰骶段初级排便中枢，上传至大脑皮质产生便意。若条件许可，大脑皮质发出兴奋性神经活动，使初级排便中枢兴奋，盆神经传出神经冲动增多，引起降结肠、乙状结肠和直肠收缩，肛门内括约肌舒张。同时阴部神经的传出冲动减少，使肛门外括约肌舒张，粪便排出体外（图6-4）。此外，支配腹部肌群和膈肌的神经兴奋，腹部肌群和膈肌也发生收缩，腹内压增加，进一步促进粪便的排出。若条件不允许，大脑皮质发出抑制性神经冲动，暂时抑制初级排便中枢的活动，抑制排便反射发生。

如果经常抑制排便反射，会使直肠对粪便刺激的敏感性降低，粪便在直肠内停留时间过长，水分被吸收过多而干硬，不容易排出，引起排便困难和排便次数减少，称为便秘。直肠黏膜由于炎症而对刺激的敏感性增高，很少的粪便和黏液，也可引起便意和排便反射，并在便后有排便未尽的感觉，称为"里急后重"，常见于痢疾或肠炎。

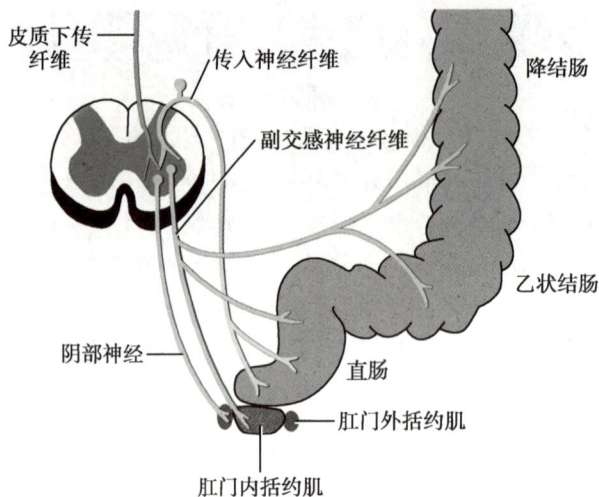

图 6-4 排便反射示意图

　　排便受初级中枢和高级中枢共同调控。临床上昏迷或脊髓腰骶段以上横断损伤的患者,由于失去了大脑皮质高级中枢对排便反射的主观意识调节作用,导致大便失禁;脊髓腰骶段初级中枢或排便反射的反射弧中任一环节受损都将导致大便潴留。

第二节　消化液及其作用

一、唾液及其作用

(一)唾液的性质和成分

　　唾液由唾液腺分泌,无色、无味、酸碱度近中性的低渗液体,pH 为 6.6~7.1。成人每天分泌量为 1.0~1.5L。水分占唾液总量的 99%,有机物主要为黏蛋白、唾液淀粉酶、溶菌酶、尿素、尿酸和游离氨基酸等,无机盐有 Na^+、K^+、Ca^{2+}、Cl^-、HCO_3^- 等。

(二)唾液的作用

　　1.消化　唾液淀粉酶可在中性环境中水解淀粉为麦芽糖,咀嚼淀粉类食物可感觉到甜味。

　　2.清洁和保护口腔　可冲洗和清除口腔中的残余食物,当有害物质进入口腔时,它可以冲淡、中和这些物质。溶菌酶可杀灭或抑制口腔中的细菌和病毒,起到清洁和保护口腔的作用。

　　3.湿润口腔　有利于吞咽和说话。

　　4.湿润和溶解食物　使食物便于咀嚼、吞咽,有助于产生味觉。

　　5.排泄　进入体内的异物如铅、汞等一些有毒物质可随唾液排泄,此外还可通过唾液排出狂犬病毒和脊髓灰质炎病毒。

二、胃液及其作用

　　胃液由胃腺和胃黏膜上皮细胞分泌。正常成人每天分泌 1.5~2.5L。胃腺有三种:①贲门腺为黏液腺,分泌黏液;②胃底腺由壁细胞、主细胞和颈黏液细胞组成,壁细胞分泌盐酸和内因子(图 6-5),主细胞分泌胃蛋白酶原,颈黏液细胞分泌黏液;③幽门腺分泌碱性液体。胃黏膜内分泌细胞如 G 细胞可分泌促胃液素,D 细胞分泌生长抑素,肠嗜铬样细胞分泌组胺等。

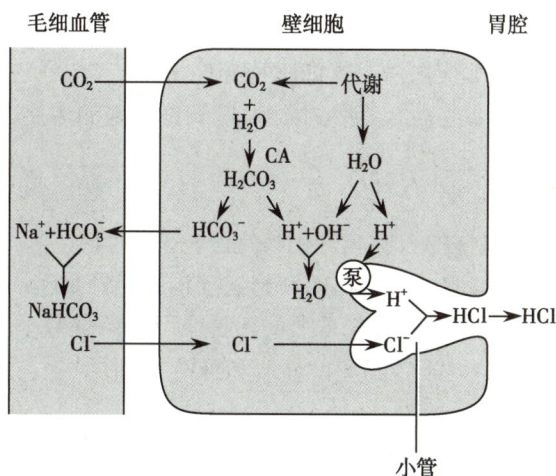

毛细血管　　　　　壁细胞　　　　　胃腔

图6-5　壁细胞分泌盐酸的基本过程

（一）胃液的性质、成分及作用

胃液是一种无色的酸性液体，其pH约为$0.9\sim1.5$。胃液中除了大量水分之外，主要成分为盐酸、胃蛋白酶原、黏液、碳酸氢盐及内因子等。

1. 盐酸　也称胃酸，由胃底腺中的壁细胞分泌。正常人空腹6小时后，在无任何食物刺激的情况下，盐酸也有少量分泌，盐酸排出量称为基础胃酸排量，为$0\sim5mmol/h$。在食物或某些药物刺激下，盐酸排出量可高达$20\sim25mmol/h$。

胃酸的生理作用：①使无活性的胃蛋白酶原激活为有活性的胃蛋白酶，并为胃蛋白酶提供适宜的酸性环境；②使食物中的蛋白质变性，易于消化；③杀灭随食物进入胃内的细菌；④可使铁、钙溶解，形成可溶性离子，促进其吸收；⑤进入小肠后，促进胰液、小肠液和胆汁的分泌。因此，盐酸分泌不足，可引起腹胀、腹泻等消化不良症状。若分泌过多，可能诱发溃疡。

胃液中的H^+浓度最高可达$150mmol/L$，比血浆中的H^+浓度高300万~400万倍。由此可知，壁细胞分泌H^+是逆着浓度差主动进行的，需要消耗能量。壁细胞内的水解离，产生H^+和OH^-，借助于壁细胞内分泌小管膜上的H^+-K^+-ATP酶（又称质子泵）的作用，H^+被主动地转运入小管腔内。壁细胞胞质中含有丰富的碳酸酐酶（CA），在它的催化下，细胞代谢产生的CO_2，迅速与H_2O结合成H_2CO_3。H_2CO_3解离成H^+和HCO_3^-，其中的H^+即用来中和由于H^+的分泌而留在细胞内的OH^-，壁细胞内将不致因OH^-的蓄积而导致pH升高。随着H^+的分泌，壁细胞胞质中HCO_3^-将有升高的趋势，而HCO_3^-在壁细胞的基底侧膜与Cl^-交换进入血液。因此，餐后大量胃酸分泌的同时，血和尿的pH往往升高而出现"餐后碱潮"。与HCO_3^-交换而进入壁细胞的Cl^-则通过分泌小管膜上特异性的Cl^-通道进入小管腔，与H^+形成HCl（图6-5）。

课堂互动

请同学们结合盐酸的生理作用，查询抑制胃酸分泌的药物（质子泵抑制剂）奥美拉唑、兰索拉唑、雷贝拉唑的副作用，探讨二者之间的联系。

2. 胃蛋白酶原　由主细胞分泌。胃蛋白酶原在pH<5.0的酸性环境下可转变为有活性的胃蛋白酶。胃蛋白酶能将食物中的蛋白质水解成胨和胨，以及少量的多肽和氨基酸。胃蛋白酶作用的最适pH为$2\sim3.5$，随着pH的升高，酶活性逐步降低，当pH超过5时，将发生不可逆的变性。因此，胃蛋白酶进入小肠后，将失去水解蛋白质的能力。

3. 黏液　由胃黏膜表面上皮细胞、胃底腺、贲门腺和幽门腺的黏液细胞共同分泌，主要成分为糖蛋白。黏液具有黏滞性和凝胶的特性，覆盖在胃黏膜表面，形成厚度约为0.5mm的保护层，约为胃黏膜上皮细胞厚度的$10\sim20$倍。胃黏液的作用有：润滑食物，减少粗糙和坚硬食物对黏膜的机械性损伤；形成黏液-碳酸氢盐屏障，阻止H^+向胃壁扩散；黏液呈弱碱性或中性，可降低胃液酸度，减弱胃蛋白酶的活性。可有效地减少盐酸和胃蛋白酶对黏膜的损伤，在胃黏膜保护中起着很重要的作用。

4. 碳酸氢盐　主要由胃黏膜非泌酸细胞分泌。碳酸氢盐呈弱碱性能中和胃酸，减弱盐酸对胃黏膜腐蚀，形成碳酸氢盐屏障，保护胃黏膜。

5．内因子　由胃腺的壁细胞分泌。它有两个结合位点，一个与维生素 B_{12} 结合，形成复合物，保护维生素 B_{12} 免受肠内水解酶的破坏；另一个与回肠黏膜上皮细胞特异性受体结合，促进维生素 B_{12} 在回肠段主动吸收。若内因子缺乏，将导致维生素 B_{12} 吸收障碍，影响红细胞的成熟，发生巨幼红细胞性贫血。

（二）胃的自身保护机制

胃液中的盐酸和胃蛋白酶可侵蚀胃黏膜。但正常机体的胃黏膜却保持完好，是因为除了胃黏液 - 碳酸氢盐屏障之外，胃上皮细胞的顶端膜和相邻细胞之间存在的紧密连接构成了胃黏膜屏障，它们对 H^+ 相对不通透，可防止 H^+ 向黏膜内扩散，对胃黏膜起重要的保护作用（图6-6）。胃黏膜细胞还可合成和释放某些前列腺素、生长抑素，有助于胃黏膜的修复和维持完整。

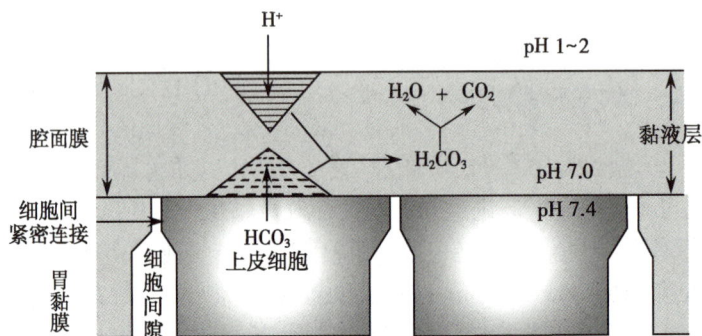

图 6-6　胃黏液 - 碳酸氢盐屏障示意图

知识链接

消化性溃疡与幽门螺杆菌

消化性溃疡包括胃溃疡和十二指肠溃疡，是一种常见病、多发病。过去普遍认为，溃疡病的发生与胃酸分泌过多引起胃黏膜自行消化和胃黏膜屏障被破坏有关，并认为健康的胃是无酸的，故有"无酸不溃疡"之说。1983 年，澳大利亚珀斯皇家医院医师马歇尔和病理学家沃伦首次报道了导致胃炎和胃溃疡的幽门螺杆菌。研究证实，90% 以上的十二指肠溃疡和80% 以上的胃溃疡都是由幽门螺杆菌感染所致。因此提出了"没有幽门螺杆菌，就没有溃疡"的新说法。幽门螺杆菌致消化性溃疡发生的发现对胃肠疾病的诊断和治疗是一场革命，它从根本上改变了传统观点，使其治疗更为简单有效。

三、胰液及其作用

胰液由腺泡细胞分泌胰酶和小导管细胞分泌的水、碳酸氢盐组成。

（一）胰液的性质

胰液是无色、无味的碱性液体，pH 为 7.8～8.4，每天分泌量为 1～2L，渗透压与血浆相等。

（二）胰液的成分及作用

1．水和碳酸氢盐　由胰腺小导管细胞分泌，其作用是稀释进入十二指肠的盐酸，保护肠黏膜免受强酸的腐蚀，并为小肠内的多种消化酶提供适宜的 pH 环境。

2．胰蛋白酶和糜蛋白酶　由胰腺腺泡细胞分泌，均以无活性的酶原形式分泌存在于胰液中。进入小肠后，胰蛋白酶原在小肠液中的肠激酶作用下，转变为有活性的胰蛋白酶；胰蛋白酶又可激活胰蛋白酶原，也可激活糜蛋白酶原和羧基肽酶原，使它们转化为相应的有活性的酶。胰蛋白酶和糜蛋白酶可分解蛋白质为多肽和氨基酸。

知识链接

暴饮暴食与胰腺炎

在正常情况下，胰液中的胰蛋白酶和糜蛋白酶不消化胰腺本身，一方面是因为这两种酶都是以无活性的酶原形式存在于胰液中；另一方面是因为腺泡细胞能分泌胰蛋白酶抑制因子，使胰蛋白酶失活并能部分地抑制糜蛋白酶的活性，有效地防止胰腺自身被消化。若暴饮暴食，会使胰液分泌增多，胰管压力升高，使导管和胰泡破裂，胰蛋白酶原大量释放入胰腺间质并被组织液激活，导致胰腺自身消化，而引发急性胰腺炎，主要表现是腹部剧痛难忍、恶心、呕吐等症状，若不及时抢救，将会危及生命。

3.胰淀粉酶　能将淀粉、糖原及大多数其他碳水化合物水解成糊精、麦芽糖和麦芽寡糖，但不能水解纤维素。

4.胰脂肪酶　是消化分解脂肪的主要酶，最适宜的 pH 为 7.5～8.5。在胆盐乳化作用的帮助下，胰脂肪酶将脂肪分解为脂肪酸、甘油和甘油一酯。若胰脂肪酶缺乏，将引起脂肪消化不良，导致胰源性腹泻。

5.羧基肽酶、核糖核酸酶和脱氧核糖核酸酶　羧基肽酶原可被胰蛋白酶激活为羧基肽酶，水解多肽为氨基酸；核糖核酸酶和脱氧核糖核酸酶能水解核糖核酸和脱氧核糖核酸为单核苷酸。

综上所述，胰液中酶的种类最多，消化力最强，因而是最重要的消化液。若胰液分泌存在障碍，即使其他消化液分泌正常，也会引起营养物质消化不良，特别是蛋白质和脂肪消化障碍，可导致大量的蛋白质和脂肪随粪便排出，引起腹泻，此类腹泻称为胰源性腹泻。

四、胆汁及其作用

（一）胆汁的性质及成分

胆汁由肝细胞合成和分泌，是一种具有苦味的有色液体，分为肝胆汁和胆囊胆汁。肝胆汁为金黄色，pH 约为 7.4。胆囊胆汁储存在胆囊内，由于浓缩而颜色变深，pH 约为 6.8。正常成人每天分泌量为 0.8～1.0L。胆汁的主要成分为水分、胆盐、胆固醇、卵磷脂、脂肪酸、黏蛋白、胆色素和无机盐等。胆汁中不含消化酶，但能促进脂肪消化和吸收。

胆汁中的绝大部分胆汁酸与甘氨酸或牛磺酸结合在一起，形成胆盐，主要以钠盐的形式存在，是胆汁参与消化与吸收的主要成分。胆汁中的胆盐、胆固醇和卵磷脂以适当的比例存在于胆汁中，维持胆固醇呈溶解状态。当胆固醇含量过高或者胆盐、卵磷脂合成减少时，胆固醇可沉积下来形成结石。胆汁中的胆色素对机体有害，是血红蛋白的分解产物，为胆汁中的主要色素。

（二）胆汁的作用

1.乳化脂肪　胆汁中的胆盐、胆固醇和卵磷脂可作为乳化剂，降低脂肪表面张力，使脂肪乳化成脂肪微滴，增加脂肪与胰脂肪酶的接触面积，促进脂肪分解。

2.促进脂肪吸收　胆汁中的胆盐与脂肪分解产物相结合，可形成水溶性复合物胆盐微胶粒。以胆盐为载体将不溶于水的脂肪水解产物运送到小肠黏膜表面，促进脂肪的吸收。若胆盐缺乏，可导致脂肪消化和吸收不良。

3.促进脂溶性维生素吸收　由于脂溶性维生素属于脂肪类物质，胆盐能促进脂肪的消化和吸收，所以也能促进脂溶性维生素的吸收。

4.其他作用　胆汁还可中和胃酸；胆盐可刺激肝细胞合成和分泌胆汁；胆盐是胆固醇的有效溶剂，可有效防止胆固醇析出形成结石。

黄疸产生的原因

溶血性黄疸是红细胞大量破坏后，非结合胆红素形成增多，大量的非结合胆红素运输到肝脏，使肝脏的负担加重，当超过肝脏对非结合胆红素的摄取与结合能力时，引起血液中非结合胆红素浓度增高。

肝细胞性黄疸是由于肝细胞发生广泛性损害（如变性、坏死），致使肝细胞对非结合胆红素的摄取和结合发生障碍，导致血清中非结合胆红素浓度增高。

阻塞性黄疸也叫胆汁淤积性黄疸，是胆道阻塞或胆汁淤积，胆管内压力增高，胆管扩张，最终会导致肝内小胆管或微胆管、毛细胆管破裂，结合胆红素从破裂的胆管中溢出，反流入血发生黄疸。

五、小肠液及其作用

小肠液由十二指肠腺和小肠腺分泌，其分泌量是消化液中最多的一种，每天分泌量为 1～3L。小肠液为弱碱性液体，pH 约为 7.6，渗透压与血浆基本相近。

小肠液主要成分为水、无机盐和有机物如黏蛋白和肠激酶等。水和无机盐主要是稀释与中和胃酸，保护小肠黏膜免受胃酸的侵蚀；肠激酶可激活胰蛋白酶原为胰蛋白酶；黏蛋白具有润滑作用，并可在小肠黏膜表面形成一层保护膜，抵抗食糜的机械性损伤。

六、大肠液及其作用

大肠液是由大肠黏膜表面的上皮细胞及杯状细胞分泌的。大肠液没有重要的消化功能。大肠液主要成分为黏液和碳酸氢盐，pH 为 8.3～8.4，其中的黏液蛋白可保护黏膜和润滑粪便。大肠液中还含有少量二肽酶和淀粉酶，但它们对物质的分解作用不大。

第三节　消化器官活动的调节

消化器官的活动受神经和体液调节，通过调节消化管的运动和消化腺的分泌使消化与吸收、吸收与代谢等活动得以协调进行。

一、神 经 调 节

支配消化器官活动的神经分为自主神经（外来神经）和内在神经丛，两者之间相互协调，共同完成对消化管和消化腺分泌的调节。

（一）自主神经及其作用

1. 交感神经　交感神经兴奋时，其节后纤维末梢释放去甲肾上腺素，作用于消化道平滑肌和消化腺，使胃肠运动减弱、消化腺分泌减少和胃肠括约肌收缩，但对少数唾液腺的分泌起加强作用，可分泌少量黏稠的唾液。

2. 副交感神经　副交感神经兴奋时，其节后纤维末梢释放乙酰胆碱，促进胃肠道的运动、消化腺的分泌和胃肠括约肌舒张。

一般来说，自主神经对所支配的某一消化器官起双重作用，既相互拮抗又相互协调配合，但以副交感神经作用为主。此外,它们的作用可随消化道的功能状态不同而发生相应的改变(图6-7)。

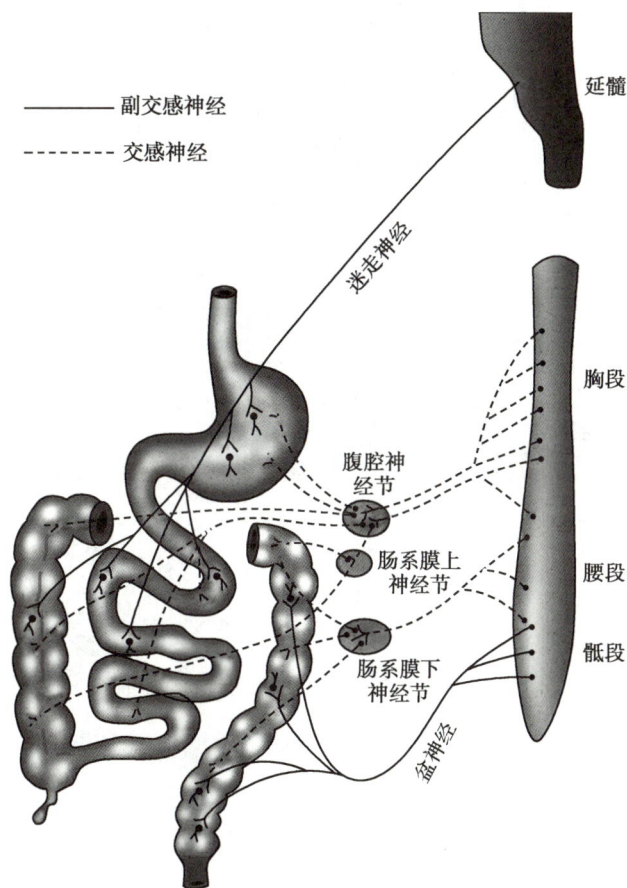

图6-7　胃肠的神经支配

(二)内在神经丛及作用

内在神经丛又称壁内神经丛,包括黏膜下神经丛和肌间神经丛两种。有大量的神经元和神经纤维组成复杂的神经网络,构成一个完整的、独立的反射活动整合系统。在整体状态下,内在神经丛的活动在自主神经调控下进行。交感神经抑制内在神经元的活动,副交感神经则兴奋其活动(图6-8)。

(三)反射性调节

消化器官的反射性调节分为条件反射和非条件反射两种。条件反射是由食物的相关信息对头部感受器作用的结果,如食物相关的形状、声音、气味,以及食物相关的语言和文字等对视、听、嗅觉的刺激引起的反射均为条件反射。非条件反射是食物在进行机械或化学性消化时,刺激舌、口腔黏膜、胃、小肠等部位的感受器而引起的唾液、胃液、胰液等大量分泌,消化管运动增强等。

二、体 液 调 节

在胃肠道黏膜上存在着数量庞大的内分泌细胞,它们能合成和分泌多种生物活性物质,统称为胃肠激素。主要的胃肠激素有促胃液素、促胰液素、缩胆囊素、抑胃肽。其生理作用是:①调节胃肠道的运动和消化腺分泌;②调节其他激素的释放;③促进消化管黏膜组织代谢和生长(表6-1)。

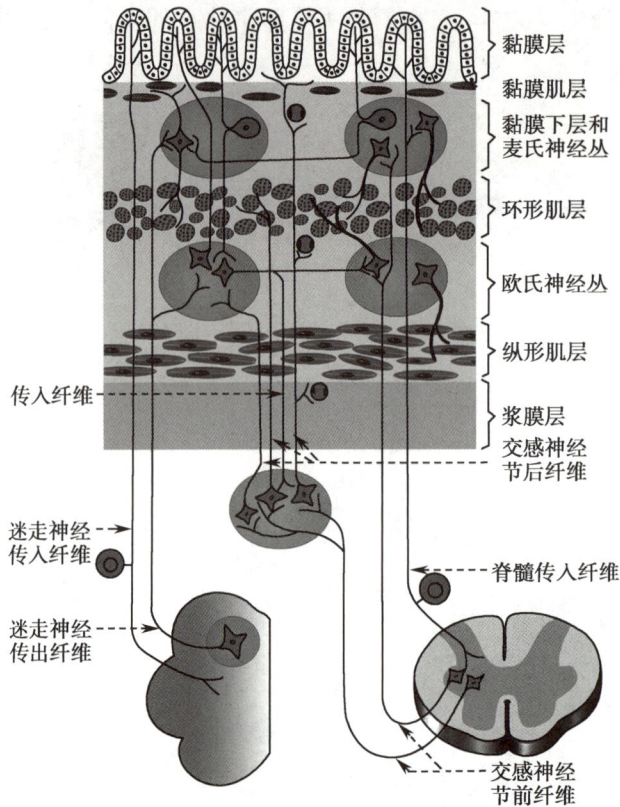

图6-8   胃肠内在神经丛及其与外来神经的联系

表6-1   主要胃肠激素的生理作用及刺激释放的因素

激素名称	分泌细胞	主要生理作用	引起释放的因素
促胃液素	胃窦部、十二指肠上部 G 细胞	促进胃液（以胃酸和胃蛋白酶原为主）分泌、使胃窦和幽门括约肌收缩，延缓胃排空，促进胰液、胆汁分泌，加强胃肠运动和胆囊收缩，促进消化道黏膜生长	迷走神经兴奋、蛋白质分解产物、扩张胃、组胺
促胰液素	小肠上部 S 细胞	促进胰液（以水和 HCO_3^- 为主）分泌，促进胆汁和小肠液分泌，收缩幽门括约肌，抑制胃排空，抑制胃肠运动和胃液分泌	盐酸、脂肪酸、蛋白质分解产物
缩胆囊素	小肠上部 I 细胞	促进胃液、胰液（以消化酶为主）、胆汁、小肠液分泌，增强幽门括约肌收缩，加强小肠和大肠运动、胆囊收缩，促胰腺外分泌部组织生长	蛋白质分解产物、脂肪酸、盐酸
抑胃肽	小肠上部 K 细胞	抑制胃液分泌和胃的运动，抑制胃排空，促进胰岛素释放	葡萄糖、脂肪酸、氨基酸

　　胃底和胃体的肠嗜铬样细胞可合成和释放组胺，与壁细胞上的组胺 2 型受体（H_2 受体）结合，促进胃酸分泌。临床上常用组胺受体的阻滞剂（西咪替丁）抑制胃酸的分泌，也常用注射组胺的方法来检查胃的泌酸能力。

　　经研究证明，一些在胃肠道内发现的肽类激素也存在于中枢神经系统中，表现为双重分布，因此统称为脑 - 肠肽。已知的脑 - 肠肽有促胃液素、缩胆囊素、P 物质、生长抑素等 20 余种。脑 - 肠肽的提出揭示了神经系统与消化系统之间存在着紧密的内在联系。

三、社会心理因素对消化功能的影响

消化吸收功能和机体其他诸多功能一样,也受各种社会和心理因素的影响。不良的心理刺激不仅会影响到胃肠道的运动功能,还影响消化腺的分泌。社会心理因素能引起持久的生理功能紊乱及器质性疾病。亚历山大最早提出7种经典的心身疾病——溃疡病、溃疡性结肠炎、甲状腺功能亢进、局限性肠炎、类风湿关节炎、原发性高血压疾病及支气管哮喘,均与社会心理因素有关。如愤怒、焦虑可使唾液分泌减少,胃酸分泌增加,诱发或加重溃疡病;而精神乐观、情绪稳定则可使消化器官活动旺盛,促进食欲,益于健康。

第四节　吸　　收

一、吸收的主要部位

由于不同部位消化管的组织结构、食物被消化的程度和分解产物停留的时间等因素存在差异,导致消化管各部位的吸收能力有很大的不同。

口腔和食管基本上无吸收能力,胃只能吸收少量的乙醇和水,大肠只能吸收水分和无机盐。食物中的三大营养物质的分解产物主要在十二指肠和空肠吸收。回肠是营养物质吸收的储备段,能主动吸收胆盐和维生素 B_{12} (图6-9)。

小肠是吸收的主要部位,由于小肠存在许多有利的条件:①食物在小肠内已经被消化,变为可被吸收的小分子物质。②小肠的吸收面积大。小肠长约 $4\sim5m$,小肠的黏膜上有环形皱襞,皱襞上有许多绒毛,绒毛的柱状上皮细胞上有许多微绒毛,使小肠黏膜的吸收面积可达 $200m^2$ (图6-10)。③小肠绒毛内有丰富的毛细血管、毛细淋巴管、平滑肌纤维和神经,使小肠的绒毛产生节律性地伸缩和摆动,可促进血液和淋巴回流,有利于吸收。④食物在小肠内停留时间长,一般 $3\sim8$ 小时,为营养物质的充分吸收提供了充足的时间保障。

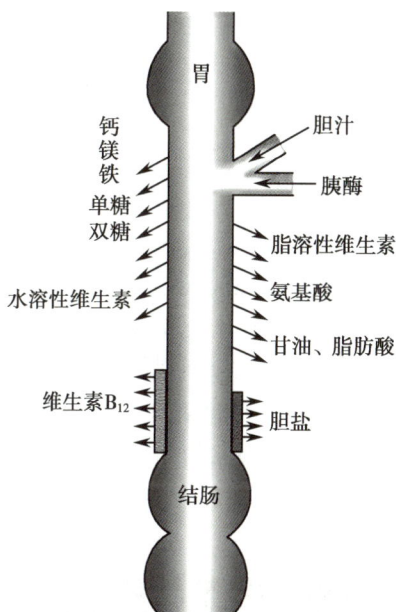

图6-9　各种营养物质在小肠的吸收

二、吸收的机制

营养物质和水通过两种途径进入血液和淋巴。一种为跨细胞途径,通过绒毛膜柱状上皮细胞的腔面进入细胞内,再由细胞基底侧膜到达细胞间隙,然后进入血液和淋巴循环;另一种为旁细胞途径,即肠腔内物质通过肠上皮细胞间的紧密连接进入细胞间隙,然后进入到血液和淋巴循环。

三、主要营养物质的吸收形式

营养物质的吸收方式有被动吸收和主动吸收。水、水溶性维生素的吸收属于被动吸收,Na^+、

K^+、I^- 等借助小肠黏膜的上皮细胞膜上的钠泵和碘泵的作用进行主动吸收。此外,钠泵还可促进葡萄糖和氨基酸等物质的继发性主动转运。

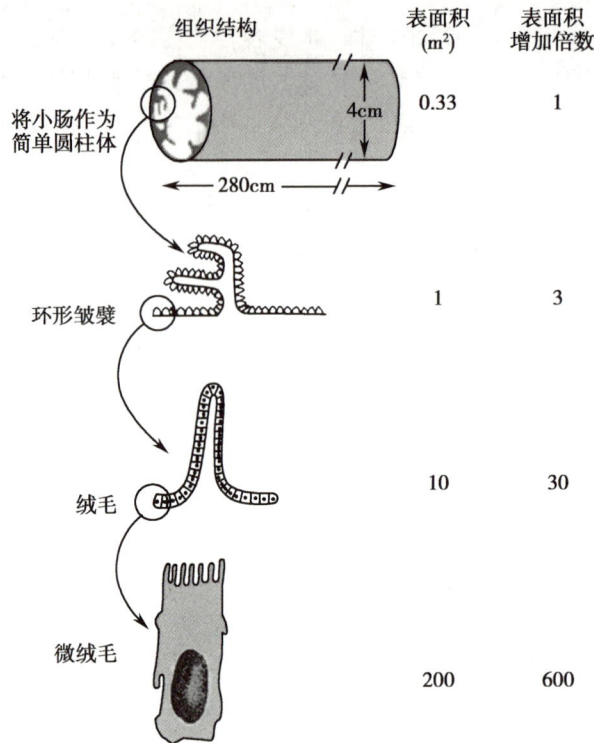

图 6-10　小肠黏膜上的皱襞、绒毛和微绒毛示意图

（一）水的吸收

成人每天从外界摄取 1～2L 水,每天由消化腺分泌的消化液为 6～8L,每天随粪便排出的水仅为 0.1～0.2L,所以胃肠每天吸收的水量约为 8～10L。水的吸收是被动的,各种溶质,尤其是 NaCl 的主动吸收所产生的渗透压是水被动吸收的动力。

（二）无机盐的吸收

1. 钠的吸收　钠的吸收是主动的,肠腔内的 Na^+ 经过钠离子通道,易化扩散进入细胞内,再借助钠泵的活动转运到组织间隙而进入血液。Na^+ 在肠上皮细胞通过载体进入细胞时,还有助于葡萄糖、氨基酸和 HCO_3^- 及 Cl^- 的同向转运,因此钠的吸收可为葡萄糖、氨基酸等的吸收提供动力。

2. 铁的吸收　每天吸收的铁约为 1mg,为饮食中铁量的 1/10。食物中的铁绝大部分是以三价铁的形式存在,必须被胃酸溶解,维生素 C 还原为二价铁才能被机体吸收。当患胃病或胃酸缺乏时,会发生缺铁性贫血。

铁的吸收为主动吸收,吸收的部位主要在小肠上段的十二指肠和空肠上部。这些部位的上皮细胞能向肠腔内释放脱铁铁蛋白,与铁形成复合物铁蛋白,通过入胞作用进入细胞。铁蛋白释放铁离子之后再被重新释放到肠腔中发挥作用。

3. 钙的吸收　成人每天吸收的钙约为 100mg,仅为食物中钙的少部分,绝大部分的钙随粪便排出。钙的吸收部位在小肠上段,其中以十二指肠的吸收能力最大。钙只有呈离子状态时才能被吸收。钙盐在酸性环境下溶解度加大,吸收加快,维生素 D 可促进钙的吸收。钙是通过主动方式吸收的。绝大部分钙借助细胞膜肠腔侧上的钙通道进入细胞,再经基底膜上的钙泵转运出细胞,进而扩散入血。

（三）糖的吸收

糖以单糖的形式被小肠主动吸收，其中以半乳糖和葡萄糖的吸收最快，果糖次之。葡萄糖借助细胞膜上的 Na^+ 葡萄糖同向转运体将钠和葡萄糖同时转运至细胞内，进入细胞内的葡萄糖通过基底膜侧上葡萄糖转运载体，以易化扩散的方式转运到细胞间隙入血，属于继发性主动转运（图6-11）。

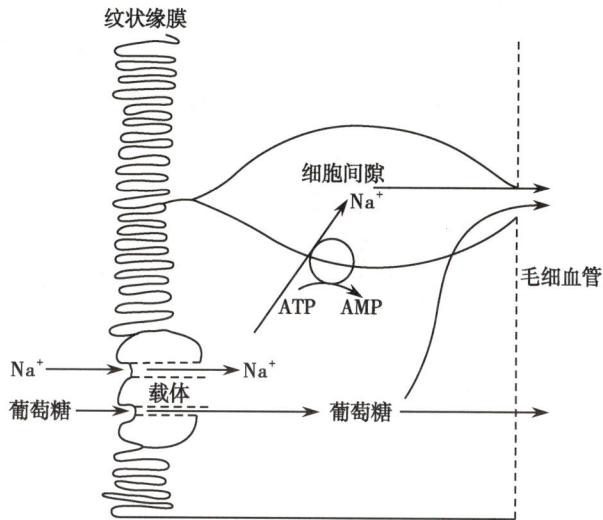

图6-11 葡萄糖吸收机制示意图

（四）蛋白质的吸收

蛋白质以氨基酸的形式吸收。吸收机制与葡萄糖相似，也属于继发性主动转运，吸收的部位主要在小肠，吸收的途径是通过血液吸收。

（五）脂肪的吸收

脂肪在小肠内被分解成甘油、甘油一酯、胆固醇和脂肪酸等，这些产物与胆盐结合成水溶性混合微胶粒，透过肠黏膜上皮细胞表面的静水层到达细胞的微绒毛，脂肪酸、甘油一酯、胆固醇等从混合微胶粒中释放，通过微绒毛的细胞膜进入细胞内，而胆盐留在肠腔内继续发挥作用。进入细胞内的长链脂肪酸、甘油一酯在细胞内被重新合成为甘油三酯，与细胞中的载脂蛋白结合成乳糜微粒，最后以出胞的方式离开细胞扩散至淋巴；中、短链脂肪酸和甘油一酯溶于水，可直接扩散至血液。因此，脂肪的吸收途径有淋巴和血液两种途径（图6-12）。由于食物中含长链脂肪酸较多，所以脂肪分解产物的吸收途径以淋巴为主。

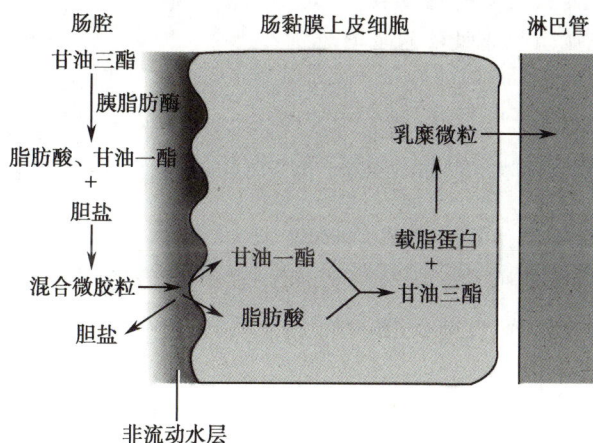

图6-12 脂肪吸收示意图

（六）维生素的吸收

维生素除了维生素 B_{12} 在回肠被吸收外,其余的大部分维生素在小肠上段被吸收。大多数水溶性的维生素(如维生素 B_1、维生素 B_2、维生素 B_6、维生素 PP)主要是通过依赖于 Na^+ 的同向转运体被吸收。脂溶性的维生素(如维生素 A、维生素 D、维生素 E、维生素 K)的吸收则与脂肪的吸收类似。

知识链接

中医脏腑功能与消化吸收生理

中医学把人体内的重要脏器分为脏和腑两类,有关脏腑的理论称为"藏象"学说。脏和腑是根据内脏器官的功能不同而加以区分的。脏是指心、肝、脾、肺、肾五个器官;腑是指胆、胃、大肠、小肠、膀胱、三焦六个器官。中医学脏腑中的肝、脾、胃、胆、大肠、小肠均与消化吸收有关。因此,中医学的"脾胃"概念大致相当于西医学的消化系统,但并不是完全相等。中医认为脾主运化,胃主受纳、腐熟;脾主升,胃主降;脾恶湿,胃恶燥。"脾"和"胃"是一对互为表里的脏器,它们共同作用以完成食物的消化、吸收,营养物质的转化和运输等生理功能。总的看来,中医学的胃和西医学的胃功能基本一致。但"脾"与西医学的脾脏大不相同。中医学"脾"的功能包括了西医学中与消化、吸收、运输有关的所有脏器功能。

课堂互动

请同学们结合所学的中医基础理论知识,联系本章内容,共同探讨、比较一下中医的脾胃功能和西医人体的消化吸收功能,脾胃功能失调和消化系统疾病之间的联系与差别?探讨后得出的知识点可以上讲台与大家分析,也可以这一主题,写成一篇论文试着发表。

（陈亚奇）

? 复习思考题

1. 简述影响胃排空的因素。
2. 胃酸的生理作用有哪些?
3. 简述胃的自身保护机制。
4. 为什么说胰液是最重要的消化液?
5. 为什么说小肠是消化和吸收的主要场所?

第七章 能量代谢与体温

1. 掌握影响能量代谢的因素,基础代谢的概念及基础代谢率,体温的概念及生理波动,产热与散热的方式,体温调节的方式。
2. 熟悉机体能量的来源及去路,能量代谢测定中的一些基本概念,调定点的意义。
3. 了解能量代谢测定原理与方法,体温调节机制。

第一节　能　量　代　谢

新陈代谢是机体生命活动的最基本特征。在新陈代谢过程中,物质代谢伴随能量代谢。物质代谢过程中所伴随着的能量释放、转移、储存和利用称为能量代谢。

一、能量的来源和去路

(一)能量的来源

机体所需的能量主要来源于糖、脂肪和蛋白质,这些生物分子结构中蕴藏着大量的化学能。当这些营养物质发生氧化分解时,化学键断裂,释放出能量。一般生理情况下,机体所需总能量的 70% 左右是由糖分解代谢提供的,因此,糖是机体最主要的供能物质。糖的消化产物葡萄糖被机体吸收后,一部分成为血糖,供全身细胞利用;一部分以糖原的形式贮存在肝脏和肌肉中;还有少部分转化为脂肪。糖在机体内的储备较少,脂肪的储备量较多,当机体处于饥饿状态,由于糖原的大量消耗,体内贮存的脂肪则成为主要的供能物质。蛋白质的消化产物主要是用来合成组织蛋白,构成细胞成分,以实现组织的自我更新;或用于合成激素、酶等某些生物活性物质,并非主要的能源物质。只有在长期饥饿或极度消耗的情况下,当体内的糖原和贮存的脂肪几乎耗竭时,机体才会依靠组织蛋白质分解来提供能量,以维持必要的生理活动。

(二)能量的去路

糖、脂肪、蛋白质等能源物质在体内氧化时所释放的能量,其总量的 50% 以上直接转化为热能,用来维持体温;其余不足 50% 是可以被机体利用的自由能,这部分能量以高能磷酸键的形式贮存于腺苷三磷酸(ATP)分子中。当机体组织细胞进行各种功能活动需要耗能时,ATP 一个高能磷酸键断裂,ATP 变成 ADP,同时将大量能量释放出来。ATP 是体内重要的贮能和直接的供能物质,但体内以 ATP 形式的贮能是有限的,在能量产生过剩时,ATP 可将其高能磷酸键转移给肌酸,形成磷酸肌酸(CP)。CP 只是贮能形式,而不能直接供能。在 ATP 消耗较快时,CP 可将高能磷酸键再转给 ADP 形成 ATP。机体细胞利用 ATP 水解所释放的能量,可以完成各种生理功能,如肌肉收缩、神经传导、各种生物活性物质的合成、物质转运、腺体分泌等。总的来看,除骨骼肌收缩时所完成的机械外功外,其他的功能活动最终都要转化为热能,参与体温的维持(图 7-1)。

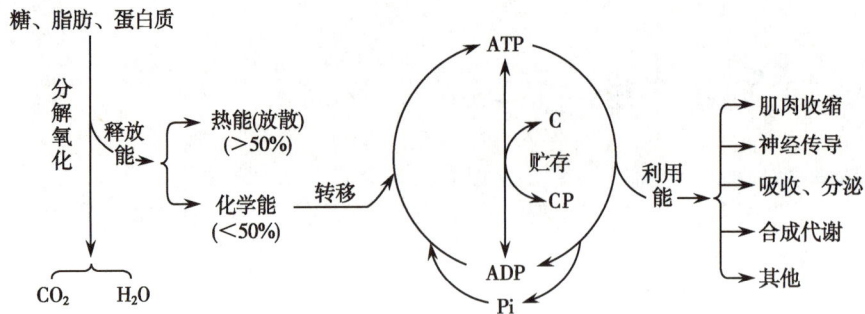

图 7-1 体内能量的释放、转移、贮存和利用

C：肌酸；Pi：无机磷酸；CP：磷酸肌酸

二、能量代谢的测定

测定能量代谢对营养学、劳动卫生学、预防医学及临床医学均有重要的意义。根据能量守恒定律（能量在由一种形式转化为另一种形式的过程中，能量既不增加，也不减少），机体在整个能量转化的过程中，所利用的蕴藏于食物中的化学能，应等于肌肉所做的外功和最终转化成的热能。如果避免肌肉做外功，则只要测出机体单位时间内的产热量，便可估算出机体的能量代谢率。

测定机体在单位时间内发散的总热量有直接测热法和间接测热法两种。在实际工作中，一般采用的是简便、易行的间接测热法。

（一）间接测热法的原理

间接测热法时根据人体内糖、脂肪、蛋白质在氧化分解时所消耗的氧量、产生的二氧化碳量之间，以及耗氧量与产生的热量之间的定比关系，来推算机体在单位时间内的产热量的。例如，1mol 的葡萄糖氧化时，消耗 6mol 的 O_2，产生 6mol 的 CO_2 和 6mol 的水，同时释放一定量（约 2 826kJ）的热（ΔH），即：

$$C_6H_{12}O_6+6O_2 \rightarrow 6CO_2+6H_2O+\Delta H \uparrow$$

由于食物的结构不同，氧化时所产生的热量和耗氧量也不同，故了解食物的热价、氧热价和呼吸商等概念，可以更好地理解间接测热法的原理和过程。

1．食物的热价　1g 食物氧化时所释放的热量称为食物的热价。1g 糖或脂肪的生物热价（体内氧化）和物理热价（体外燃烧）是相等的，分别为 17.25kJ 和 39.75kJ。但蛋白质的生物热价是不同的，1g 蛋白质在体内氧化时所释放的热量为 17.99kJ，而在体外燃烧时所产生的热量为 23.43kJ。这是由于蛋白质在体内氧化不完全，有一部分主要以尿素形式排出体外的缘故。食物的热价是间接测定能量的代谢基础，也是合理配置饮食的科学依据。

2．食物的氧热价　某种营养物质氧化时，每消耗 1L 氧所产生的热量，称为该物质的氧热价。由于糖、脂肪和蛋白质各自分子结构中所含的碳、氢、氧等元素的比例不同，因此同样消耗 1L O_2，各种物质氧化时所释放的热量也不同。三种营养物质的氧热价分别是 21.0kJ，脂肪为 19.6kJ，蛋白质为 18.8kJ（表 7-1）。氧热价表示某种物质氧化时的耗氧量和产热量之间的关系，是测算能量代谢的一个重要参数。

3．呼吸商　营养物质在体内氧化时，在一定时间内产生的二氧化碳量与耗氧量的比值（CO_2/O_2）称为呼吸商。由于各种营养物质氧化时 CO_2 的产生量和耗 O_2 有所不同，因此三者的呼吸商也不同。葡萄糖氧化时所产生的 CO_2 量和消耗的 O_2 量是相等的，呼吸商等于 1；脂肪的呼吸商约为 0.71；蛋白质在体内不能完全氧化，经推算其呼吸商约为 0.80（表 7-1）。因此，可以根据呼吸商的大小来推测能量的主要来源。

表7-1 糖、脂肪和蛋白质氧化的有关数据

营养物质	物理热价(kJ/g)	生物热价(kJ/g)	耗氧量(L/g)	CO_2产量(L/g)	氧热价(kJ/L)	呼吸商
糖	17.15	17.15	0.83	0.83	20.66	1.00
脂肪	39.75	39.75	2.03	1.43	19.58	0.71
蛋白质	23.43	17.99	0.95	0.76	18.93	0.80

正常情况下，人吃的是混合食物，而体内能量又主要来自糖和脂肪的氧化，蛋白质可忽略不计，因此把这种由糖和脂肪按不同比例混合氧化时，根据所产生的 CO_2 量和 O_2 耗量推算出的呼吸商称为非蛋白呼吸商。表7-2列出了不同的非蛋白呼吸商所对应的糖和脂肪各自氧化的百分比及相应的氧热价，例如：非蛋白呼吸商为0.82时，代表糖和脂肪以一定的比例氧化供能，此时为进食混合食物者空腹状态下的氧热价(20.2kJ/L)。利用这些数据，可使能量代谢的测算更为方便。

表7-2 不同比例糖、脂肪、混合物的非蛋白呼吸商与氧热价

非蛋白呼吸商	氧化百分比		氧热价(kJ/L)	非蛋白呼吸商	氧化百分比		氧热价(kJ/L)
	糖	脂肪			糖	脂肪	
0.71	0.00	100.0	19.7	0.85	50.7	49.3	20.3
0.75	15.6	84.4	19.8	0.90	67.5	32.5	20.6
0.80	33.4	66.6	20.1	0.95	84.0	16.0	20.9
0.82	40.3	59.7	20.2	1.00	100.0	0.0	21.1

（二）简易法测算能量代谢率的步骤

1. 测定单位时间内的 CO_2 产生量和 O_2 耗量，并据此算出呼吸商。

2. 以算出的呼吸商作为非蛋白呼吸商，从非蛋白呼吸商与氧热价对应关系表中查出相应的氧热价(表7-2)。

3. 利用公式"产热量 = 氧热价(kJ/L)×O_2耗量(L)"，求出单位时间内的产热量，即能量代谢率。

三、影响能量代谢的因素

影响能量代谢的因素包括肌肉活动、环境温度、食物的特殊动力效应和精神紧张等。

（一）肌肉活动

肌肉活动对于能量代谢的影响最为显著，机体任何轻微的活动都可提高能量代谢率。运动强度越大，O_2耗量越多。人在剧烈运动或劳动时，机体的产热量可达安静时的10~20倍，而且在肌肉活动停止后，其能量代谢在一段时间内仍然维持在较高水平。所以能量代谢率可作为评价劳动强度或运动强度的指标(表7-3)。

表7-3 劳动或运动时的能量代谢值

肌肉活动形式	平均产热量[kJ/(m²·min)]	肌肉活动形式	平均产热量[kJ/(m²·min)]
静卧休息	2.73	扫地	11.36
出席会议	3.40	打排球	17.04
擦窗	8.30	踢足球	24.96
洗衣物	9.89		

（二）环境温度

人体安静时的能量代谢，在 20～30℃ 的环境中最为稳定。实验证明，当环境温度低于 20℃ 时，代谢率开始增加；在 10℃ 以下时，代谢率明显增加。这主要是因为寒冷刺激反射性地引起寒战和肌肉紧张度增加所致。当环境温度超过 30℃ 时，代谢率也会增加，这可能与体内生化反应速度加快、出汗及循环和呼吸活动加强等因素有关。

（三）食物的特殊动力效应

从进食后 1 小时左右开始，延续到 7～8 小时，这段时间人体虽然处于安静状态，但机体所产生的热量却要比未进食前有所增加。这种由进食引起机体产生额外能量消耗的现象，称为食物的特殊动力效应。据测定，不同食物所产生的特殊动力效应也有所不同，蛋白质食物最大，可达 30% 左右；糖或脂肪类食物为 4%～6%；混合食物约为 10%。有关食物特殊动力效应产生的确切机制尚不清楚，目前认为，这一效应与食物在消化道内的消化和吸收无关，可能与肝脏处理氨基酸或合成糖原等过程有关。

因为食物的特殊动力效应是进食时体内额外增加的能量消耗，不能被机体利用，所以在计算能量需要时，应加以考虑。

（四）精神紧张

当人处于激动、焦虑或恐惧等紧张状态时，能量代谢率往往会明显增加。其原因一方面是由于骨骼肌紧张性增强，使产热量增加；另一方面是交感神经兴奋，引起肾上腺素、去甲肾上腺素和甲状腺素分泌增加，使机体代谢增强，产热增加。

生理性因素也对能量代谢有一定影响，随着年龄的增长，能量代谢率逐渐下降；同龄男性的能量代谢率高于女性；睡眠时能量代谢率比清醒安静时低 10%～15%。

四、基础代谢与基础代谢率

基础代谢是指在基础状态下的能量代谢。所谓基础状态是指室温度保持在 20～25℃ 时，人处于清醒、空腹（禁食 12 小时以上）、安静并不受肌肉活动、精神紧张等影响时的状态。在这种状态下，体内能量的消耗只用于维持基本的生命活动，能量代谢比较稳定。在基础状态下单位时间内的能量代谢，称为基础代谢率（BMR）。基础代谢虽比一般安静时的代谢率低些，但在睡眠状态或长期饥饿时，其代谢率会比基础代谢更低。

实验证明，由于性别、年龄、身高、体重各异，不同个体之间的基础代谢率有较大的差异。因此，为比较不同个体之间的能量代谢情况，临床上都以每小时、每平方米体表面积的产热量为标准来计算基础代谢率，其表示方法是：$kJ/(m^2 \cdot h)$。

推算我国人体表面积的经验公式为：

$$体表面积（m^2）=0.006\,1 \times 身高（cm）+0.012\,8 \times 体重（kg）-0.152\,9$$

另外，体表面积还可根据图 7-2 直接求出。其方法是：将受试者的身高和体重两点间连成一直线，此直线与中间的体表面积标尺的交叉点就是该人的体表面积。

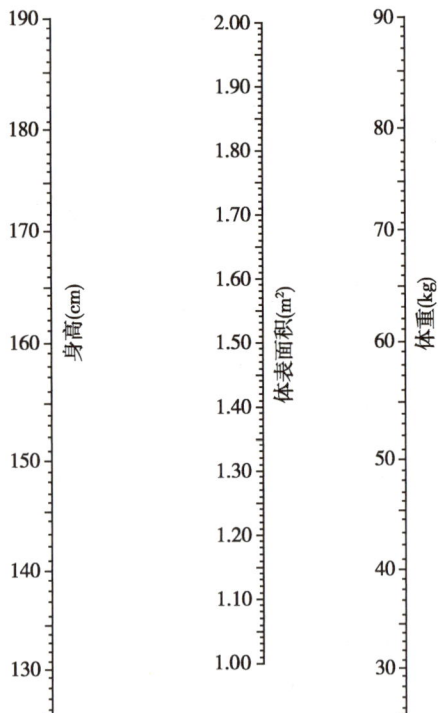

图 7-2　体表面积测算用图

使用时将受试者的身高和体重两点连成一直线，该直线与体表面积尺度交点的数值就是该人体的体表面积值通常采用简化法来测定和计算基础代谢率。采用此法时，通常将呼吸商定为 0.82，其相对应的氧热价为 20.19kJ/L。因此只需测出一定时间内的耗氧量和体表面积，即可求出基础代谢率。

基础代谢率随性别、年龄等不同而有生理变动。在其他情况相同时，男性的基础代谢率高于女性；儿童高于成人；年龄越大，代谢率越低。但同一个体的基础代谢率是比较稳定的。

临床上测定基础代谢率时，常将其实测值与同性别、同年龄组的正常平均值进行比较，并以实测值高于或低于正常值的百分数来表示（表 7-4）。如相差在正负 15% 之内，均属于正常。只有在相差值超出正负 20% 时，才考虑病态。

知识链接

基础代谢率的临床意义

一些内分泌系统疾病常伴有基础代谢率的异常改变。甲状腺功能亢进时，基础代谢率可比正常值高 25%～80%；甲状腺功能减退时，基础代谢率可比正常值低 20%～40%，因此，测定基础代谢率是临床诊断甲状腺疾病的重要辅助方法。其他如糖尿病、肾上腺皮质和腺垂体功能异常等也可引起基础代谢率的改变。当人体发热时，基础代谢率也会升高，体温每升高 1℃，基础代谢率将升高 13%。

表 7-4　我国人正常的基础代谢率平均值 [kJ/(m²·h)]

年龄（岁）	11～15	16～17	18～19	20～30	31～40	41～50	>50
男	195.5	193.4	166.2	157.8	158.6	154.0	149.0
女	172.5	181.7	154.0	146.5	146.9	142.4	138.6

第二节　体温及其调节

人和动物的体内都具有一定的温度，即体温。体温既是新陈代谢的结果，又是保证机体进行新陈代谢和正常生命活动的重要条件。生理学研究体温时将人体分为核心和表层两部分，即体核温度（人体深部结构的温度）和体表温度（皮肤及皮下组织的温度）。体核温度相对稳定，各部位之间差异较小；体表温度不稳定，各部位之间差异较大。人体生理学所说的体温是指机体深部的平均温度，即体核温度。

高等动物和人（恒温动物）的体温，能在环境温度变化的情况下保持相对稳定。体温保持相对稳定的重要意义在于：机体的新陈代谢和生命活动都是以酶促反应为基础的，而酶类必须在适宜的温度条件下才具有较高的生物活性。体温过高或过低，都将使酶的活性降低甚至丧失，导致机体新陈代谢发生障碍，从而影响生命活动的正常进行。因此，体温相对恒定是内环境稳态的重要指标之一。

一、人体正常体温及其生理变动

（一）正常体温

由于代谢水平不同，机体深部各内脏器官的温度也略有差异。以肝的温度最高，为 38℃左右；脑的温度也接近 38℃；肾、胰腺及十二指肠等温度略低；直肠的温度则更低。由于深部温度不易测试，所以临床上通常采用测量直肠、口腔或腋窝温度来反映体温。其中直肠的温度最高，正常值为 36.9～37.9℃，比较接近机体深部的温度，且较少受外环境温度的影响。口腔温度(舌下部)比直肠温度低 0.3℃ 左右;腋窝温度又比口腔温度低 0.4℃ 左右。临床上通常采用测定腋窝温度来反映体温。测定时,要求保持腋窝干燥,被测试者上臂贴紧胸廓,时间至少保持 10 分钟,这样才能使机体深部的热量逐渐传过来,避免测得的只是腋窝处皮肤表层的温度。近年来,随着电子技术的发展,体温测量部位和方法也有一些改变。如测量耳(鼓膜)温,可准确反映供应脑组织的血液部温度,其变化大致与下丘脑温度变化一致。故生理学实验中常以鼓膜温度作为脑组织温度的指标。耳式体温计是通过测量耳朵鼓膜的辐射亮度,非接触地实现对人体温度的测量,几秒就可得到测量数据,非常适合急重病患者、老人、婴幼儿等使用。

(二)体温的生理变动

人体的体温虽然比较稳定,但在正常生理情况下,仍可随昼夜、性别、年龄、肌肉活动等因素的影响而有所变化。

1. 昼夜变化 在一昼夜之中,人体体温呈现周期性波动。清晨 2 至 6 时体温最低,午后 1 至 6 时最高,但波动的幅度一般不超过 1℃。体温的这种昼夜周期性波动称为昼夜节律或日节律,可能与下丘脑生物钟功能及内分泌腺的节律性活动有关。

2. 性别 成年女性的基础体温平均比男子高 0.3℃。这可能与女性皮下脂肪较多、散热较少有关。此外,成年女性的体温还随月经周期而有规律地波动。月经期及月经后的一段时期体温较低,到排卵日最低,排卵后期体温回升到较高水平,并一直持续到下一次月经期开始才再次下降(图 7-3)。因此,测定成年女性的基础体温有助于确定是否排卵或排卵日期。排卵后的体温升高很可能与孕激素具有升热效应有关。女性在妊娠期早期,因孕激素水平较高,故体温也比平时高。

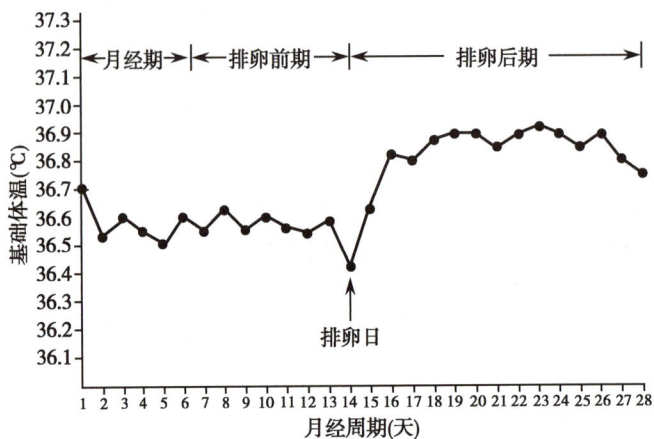

图 7-3 女子月经周期中基础体温的变化

3. 年龄 幼儿体温稍高于成年人,老年人体温又比成年人略低一些。这与机体代谢率随年龄的增加而降低有关。但新生儿,特别是早产儿,由于体温调节结构发育尚不完善,体温调节能力差,其体温易受环境温度的影响。老年人由于代谢率降低,体温较低,环境温度下降时代偿能力较差,因此,对新生儿和老年人应注意加强保温护理。

4. 肌肉活动 肌肉活动时,能量代谢率增加,产热量明显增多,可使体温升高。在剧烈运动时,体温可升高 1~2℃,肌肉活动停止后可逐渐恢复。因此,在测体温前,应先让受试者安静一段时间;在测量小儿体温时,应防止其哭闹。

此外,情绪激动、精神紧张、进食等均可使体温升高;麻醉药物可抑制体温调节中枢,扩张皮肤血管,增加散热,降低体温。所以,在术中及术后一段时间内都应当注意患者的保温。

二、机体的产热与散热

正常机体温度所以能维持相对稳定,是在体温调节结构的控制下,机体的产热和散热两个生理过程保持动态平衡的结果。

(一)机体的产热

机体产热的多少取决于代谢水平的高低。不同的组织、器官因代谢水平不同而产热量也不相同。机体在安静时,主要由内脏器官产热。由于肝脏的代谢最为旺盛,故产热量也最大;其次,脑的产热量也较大。在劳动或运动时,全身骨骼肌则成为主要的产热器官,其产热量可达产热总量的 90% 左右。当机体处于寒冷环境中时,为防止体温下降,主要通过寒战来增加产热量。寒战是骨骼肌发生的不随意的节律性收缩,其特点是屈肌和伸肌同时收缩,不做外功,但产热量很高。发生寒战时,基础代谢率可增加 4~5 倍。此外,交感神经兴奋和甲状腺素、肾上腺素、去甲肾上腺素分泌增加等凡能提高能量代谢的因素,都能增加产热(表 7-5)。

表 7-5　几种组织、器官的产热百分比

器官、组织	占体重百分比(%)	产热量(%)		器官、组织	占体重百分比(%)	产热量(%)	
		安静状态	劳动或运动			安静状态	劳动或运动
脑	2.5	16	1	骨骼肌	56.0	18	90
内脏	34.0	56	8	其他	7.5	10	1

(二)机体的散热

机体散热的主要部位是皮肤。当环境温度低于皮肤温度时,约有 70% 的体热通过辐射、传导和对流等方式向外界环境散发;一部分体热通过皮肤水分蒸发;仅有 3% 左右的热量随呼吸、排尿和排便散失(表 7-6)。

表 7-6　温和气温时人体散热方式及其所占百分比

散热方式	散热量(kJ)	所占百分比(%)	散热方式	散热量(kJ)	所占百分比(%)
辐射、传导、对流	8 786.40	70.0	吸入气	313.80	2.5
皮肤水分蒸发	1 820.04	14.5	粪、尿	188.28	1.5
呼吸道水分蒸发	1 004.16	8.0	合计	12 552.00	100.0
呼出气	439.32	3.5			

1. 散热方式　机体散热主要有辐射、传导、对流和蒸发四种主要方式。

(1)辐射散热:辐射散热是指机体以发射红外线的形式将体热传给外界较冷物体的一种散热方式。在安静状态下,机体以此种方式散发的热量占总散热量的 60% 左右。辐射散热量的多少取决于皮肤与环境间的温度差,以及机体的有效辐射面积等因素。温差越大、有效辐射面积越大,辐射散热量越多。

(2)传导散热:传导散热是指机体的热量直接传给同它接触的较冷物体的一种散热方式。机体深部的热量以传导的方式传到皮肤,再由皮肤直接传给同它接触的物体。传导散热量的多少与所接触物体的面积、温差、导热性及热容量等有关。另外,人体脂肪也是热的不良导体,因此肥胖者由深部向体表的传导散热量要少些,所以胖人在夏天较瘦人怕热。水的导热性好,热容量大,因此冷水浴可有效散热。临床上利用冰袋、冰帽等给高热患者降温,也是利用皮肤与冰袋间的巨大温差来增强传导散热的。

（3）对流散热：对流散热是指通过气体的流动进行热量交换的一种散热方式。平常人体周围总是绕有一层同皮肤接触的空气，当人体的热量传给这一层空气后，受热的空气不断上升流走，再由较冷的空气下降到体表，与皮肤进行热量交换。这样周而复始，体热就将不断地发散到空间。对流散热的多少，受风速影响极大。风速越大，对流散热量越多。因此人体夏天吹凉风，可感到凉爽；而冬天刮风时，对流散热增加，人就会感到特别寒冷，需要增加衣着来保暖御寒。

（4）蒸发散热：蒸发是指水分从体表吸收热量而发生气化时，将体热散发的一种方式。在正常体温条件下，每蒸发 1g 水可带走 2.43kJ 热量，因此蒸发散热是一种十分有效的散热方式。当环境温度等于或高于皮肤温度时，机体通过辐射、传导和对流的散热活动就会停止，此时蒸发散热便成为机体唯一的散热方式。临床上对高热患者采用酒精擦浴，利用蒸发散热，而达到降温的目的。蒸发散热有不感蒸发和发汗两种形式。

不感蒸发是指体液的水分在体表未聚成明显水滴之前的直接蒸发。因不易被人所察觉，且与汗腺活动无关，不受生理性体温调节机制的控制，即使在寒冷的冬季也存在。当环境温度低于30℃时，人体一昼夜的不感蒸发量约为 1 000ml，其中通过皮肤蒸发约 600ml，通过呼吸道黏膜约400ml。当环境温度升高、人体活动增加或发热时，不感蒸发量可以增加；当环境温度降低或患者休克时，不感蒸发量减少。因此，给患者补液时，应当把由不感蒸发所丢失的这部分液体考虑补充进去。

发汗是指汗腺分泌的汗液在皮肤表面形成明显汗滴，通过水分蒸发而散热，也称可感蒸发。人体皮肤上分布有大汗腺和小汗腺。大汗腺局限于腋窝和外阴等处，与体温调节无关；小汗腺分布于全身皮肤，在体温调节中起着重要作用，因此，通常所说的汗腺是指小汗腺而言。

汗液中水分占 99% 以上，而固体成分则不到 1%。固体成分中，大部分为 NaCl，也有少量KCl、尿素等。刚从汗腺细胞分泌出来的汗液与血浆是等渗的，但在流经汗腺管腔时，在醛固酮的作用下，由于部分 Na^+、Cl^- 被重吸收，最后排出的汗液是低渗的（0.3% NaCl）。因此，当机体大量出汗而造成脱水时，常导致高渗性脱水。若发汗速度过快，由于汗腺管来不及吸收 NaCl，机体的水分和 NaCl 都会大量丢失，所以此时除要注意及时补充水分外，还应补充 NaCl，否则会引起机体发生电解质紊乱，甚至可使神经、肌肉组织的兴奋性改变而发生"热痉挛"。

2. 散热调节

（1）皮肤循环的调节：辐射、传导和对流散热量的多少取决于皮肤和环境之间的温差。机体可以通过交感神经系统调节皮肤血管的口径，改变皮肤的血流量而控制皮肤温度，从而调节机体的散热量。在环境温度适中或机体处于安静状态下，机体的产热量没有大幅度改变，这时机体既不出汗，也无寒战，仅靠调节皮肤血管口径，改变皮肤血流量，通过皮肤温度调控散热量，就能使机体的产热和散热达到平衡。在炎热环境中，交感神经紧张性较低，皮肤小动脉舒张，动 - 静脉吻合支也开放，皮肤血流量增加，于是较多的体热由机体深部被带到体表，皮肤温度升高，散热作用增强；反之，在严寒环境下，交感神经紧张性增高，皮肤小动脉收缩，动 - 静脉吻合支也关闭，皮肤血流量减少，皮肤温度降低，散热作用减少。

（2）汗腺活动的调节：发汗是一种反射性活动，最主要的发汗中枢在下丘脑。人体的汗腺主要接受交感胆碱能神经的支配，故乙酰胆碱有促进汗液分泌的作用。由温热性刺激引起的发汗和汗腺分泌称为温热性发汗，见于全身各处，主要参与体温调节，其机制一是流入中枢的血液温度直接刺激发汗中枢，二是温热性刺激作用于皮肤温热感受器反射性引起发汗，但以前者的作用更为主要。由情绪激动或精神紧张，反射性地引起手掌、足跖及前额等部位的汗腺分泌，称为精神性发汗。精神性发汗在体温调节中意义不大，其中枢可能在大脑皮质的运动前区，这些部位的汗腺可能受肾上腺素能纤维的支配。上述两种发汗类型并不是截然分开的，而是经常以混合形式出现的。如在劳动或运动时的出汗就是如此。

　　汗腺分泌除受神经体液因素调节外,发汗量与发汗速度还受环境温度、劳动或运动强度、空气湿度及风速大小等因素的影响。人在安静状态下,当环境温度达 30℃以上时便开始发汗;若空气湿度较大,且衣着较多时,气温 25℃时便可发汗;在劳动或运动时,气温即使在 20℃以下也可出现发汗。在高温、空气湿度大,风速小时,汗液蒸发困难,会感到闷热,容易造成体热聚积,引起中暑。先天性汗腺缺乏症、大面积烧伤的患者,由于汗腺分泌障碍,不能蒸发散热,所以在热环境中体温可明显升高。

三、体温调节

课堂互动

中暑的原因是什么？中暑后应如何急救？

　　人和高等动物能在环境温度变化的情况下维持体温相对稳定,是由于机体内存在着体温的自动调节机制。体温调节系统包括温度感受器、体温调节中枢和效应器(图 7-4)。

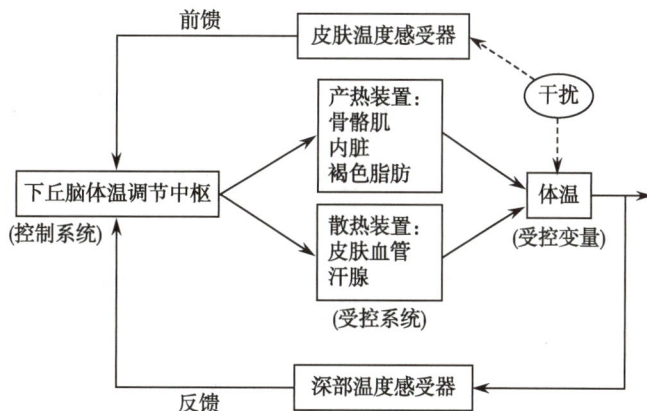

图 7-4　自主性体温调节的自动控制系统

(一)温度感受器

温度感受器可根据存在的部位不同,分为外周温度感受器和中枢温度感受器两种。

1. 外周温度感受器　是分布在皮肤、黏膜和内脏中的对温度变化敏感的游离神经末梢。根据对温度感受范围的不同,皮肤温度感受器有温觉感受器和冷觉感受器两种。在人类,皮肤温度在 30℃时引起冷觉,而皮肤温度在 35℃左右则产生温觉。

2. 中枢温度感受器　是分布在脊髓、延髓、脑干网状结构及下丘脑中的与体温调节有关的中枢性温度敏感神经元,称为中枢温度感受器。根据其在局部组织温度升高或降低时放电频率增加,将这些神经元又分为热敏神经元和冷敏神经元。热敏神经元主要存在于视前区 - 下丘脑前部(PO/AH),其放电频率随局部组织温度升高而增加;冷敏神经元主要存在于脑干网状结构,其放电频率随局部组织温度降低而增加。在视前区 - 下丘脑前部也存在少量的冷敏神经元。

(二)体温调节中枢

　　早在 20 世纪 30 年代,就有人用恒温动物脑的分段切除法实验证明,只要保持下丘脑及其以下神经结构的完整,动物仍能维持相当恒定的体温,说明调节体温的基本中枢位于下丘脑。进一步实验表明,视前区下丘脑前部的温度敏感神经元除能感受局部脑温的变化外,还能对下丘脑以外部位如中脑、延髓,以及皮肤、内脏等处温度变化的传入信息加以整合处理,由此提示,视前区下丘脑前部是体温调节中枢整合机构的中心部位。

（三）体温调定点学说

对于正常人的体温能够保持在37℃左右的机制,有人提出了调定点学说。该学说认为,在视前区下丘脑前部(PO/AH)存在有与恒温调节器功能相类似的调定点,调定点是控制体温恒定的平衡点,其数值的设定取决于温度敏感神经元的兴奋性高低。同时认为,下丘脑前部的热敏神经元就可能起着调定点的作用。正常情况下,热敏神经元兴奋的阈值就设定在37℃,并以此为标准来调节产热和散热的平衡。当体温超过37℃时,热敏神经元兴奋增强,发放的冲动增多,通过下丘脑体温调节中枢,使机体散热活动加强,产热活动抑制,将升高的体温调回37℃;当体温低于37℃以下时,冷敏神经元兴奋加强,引起相反效应,使降低了的体温回升至37℃。体温调节过程见图7-5。

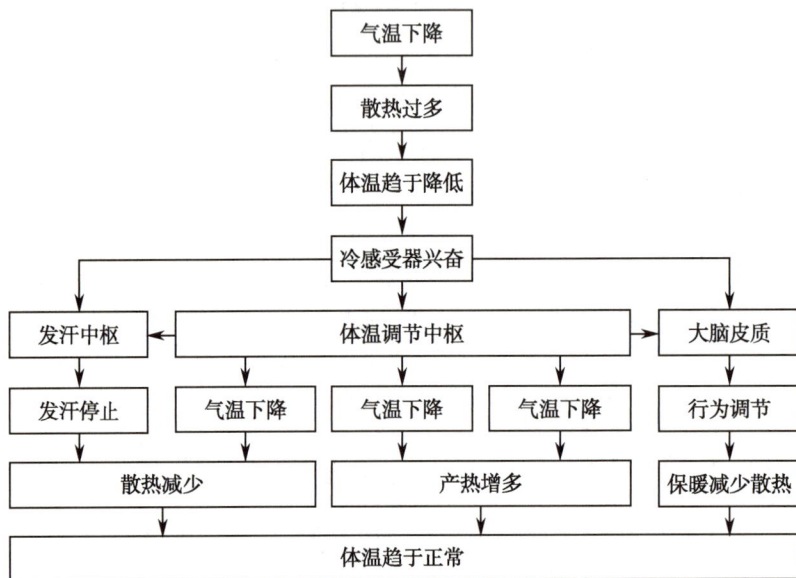

```
          气温下降
            │
          散热过多
            │
         体温趋于降低
            │
         冷感受器兴奋
    ┌────────┼────────┐
  发汗中枢 ← 体温调节中枢 → 大脑皮质
    │     ┌────┼────┐      │
 发汗停止 气温下降 气温下降 气温下降 行为调节
    │      │    │    │      │
  散热减少    产热增多     保暖减少散热
    └────────┼────────┘
         体温趋于正常
```

图7-5　体温调节过程图

根据体温调定点学说,由细菌、病毒、原虫等感染所引起的发热,是致热原作用于视前区-下丘脑前部的热敏神经元,使热敏神经元兴奋性下降,调定点阈值升高之故。发热初期,由于调定点阈值升高,如由原来的37℃上升到39℃,而体温仍在37℃时,机体就会出现一系列对冷环境所发生的体温调节反应,表现为产热过程加强,散热过程减弱,如出现恶寒、寒战、竖毛、皮肤血管收缩等,直到体温升高到新的调定点后(39℃以上),才会使产热与散热在新的水平上趋于平衡,体温也就稳定在39℃左右。若致热原消除,调定点回降到37℃,此时39℃的体温就可兴奋热敏神经元,从而抑制产热,增加散热,出现血管扩张、大汗等表现,体温逐渐恢复正常。因此,临床上急性发热患者常呈现寒战、高热和大汗退热的表现。由此可见,发热时体温调节并无障碍,只是调定点上移,使体温维持在高水平的缘故。

细菌致热原升高调定点需要一种前列腺素(PGE_2)的参与。阿司匹林等退热药具有抑制前列腺素的合成,阻断致热原的作用,使调定点降回到37℃,因此可以起到退热作用。但对感染性发热的根本治疗,仍应是消灭释放致热原的病菌。

由上述机制对体温的调节,一般称为自主性体温调节或生理性调节。此外,机体(包括变温动物)在环境温度变化时,还能通过有意识的行为和姿势的改变,特别是人能通过增减衣着、创造人工气候环境等行为祛暑或御寒,这种调节称为行为性体温调节。行为性体温调节是以自主性体温调节为基础的,也是通过对产热和散热的影响而发挥作用,因此两者不可截然分开。对人类来讲,行为性体温调节是大脑皮质参与下的有意识的活动,是自主性调节的补充。

知识链接

营卫与体温调节

中医认为卫气能温分肉、充皮肤、肥腠理，司汗孔的开合。一方面，卫气布散于肌肤、分肉、脏腑发挥其温煦作用；同时，依靠卫气的开合功能，实现阳气流蓄于肌膝与阳气发散于体外的平衡，从而维持汗孔的正常开合，体温的恒定。卫气功能失常一方面可出现腠理闭塞，玄府不通，卫气不得泄越的发热；另一方面可出现腠理疏松，玄府开泄的恶寒。据观察，室温5℃的时候，健康人皮肤表面0.5cm处7℃，比外界高2℃，得知人体表周围存在着一个巨大的热能场，推测这种抵挡寒冷的巨大热能场可能是"卫气"的本质之一。

（孙　静）

0703
扫一扫，测一测

0704
思维导图

? 复习思考题

1. 简述机体能量的来源及去路。
2. 影响能量代谢的因素有哪些？
3. 体温的生理变动表现在哪些方面？
4. 皮肤的散热方式有哪些？如何对高热患者进行物理降温？
5. 试以体温调定点学说来解释发热患者为什么会有恶寒现象？

第八章 肾脏的排泄

学习目标

1. 掌握肾脏的基本功能,尿生成的过程,影响肾小管和集合管重吸收的因素,尿生成的体液调节,排泄、肾小球滤过率、肾糖阈、渗透性利尿、多尿、少尿、无尿、水利尿的概念。

2. 熟悉尿量的正常值,滤过分数概念,滤过膜的屏障作用,肾小管和集合管重吸收的特点,排尿反射。

3. 了解排泄器官及途径,肾脏的结构和循环特点,尿液浓缩和稀释,尿液的成分和理化性质,常见的排尿异常。

课堂互动

你知道肾脏属于人体的哪个系统?肾脏是如何生成尿液的?肾脏每天生成尿液有什么作用?临床上和肾脏有关的常见、多发病有哪些?

第一节 概　　述

机体在新陈代谢的过程中,不断消耗营养物质,同时产生大量对人体无用的或者对人体有害的终产物,机体必须及时地把这些物质排出体外,才能保证内环境的相对稳定。机体排出代谢终产物的途径有很多条,本章主要讨论肾脏通过泌尿实现排泄的功能。

一、肾脏的生理功能

1. 泌尿功能　肾脏属于泌尿系统的重要器官之一,其主要生理功能是泌尿,即生成尿液。肾脏通过生成尿液,将机体在新陈代谢过程中产生的大量对人体无用,甚至对人体有害的终产物及时地进行排泄,同时保留了小管液中对机体有用的物质,以维持内环境的相对稳定。此外,多种外源性物质,如毒物(如汞、铝等)、药物(如酚红、同位素标记物、肾盂造影剂等),亦经肾由尿排出体外。

2. 内分泌功能　肾脏也是一个内分泌器官,分泌的激素包括:①肾脏能合成和释放肾素,通过肾素 - 血管紧张素 - 醛固酮系统调节血压;②能分泌促红细胞生成素,调节红骨髓的造血功能;③肾脏的 1α- 羟化酶可使 25- 羟维生素 D_3 转化为 1, 25- 二羟维生素 D_3,调节钙磷代谢;④肾脏还能生成前列腺素(PGE_2、PGI_2)。

二、排泄和排泄器官

（一）排泄的概念

排泄（excretion）是指机体将新陈代谢的终产物、体内过剩的物质或者不需要的物质，经血液循环由相应的排泄器官排出体外的过程。食物残渣从大肠的排出不属于排泄的范畴，因为它不是代谢产物，也不经血液循环。

（二）排泄器官（表8-1）

表8-1　排泄的途径、排泄物及排泄的形式

排泄器官	排泄物	排泄形式
肾	水、盐类、尿素、尿酸、肌酐、药物、毒物、色素等	尿
呼吸道	CO_2、水、挥发性物质等	气体
消化道	无机盐、胆色素、毒物等	粪便
皮肤汗腺	水、无机盐、尿素等	汗液

从上表可以看出，人体重要的排泄器官有肾、呼吸道、消化道和皮肤。由于肾脏生成的尿液中所含排泄物的种类最多，数量最大，并且可随机体的不同状态而改变尿量和尿中物质的含量，因此肾脏是人体最主要的排泄器官。

由此可见，肾脏在维持内环境稳态中起着非常重要的作用，当肾功能发生障碍时，代谢产物等不能排出体外，水、电解质紊乱，酸碱失衡，导致各器官不能正常工作，临床上称为肾功能不全（或者肾功能衰竭），严重时可出现尿毒症，甚至危及生命。

三、尿液的理化特性和尿量

（一）尿液的成分

尿液包括水和溶质两部分组成。其中水分占95%～97%，溶质包括无机物和有机物两大类，无机物包括NaCl、硫酸盐、磷酸盐、钾和铵的盐类等；有机物以蛋白质的代谢产物，如尿素、尿酸、肌酐等非蛋白氮化合物为主。正常人的尿中糖、蛋白质含量极微，常规方法不能将其测出。但是在正常人一次性食入大量的糖时，也可出现一过性糖尿。

（二）尿的理化特性

1. 颜色　正常人新鲜的尿液是一种淡黄色的透明液体。尿液的颜色主要来自胆色素的代谢产物。尿液的颜色还受某些药物、食物、疾病等的影响。当大量饮用清水时，尿量增多，尿液被稀释，尿液颜色变淡；当大量出汗时，尿量减少，尿液被浓缩，颜色加深。

2. 酸碱度　尿的酸碱度随食物性质的变化而变动，pH介于5.0～7.0之间。尿的酸碱度主要取决于食物的成分。荤素杂食者，由于蛋白质分解后产生的硫酸盐和磷酸盐等经肾排出，故尿pH约为6.0；素食者，因植物酸可以在体内氧化，酸性产物较少，排出的碱基较多，故尿液偏碱性。

3. 渗透压　正常成人尿的渗透压一般介于50～1 400mOsm/L之间，当大量饮清水后，尿量增多，尿被稀释，尿液渗透压明显低于血浆渗透压（可降至30mOsm/L），当机体缺水时，尿量减少时，尿被浓缩，渗透压高达1 400mOsm/L以上。

（三）尿量

正常成年人的尿量为每昼夜1 000～2 000ml，平均为1 500ml。当摄入的水分过时，尿量可

超过 2 000ml，如果每昼夜尿量持续超过 2 500ml，称为多尿；每昼夜尿量在 100～500ml，称为少尿；尿量不足 100ml，称为无尿。正常成人每天约产生 35g 固体代谢产物，最少需要 500ml 的尿量才能将其溶解并排出，少尿或无尿会使代谢物在体内堆积，尤其是无尿后果非常严重；多尿会使机体丧失大量水分，使细胞外液量减少，这些变化都会干扰内环境的稳态。

> ### 知识链接
>
> #### "大公无私"器官——肾脏
>
> 我们说肾脏是大公无私的器官是有道理的。
>
> 肾脏的"大公"表现在：正常成人安静时每分钟有 1 000～1 200ml 血液经过肾，而两肾的重量为 260～300g，按每克组织计算平均血流量居各主要器官之首。这并不是肾脏本身代谢需要这么多血液来供应氧气和营养物质，而是通过肾脏生成尿液对血液进行净化处理，以保持内环境的相对稳定。
>
> 肾脏的"无私"表现在：在紧急情况下，为了保证脑、心脏等重要器官的血液供应，肾脏血流量显著减少。据报道，一名患者循环血量减少了 30%，这时肾的血流量则降至 160ml/min，减少了近 85%。说明原来供应肾脏的绝大部分血液移去供应其他器官了。因此，在循环血量锐减时，最先受到损害的脏器之一就是肾脏。

四、肾脏的结构和血液循环特点

1. 肾脏的结构　肾单位是肾脏最基本的结构单位与功能单位，是尿液形成的结构基础。肾单位与集合管共同完成泌尿功能。每个肾单位组成如下：

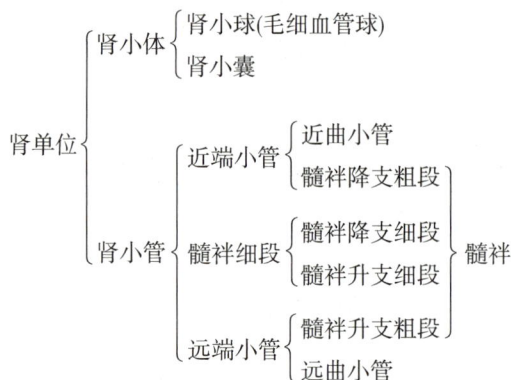

肾单位
- 肾小体
  - 肾小球(毛细血管球)
  - 肾小囊
- 肾小管
  - 近端小管
    - 近曲小管
    - 髓袢降支粗段
  - 髓袢细段
    - 髓袢降支细段
    - 髓袢升支细段
  - 远端小管
    - 髓袢升支粗段
    - 远曲小管

（髓袢：髓袢降支粗段、髓袢降支细段、髓袢升支细段、髓袢升支粗段）

人的两肾约有 170 万～240 万个肾单位，它是由肾小体和肾小管两大部分组成。肾小体包括肾小球和肾小囊两部分。肾小球是入球小动脉和出球小动脉之间的毛细血管球。肾小囊与肾小管相连，并接受肾小球滤出的原尿，肾小管可分为近端小管、髓袢细段和远端小管。集合管接受多条远曲小管输送来的液体，经过集合管的重吸收和分泌，最终形成终尿。经髓质下行至肾乳头，开口于肾小盏。肾单位和集合管的结构如图 8-1 所示。

2. 肾脏血液循环的特点

（1）血流量大，分布不均：正常成人在安静的状态下，肾血流量约为 1 200ml/min，占心输出量的 20%～25%。其中 94% 的血液分布在皮质，5%～6% 分布在外髓，剩余不到 1% 分布在内髓。

（2）两次形成毛细血管网：在肾脏两次形成毛细血管，且两套毛细血管网的差异性较大。入球小动脉在进入肾小体后，发出分支，形成肾小球毛细血管网，肾小球毛细血管网汇合成出球小动脉离开肾小球，在肾小管周围发出分支，再次形成毛细血管网，即管周毛细血管网，分布于肾小管和集合管附近。由于入球小动脉粗，出球小动脉细，所以肾小球毛细血管内的血压较高，这有利于肾小球的滤过；由于出球小动脉细，当血液流经出球小动脉时，克服阻力对外做功多，血压降落幅度大，所以管周毛细血管血压较低，有利于肾小管的重吸收。

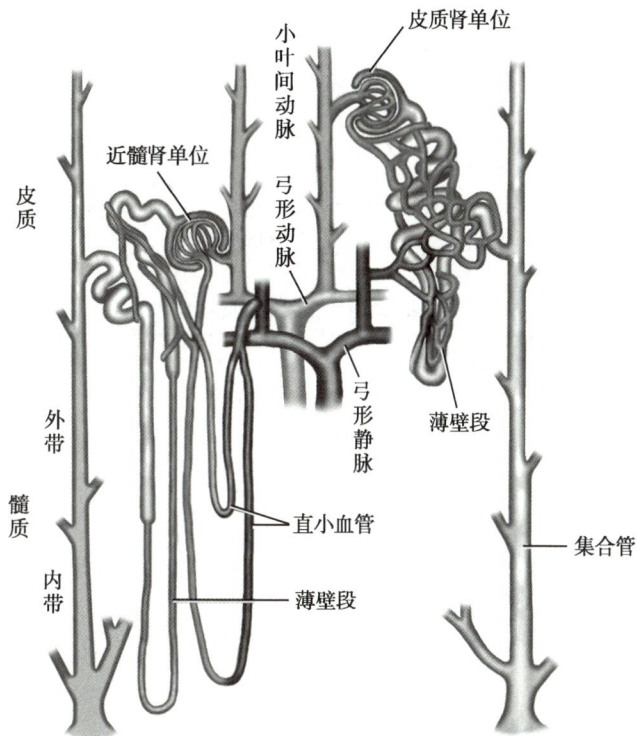

图 8-1　肾单位和肾血管示意图

3. 肾脏血流量的调节　肾血流量的相对稳定是尿液生成的前提条件。

（1）自身调节：当动脉血压在 80～180mmHg 的范围内变动时，肾脏通过自身调节能够维持肾血流量的相对稳定。肾脏的自身调节对于肾排泄功能的正常进行具有重要意义。

（2）神经、体液调节：肾脏的血流量还受神经和体液因素的调节。入球小动脉和出球小动脉的血管平滑肌受交感神经的支配。当交感神经兴奋时，肾血管强烈收缩，使肾血流量减少。调节肾血流量的体液因素主要有肾上腺素、去甲肾上腺素、抗利尿激素和血管紧张素 II 等，它们可引起肾血管收缩，使肾血流量减少；血管内皮细胞可释放一氧化氮（NO）、前列腺素和缓激肽，可使肾血管舒张，肾血流量增加。

正常情况下，肾血流量在自身调节的作用下保持相对稳定，以维持正常的泌尿功能。在大出血、休克等紧急情况下，由于血压低于 80mmHg，超出了肾脏自身调节的范围。此时，肾交感神经兴奋，缩血管物质释放，使肾血管收缩，肾脏血流量减少，以维持心脏和脑等重要器官的血液供应。

课堂互动

你知道什么叫血尿、蛋白尿？患者出现血尿和蛋白尿意味着什么？

第二节　尿生成的过程

尿的生成过程是在肾单位和集合管中进行的,包括三个基本过程:①肾小球的滤过;②肾小管和集合管的重吸收;③肾小管和集合管的分泌。

一、肾小球的滤过

肾小球的滤过(glomerular filtration)是指血液流经肾小球毛细血管时,水和小分子物质被滤过进入肾小囊腔形成超滤液(原尿)的过程。用微穿刺技术获取超滤液,发现其化学成分与去蛋白血浆极为相似(表8-2)。由此证明,原尿就是血浆的超滤液。

表8-2　血浆、原尿与终尿成分比较

成分	血浆(g/L)	原尿(g/L)	终尿(g/L)	浓缩倍数	重吸收率 %
Na^+	3.3	3.3	3.5	1.1	99
K^+	0.2	0.2	1.5	7.5	94
Cl^-	3.7	3.7	6.0	1.6	99
碳酸根	1.5	1.5	0.07	0.05	99
磷酸根	0.03	0.03	1.2	40.0	67
尿素	0.3	0.3	20.0	67.0	45
尿酸	0.02	0.02	0.5	25.0	79
肌酐	0.01	0.01	1.5	150.0	0
氨	0.001	0.001	0.4	400.0	0
葡萄糖	1.0	1.0	0	0	100*
蛋白质	80	0.3	0	0	100*
水	900	980	960	1.1	99

*几乎为100%

肾小球滤过作用主要取决于以下因素:

(一)滤过的结构基础——滤过膜

肾小球滤过的结构基础是滤过膜。其通透性取决于机械屏障和电学屏障。机械屏障由三层结构组成(图8-2)。内层是毛细血管壁内皮细胞,有直径为 50～100nm 的窗孔,可防止血细胞通过。中层是基膜,有 2～8nm 的网孔,是肾小球滤过的主要屏障。外层是肾小囊脏层上皮细胞,有 4～14nm 的裂孔,可限制大分子蛋白质通过。电学屏障是指滤过膜三层均含有带负电荷的唾液蛋白(主要为糖蛋白),可限制或阻止带负电荷的物质(如血浆白蛋白)滤过。不同物质通过滤过膜的能力取决于被滤过的物质分子的大小及其所带的电荷。一般来说,有效半径>4.2nm(分子量>70 000)的物质不能滤过,有效半径≤4.2nm 的物质则能通过,但有些物质,如血浆白蛋白分子量为 69 000,因其带负电荷也很难通过滤过膜。因此,滤过膜的机械屏障和电学屏障决定了原尿中没有血细胞和蛋白质。

(二)滤过的动力——有效滤过压

肾小球滤过作用的动力是有效滤过压(effective filtration pressure,EFP)。有效滤过压是促进肾小球滤过的动力与对抗肾小球滤过的阻力之间的差值(图8-3)。其组成与组织液生成的有效滤过压相似,由于原尿中几乎没有蛋白质,其肾小囊内的胶体渗透压可以忽略不计,因此,肾小球毛细血管血压是滤过的唯一动力,而血浆胶体渗透压和囊内压是对抗滤过的阻力。

肾小球有效滤过压 = 肾小球毛细血管压 –(血浆胶体渗透压 + 肾小囊内压)。

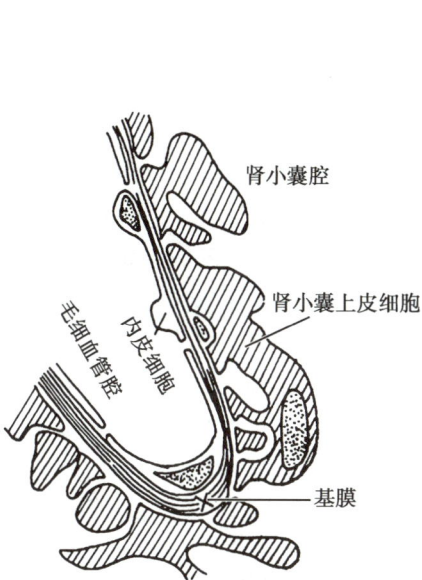

图 8-2　滤过膜的结构示意图

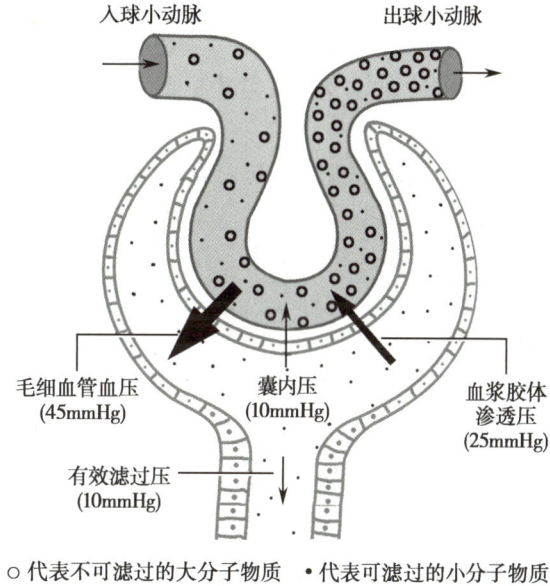

○ 代表不可滤过的大分子物质　· 代表可滤过的小分子物质

图 8-3　肾小球有效滤过压示意图

经实验测定,大鼠入球小动脉端和出球小动脉端的肾小球毛细血管血压几乎相等,约为45mmHg。囊内压约为10mmHg。而血浆胶体渗透压在入球小动脉端约为25mmHg,出球小动脉端约为35mmHg。其原因是血液流经肾小球毛细血管时,随着水和小分子物质不断被滤出,血浆中的蛋白质浓度逐渐升高,血浆胶体渗透压也随之升高。故入球端的有效滤过压 =45–(25+10)=10mmHg,有滤液生成;出球端的有效滤过压 =45–(35+10)=0,无滤液生成,即达到滤过平衡。

由此可见,有效滤过压在肾小球毛细血管是递减过程,只有从入球小动脉端到滤过平衡点的这一段毛细血管才产生了滤过作用,并非肾小球毛细血管全长都有滤过。

(三)肾小球滤过功能的评价

单位时间内(每分钟)由两肾生成原尿的量称为肾小球滤过率(glomerular filtration rate,GFR)。正常成人肾小球滤过率约为125ml/min,因此每昼夜两肾生成原尿的量可达180L。滤过分数是指肾小球滤过率与肾脏血浆流量的比值。正常人,肾小球滤过率约为125ml/min,每分钟肾血浆流量约660ml,故滤过分数为125/660×100%≈19%。这表明流经肾小球毛细血管的血浆约有1/5形成原尿,其余4/5进入出球小动脉。肾小球滤过率和滤过分数是衡量肾小球滤过功能的重要指标。肾小球肾炎患者的肾小球滤过率可显著减少。

(四)影响肾小球滤过的因素

影响肾小球滤过的主要因素有滤过膜的面积和通透性、有效滤过压、肾血浆流量。

1. 滤过膜的面积和通透性　生理情况下,滤过膜的面积和通透性保持相对稳定。正常人两肾总的肾小球滤过面积为 $1.5m^2$,但在某些病理情况下,如急性肾小球肾炎时,因肾小球毛细血管管腔狭窄或阻塞,使滤过膜面积减少,肾小球滤过率下降,可出现少尿甚至无尿。另外,某些肾脏疾病时,滤过膜上带负电荷的糖蛋白减少或消失,使电学屏障受损,白蛋白滤过增多而出现蛋白尿。还有一些肾脏疾病引起滤过膜的损伤,使滤过膜的机械屏障和电学屏障作用减弱，其通透性增大，使血浆蛋白甚至血细胞漏出，出现蛋白尿或血尿。

2. 有效滤过压 影响肾小球毛细血管血压、血浆胶体渗透压和肾小囊内压的因素都可改变有效滤过压，从而影响肾小球滤过。

（1）肾小球毛细血管血压：正常情况下，当动脉血压在80～180mmHg范围内变动时，由于肾血流量的自身调节，肾小球毛细血管血压可保持相对稳定，故肾小球滤过率基本不变。在机体失血导致动脉血压低于80mmHg时，超出了肾血管自身调节的范围，肾小球毛细血管血压下降，肾小球滤过率减少，出现少尿。当动脉血压降到40～50mmHg以下时，肾小球滤过率将下降到零，出现无尿。

（2）血浆胶体渗透压：正常人血浆胶体渗透压变动范围不大。在静脉输入大量生理盐水时，血浆蛋白被稀释，血浆胶体渗透压下降，有效滤过压增大，从而使肾小球滤过率增加，尿量增多。

（3）肾小囊内压：正常情况下，囊内压比较稳定。当肾盂或输尿管结石、肿瘤压迫或其他原因（如某些磺胺类药物在小管酸性液中结晶）引起肾小管或输尿管阻塞时，小管液或终尿不能排出，导致肾小囊内压升高，肾小球滤过率减少。

3. 肾血浆流量 生理情况下，肾血浆流量因自身调节作用而保持相对稳定。在剧烈运动、失血、缺氧和脓毒症休克等情况下，由于肾交感神经兴奋，可引起肾血浆流量显著减少，肾小球毛细血管内的血浆胶体渗透压上升速度加快，起滤过作用的毛细血管段变短，有效滤过面积减少，肾小球滤过率减少。

知识链接

血液透析

血液透析（hemodialysis，HD）简称血透，通俗的说法也称之为人工肾，是急慢性肾衰竭患者肾脏替代治疗方式之一。它是通过将体内血液引流至体外，经一个由无数根空心纤维（是一种半透膜）组成的透析器中，血液与含机体浓度相似的电解质溶液（透析液）在一根根空心纤维内外，通过扩散／对流进行物质交换，清除体内的代谢废物、维持电解质和酸碱平衡；同时清除体内过多的水分，并将经过净化的血液回输的整个过程。

课堂互动

你知道什么是糖尿病？糖尿病患者尿糖的原因是什么？

二、肾小管和集合管的重吸收

肾小球滤过形成的原尿进入肾小管后，称为小管液。小管液中的水分和溶质经过肾小管和集合管上皮细胞转运至血液的过程，称为肾小管和集合管的重吸收。正常人两肾生成原尿的量达180L/d，终尿量约1～2L/d（平均为1.5L/d），仅占肾小球滤出的1%，表明肾小管和集合管的重吸收量高达99%。

（一）重吸收部位和方式

1. 重吸收的部位 肾小管和集合管均具有重吸收功能。但因各段肾小管形态结构上存在着差异，因此对不同的物质具有不同的重吸收能力。其中近端小管是重吸收的主要部位。这是因为近端小管的微绒毛高而密，极大地增加了重吸收面积。正常情况下，近端小管重吸收全部的葡萄糖和氨基酸，85% 的 HCO_3^-，65%～70% 的 Na^+、Cl^-、K^+ 和水及部分的硫酸盐、磷酸盐、尿素和尿酸等。

2. 重吸收的方式 肾小管和集合管重吸收的方式有主动重吸收和被动重吸收两种。主动重吸收是指小管上皮细胞逆着电 - 化学梯度，将小管内的溶质主动转运到小管外组织间隙或血液的过程，需要消耗能量。主动重吸收可分为原发性主动转运和继发性主动转运。Na^+、K^+、Ca^{2+} 等的重吸收是原发性主动转运，葡萄糖、氨基酸、Cl^- 等的重吸收是继发性主动转运。被动重吸收是指小管液中的水分和溶质，依靠物理和化学的机制，通过肾小管上皮细胞进入到小管外组织间隙并进入血液中的过程。包括扩散、渗透和溶剂拖曳等。

（二）重吸收的特点

1. 选择性重吸收 肾小管和集合管的重吸收是选择性重吸收，小管液中对机体有用的物质全部或大部分被重吸收，如葡萄糖、氨基酸在近端小管全部被重吸收，大部分水、电解质、尿素也在近端小管被重吸收，其余的水和无机盐等分别在肾小管其他各段和集合管重吸收，少量随尿排出，而肌酐等对人体无用的物质则不被重吸收。这样既能保留对机体有用物质，又可有效地清除对机体有害的和过剩的物质，从而维持机体内环境的稳态。

2. 有限性重吸收 肾小管对某些物质的重吸收有一定的限度。当小管液中某些物质的浓度超过肾小管的重吸收能力时，就不能全部被重吸收。正常人血糖为 4.48～6.72mmol/L，此时尿中没有葡萄糖，但当血液中葡萄糖的浓度超过 8.88～9.99mmol/L 时，尿中开始出现葡萄糖，我们把尿中开始出现葡萄糖时的最低血糖浓度称为肾糖阈。

（三）几种重要物质的重吸收

由于肾小管和集合管各段的结构和功能不同，因此对小管液中物质的转运方式及其转运机制等亦有不同。以下讨论几种重要物质的重吸收。

1. Na^+、Cl^- 和水的重吸收 小管液中 99% 以上的 Na^+、Cl^- 和水被重吸收，其中 65%～70% 在近端小管重吸收，20%～30% 在髓袢升支重吸收，10% 在远曲小管和集合管重吸收。

（1）近端小管：此段对 Na^+、Cl^- 和水的重吸收是不可调节的。水在近端小管的重吸收比例始终占肾小球滤过量的 65%～70%，这种固定的比例关系称为球 - 管平衡。其意义是保持体内细胞外液和渗透压的相对稳定。近端小管前半段重吸收动力来源于上皮细胞基底侧膜上的 Na^+ 泵（图8-4）。在 Na^+ 泵的作用下，Na^+ 被泵至细胞间隙，使细胞内 Na^+ 浓度降低，小管液中的 Na^+ 则顺电化学梯度进入上皮细胞内。此外，小管液中的 Na^+ 还可由管腔膜上的 Na^+-H^+ 交换体进行逆向转运，以及由 Na^+- 葡萄糖、Na^+- 氨基酸同向转运体被转运入上皮细胞内。随着 Na^+ 不断转运至细胞间隙，其 Na^+ 浓度升高，渗透压升高，小管液中的水则通过渗透压差进入细胞间隙，使细胞间隙中的静水压升高。由于上皮细胞在管腔膜的紧密连接是相对密闭的，促使 Na^+ 和水主要进入管周毛

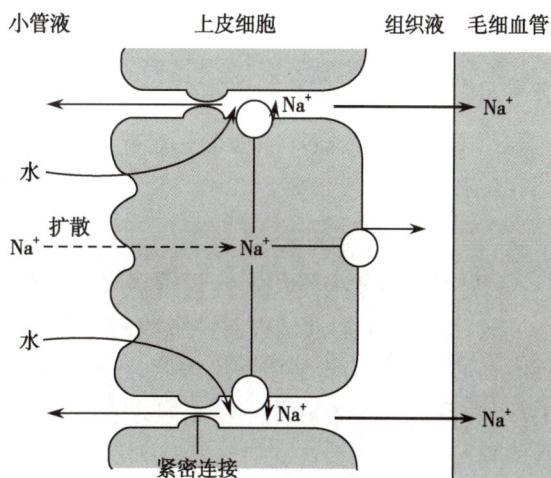

图 8-4 Na^+ 在近端小管重吸收示意图
空心圈表示钠泵

细血管而被重吸收。伴随 Na^+ 的重吸收，小管内外产生电位差，Cl^- 则顺电位差而重吸收。近端小管的后半段，由于前半段 Na^+ 重吸收造成小管内外产生电位差，而 HCO_3^- 重吸收速度明显大于 Cl^- 重吸收，Cl^- 便留在小管液中，小管液中 Cl^- 浓度比细胞间隙液中的浓度高 20%～40%。因此，Cl^- 顺浓度梯度经细胞旁途径进入细胞间隙，导致小管液中带正电荷，Na^+ 顺电位梯度也经细胞

旁途径而被动重吸收。

（2）髓袢：髓袢降支细段对 Na^+、Cl^- 的通透性极低，对水的通透性高。髓袢升支对 $NaCl$ 的通透性很高，对水几乎不通透。髓袢升支粗段重吸收 Na^+、Cl^- 是通过 Na^+-$2Cl^-$-K^+ 同向转运实现的，属继发性主动转运。在基底膜上 Na^+ 泵的作用下，Na^+ 被不断泵至细胞间隙，小管液中的 Na^+ 则由 Na^+-$2Cl^-$-K^+ 同向转运体转运入细胞内，Cl^- 经管周膜上的 Cl^- 通道进入组织液，K^+ 经管腔膜返回小管液。呋塞米（速尿）通过抑制 Na^+-$2Cl^-$-K^+ 同向转运，使 Na^+、Cl^- 和水重吸收减少，从而产生利尿作用。

（3）远曲小管和集合管：Na^+、Cl^- 和水的重吸收在此段可根据机体的水、盐平衡状况进行调节。其中 Na^+ 的重吸收主要受醛固酮的调节，水的重吸收则主要受抗利尿激素的调节。此段 Na^+、Cl^- 是通过 Na^+-Cl^- 同向转运机制而实现的，噻嗪类利尿药通过抑制 Na^+-Cl^- 同向转运体而产生利尿作用。

2. HCO_3^- 的重吸收　小管液中约 85% 的 HCO_3^- 在近端小管重吸收，其重吸收与 Na^+-H^+ 交换有密切关系。小管液中的 HCO_3^- 不易通过管腔膜，它与肾小管分泌的 H^+ 结合生成 H_2CO_3，再分解为 CO_2 和 H_2O。CO_2 以单纯扩散的形式迅速通过管腔膜进入上皮细胞内，在碳酸酐酶的催化下生成 H_2CO_3，H_2CO_3 又解离出 H^+ 和 HCO_3^-，H^+ 通过 Na^+-H^+ 交换体转入小管液中，HCO_3^- 与 Na^+ 形成 $NaHCO_3$ 被重吸收回血液。因此，小管液中的 HCO_3^- 是以 CO_2 的形式被重吸收的，而且在近端小管中 HCO_3^- 的重吸收比 Cl^- 优先。

3. K^+ 的重吸收　小管液中 65%～70% 的 K^+ 在近端小管主动重吸收，其机制不清楚，25%～30% 在髓袢重吸收。终尿中的 K^+ 主要是远曲小管和集合管分泌的。

4. 葡萄糖的重吸收　小管液中葡萄糖的重吸收仅限于近端小管，其重吸收机制是继发性主动转运。近端小管上皮细胞的管腔膜上有 Na^+- 葡萄糖同向转运体，小管液中的 Na^+ 和葡萄糖通过转运体运输到细胞内，葡萄糖则通过易化扩散后被重吸收回血。

5. 其他物质的重吸收　小管液中氨基酸的重吸收机制与葡萄糖相似，HPO_4^{2-}、SO_4^{2-} 等物质的重吸收需要 Na^+ 的帮助，微量蛋白质则通过小管上皮细胞的吞饮作用被重吸收。

课堂互动

典型的糖尿病患者临床上会出现"三多一少"，即"多食、多饮、多尿"。你知道糖尿病患者为什么会多尿？

（四）影响肾小管和集合管重吸收的因素

1. 小管液中溶质浓度对重吸收的影响　小管液中溶质浓度的改变可影响肾小管对水的重吸收。通过增加小管液中溶质浓度，使小管液渗透压升高，阻碍肾对水的重吸收，引起尿量增多的现象，称为渗透性利尿。糖尿病患者多尿是因血糖升高超过了肾糖阈，近端小管不能完全重吸收葡萄糖，导致小管液中葡萄糖增多，小管液渗透压增高，阻碍了水的重吸收。临床上可根据渗透性利尿的原理给患者静脉滴注甘露醇、山梨醇等，借以提高小管液溶质浓度，减少水的重吸收，达到利尿和消肿的目的。

2. 球 - 管平衡　近端小管对溶质和水的重吸收量随肾小球滤过率的变动而发生变化。不论肾小球滤过率增大还是减小，近端小管的重吸收率始终占肾小球滤过率的 65%～70%，这种定比重吸收现象称为球 - 管平衡。其生理意义在于使尿量不致因肾小球滤过率的增减而发生大幅度的变化。近端小管对水和钠的定比重吸收与肾小管周围毛细血管内血浆胶体渗透压的变化有关。

肾病综合征

肾病综合征是指由多种病因引起肾小球滤过膜通透性增加伴肾小球滤过率降低等肾小球病变为主的一组综合征。临床主要特点：①大量蛋白尿，超过 3.5g/d；②低白蛋白血症，血清白蛋白小于 30g/L；③高脂血症；④水肿。其中大量蛋白尿是肾病综合征的标志，主要成分是白蛋白。肾小球滤过膜电学屏障和机械屏障的变化，导致其通透性增加是蛋白尿产生的根本原因。另外，肾小管上皮细胞的重吸收和分解代谢能力对蛋白尿的形成也有影响。

三、肾小管和集合管的分泌

肾小管和集合管的分泌是指肾小管和集合管上皮细胞将自身物质代谢的终产物或血浆中的某种物质分泌排泄到小管液中的过程。分泌的主要物质有 H^+、NH_3、K^+ 等（图 8-5）。另外，肌酐、尿酸、青霉素、酚红等也可通过肾小管上皮细胞分泌。

（一）H^+ 的分泌

近端小管、远曲小管和集合管上皮细胞都具有分泌 H^+ 的功能，但近端小管分泌 H^+ 的能力最强。细胞代谢产生 CO_2 或由小管液中扩散到细胞内的 CO_2，在碳酸酐酶（CA）的作用下，与 H_2O 结合生成 H_2CO_3，H_2CO_3 解离出 H^+ 和 HCO_3^-，H^+ 主动分泌到小管液中，每分泌一个 H^+，就会重吸收一个 Na^+，所以 H^+ 的分泌是和 Na^+ 的重吸收相偶联的，称为 H^+-Na^+ 交换。解离的 HCO_3^- 与进入细胞内的 Na^+ 一起转运到管周组织液，再进入血液形成 $NaHCO_3$。$NaHCO_3$ 是人体内重要的"碱贮备"，因此，肾小管分泌 H^+ 可促进 HCO_3^- 的重吸收，具有排酸保碱的作用，对维持体内酸碱平衡具有重要意义。

（二）NH_3 的分泌

NH_3 主要由远曲小管和集合管上皮细胞分泌。远曲小管和集合管上皮细胞所分泌的 NH_3 主要由谷氨酰胺发生脱氨基作用产生。NH_3 是脂溶性小分子物质，通透性大，通过单纯扩散的方式进入小管液。NH_3 的分泌与 H^+ 的分泌密切相关。肾小管和集合管分泌的 NH_3 能与小管液中的 H^+ 结合生成 NH_4^+ 随尿排出，降低了小管液中 H^+ 的浓度，促进 H^+ 的分泌和 HCO_3^- 的重吸收。可见 NH_3 的分泌也具有排酸保碱的作用，对维持机体的酸碱平衡也起着很重要的作用。

（三）K^+ 的分泌

原尿中的 K^+ 绝大部分在近端小管被重吸收了，所以，终尿中的 K^+ 主要是由远曲小管和集合管分泌的。K^+ 的分泌与 Na^+ 主动重吸收密切相关，是一种被动转运的过程。远曲小管和集合管上皮细胞基侧膜上的钠泵将膜内的 Na^+ 泵出细胞，同时将膜外的 K^+ 泵入细胞，形成细胞内的高 K^+ 和细胞外的高 Na^+。小管液中的 Na^+ 可顺着浓度差扩散到细胞内，造成了小管腔带负电，小管腔外带正电，顶端膜对 K^+ 具有通透性，促使 K^+ 顺电 - 化学梯度进入小管液。因此，Na^+ 的重吸收，促使 K^+ 被动转运入小管液，形成 K^+-Na^+ 交换。K^+ 分泌量的多少取决于血 K^+ 的浓度，并受醛固酮的调节。一般情况下，尿中 K^+ 的排出量与机体 K^+ 的摄入量是平衡的，可维持血 K^+ 浓度相对稳定。但当机体缺 K^+ 时，由于尿中仍有 K^+ 排出，引起血 K^+ 浓度下降。机体 K^+ 的代谢特点是：多进多排，少进少排，不进也排。故临床上食物中缺 K^+ 或其他原因引起 K^+ 的摄入不足时，要注意适量补 K^+。肾功能不全的患者，排 K^+ 功能障碍，可发生高钾血症。血 K^+ 过高或过低，都会对神经和心脏的兴奋性产生不利影响。

在远曲小管和集合管不仅有 K^+-Na^+ 交换，还有 H^+-Na^+ 交换。H^+、K^+ 与 Na^+ 的交换存在相互竞争。当 K^+-Na^+ 交换增多时，H^+-Na^+ 交换就减少；H^+-Na^+ 交换增多，则 K^+-Na^+ 交换减少。因此当酸中毒时，肾小管上皮细胞内碳酸酐酶活性增强，H^+ 生成增多，H^+-Na^+ 交换增多，K^+-Na^+ 交换受抑制，K^+ 分泌减少，易导致血钾升高；高钾血症时，K^+-Na^+ 交换增强，抑制 H^+-Na^+ 交换，H^+ 在体内聚积，易导致酸中毒。

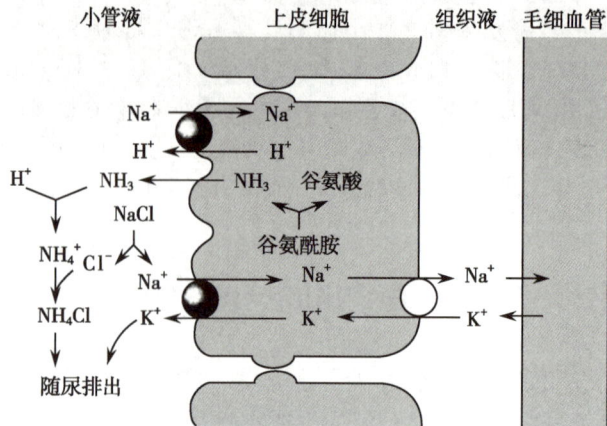

图 8-5　肾小管上皮细胞分泌 H^+、NH_3、K^+ 示意图

实心圆表示转运体；空心圆表示钠泵

课堂互动

人在大汗、腹泻、剧烈呕吐和大失血，以及大量饮水、输液时尿量会有什么变化？为什么？

第三节　尿生成的调节

尿的生成过程包括肾小球滤过、肾小管和集合管的重吸收及分泌，肾泌尿功能的调节就是通过影响上述过程来实现的。影响肾小球滤过的因素在前文已述，本节主要讨论神经调节、体液调节对肾小管和集合管重吸收及分泌的影响。

一、神　经　调　节

肾交感神经兴奋时主要通过释放去甲肾上腺素影响肾脏功能：①使肾血管收缩而减少肾血流量。由于对入球小动脉的作用比出球小动脉明显，而使肾小球毛细血管血流量和毛细血管血压下降，导致肾小球滤过率降低。②使球旁细胞分泌肾素，通过肾素 - 血管紧张素 - 醛固酮系统，使 NaCl 和水的重吸收增加。③可直接作用于近端小管和髓袢上皮细胞，增加其对 NaCl 和水的重吸收。

二、体　液　调　节

抗利尿激素和醛固酮等因素对肾小管和集合管的重吸收和分泌起着经常的调节性作用，对于维持体内水和电解质的平衡、血浆渗透压和细胞外液量的相对稳定均具有重要意义。

（一）抗利尿激素

1. 抗利尿激素的合成和释放　抗利尿激素（antidiuretic hormone，ADH）又称为血管升压素，是一种多肽类激素，它是由下丘脑的视上核和室旁核合成，经下丘脑 - 垂体束运送到神经垂体贮存。当视上核和室旁核受到刺激而兴奋时，将贮存的 ADH 释放入血。

2.抗利尿激素的生理作用　抗利尿激素的主要生理作用是提高远曲小管和集合管上皮细胞对水的通透性，促进水的吸收，使尿量减少，因此叫抗利尿激素。这是尿液浓缩和稀释的关键性调节激素。此外，该激素还能增强内髓部集合管对尿素的通透性。另外，大剂量的抗利尿激素还能收缩全身的小动脉，外周阻力增大，动脉血压升高，因此该激素又称为血管升压素。

3.抗利尿激素分泌和释放的调节　调节抗利尿激素合成和释放的主要因素是血浆晶体透压和循环血量（图8-6）。

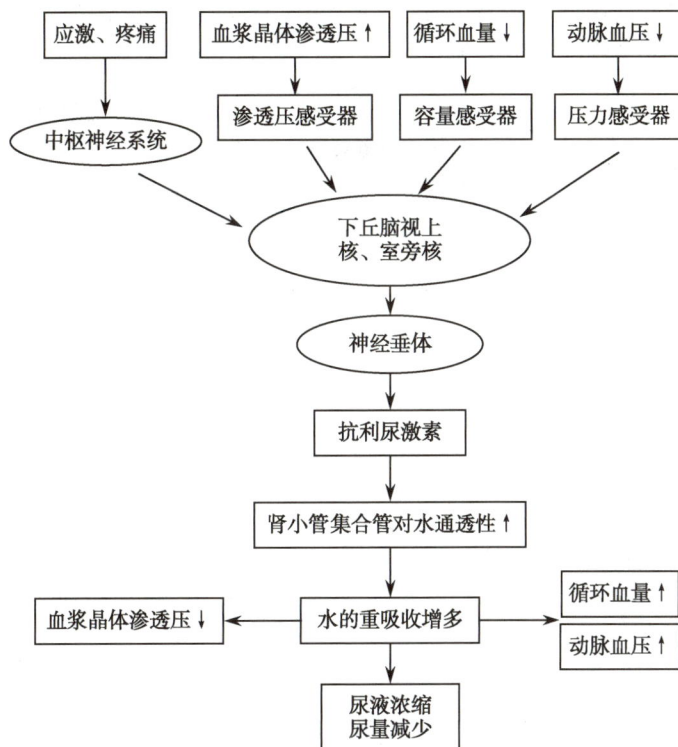

图8-6　抗利尿激素分泌及其作用示意图

（1）血浆晶体渗透压：血浆晶体渗透压的改变是影响抗利尿激素合成和释放最重要的因素。在下丘脑的视上核和室旁核周围有渗透压感受器，这些细胞对血浆渗透压的改变非常敏感，Na^+和 Cl^- 形成的渗透压是引起血管升压素释放最有效的刺激。

当人在大量发汗、严重呕吐或腹泻等情况下，由于机体失水多于丢失溶质，引起血浆晶体渗透压升高，通过刺激渗透压感受器，引起抗利尿激素分泌增多，使远曲小管和集合管对水的通透性增大，对水的重吸收增多，尿量减少，尿液浓缩。相反，大量饮用清水后，血浆晶体渗透压降低，抑制渗透压感受器，引起抗利尿激素分泌减少，使远曲小管和集合管对水的通透性减低，对水的重吸收减少，尿液被稀释，尿量增多。我们把大量饮用清水引起尿量增多的现象，称为水利尿。

（2）循环血量：循环血量的改变能反射性地影响抗利尿激素的释放。当循环血量增多时，回心血量增加时，可刺激容量感受器（左心房和胸腔大静脉），传入冲动经迷走神经传下丘脑，抑制了抗利尿激素的合成与释放，使水的重吸收减少，尿量增多，使血量恢复正常。相反，当循环血量减少时，对容量感受器的刺激减弱，传入中枢的冲动减少，对抗利尿激素释放的抑制作用解除，抗利尿激素分泌增多，对水的重吸收增多，尿量减少，循环血量恢复。

（3）其他因素：动脉血压的改变可通过刺激压力感受器对抗利尿激素的释放进行调节。此外，疼痛刺激和精神紧张引起的少尿和无尿也是通过促进抗利尿激素合成和释放所造成的。

（二）醛固酮

1. 醛固酮的分泌　醛固酮由肾上腺皮质球状带细胞合成和分泌的一种盐皮质激素。

2. 醛固酮的生理作用　醛固酮能促进远曲小管和集合管对 Na^+ 的重吸收，促进 K^+ 的分泌，同时还能促进 Cl^- 和水的重吸收，即具有"保 Na^+、排 K^+、保水"的作用。

3. 醛固酮分泌的调节　醛固酮的分泌主要受肾素 - 血管紧张素 - 醛固酮系统及血 K^+、血 Na^+ 浓度的调节。

肾素、血管紧张素、醛固酮三种激素之间有密切的功能联系，因此称为肾素 - 血管紧张素 - 醛固酮系统（图 8-7）。当循环血量减少时，肾素 - 血管紧张素 - 醛固酮系统被激活，通过肾脏保 Na^+、保水作用，以维持循环血量的相对稳定。

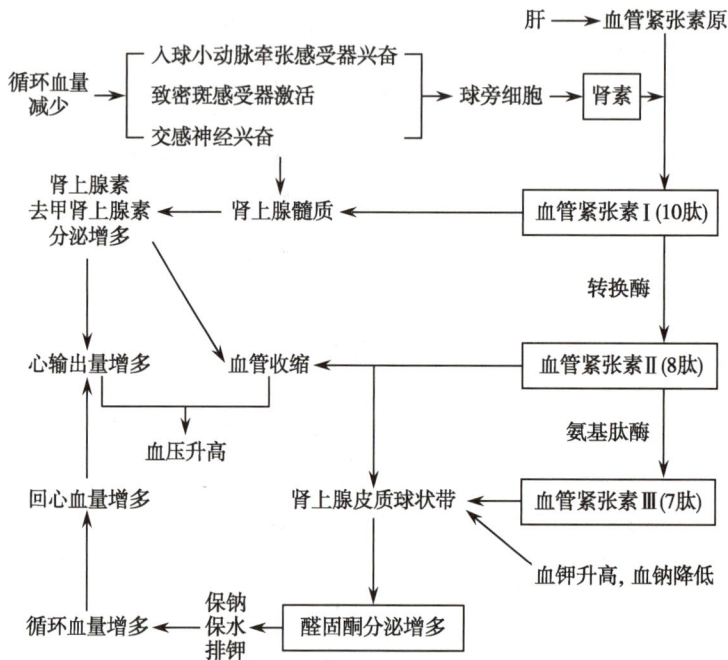

图 8-7　肾素 - 血管紧张素 - 醛固酮系统

血 K^+ 浓度升高或血 Na^+ 浓度降低时，可直接刺激肾上腺皮质球状带，使其分泌醛固酮增多，导致肾脏保 Na^+、排 K^+、保 H_2O。相反，血 K^+ 浓度降低或血 Na^+ 浓度升高，则醛固酮分泌减少。可见血 K^+ 与血 Na^+ 的浓度对醛固酮分泌的调节、对恢复血 K^+ 与血 Na^+ 的正常浓度起着重要的作用。

（三）心房钠尿肽

心房钠尿肽（ANP）是由心房肌细胞分泌的一种多肽激素。它主要抑制集合管对 $NaCl$ 和水的重吸收，具有强大的利尿、利钠作用。此外，ANP 可抑制肾素、醛固酮及抗利尿激素的分泌，使 $NaCl$ 和水重吸收减少；使入球小动脉舒张，增加肾血浆流量，肾小球滤过率增加。

（四）甲状旁腺激素

甲状旁腺激素（PTH）是由甲状旁腺分泌的一种多肽激素，其对肾的主要作用是促进远曲小管对钙的重吸收，抑制近端小管对磷的重吸收，从而升高血钙、降低血磷（详见第十一章）。

三、尿生成调节的生理意义

（一）在保持机体水平衡中的作用

人体正常生命活动的维持依赖于细胞外液的稳态，虽然多种途径可参与细胞外液量的调节，但是人体内体液的调节主要是通过影响尿生成来实现。前文已述的抗利尿激素、醛固酮、心房钠尿肽等通过影响尿的生成而参与水平衡的调节，其中抗利尿激素通过肾脏对水平衡调节是最重要的。

（二）在保持机体电解质平衡中的作用

机体内电解质的稳定对于维持神经、肌肉等组织的正常兴奋性非常重要，肾脏是维持电解质平衡的重要器官。机体内 Na^+ 和 K^+ 的平衡主要通过醛固酮对肾脏的作用来调节，此外还与肾小球的滤过和心房钠尿肽有关。Ca^{2+} 的平衡可通过甲状旁腺素对肾脏的作用来调节。

（三）在保持机体酸碱平衡中的作用

在正常情况下，机体代谢过程中产生的酸性或碱性物质可通过细胞外液中的缓冲系统、肺、肾等调控而维持机体的酸碱平衡。其中，体内缓冲酸碱作用最持久、最重要的是肾脏，它可通过 HCO_3^- 的重吸收、H^+ 和 NH_3 的分泌起到保持酸碱平衡的作用。

案例分析

张某，男，7岁。2周前鼻塞、流涕、咽痛、发热，现出现下肢及眼睑水肿，晨起时明显，小便如洗肉水，血压 140/95mmHg，尿蛋白（+++）。初步诊断为急性肾小球肾炎。

请问：患者为什么会出现血尿和蛋白尿？

课堂互动

你知道人在尿量减少或者尿量增多时尿的颜色会有什么变化？为什么？

第四节　尿的浓缩和稀释

尿的浓缩和稀释是以尿的渗透压与血浆渗透压相比较而确定的。终尿的渗透压高于血浆渗透压，称为高渗尿，表示尿被浓缩；终尿的渗透压低于血浆渗透压，称为低渗尿，表示尿被稀释；终尿的渗透压与血浆渗透压相等，称为等渗尿，提示肾的浓缩和稀释功能障碍。测定尿的渗透压可以了解肾脏的浓缩和稀释功能。肾脏对尿的浓缩和稀释有利于维持体液正常的渗透压和机体的水平衡。

一、肾髓质渗透压梯度的形成和保持

肾髓质高渗梯度的存在是尿液浓缩和稀释的基础。抗利尿激素的释放量是决定尿液浓缩和稀释的关键因素。肾皮质组织液的渗透压与血浆相等，肾髓质组织液的渗透压高于血浆，且从外髓部到内髓部，其渗透压逐渐升高，在乳头部可高达血浆渗透压的 4 倍（图8-8）。外髓部渗透梯度是由髓袢升支粗段主动重吸收 NaCl 形成的。内髓部组织液高渗梯度是由尿素的再循环和 NaCl 的重吸收共同形成的。肾髓质高渗梯度的保持主要靠直小血管的逆流交换作用。

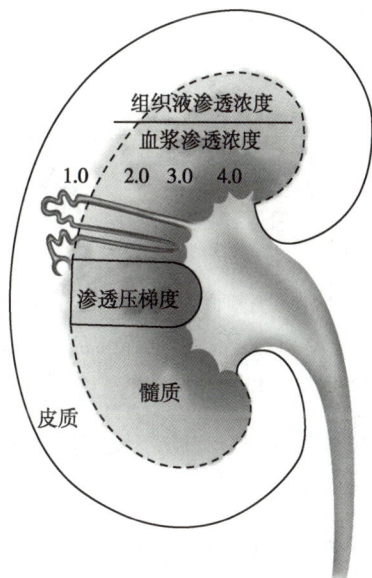

图 8-8　肾髓质渗透压梯度示意图
髓质颜色越深，表示渗透压越高

二、尿浓缩和稀释的基本过程

1. 尿的浓缩 尿的浓缩是因小管液中的水被重吸收而溶质留在小管液（图 8-9）。当机体缺水时，抗利尿激素释放增多，远曲小管集合管上皮细胞对水的通透性增大，在髓质组织液的高渗作用下，水渗透入周围组织液增多，小管液被浓缩而形成高渗尿，即尿被浓缩。

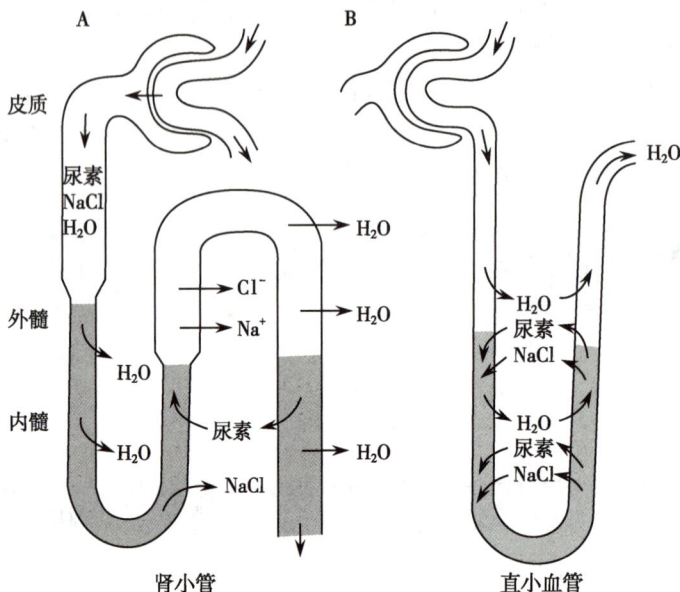

图 8-9 尿浓缩机制示意图

2. 尿的稀释 尿的稀释是因小管液中的溶质被重吸收而水不易被重吸收。当机体内水过多时，抗利尿激素释放减少，远曲小管和集合管对水的通透性下降，水重吸收减少，而 $NaCl$ 仍然重吸收。因此，小管液的渗透压下降而形成低渗尿，即尿被稀释。

课堂互动

你知道什么叫尿频、尿失禁和尿潴留？为什么小孩子夜间会发生遗尿现象？

第五节 尿的输送、贮存与排放

尿的生成过程是个连续的过程。尿液通过肾单位和集合管的不断生成后经集合管、肾乳头管、肾小盏、肾大盏、肾盂、输尿管进入膀胱。尿液在膀胱内贮存达到一定程度时，通过反射活动将尿液排出体外。

一、排 尿 反 射

1. 膀胱和尿道的神经支配 支配膀胱和尿道的神经有盆神经、腹下神经、阴部神经（图 8-10）。盆神经属副交感神经，起自脊髓骶段 2～4 节的侧角，兴奋时引起膀胱逼尿肌收缩、尿道内括约肌舒张，促进排尿。腹下神经属交感神经，起自脊髓腰段，兴奋时可引起膀胱逼尿肌舒张、尿道内括约肌收缩，抑制排尿。阴部神经属躯体运动神经，起自脊髓骶段，兴奋时引起尿道外括约肌收缩。

上述三种神经都含有感觉传入纤维。盆神经有传导膀胱充盈度的传入纤维；腹下神经有传导膀胱痛觉的传入纤维；阴部神经有传导尿道感觉的传入纤维。

2. 排尿反射的过程　当膀胱内尿量达到约0.4~0.5L 时，膀胱壁的牵张感受器受到刺激而兴奋，冲动沿盆神经传入排尿反射的初级中枢即脊髓骶段，同时，冲动上传到脑干和大脑皮质的排尿反射高级中枢，产生尿意。如条件允许，排尿反射高级中枢发出的冲动将加强初级中枢的兴奋，使盆神经传出冲动增多，引起膀胱逼尿肌收缩、尿道内括约肌舒张，于是尿液流向后尿道。尿液进入后尿道又刺激后尿道感受器，冲动沿传入神经再次传至初级中枢，进一步加强初级中枢的活动，使膀胱逼尿肌收缩更强、尿道外括约肌舒张，于是尿液排出体外。由此可见，排尿反射是一个正反馈过程（图 8-11）。

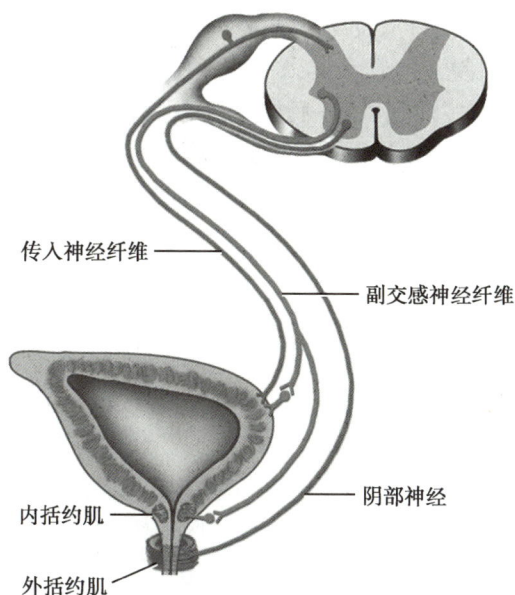

图 8-10　膀胱和尿道的神经支配

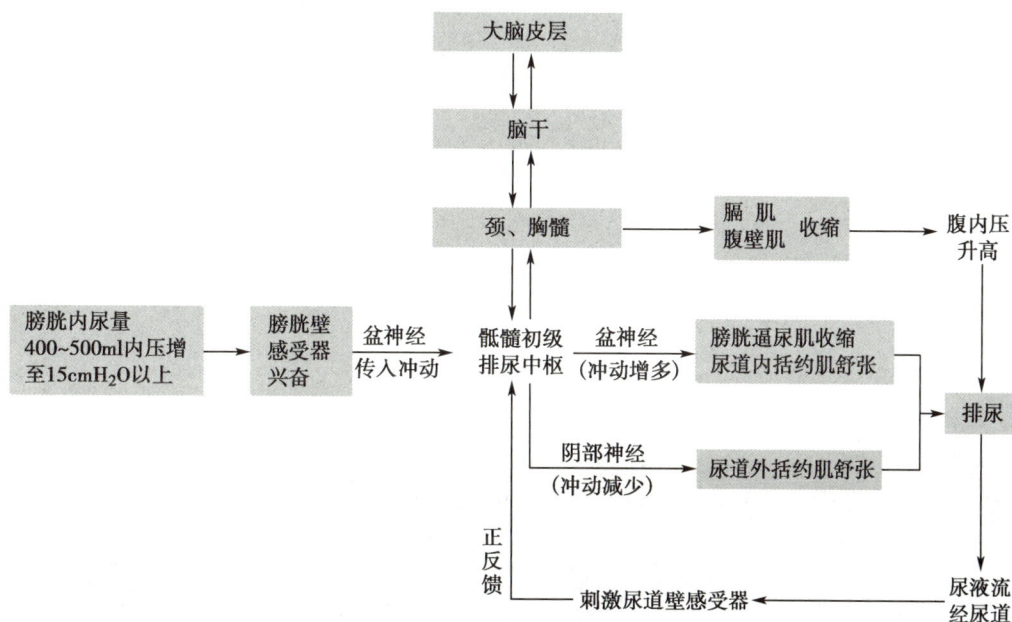

图 8-11　排尿反射过程示意图

二、异常的排尿活动

排尿反射是一个反射性的调节过程，大脑皮层等排尿反射的高位中枢能对脊髓初级中枢施加易化或抑制性影响，以控制排尿反射活动。故在一定范围内，排尿可受意识控制。如果排尿反射弧的任何一个部位受损，或骶段脊髓排尿中枢与高位中枢失去联系，都将导致排尿异常。临床上常见的排尿异常有夜间遗尿、尿潴留、尿失禁和尿频。小儿由于大脑发育未臻完善，对初级排尿中枢的控制能力较弱，所以小儿排尿次数多，且易发生在夜间遗尿现象。当反射弧的任意结构受损，如支配膀胱的传出神经（盆神经）或脊髓骶段受损，排尿反射不能发生，膀胱变得松弛扩张，大量尿液滞留在膀胱内，导致尿潴留。当高位脊髓受损时，初级排尿中枢骶髓失去了高位中枢的控制，出现尿失禁。另外当膀胱发生炎症或受到机械性刺激时，膀胱牵张感受器感受刺激的阈值降低，当膀胱容量还没有达到 400～500ml，便会启动排尿反射，引起排尿次数过多，出现尿频。

（李开明）

❓ 复习思考题

1. 简述尿生成的基本过程。
2. 影响肾小球滤过的因素有哪些？
3. 静脉快速输入大量生理盐水，尿量有何变化？为什么？
4. 糖尿病患者为什么会出现多尿？

0803
扫一扫，测一测

0804
思维导图

第九章 感觉生理

PPT 课件

知识导览

学习目标

1. 掌握感受器的一般生理特性，眼的调节与折光异常，眼的感光功能，声波传入内耳的途径。

2. 熟悉视力、视野、明适应、暗适应的概念，外耳、中耳的传音功能，内耳的感音功能。

3. 了解前庭器官的功能。

感觉是客观事物在人脑中的主观反映。机体内、外环境中的各种刺激作用于不同的感受器或感觉器官，通过感受器的换能作用转换为相应的神经冲动，后者沿神经传入通路传至大脑皮质的特定部位，经过中枢神经系统的整合，从而产生相应的感觉。因此，感觉是由感受器或感觉器官、神经传入通路和皮质中枢三部分共同活动形成的。

第一节 概 述

一、感受器和感觉器官的一般概念

感受器是指分布在体表或组织内部专门感受机体内、外环境变化的特殊结构或装置。感受器结构形式多种多样，有的感受器是外周感觉神经末梢，如传导痛觉的游离神经末梢，感觉神经末梢是最简单的感受器；有的则是在裸露的神经末梢周围包绕一些由结缔组织构成的被膜样结构，如环层小体和肌梭等。另外，体内存在着一些在结构和功能上都高度分化了的感受细胞，如视网膜中的视杆细胞和视锥细胞是感光细胞，耳蜗中的毛细胞是声感受细胞。这些感受细胞连同其附属结构组成的特殊感受装置称为感觉器官。

根据感受器分布的部位，可将其分为内部感受器和外部感受器。内部感受器是感受机体内环境变化的特殊结构，又可进一步分为平衡感受器、本体感受器和内脏感受器等。其特点是冲动传入中枢后，不能引起清晰的感觉。内部感受器在维持内环境的相对稳定和机体功能的协调统一中起着重要作用。外部感受器是感受外环境变化的特殊结构。其特点是冲动传入中枢后，能产生清晰的主观感觉。外部感受器在人们认识客观世界和机体适应外环境中具有重要作用。根据感受器所感受刺激的性质，也可将其分为机械感受器、化学感受器、光感受器和温度感受器等。

二、感受器的生理特性

（一）感受器的适宜刺激

一般而言，一种感受器只对某种特定形式的刺激最敏感，这种刺激称为该感受器的适宜刺激。如视网膜感光细胞的适宜刺激是波长为380~760nm的电磁波,耳蜗毛细胞的适宜刺激是频率为20~20 000Hz的机械振动。感受器对适宜刺激非常敏感,只需要很小的刺激强度就能引起兴奋。引起某种感觉所需要的最小刺激强度称为感觉阈。感受器对于一些非适宜刺激也可产生一定反应,但所需的刺激强度常常要比适宜刺激大得多。因此,当机体的内、外环境发生各种形式的变化时,总是首先作用于对其最敏感的感受器,这一现象是动物在长期进化过程中逐步形成的。

(二)感受器的换能作用

感受器在功能上的一个共同特点就是能把各种不同能量形式的(如光、声、压力和化学等)刺激转换成同一能量形式(动作电位),这种作用称为感受器的换能作用。因此,可以把感受器看成是生物换能器。感受器在换能过程中,一般不是直接把刺激能量转换成神经冲动,而是先在感受器细胞内或感觉神经末梢引起相应的电位变化,前者称为感受器电位,后者称为启动电位或发生器电位,再通过总和效应,引起能在神经纤维上传导的动作电位,亦即神经冲动。

(三)感受器的编码作用

感受器在把刺激信号转换成动作电位的过程中,不仅发生了能量形式的转换,同时还把刺激所包含的各种信息转移到动作电位的序列之中,这种作用称为感受器的编码作用。在同一感觉系统或感觉类型范围内,不同强度的刺激作用于感受器时,引起的感觉程度不同,是由于不同的刺激强度既可以通过单一传入纤维动作电位的频率高低来编码,也可以通过参与这个信息传输的神经纤维数目来编码。不同种类感觉的产生,取决于刺激的性质和被刺激的感受器,也取决于传入冲动所到达的大脑皮质的感觉特定部位。不同性质的刺激作用于不同类型的感受器后,传入冲动只能沿着特定的传入通路到达相应的皮质部位,最后产生特定的感觉。

(四)感受器的适应现象

当某一恒定强度刺激持续作用于同一感受器时,其传入神经纤维上的动作电位频率会随时间推移而逐渐下降,这一现象称为感受器的适应现象。适应是所有感受器共有的一个功能特点,但适应的速度可因感受器类型不同而有很大的差别。根据适应发生快慢,通常将感受器分为快适应感受器和慢适应感受器两类。前者有皮肤触觉感受器和嗅觉感受器等,后者有肌梭、颈动脉窦压力感受器、痛觉感受器等。感受器适应的快慢有不同的生理意义:快适应有利于机体再接受新的刺激,更快地适应内外环境变化;慢适应则有利于感受器对机体某些功能如血压、姿势等进行长期持续监控,并根据其变化随时调整机体的功能。适应并非疲劳,对某一强度刺激产生适应之后,如果再增加该刺激的强度,又可以引起传入冲动的增加。

第二节 眼 的 功 能

视觉是机体从周围环境中获得信息的重要途径。研究表明,在人脑所获得的外界信息中,有70%以上来自视觉系统。眼是引起视觉的外周感觉器官,它由含有感光细胞的视网膜和作为附属结构的折光系统等组成。人眼的适宜刺激是波长为380~760nm的电磁波(可见光)。在这个范围内,来自外界物体的光线,透过眼的折光系统成像在视网膜上。视网膜含有对光刺激高度敏感的感光细胞,将外界光刺激所包含的视觉信息转变成神经冲动,由视神经传向视觉中枢作进一步分析,最后形成视觉。视觉形成是眼、视觉传入通路和视觉中枢共同活动的结果。眼在视觉的产生中起着折光成像和感光换能的作用。

一、眼的折光功能

(一)眼的折光系统与成像

眼的折光系统由角膜、房水、晶状体和玻璃体四种折光体组成(图9-1)。该系统最主要的折射发生在角膜。由于晶状体的折光率较大,其凸度的大小可以调节,因此,它是眼的最重要的一个折光体。眼成像的原理与凸透镜成像的原理相似,但要复杂得多。眼的四种折光体的折光率和曲率半径都不相同。

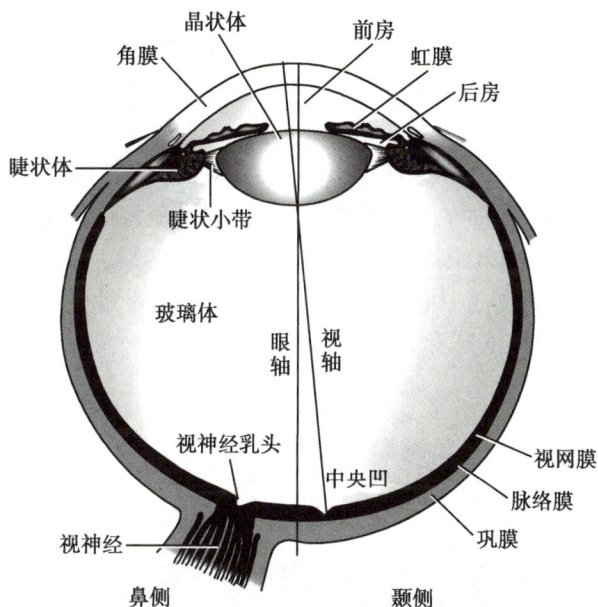

图 9-1 (右)眼球的水平切面

为了方便研究,通常用简化眼来说明折光系统的功能。简化眼是一种假想的人工模型,其光学参数与其他特征同正常眼等值,且更为简单,故可用来分析眼的成像情况。简化眼假定眼由一个前后径为 20mm 的单球面折光体构成,眼内容物均匀,折光率为 1.333,外界光线入眼时,只在角膜表面发生一次折射。角膜的曲率半径为 5mm,即节点(n)距角膜前表面 5mm,距视网膜 15mm。这个模型和静息时正常人眼一样,正好能使远处物体发出的平行光线聚焦在视网膜上,形成一个倒立缩小的实像(图9-2)。根据这些数据,可以计算出远近物体在视网膜上成像的大小。计算公式为:

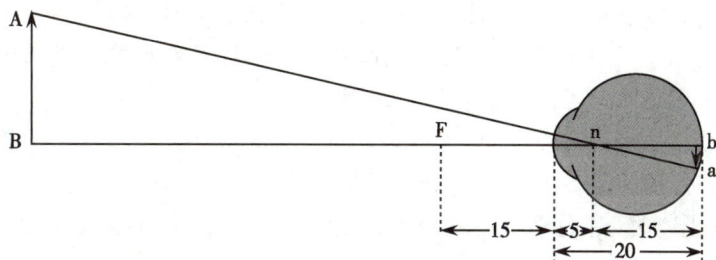

图 9-2 简化眼成像示意图

$$\frac{物像大小(ab)}{物体大小(AB)} = \frac{物像到节点的距离(bn)}{物体到节点的距离(Bn)}$$

n为节点，AnB和anB是相似三角形，如果物距已知，就可以由物体的大小（AB）计算出物像的大小（ab），也可算出两三角形对顶角（即视角）的大小。

此外，利用简化眼可算出正常人眼能看清的物体在视网膜上成像大小的限度。人眼所能看清楚的最小视网膜像的大小，大致相当于视网膜中央凹处一个视锥细胞的平均直径。

（二）眼的调节

对于正常人眼来说，来自远处（6m以外）物体的光线，都可近似地认为是平行的，眼无需任何调节就能在视网膜上聚焦成像。眼处于静息状态（未作调节）时能看清物体的最远距离称为远点。当眼看近物（6m以内）时，则从物体上发出的光线都呈不同程度的辐散状，入眼后经折射聚焦成像在视网膜之后，形成模糊物像。但是，正常眼在看近物时也非常清楚，这是因为眼在看近物时已进行了调节的缘故。视近物时，眼的折光系统发生相应变化而增强折光力，使物体的入眼光线聚焦成像在视网膜上，形成清晰物像的过程，称为眼的调节。眼的调节主要靠晶状体形状的改变来实现。

1.晶状体的调节　晶状体是一个透明、双凸透镜形、有弹性的半固体物，其四周借睫状小带（悬韧带）与睫状体相连。视远物时，睫状肌处于松弛状态，睫状小带保持一定的紧张度，晶状体处于扁平状态，远物的平行光线入眼后经折射正好成像在视网膜上。当看近物时，在视网膜上形成模糊的物像，此种信息传到视觉中枢后，反射性地引起动眼神经中的副交感纤维兴奋，使睫状肌收缩，睫状小带松弛，晶状体依自身的弹性而变凸（以前凸较为明显），折光力增强，物像前移，成像在视网膜上（图9-3）。

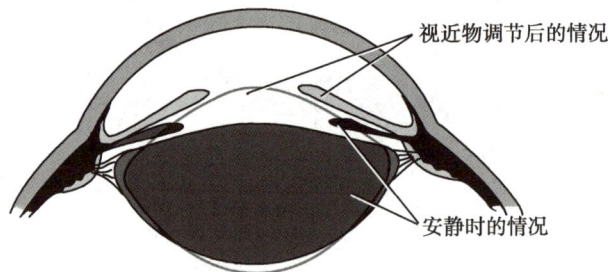

图9-3　晶状体和瞳孔调节示意图

物体距眼睛越近，入眼光线的辐散程度越大，因而也需要晶状体作更大程度的变凸，才能使物像成像于视网膜上。但晶状体的调节能力是有一定限度的，眼在晶状体作最大调节后所能看清物体的最近距离称为近点。

晶状体的调节能力主要取决于其本身的弹性。近点越近，表示晶状体的弹性越好，调节能力越强。随着年龄的增长，晶状体的弹性逐渐降低，调节能力也因此而减弱。如8岁左右的儿童近点平均约为8.6cm，20岁左右时平均约为10.4cm，一般人在40岁以后晶状体的弹性减弱加速，60岁时可增至83.3cm。由于年龄的增长造成晶状体的弹性及看近物时调节能力减弱，称为老视。矫正的办法是，看近物时可佩戴适当的凸透镜。

2.瞳孔的调节　正常人眼瞳孔的直径约为1.5～8.0mm。瞳孔大小可随视物的远近和光线的强弱而改变。看近物时，可反射性地引起双侧瞳孔缩小，称为瞳孔近反射或称瞳孔调节反射。其生理意义在于视近物时，瞳孔缩小可减少入眼光线量，并减少球面像差和色像差，使视网膜成像更为清晰。

瞳孔在弱光下散大，强光下缩小，称为瞳孔对光反射。其生理意义在于调节进入眼内的光量，使视网膜在光量过强时不致受到损害；在弱光下可增加入眼的光量，以产生清晰的视觉。瞳孔对光反射的反射过程为：强光照射视网膜时产生的神经冲动经视神经传到中脑对光反射中枢，更换神经元后到达双侧动眼神经核，再沿动眼神经中的副交感纤维传出，使瞳孔括约肌收缩，瞳孔缩小。瞳孔对光反射的效应是双侧性的,光照一侧眼时,两眼瞳孔同时缩小,称为互感性对光反射。瞳孔对光反射的中枢在中脑,因此临床上常把它作为判断中枢神经系统病变部位、全身麻醉深度和病情危重程度的重要指标。

3. 双眼球会聚　当双眼注视近物时发生两眼球内收及视轴向鼻侧聚拢的现象,称为眼球会聚。眼球会聚是由于两眼球内直肌反射性收缩所致,也称为辐辏反射。双眼球会聚的生理意义在于看近物时可使物像落在两眼视网膜的对称点上,从而产生单一的清晰视觉,避免复视。

（三）眼的折光异常

正常眼的折光系统无需进行调节就能使平行光线聚焦成像于视网膜上,因而可以看清远物;看近物时,只要物距不小于近点的距离,眼经调节后也能在视网膜上形成清晰物像,这种眼称为正视眼。若眼的折光能力异常或眼球的形态异常,平行光线不能在眼处于静息状态时聚焦成像在视网膜上,则称为非正视眼,又称屈光不正,包括近视、远视和散光眼。

1. 近视　由于眼球的前后径过长(轴性近视)或折光系统的折光能力过强(屈光性近视),使远物的平行光线聚焦在视网膜之前,故视物模糊不清。近视眼看近物时,由于近物发出的是辐散光线,故眼不需调节或只作较小程度的调节,就能使光线聚焦在视网膜上,因此近视眼的近点、远点均小于正视眼。矫正近视可用凹透镜。

2. 远视　由于眼球的前后径过短(轴性远视)或折光系统的折光能力太弱(屈光性远视),使来自远物的平行光线聚焦在视网膜之后,造成视物模糊。远视眼看远物时也需经过眼的调节才能使入眼光线聚焦在视网膜上,看近物时则需作更大程度的调节才能看清物体。由于晶状体的调节是有限度的,因此远视眼的近点距离比正视眼大。远视眼无论看近物还是远物都需进行调节,故易发生疲劳。矫正远视可用凸透镜。

3. 散光　正视眼的折光系统的各折光面都是正球面。散光是指眼的折光面(通常是角膜表面)不呈正球面,即曲率半径不相等,平行光线进入眼内不能在视网膜上形成焦点,造成视物不清或物像变形。矫正散光通常用柱面镜(图9-4)。

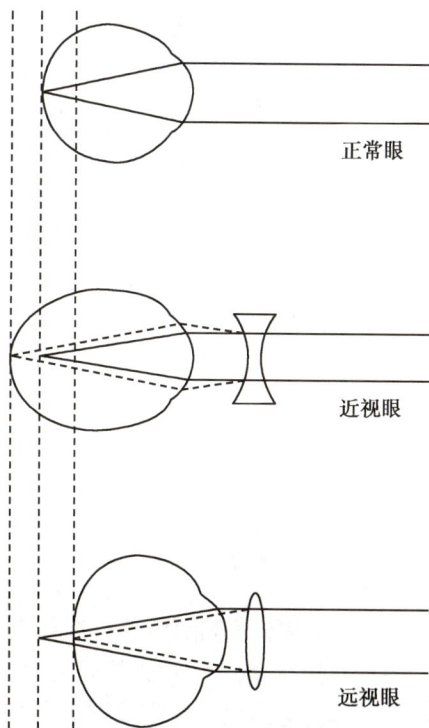

图9-4　眼的折光异常与矫正

实线为矫正前折射情况;虚线为矫正后折射情况

二、眼的感光功能

眼的感光功能是由视网膜完成的。视网膜上感光细胞的基本功能是感受光的刺激,并将其转换成视神经纤维上的动作电位。

（一）视网膜的结构特点

视网膜是一层透明的神经组织膜,由四个主要细胞层组成。从外向内依次为色素上皮细胞层、感光细胞层、双极细胞层和神经节细胞层(图9-5)。

色素上皮细胞内含有黑色素颗粒和维生素 A,对感光细胞起营养和保护作用。人类视网膜上含有两种感光细胞,即视锥细胞和视杆细胞(图9-6)。视锥细胞主要分布在视网膜的中央部位,尤其是中央凹处;视杆细胞主要分布在视网膜的周边部位。它们都与双极细胞发生突触联系,双极细胞再与神经节细胞构成突触联系,神经节细胞的轴突构成视神经纤维。视网膜上视神经纤维汇集穿出眼球的部位称为视神经乳头。大约在视网膜中央凹鼻侧约 3mm 处,该处无感光细胞,无视觉感受,称为生理盲点。但正常时由于都用双眼视物,一侧眼视野中的盲点可被对侧眼的视野所补偿,因此人们并不会感觉到自己的视野中有盲点存在。

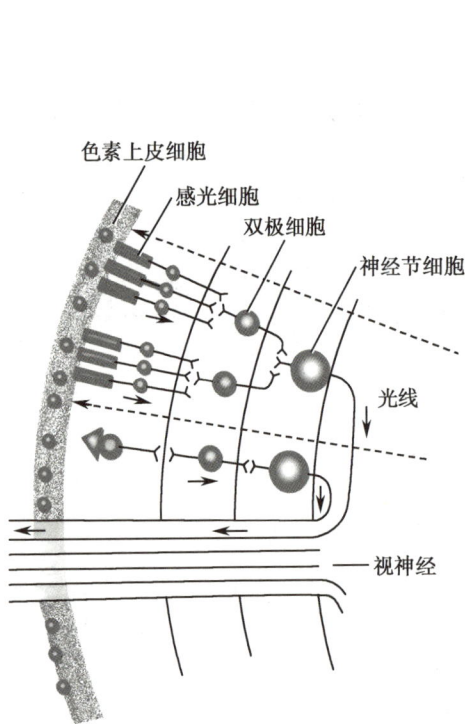

图 9-5　视网膜的结构
→为神经冲动方向

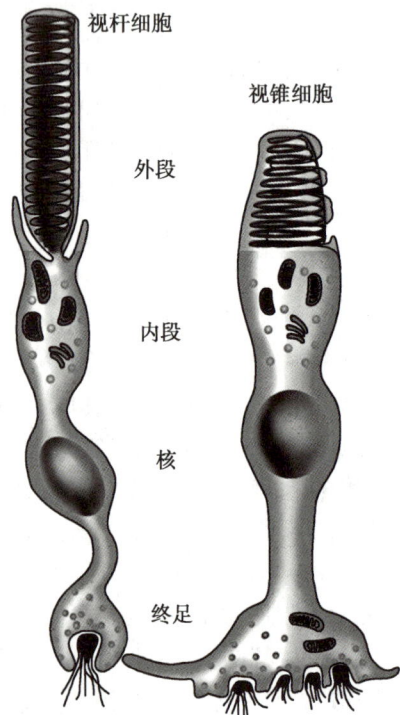

图 9-6　视锥细胞和视杆细胞

（二）视网膜的两种感光换能系统

1. 视锥系统　也称为昼光觉或明视觉系统。由视锥细胞和与它们相联系的双极细胞,以及神经节细胞等组成。视锥系统对光的敏感性低,只有在强光条件下才能被激活,视物时可以分辨颜色,且对物体表面的细微结构及轮廓有高分辨能力。

2. 视杆系统　也称为晚光觉或暗视觉系统。由视杆细胞和与它们相联系的双极细胞,以及神经节细胞等组成。视杆系统对光的敏感度较高,能感受弱光刺激,但视物无色觉而只能辨别明暗。该系统产生的视觉只有较粗略的轮廓,对物体表面结构分辨能力低。

在自然界中,某些只在白昼活动的动物如爬虫类和鸡等,其视网膜中仅有视锥细胞而无视杆细胞;而只在夜间活动的动物如猫头鹰等,其视网膜中不含视锥细胞而只有视杆细胞。正常人眼视网膜中具有以上两种感光细胞,故明视觉和暗视觉功能均有。

（三）视网膜的感光换能机制

1. 视杆细胞的感光换能机制　视网膜的感光细胞中存在感光色素,当受到光刺激时,首先

视紫红质

暗处 | 光

11-顺视黄醛 ← 视黄醛异构酶 → 全反视黄醛

ADP — ATP

+ 视蛋白 + 视蛋白

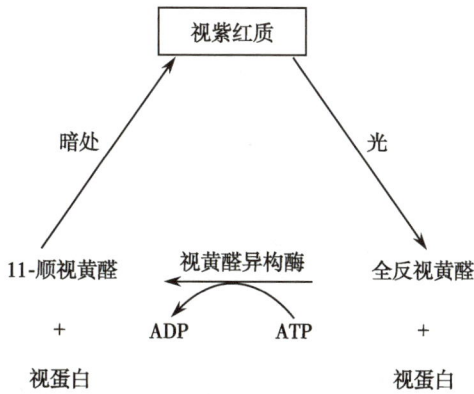

图9-7 视紫红质的光化学反应

发生光化学反应,它是把光能转换成电信号的物质基础(图9-7)。

视杆细胞中只含有一种感光色素即视紫红质。视锥细胞中含有三种感光色素。在对视网膜感光细胞的大量研究中,对视杆细胞的研究相对较为清楚。视杆细胞中的视紫红质由一分子视蛋白和一分子 11- 顺型视黄醛的生色基团组成。视黄醛由维生素 A 在酶的作用下氧化而成。视紫红质对光非常敏感,视黄醛分子在光照作用下由 11- 顺型视黄醛转变为全反型视黄醛。视黄醛分子的这一光异构改变,导致它与视蛋白分子之间的结构关系不贴切而相互分离,进而诱发视杆细胞出现超极化型感受器电位。视杆细胞不能产生动作电位,其产生的超极化型感受器电位以电紧张的形式扩布到细胞终足,并影响其递质(主要是谷氨酸)释放,于是将光刺激的信息传递给双极细胞,最终在神经节细胞产生动作电位,实现光 - 电换能作用。

视紫红质的光化学反应是可逆的,在光照时迅速分解,在暗处又可重新合成。在暗处,全反型视黄醛在异构酶催化下转变为 11- 顺型视黄醛,这是一个耗能的过程。11- 顺型视黄醛形成后便与视蛋白结合成为视紫红质。

视紫红质在分解和再合成的过程中,有一部分视黄醛被消耗,需要血液中的维生素 A 来补充。如果血液中维生素 A 缺乏,会影响人在暗光时的视力,引起夜盲症。

2. 视锥细胞的感光换能机制和颜色视觉 视锥细胞的视色素也是由视蛋白和视黄醛结合而成,只是视蛋白的分子结构略有不同。当光线刺激视锥细胞外段时,在其外段膜的两侧也发生同视杆细胞类似的超极化型感受器电位,最终在相应的神经节细胞上产生动作电位。

视锥细胞的重要特点是它具有辨别颜色的能力。正常视网膜可区分波长在 400～750nm 之间的约 150 种颜色。有关色觉的产生机制,目前多以"三原色学说"进行解释。该学说认为视网膜上存在三种不同的视锥细胞,分别含有对红、绿、蓝三种光敏感的视色素。当某一波长的光线作用于视网膜时,以一定的比例使三种视锥细胞分别产生不同程度的兴奋,信息传至皮质中枢后就产生某一种颜色的感受。如果红、绿、蓝三种色光按照不同的比例作适当的混合,就会产生任何颜色的感觉。某些人因遗传因素的影响,缺乏某种视锥细胞,对三原色中的某种颜色缺乏辨别能力,称为色盲,如红绿色盲(缺乏感红、感绿的视锥细胞)。

三、与视觉生理有关的其他问题

(一)视敏度

视敏度又称视力,是指眼分辨物体微细结构的最大能力,即分辨物体上两点间最小距离的能力。通常以视角的大小作为衡量标准。视角是指物体上两点发出的光线入眼后,在节点交叉所形成的夹角。视角与视敏度的关系为:视敏度 =1 / 视角。视角以分角为单位进行计算。当物体在视网膜上的视角为 1 分角(1 / 60 度)时,物像能被眼睛辨认,此时认为眼具有正常视力,按国际标准视力表表示为 1.0,按对数视力表表示为 5.0。这时视网膜上形成物像的两点刚好间隔一个未被兴奋的视锥细胞,冲动传入中枢后便产生两点分开的感觉(图9-8)。

1 分视角(如 AB 两点光线的夹角)时的物像(ab)可兴奋两个不相邻的视锥细胞,视角变小(MN 两点光线的夹角)后的物像(mn)只兴奋同一个视锥细胞。

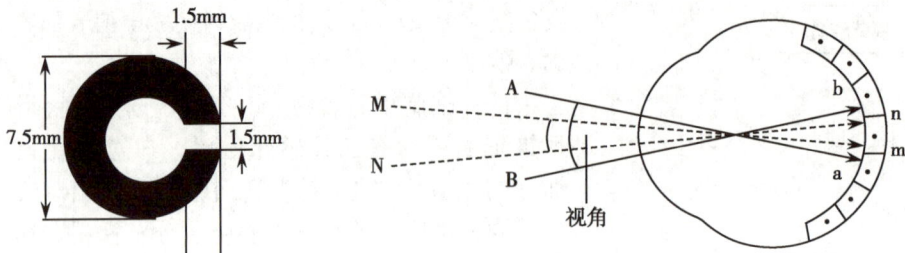

图 9-8　视力与视角示意图

（二）暗适应与明适应

1. 暗适应　人从明亮处突然进入暗处，最初看不清任何物体，经过一段时间后，才恢复了在暗处的视力，逐渐看清物体，这一现象称为暗适应。暗适应是人眼在暗处对光的敏感度逐渐提高的过程，这一过程主要取决于视杆细胞的视紫红质在暗处再合成的速度。在明亮处，视杆细胞中的视紫红质在光照下大量分解而余量很少，突然进入暗处后的短时间内，因视紫红质太少，不足以引起对暗光的感受，而视锥细胞对暗光又不敏感，故暂时不能看清物体。过一段时间后，视紫红质在暗处大量合成，眼对暗光的感受能力增强，逐渐恢复在暗处的视力。整个暗适应过程约需30分钟。

2. 明适应　从暗处突然进入明亮处尤其是强光下，最初只感到耀眼的光亮，不能看清物体，稍待片刻后才恢复正常视觉，这种现象称为明适应。明适应主要是由于在暗处时视杆细胞内积蓄了大量的视紫红质，在明处遇到强光时迅速分解，由于视紫红质对光的敏感度较高，因而产生耀眼的光感。待视紫红质大量分解后，视锥细胞便承担起在亮光下的感光功能。明适应较快，需1分钟左右即可完成。

（三）视野

单眼固定注视正前方一点时该眼所能看到的范围，称为视野。利用视野计可绘出视野图。正常人的视野受面部结构的影响，鼻侧与上方视野较小，颞侧与下方视野较大；在同一光照条件下，白色视野最大，黄蓝色次之，再次为红色，绿色视野最小（图 9-9）。临床上检查视野，可帮助诊断视网膜和视觉传导通路的某些病变。

（四）双眼视觉和立体视觉

两眼同时看一物体时所产生的视觉称为双眼视觉。双眼视物时，由于从物体同一部分来的光线成像于两眼视网膜的相称点上，才产生了一个物体的视觉。眼外肌瘫痪或眼球内肿瘤压迫等都可使物像落在两眼视网膜的非对称点上，因而在主观上产生有一定程度互相重叠的两个物体的感觉，称为复视。

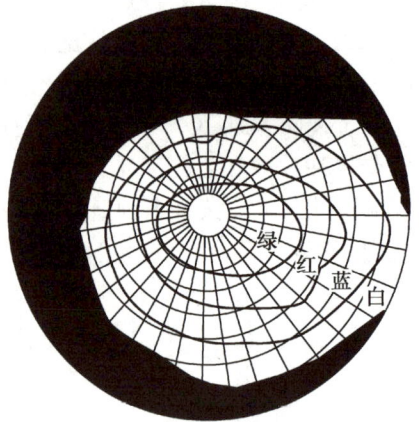

图 9-9　人右眼的视野

双眼视觉的优点：①可弥补单眼视野中的盲点缺陷；②扩大视野；③产生立体视觉；④增加对物体形态、大小和距离判断的准确性。

双眼视物时，可产生被视物体的厚度，以及空间的深度或距离等感觉，称为立体视觉。其主要原因是同一被视物体在两眼视网膜上的像并不完全相同，左眼从左方看到物体的左侧面较多，而右眼则从右方看到物体的右侧面较多，来自两眼的图像信息经过中枢神经系统处理后，便产生一个有立体感的物体形象。

第三节　耳的位听觉功能

耳既是听觉器官，也是位置觉和平衡觉器官。耳分为外耳、中耳和内耳三部分；内耳又称迷路，包括耳蜗、椭圆囊、球囊和半规管。

一、耳的听觉功能

听觉器官由外耳、中耳和内耳耳蜗组成。听觉感受器是位于内耳耳蜗的螺旋器。听觉是通过听觉感受器、听觉传入通路和听觉中枢的共同活动来完成的。听觉对动物适应环境和人类认识自然有着重要意义，人类有声的语言更是互通信息、交流思想的重要工具。

（一）外耳和中耳的传音功能

1. 外耳的功能　外耳由耳郭和外耳道组成。耳郭有集音作用，还可帮助判断声源方向。外耳道是声波传入内耳的通路，并对声波产生共振作用。

2. 中耳的功能　中耳由鼓膜、鼓室、听骨链、咽鼓管等结构组成。中耳的主要功能是将空气中的声波振动能量高效地传递到内耳淋巴液，其中鼓膜和听骨链在声波传递过程中起着重要作用。

（1）鼓膜：呈椭圆形浅漏斗状，位于外耳道和鼓室之间，顶点朝向鼓室，面积约 $50\sim90mm^2$，厚度约 0.1mm。由于鼓膜的结构特点，具有较好的频率响应和较小的失真度，其振动可与声波振动同始同终，有利于把声波振动如实地传递给听骨链。

（2）听骨链：由锤骨、砧骨和镫骨三块听小骨依次连接而成。锤骨柄附着于鼓膜；镫骨底与前庭窗膜相接；砧骨居中，将锤骨和镫骨连接起来，使三块听小骨形成固定夹角的杠杆（图9-10）。声波由鼓膜经听骨链到达前庭窗膜时，其振动的压强增大，而振幅减小，既提高了传音效率，又可避免声波对内耳和前庭窗膜造成损伤。

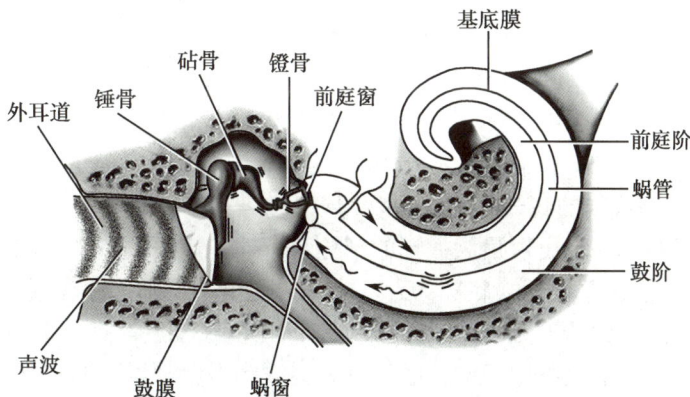

图 9-10　中耳与耳蜗关系示意图

（3）咽鼓管：是连接鼓室和鼻咽部的通道，中耳鼓室内的空气借此与大气相通。咽鼓管在鼻咽部的开口常处于闭合状态，只在吞咽、打哈欠时开放。咽鼓管的主要作用是调节鼓室内压与外界大气压的平衡，维持鼓膜的正常位置、形状和振动性能。如果咽鼓管发生阻塞，鼓室内的空气被组织吸收而使压力降低，可引起鼓膜内陷而导致听觉障碍。

3. 声波传入内耳的途径　声波通过气传导与骨传导两条途径传入内耳。

（1）气传导：此途径又根据传音时听骨链是否发挥作用分为两条：①听骨链途径：声波经外

耳道引起鼓膜振动,再经听骨链和前庭窗膜传入内耳耳蜗。正常情况下,这是声波传入内耳的主要途径。②鼓室途径:声波经外耳道引起鼓膜振动,经鼓室内空气振动到达蜗窗,传入内耳耳蜗。此途径只在鼓膜或听骨链严重受损时才发挥一定的传音作用,这时的听力大为降低。

(2)骨传导:声波直接引起颅骨的振动,再引起位于颞骨骨质中的耳蜗内淋巴振动,这种传导途径称为骨传导。骨传导的敏感性比气传导低得多,因此在正常听觉的产生中作用甚微。当鼓膜或中耳病变引起传音性耳聋时,气传导作用明显受损而骨传导作用相对增强;当耳蜗病变引起感音性耳聋时,气传导和骨传导作用均减弱。临床上常通过检查患者气传导和骨传导的情况,帮助判断听觉障碍的病变部位和原因。

(二)内耳耳蜗的感音换能作用

1. 耳蜗的结构要点　耳蜗由一骨质管腔围绕一锥形骨盘旋 $2\frac{1}{2}\sim2\frac{3}{4}$ 周构成。

耳蜗被前庭膜和基底膜分隔为前庭阶、鼓阶和蜗管三个管腔。前庭阶和鼓阶内充满外淋巴,并在耳蜗顶部经蜗孔相连;蜗管为一盲管,充满内淋巴。基底膜上有声音感受器——螺旋器,又称柯蒂(Corti)器。螺旋器由内、外毛细胞及支持细胞等组成。毛细胞的顶部与蜗管内淋巴接触,上有听纤毛,其中较长的一些埋植在盖膜的胶冻状物质中;底部则与外淋巴接触并与听神经末梢构成突触联系。盖膜的内侧连接耳蜗轴,外侧游离在内淋巴中(图9-11)。

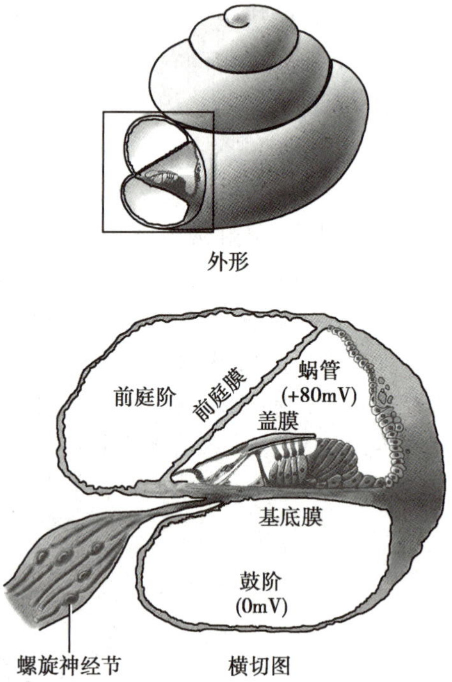

外形

2. 基底膜的振动与耳蜗换能作用　内耳耳蜗的作用是把传到耳蜗的机械振动转变为听神经的神经冲动,即将机械能转换为生物电能。在这一转变过程中,耳蜗基底膜的振动起着关键作用。

当声波振动通过听骨链到达前庭窗膜时,压力变化立即传给耳蜗内的液体和膜性结构。如果前庭窗膜内移,前庭膜和基底膜也将下移,使鼓阶的外淋巴压迫前庭窗膜外移;相反,当前庭窗膜外移时,则整个耳蜗内的液体和膜性结构又作反方向的移动,如此反复,便形成了基底膜的振动。振动从基底膜底部开始,按照物理学中的行波原理向其顶部方向传播。不同频率的声波引起的行波都是从基底膜的底部开始,但声波频率不

图9-11　耳蜗模式图

同,行波传播的远近和基底膜出现最大振幅的部位也不同。声波频率越高,行波传播越近,基底膜出现最大振幅的部位越靠近耳蜗底部;反之,声波频率越低,则行波传播越远,基底膜最大振幅出现的部位越靠近耳蜗顶部。由于每一种振动频率在基底膜上都有一个特定的行波传播范围和最大振幅区,这些区域的毛细胞和听神经纤维就会受到最大刺激,这样,不同来源和组合的听神经冲动传到听觉中枢的不同部位,就可引起不同音调的感觉。由于毛细胞顶端的听毛有些埋植在盖膜的胶状质中,基底膜与盖膜的附着点不在同一个轴上,因而当基底膜振动时,便与盖膜之间发生交错的移行运动,毛细胞与盖膜相对位置随之发生变化,使听毛弯曲,毛细胞受刺激而兴奋,并将机械能转变为生物电变化。

3. 耳蜗及听神经的生物电现象　基底膜的振动引起毛细胞听毛弯曲变形,是耳蜗将机械能转变为神经电信号的开端,由此引起耳蜗一系列过渡性的电变化,最后引起听神经纤维产生动作电位,完成耳蜗的换能作用。从耳蜗内可记录到三种电位,即静息电位、微音器电位和动作电位。

（1）耳蜗静息电位：在耳蜗未受到声波刺激时，从内耳不同部位可引导出电位差。如果以鼓阶外淋巴为参考零电位，可测出蜗管内淋巴中的电位为 +80mV，称为内淋巴电位。静息状态下测出毛细胞内电位为 −80～−70mV。由于毛细胞顶端的浸浴液为内淋巴，因此该处毛细胞膜内外的静息电位差为 150～160mV；而毛细胞周围的浸浴液为外淋巴，该处膜内外的静息电位差只有 70～80mV，这是毛细胞电位与一般细胞的不同之处。

（2）耳蜗微音器电位：耳蜗受到声波刺激时，在耳蜗及其附近结构可记录到一种具有交流性质的电变化，这种电变化的波形和频率与作用于耳蜗的声波振动的波形和频率完全一致，称为微音器电位。

（3）听神经动作电位：是耳蜗对声波刺激所产生的一系列反应中最后出现的电变化，也是耳蜗对声波刺激进行换能和编码作用的总结果。耳蜗微音器电位是引发听神经动作电位的关键因素。由于毛细胞与听神经之间存在突触联系，因此，当毛细胞受刺激兴奋使耳蜗产生微音器电位时，可进而触发听神经产生突触后电位，当突触后电位达到阈电位水平时，即产生听神经动作电位。

（三）听阈和听域

人耳对不同频率和不同强度的声音感受是不同的，通常人耳能感受到的声音振动频率范围为 16～20 000Hz，并且对于其中每一种频率的声波都有一个刚好能引起听觉的最小强度，称为听阈。当振动频率不变而振动强度在听阈以上增加时，听觉的感受也相应增强；但强度超过一定限度时，将不单引起听觉，还会引起鼓膜疼痛感，这一强度限度称为最大可听阈。每一种频率的声波都有它自己的听阈和最大可听阈。如果以声波频率为横坐标，强度为纵坐标，将每一频率的听阈和最大可听阈分别连接起来，可绘制出人耳对声波频率和强度的感受范围（图 9-12）。两者所包括的范围称为听域。从听域图中可以看出，人耳最敏感的声音频率为 1 000～3 000Hz，日常会话的声音频率较此略低，语音的强度在听阈和最大可听阈之间的中等强度处。

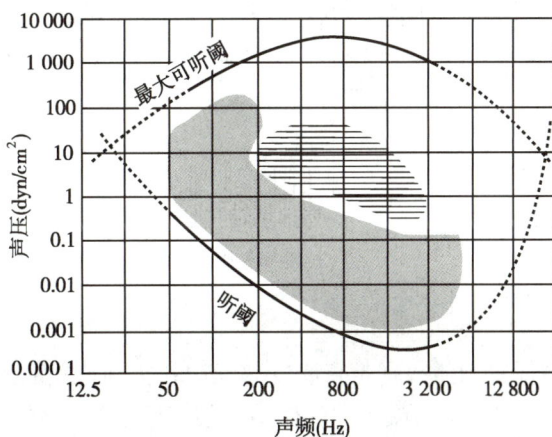

图 9-12 人的正常听域图

▤ 通常的语言区　▨ 次要的语言区

🌐 **知识链接**

中医"肾"与听觉功能

中医认为，耳司听觉。耳是清阳之气上通之处，属清窍之一。耳与肾关系密切，《素问·阴阳应象大论》说："肾主耳……在窍为耳。"听觉的灵敏与否，与肾中精气的盈亏有密切关系。肾精充沛，上透耳窍，则听觉聪慧，反应敏捷，分辨率高。如果肾精亏损，髓海不足，则出现耳鸣、耳聋、头晕目眩、反应迟缓或站立不稳。

现代研究发现,耳与中医的"肾"功能有一定的联系。耳毒性的抗生素(如链霉素等)对肾脏同样表现出一定的毒性作用。肾小管与耳内血管纹在形态结构及生理上有相似性,存在于肾小管管内膜的 Na^+-K^+-ATP 酶同时亦存在于血管纹边缘细胞基底侧,在维持耳蜗内淋巴的成分中具有重要作用。肾与耳在病理生理上亦有相似之处。一些慢性肾脏病患者,经常感到有耳鸣、重听和闭塞感,晚期肾功能不全患者也常出现听力下降,甚至耳聋。通过补肾法(服用六味地黄汤),能增强肾功能及耳的听力,减轻药物对耳的损害。

二、内耳前庭器官的位置觉功能

前庭器官属于内耳迷路的一部分,包括椭圆囊、球囊和三个半规管。其功能是感受人体自身运动状态和头的空间位置,对维持机体姿势和平衡起着重要作用。

(一)椭圆囊和球囊

椭圆囊和球囊都是膜质的小囊,囊内充满内淋巴液,囊内各有一斑,囊斑中有感受性毛细胞。毛细胞顶部的纤毛埋植于耳石膜的结构中。耳石膜是一种胶质板,内含耳石,耳石的主要成分是蛋白质和碳酸钙,比重大于内淋巴。毛细胞的底部与前庭神经末梢相联系(图9-13)。

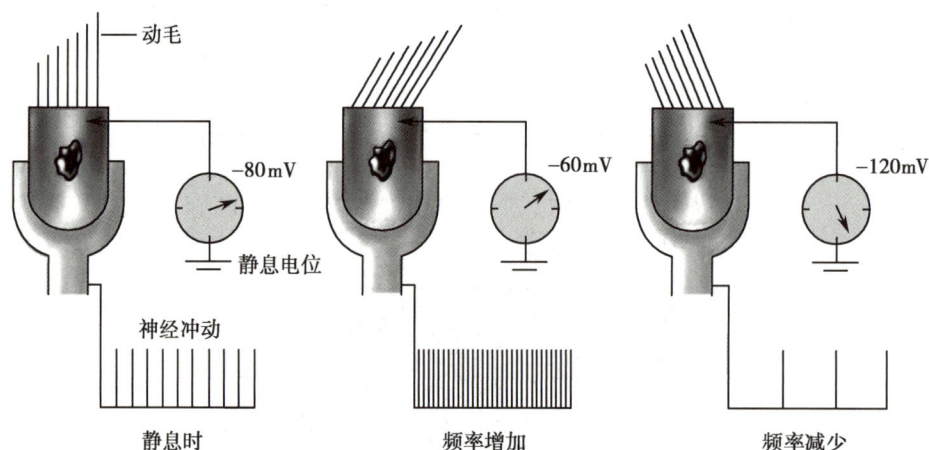

图 9-13   前庭器官中毛细胞纤毛受力侧弯时对静息电位和神经冲动频率的影响

椭圆囊和球囊囊斑的适宜刺激分别是直线变速运动和头部位置的改变。当机体做直线变速运动或头部的位置改变时,由于重力或惯性的作用,毛细胞与耳石膜的相对位置改变,引起毛细胞顶部纤毛的弯曲变化,使毛细胞兴奋,再通过突触传递影响前庭神经的传入冲动,这种信息传入中枢后,可产生直线变速运动的感觉或头部空间位置的感觉,同时通过姿势反射引起躯干和四肢肌张力的改变,以保持身体平衡。

(二)半规管的功能

人两侧内耳中各有三条相互垂直的半规管,分别代表空间的三个平面。每条半规管与椭圆囊连接处都有一个膨大部分叫壶腹。壶腹内有一隆起的结构称为壶腹嵴,其中有感受性毛细胞。毛细胞顶部的纤毛埋植在胶质性的圆顶形终帽中,其底部与前庭神经末梢相联系。壶腹嵴的适宜刺激是旋转变速运动。当躯体开始旋转时,内淋巴由于惯性作用,启动要比人体和半规管本身的运动滞后,因此将使一侧半规管的内淋巴冲击壶腹,使壶腹嵴的终帽弯曲,毛细胞受刺激而兴奋;另一侧半规管的内淋巴则离开壶腹,使毛细胞产生抑制;当旋转继续进行时,内淋巴与半规管呈同步运动,惯性作用消失,终帽复位,对毛细胞刺激作用消失;当旋转停止时,半规管内淋巴又因惯性作用,发生与旋转开始时相反的变化。人体的三对半规管互相垂直,可以感受任何平面上不同方向旋转变速运动的刺激。这种信息通过前庭神经传入中枢,产生不同的旋转运动感觉,并引起姿势反射以维持身体平衡。

(三)前庭反应

从前庭器官传入中枢的神经冲动,除引起运动觉和位置觉以外,还可引起各种姿势调节反射、眼震颤及自主性神经功能的改变,这些现象统称为前庭反应。

1. 前庭的姿势反射 人体在前庭器官受刺激时,也会出现一些躯体调节反射,例如人乘车而车突然加速时,会有颈背肌紧张增强而出现后仰,车突然减速时又有相反的情况,是由于直线变速运动时刺激了椭圆囊和球囊,反射性地引起四肢和躯干肌紧张性的改变所致。同样,在做旋转变速运动时,也可刺激半规管,反射性地改变颈部和四肢肌紧张的强度,以维持姿势的平衡。例如当人体向左旋转时,可反射性地引起左侧上、下肢伸肌和右侧屈肌的肌紧张增强,使躯干向右侧偏移;旋转停止时,肌紧张的改变与上述相反,使躯干向左侧偏移。直线变速运动或旋转变速运动引起姿势反射的结果,常与发动这些反射的刺激相对抗,其意义在于维持机体一定的姿势和保持身体平衡。

2. 眼震颤 由旋转运动刺激前庭器官所引起的一种眼球特殊运动,称为眼震颤。眼震颤主要是由半规管受刺激引起的,震颤的方向也随受到刺激的半规管不同而不同。由于人类在水平面上的活动较多,因此水平震颤最为常见(图9-14)。眼震颤慢动相的方向与旋转方向相反,是由于对前庭器官的刺激而引起的,而快动相的方向与旋转方向一致,是中枢进行矫正的运动。临床上用快动相来表示眼震颤的方向。如果眼震颤的持续时间过长,说明前庭功能过敏。反之,说明前庭功能减弱。

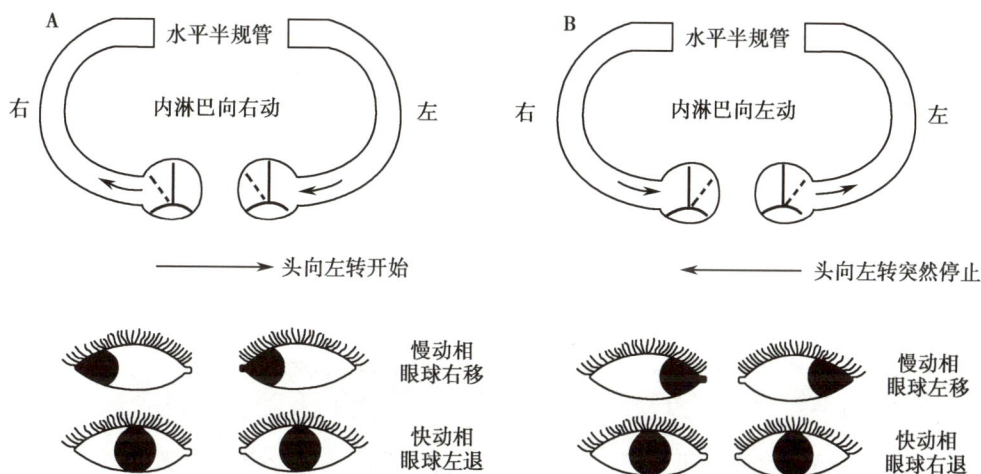

图9-14 旋转变速运动时水平半规管壶腹嵴毛细胞受刺激情况和眼震颤方向示意图
A. 旋转开始时的眼震颤方向;B. 旋转突然停止后的眼震颤方向

3. 前庭自主神经反应 人类前庭器官受到过强或过久的刺激,或前庭器官对刺激过于敏感时,常出现一系列内脏反应,如恶心、呕吐、眩晕、皮肤苍白、心率加快、血压下降等现象,称为前庭自主神经反应,主要表现为以迷走神经兴奋占优势的反应。在前庭感受器过度敏感的人,一般的前庭刺激也会引起自主神经反应,严重时可导致晕车、晕船或航空病。

第四节　嗅觉、味觉和皮肤感受器的功能

一、嗅觉感受器的功能

人的嗅觉器官是鼻，嗅觉感受器是位于上鼻道及鼻中隔后上部的嗅上皮，感受细胞是嗅细胞。嗅细胞顶部有嗅纤毛，底部的突起是无髓纤维并组成嗅丝，嗅丝穿过筛板进入嗅球，再达嗅觉中枢。

嗅觉感受器的适宜刺激是空气中可挥发性有机化学物质。自然界能引起嗅觉的气味物质可达两万余种，而人类能分辨和记忆一万种不同的气味。一般认为，多种不同的气味是由七种基本气味组合而成，即樟脑味、麝香味、花草味、乙醚味、薄荷味、辛辣味、腐腥味等。人类之所以能辨别如此多的气味，原因是人大约有 1 000 种嗅觉感受器细胞，而每个嗅觉感受器细胞与不同嗅质的结合程度不同，一个嗅觉感受器细胞可对多种嗅质起反应，一个嗅质又可激活多种嗅觉感受器细胞。通过大量的组合，便形成大量的气味模式。虽然嗅觉感受器细胞可对多种气味起反应，但敏感度不同，而且不同动物的嗅觉敏感程度差异也很大；嗅觉感受器有明显的适应现象，所谓"入芝兰之室，久而不闻其香；入鲍鱼之肆，久而不闻其臭"就是嗅觉适应的良好例子。但某种气味适应之后，对其他气味仍很敏感。

二、味觉感受器的功能

人的味觉器官是舌，味觉感受器是味蕾，主要分布在舌背部表面和舌缘的黏膜内；感受细胞是味觉细胞，其顶端有味毛，是味觉感受的关键部位。味觉感受器的适宜刺激是一些溶于水的化学物质。一般认为各种味觉是由酸、甜、苦、咸四种基本味觉组合而成。舌尖部对甜味比较敏感，舌两侧后部对酸味比较敏感，舌两侧前部对咸味比较敏感，舌根部对苦味比较敏感。味觉的敏感程度往往受食物温度的影响，在 20～30℃ 味觉的敏感度最高。另外，味觉的分辨力和对某些食物的偏爱，也受血液中化学成分的影响，例如肾上腺皮质功能减退的患者，血液中钠离子减少，这种患者喜食咸味食物。味觉感受器也是一种快适应感受器，某种味质长时间刺激时，味觉的敏感度就迅速降低。如果通过舌的运动移动味质的部位，可使适应变慢。

三、皮肤感觉感受器的功能

一般认为皮肤感觉主要有四种，即触觉、压觉、温度觉（冷觉和热觉）及痛觉。

（一）触觉和压觉

触觉和压觉感受器的适宜刺激是机械刺激。触觉是轻微的机械刺激兴奋了皮肤浅层的触觉感受器引起的，压觉是较强的机械刺激导致深部组织变形时使压觉感受器兴奋引起的，两者在性质上类似，可统称为触 - 压觉。触、压点在皮肤的分布密度与该部位对触、压觉的敏感程度成正比，如颜面、口唇、指尖等处密度最高，胸、腹部次之，手背、背部、足部等处最低。触、压觉感受器可以是游离神经末梢（如在角膜）、毛囊感受器，也可以是带有附属结构的环层小体或触觉小体等。

（二）温度觉

冷觉和热觉合称为温度感觉，分别由冷、热觉两种感受器的兴奋所引起。皮肤上分布着冷点和热点，一般皮肤表面的冷点较热点多。冷点下方主要分布有游离神经末梢，由Ⅲ类纤维传导神

经冲动；热觉感受器可能也是游离神经末梢，由无髓的Ⅳ类纤维传导冲动。皮肤的温度感觉受皮肤的基础温度、温度的变化速度及被刺激皮肤的范围等因素的影响。

（三）痛觉

痛觉由可能损伤或已经造成皮肤损伤的各种性质的刺激引起，它们除引起痛的感觉外，还常伴有强烈的情绪反应。这类感受器都是游离神经末梢。

（师淑君）

？ 复习思考题

1. 简述感受器的一般生理特性。
2. 简述屈光不正的种类、成因及矫正方法。
3. 简述视网膜两种感光系统的功能特征。
4. 简述正常人看近物时，眼的调节及意义。

扫一扫，测一测

思维导图

第十章　神经系统的功能

1. 掌握突触的概念及突触传递的过程，中枢兴奋传递的特征，内脏痛及牵涉痛的概念及临床意义，自主神经的递质与受体。

2. 熟悉神经元与神经纤维的作用，牵张反射的概念及类型，脑干、小脑与大脑皮质对躯体运动的调节，基底神经节对躯体运动的调节，自主神经的主要功能，觉醒与睡眠。

3. 了解中枢神经元间的联系方式，学习记忆，大脑皮质的电活动，人类大脑皮质活动的特征。

神经系统在人体生理功能调节中起主导作用。体内各系统和器官都在神经系统的调控下，协调地完成各自的生理功能，并能对体内外各种环境作出迅速而完善的适应性功能活动调节，共同维持整体的正常生命活动。

思政元素

大国名医　创世楷模——著名神经外科专家王忠诚院士

王忠诚是我国著名的神经外科专家、中国神经外科事业的开拓者和创始人之一。1952年，王忠诚从朝鲜战场回到天津，成为新中国第一批神经外科医生。1965年，王忠诚用7年时间积累了2 500份脑血管造影资料，出版了我国第一部《脑血管造影术》专著，使我国神经外科诊断水平一步跨越了30年。王教授带领中国神经外科从无到有，逐渐强大，直至步入国际先进水平行列，在生命禁区的方寸之地执着坚守60余载，让无数患者看到了生命的光亮。他是世界唯一完成开颅手术逾万例的医生，也因此被誉为"万颅之魂"。至今，他已做了600余例脑干肿瘤手术，数量之多，死亡率之低，始终保持世界第一。王忠诚院士的敬业精神、扎实学识、精湛医术、卓越事迹是我们每一位医学生学习的榜样。作为新时代的医学生，要牢记初心，为祖国的医学事业贡献自己的绵薄之力。强国有我！勇毅前行！

第一节　神经元与神经胶质细胞的一般功能

一、神　经　元

（一）神经元的一般结构与功能

与机体其他器官系统一样，神经细胞是构成复杂的神经系统的基本结构和功能单位。人类中枢神经系统内含有10^{11}个神经元，其形态和大小差别很大，但大多数神经元与典型的脊椎运动神经元相似，由胞体和突起两部分组成，突起有树突和轴突两种。轴突的末端分成许多分支，每个分支末梢的膨大部分称为突触小体，它与另一个神经元相接触而形成突触。轴突和感觉神经元的树突两者统称为轴索，轴索外面包有髓鞘或神经膜成为神经纤维（图 10-1）。

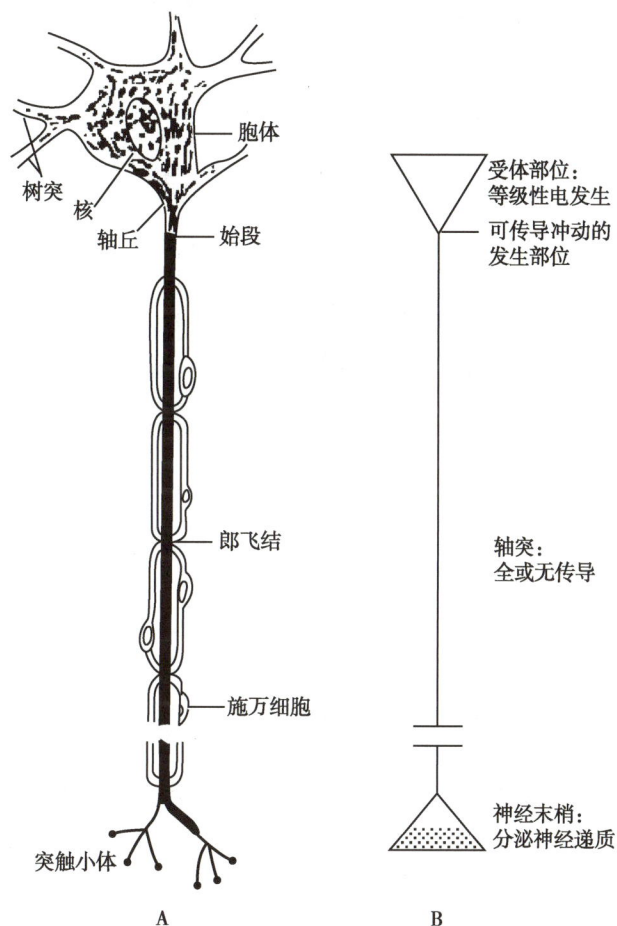

图 10-1　神经元及其功能分段示意图

A. 有髓运动神经元；B. 神经元功能分段

神经元的基本功能是接受刺激和传递信息。神经系统的调节活动以反射的形式进行，反射中枢的神经元通过传入神经接受来自体内外环境变化的刺激信息，并对这些信息加以分析、综合和储存，再经过传出神经把指令传到所支配的器官和组织，产生调节和控制效应。有些神经元除能接受传入信息外，还能分泌激素，将神经信号转变为体液信号。

（二）神经纤维的功能与分类

神经纤维的主要功能是传导兴奋。在神经纤维上传导的兴奋或动作电位称为神经冲动。不同类型的神经纤维传导兴奋的速度差别很大，这与神经纤维直径的大小、有无髓鞘、髓鞘的厚度及温度的高低等因素有关。一般而言，有髓鞘神经比无髓鞘神经传导速度快，神经纤维直径大的比直径小的传导速度快。

神经纤维传导兴奋具有以下特征：①完整性：神经纤维只有在其结构和功能都完整时才能传导兴奋；如果神经纤维受损或被切断，或局部应用麻醉剂时，兴奋传导将受阻。②绝缘性：一根神经干内含有许多神经纤维，但多条神经纤维同时传导兴奋时基本上互不干扰，其主要原因是细胞外液对电流的短路作用，使局部电流主要在一条神经纤维上构成回路。③双向性：人为刺激神经纤维上任何一点，只要刺激强度足够大，引起的兴奋可沿纤维同时向两端传播。但在体内时，由于轴突总是将神经冲动由胞体传向末梢，表现为传导的单向性，这是由突触的极性所决定的。④相对不疲劳性：连续电刺激神经一分钟至十几小时，神经纤维仍能保持其传导兴奋的能力，表现为不容易发生疲劳。

根据神经纤维兴奋传导速度的差异，将哺乳动物周围神经纤维分为 A、B、C、三类，其中 A 类纤维又分为 α、β、γ、δ 四个亚类（表 10-1）。

表 10-1　哺乳类动物周围神经纤维的分类

纤维分类	功能	纤维直径（μm）	传导速度（m/s）	相当传入纤维类型
A 有髓鞘				
α	本体感觉躯体运动	13～22	70～120	I
β	触 - 压觉	8～13	30～70	II
γ	支配梭内肌	4～8	15～30	
δ	痛 - 温触觉，压觉	1～4	12～30	III
B 有髓鞘	自主神经节前纤维	1～3	3～5	
C 无髓鞘				
后跟	痛 - 温触觉，压觉	0.4～1.2	0.6～2.0	
交感	交感节纤维	0.3～1.3	0.7～2.3	IV

（三）神经纤维的轴浆运输

轴突内的轴浆经常在流动，轴浆流动具有运输物质的作用，故称为轴浆运输。轴浆运输对维持神经元的解剖和功能的完整性具有重要意义。

轴浆运输可分为自胞体向轴突末梢的顺向轴浆运输和末梢到胞体的逆向轴浆运输两类。神经生长因子就是通过逆向轴浆运输而作用于神经元胞体的。有些病毒（如狂犬病病毒）和毒素（如破伤风毒素），也可在末梢被摄取，然后被逆向运输到神经元的胞体。

（四）神经的营养性作用

神经纤维对所支配的组织除发挥调节作用（功能性作用）外，神经末梢还经常释放一些营养性因子，可持续调节所支配组织的代谢活动，影响其结构和功能。神经纤维的这种作用称为营养性作用。神经的营养性作用在切断神经后表现更为明显。如脊髓灰质炎的患者，脊髓前角运动神经元病变并丧失功能，它所支配的肌肉则发生萎缩。

二、神经胶质细胞

（一）神经胶质细胞的特征

人类神经系统含有 $(1～5)×10^{12}$ 个神经胶质细胞，其数量为神经元的 10～50 倍。神经胶质细胞广泛分布于周围和中枢神经系统，在周围神经系统，有包绕轴索形成髓鞘的施万细胞和脊神经节中的卫星细胞；在中枢神经系统，则主要有星形胶质细胞、少突胶质细胞和小胶质细胞。

（二）神经胶质细胞的功能

1. **支持作用**　星形胶质细胞以其长突起在脑和脊髓内交织成网而构成支持神经元的支架。

2. **修复和再生作用**　如脑和脊髓受伤时，小胶质细胞能转变成巨噬细胞，清除变性的神经组织碎片；而星形胶质细胞则能依靠增生来填充缺损，但过度增生则可能形成肿瘤。

3. **免疫应答作用**　星型胶质细胞有抗原呈递作用。

4. **其他功能**　神经胶质细胞还有物质代谢、营养支持及绝缘屏障等作用。

第二节　突触传递

一、突触的结构

一个神经元轴突与另一个神经元的胞体或突起相互接触并传递信息的部位称为突触。根据信息传递媒介物的不同，突触可分为化学性突触和电突触。前者的信息传递媒介物是神经递质，后者的信息传递媒介物则是局部电流。本节主要介绍化学性突触。

1. 突触结构　典型的突触一般由突触前膜、突触间隙和突触后膜三部分组成。电镜下，突触前膜和突触后膜较一般神经元膜稍厚，约 7.5mm，突触间隙宽 20～40nm。在突触前膜内侧的轴浆内，含有较多的线粒体和大量囊泡即突触小泡，其直径为 20～80nm。内含高浓度的神经递质（图 10-2）。

2. 突触的分类　根据神经元互相接触的部位，通常将经典的突触分为三类。

（1）轴突-树突式突触：由前一神经元的轴突与后一神经元的树突相接触而形成的突触。这类突触最为多见。

（2）轴突-胞体式突触：为前一神经元的轴突与后一神经元的胞体相连接而形成的突触。这类突触较为多见。

（3）轴突-轴突式突触：为前一神经元的轴突与另外一种神经元的轴突相接触而形成的突触。这类突触是构成突触前抑制和突触前易化的重要结构基础。

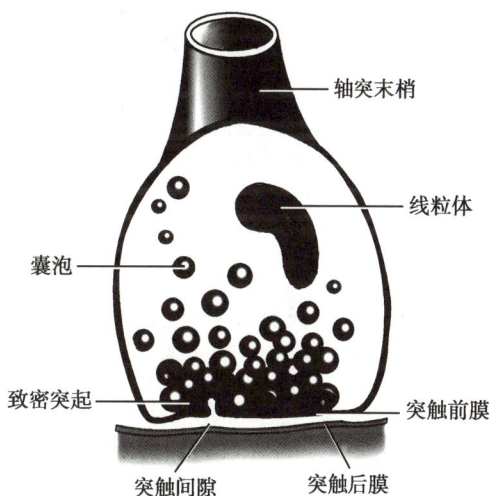

图 10-2　突触结构模式图

二、突触传递

1. 突触传递的过程　当突触前神经元的兴奋传到神经末梢时，突触前膜发生去极化，去极化达一定水平时，前膜上电压门控 Ca^{2+} 进入突触前末梢内，可与轴浆中的钙调蛋白结合为复合物，通过激活钙调蛋白中的蛋白激酶，使结合于突触小泡外表面的突触蛋白发生磷酸化，结果引起突触小泡内递质的量子式释放。递质释放入突触间隙后，经扩散抵达突触后膜，作用于后膜上特异性受体或化学门控通道，引起后膜对某些离子通透性的改变，使某些带电离子进出后膜，突触后膜即发生一定程度的去极化或超极化。这种发生在突触后膜上的电位变化称为突触后电位。

2. 突触后电位　在突触传递过程中，发生在突触后膜上的电位变化称为突触后电位。根据突触后膜发生去极化或超极化，可将突触后电位分为兴奋性突触后电位和抑制性突触后电位两种。

（1）兴奋性突触后电位：突触后膜在递质作用下发生去极化，使该突触后神经元的兴奋性升高，这种电位变化称为兴奋性突触后电位（EPSP）。例如，脊髓前角神经元接受肌梭的传入纤维投射而形成突触联系，当电刺激相应肌梭的传入纤维后约 0.5 毫秒，运动神经元胞体的突触后膜即发生去极化，这是一种快 EPSP。它和骨骼肌终板电位一样，属于局部兴奋。EPSP 的形成机制是兴奋性递质作用于突触后膜的相应受体,使配体门控通道开放,突触后膜对 Na^+ 和 K^+ 的通透性增大。由于 Na^+ 的内流大于 K^+ 的外流,故发生净的正离子内流,导致细胞膜的局部去极化(图 10-3)。

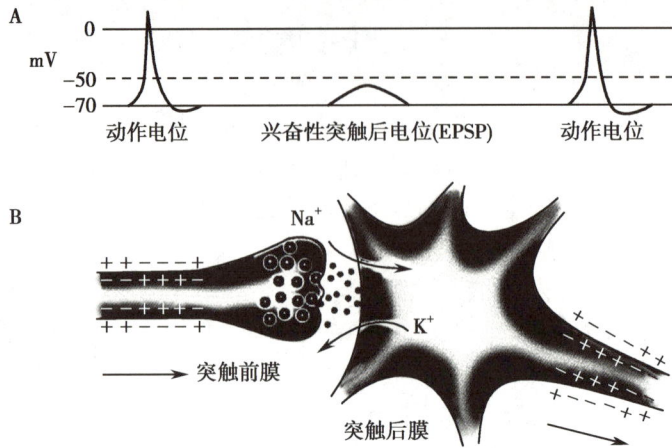

图 10-3　兴奋性突触后电位产生示意图

A. 电位变化;B. 突触传递

(2)抑制性突触后电位:突触后膜在递质作用下发生超极化,使该突触后神经元的兴奋性下降,这种电位变化称为抑制性突触后电位(IPSP)。例如,来自伸肌肌梭的传入冲动,在兴奋脊髓伸肌运动神经元的同时,通过抑制性中间神经元转而抑制脊髓屈肌运动神经元。电刺激伸肌肌梭的传入纤维,屈肌运动神经元胞体膜则出现超极化,这是一种快 IPSP。其产生机制为抑制性递质作用于突触后膜,使后膜上的配体门控 Cl^- 通道开放。这种配体门控通道和上述引起兴奋性突触后电位的通道不同,它的开放引起 Cl^- 内流,结果突触后膜发生超极化(图 10-4)。

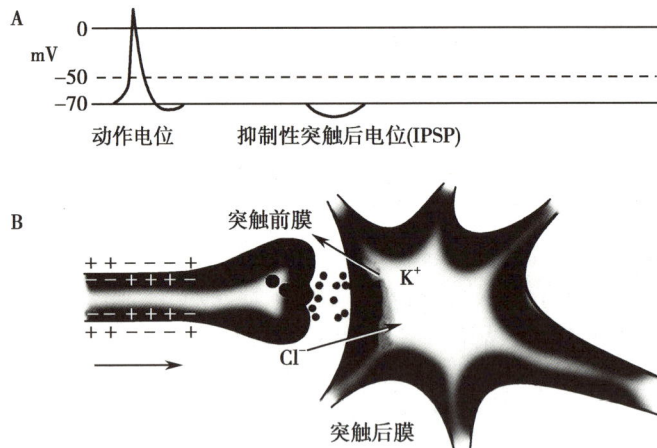

图 10-4　抑制性突触后电位产生示意图

A. 电位变化;B. 突触传递

课堂互动

大家都有过这样的经历吧,每当压力大的时候,很想吃甜食来缓解一下紧张焦虑的状态和情绪,那么你知道摄入甜食后我们的机体会释放哪些神经递质来参与缓解心情呢?让我们带着这样的好奇心来开始我们的神经递质学习之旅吧。

三、神经递质和受体

突触传递过程中,以神经递质作为信息传递的媒介物,神经递质只有作用于相应的受体才能完成信息传递。因此,神经递质和受体是突触传递最重要的物质基础。

(一)神经递质

1. 神经递质的概念 是指由突触前神经元合成并在末梢处释放,能特异性作用于突触后神经元或效应器细胞上的受体,并使突触后神经元或效应器细胞产生一定效应的信息传递物质(表10-2)。简言之,递质就是传递信息的化学物质。

表10-2 哺乳动物神经递质的分类

分类	主要成员
胆碱类	乙酰胆碱
胺类	多巴胺、去甲肾上腺素、肾上腺素、组胺、5-羟色胺
氨基酸类	谷氨酸、天冬氨酸、甘氨酸、γ-氨基丁酸
肽类	下丘脑调节肽、血管升压素、催产素、速激肽、阿片肽、脑-肠肽、心房钠尿肽、血管活性肽、血管紧张素Ⅱ、降钙素基因相关肽、神经肽Y等
嘌呤类	腺苷、ATP
气体类	一氧化氮、一氧化碳
脂类	神经类固醇、花生四烯酸

2. 递质的共存现象 过去一直认为,一个神经元内只存在一种递质,其全部末梢只释放同一种递质,这一观点称为戴尔原则。现已发现可有两种或两种以上的递质(包括调质)共存于同一神经元内,这种现象称为递质共存。递质共存的意义在于协调某些生理过程。

3. 递质的代谢 包括递质的合成、储存、释放、降解、再摄取和再合成等步骤。乙酰胆碱和胺类递质在有关合成酶的催化下,多在胞质中合成后被摄取入突触小泡内储存。肽类递质则在基因调控下,通过核糖体的翻译和翻译后的酶切加工等过程而形成。递质作用于受体并产生效应后,很快即被消除。消除的方式主要有酶促降解和被突触前末梢重摄取等。乙酰胆碱的消除依靠突触间隙中的胆碱酯酶,后者能迅速水解乙酰胆碱为胆碱和乙酸而失活,胆碱则被重新摄取回末梢内,用于合成乙酰胆碱;去甲肾上腺素大多通过末梢的重摄取、少量通过酶促降解而被消除;肽类递质的消除主要依靠酶促降解。

(二)主要的递质和受体系统

1. 乙酰胆碱及其受体 乙酰胆碱(acetylcholine, Ach)是胆碱的乙酰酯,由胆碱和乙酰辅酶A在胆碱乙酰转移酶的催化下合成。合成在胞质中进行,然后被输送到末梢储存于突触小泡内。以乙酰胆碱为递质的神经元称为胆碱能神经元。胆碱能神经元在中枢分布极为广泛,如脊髓前角运动神经元,脑干网状结构上行激动系统的各个环节、纹状体、边缘系统的梨状区、杏仁核、海马等部位都含有乙酰胆碱。以乙酰胆碱为递质的神经纤维称为胆碱能纤维。在外周,支配骨骼肌的运动神经纤维、所有自主神经节前纤维、大多数副交感节后纤维(少数释放肽类或嘌呤类递质的纤维除外)、少数交感节后纤维(如支配多数小汗腺引起温热性发汗和支配骨骼肌血管引起防御反应性舒血管效应的纤维),都属于胆碱能纤维。

能与乙酰胆碱特异性结合的受体称为胆碱能受体。根据其药理特性,胆碱能受体可分为毒蕈碱受体(M 受体)和烟碱受体(N 受体)两类,它们因分别能与天然植物中的毒蕈碱和烟碱这两种生物碱相结合并产生两类不同生物效应而得名。两类受体广泛分布于中枢和周围神经系统。分布有胆碱能受体的神经元称为胆碱能敏感神经元。中枢胆碱能系统几乎参与了神经系统所有的功能,包括学习和记忆、觉醒与睡眠、感觉与运动、内脏活动及情绪等多方面的调节活动。

　　在外周,毒蕈碱受体分布于大多数副交感节后纤维(除少数释放肽类或嘌呤类递质的纤维外)所支配的效应器细胞、交感神经节后纤维所支配的汗腺及骨骼肌血管的平滑肌细胞等的细胞膜上。它们均为 G- 蛋白偶联受体。当毒蕈碱受体激活时,可改变细胞内第二信使(cAMP 或 IP_3、DG)的浓度,进而产生一系列自主神经效应,包括心脏活动抑制,支气管平滑肌、胃肠平滑肌、膀胱逼尿肌、虹膜环形肌收缩,消化腺、汗腺分泌增加和骨骼肌血管舒张等。这些作用称为毒蕈碱样作用,简称 M 样作用。毒蕈碱样作用可被 M 受体拮抗剂阿托品所阻断。烟碱受体存在于自主神经节后神经元的突触后膜和神经 - 骨骼肌接头的终板上。小剂量乙酰胆碱能兴奋自主神经节后神经元,也能引起骨骼肌收缩,而大剂量乙酰胆碱则可阻断自主神经节的突触传递。这些作用称为烟碱样作用,简称 N 样作用。烟碱样作用不能被阿托品阻断,但能被筒箭毒碱阻断。N 受体可再分为 N_1 和 N_2 受体两种亚型,前者分布于中枢神经系统和周围神经系统的自主神经节突触后膜上,可被六烃季铵特异性阻断;后者位于神经与骨骼肌接头的终板膜上,可被十烃季铵特异性阻断。

　　2. 去甲肾上腺素和肾上腺素及其受体　去甲肾上腺素(noradrenaline,NA 或 norepinephrine,NE)和肾上腺素(epinephrine,E 或 adrenaline,A)都属于儿茶酚胺,即含有邻苯二酚基本结构的胺类。去甲肾上腺素的合成原料是酪氨酸,酪氨酸在胞质内的酪氨酸羟化酶和多巴脱羧酶作用下形成多巴胺,多巴胺进入突触小泡,由多巴胺 -β 羟化酶催化而转变为去甲肾上腺素。在肾上腺髓质嗜铬细胞和部分脑干神经元内还含有苯乙醇胺氮位甲基移位酶,可将去甲肾上腺素甲基化为肾上腺素。

　　在中枢,以去甲肾上腺素为递质的神经元称为去甲肾上腺素能神经元。其胞体绝大多数位于低位脑干,尤其是中脑网状结构、脑桥的蓝斑核及延髓网状结构的腹外侧部分。其纤维投射分上行部分、下行部分和支配低位脑干部分。上行部分投射到大脑皮质、边缘前脑和下丘脑;下行部分投射至脊髓后角的胶质区、侧角和前角;支配低位脑干部分分布在低位脑干内部。以肾上腺素为递质的神经元称为肾上腺素能神经元,其胞体主要分布在延髓。在外周,尚未发现以肾上腺素为递质的神经纤维,肾上腺素只是作为一种由肾上腺髓质合成和分泌的内分泌激素。多数交感神经节后纤维(除支配汗腺和骨骼肌血管的交感胆碱能纤维外)释放的递质是去甲肾上腺素,以去甲肾上腺素为递质的神经纤维称为肾上腺素能纤维。

　　能与去甲肾上腺素结合的受体称为肾上腺素能受体,主要分为 α 型肾上腺素能受体(α 受体)和 β 型肾上腺素能受体(β 受体)两种。α 受体又有 $α_1$ 受体和 $α_2$ 受体两种亚型,β 受体分为 $β_1$ 受体、$β_2$ 受体和 $β_3$ 受体 3 种亚型。肾上腺素能受体都属于 G- 蛋白偶联受体,它们广泛分布于中枢和周围神经系统。分布有肾上腺素能受体的神经元称为肾上腺素能敏感神经元。中枢内的去甲肾上腺素能神经元的功能主要涉及心血管活动、情绪、体温、摄食和觉醒等方面的调节。中枢内的肾上腺素能神经元可能在心血管活动的调节中参与作用。在外周,多数交感神经节后纤维末梢支配的效应器细胞膜上都有肾上腺素能受体,但在某一效应器官上不一定都有 α 和 β 受体,有的仅有 α 受体,有的仅有 β 受体,也有的兼有两种受体。例如,在心脏主要存在 β 受体;在血管平滑肌上则有 α 和 β 两种受体,但在皮肤、肾、胃肠的血管平滑肌上以 α 受体为主,而在骨骼肌和肝脏的血管则以 β 受体为主。去甲肾上腺素对 α 受体的作用较强,对 β 受体的作用较弱;肾上腺素对 α 受体和 β 受体的作用都很强;异丙肾上腺素主要对 β 受体有强烈作用。一般而言,去甲肾上腺素与 α 受体(主要是 $α_1$ 受体)结合后产生的平滑肌效应主要是兴奋性的,包括血管、子宫、虹膜辐射状肌等的收缩,但也有抑制性的,如小肠平滑肌舒张;去甲肾上腺素与 β 受体(主要是 $β_2$ 受体）结合后产生的平滑肌效应是抑制性的，包括血管、子宫、小肠、支气管等的舒张，但与心肌 β_1 受体结合产生的效应却是兴奋性的。β_3 受体主要分布于脂肪组织，与脂肪分解有关。酚妥拉明能阻断 α 受体，但主要是 α_1 受体。哌唑嗪和育亨宾分别可选择性阻断 α_1 受体和 α_2 受体。α_2 受体主要存在于突触前膜，属于突触前受体。临床上可用 α_2 受体激动剂可乐定治疗高血压。普萘洛尔（心得安）能阻断 β 受体，但对 β_1 受体和 β_2 受体无选择性。阿替洛尔和美托洛尔主要阻断 β_1 受体，而丁氧胺（心得乐）则主要阻断 β_2 受体。

3. 多巴胺及其受体　　多巴胺（DA）也属于儿茶酚胺类。多巴胺系统主要存在于中枢，包括黑质 - 纹状体、中脑边缘系统和结节 - 漏斗三个部分。脑内的多巴胺主要由黑质产生，沿黑质 - 纹状体投射系统分布，在纹状体储存，其中以尾核含量最多。多巴胺系统主要参与对躯体运动、精神情绪活动、垂体内分泌功能及心血管活动等的调节。

4. 5- 羟色胺及其受体　　5- 羟色胺（5-HT）系统也主要存在于中枢。5- 羟色胺能神经元胞体主要集中于低位脑干的中缝核内。5- 羟色胺受体多而复杂，已知有 7 种受体。其中 5-HT$_3$ 受体是离子通道型受体，其余大多数是 G- 蛋白偶联受体。5- 羟色胺系统主要调节痛觉、神经情绪、睡眠、体温、性行为、垂体内分泌等功能活动。

5. 组胺及其受体　　下丘脑后部的结节乳头核内含组胺能神经元的胞体，其纤维几乎到达中枢的所有部分，包括大脑皮质和脊髓。组胺的 3 种受体 H$_1$ 受体、H$_2$ 受体和 H$_3$ 受体广泛存在于中枢和周围神经系统内。组胺系统可能与觉醒、性行为、腺垂体、激素的分泌、血压、饮水和痛觉等调节有关。

6. 其他可能的递质　　气体分子一氧化氮（NO）和一氧化碳（CO）具有某些神经递质的特征。已发现某些神经元含有一氧化氮合酶，它能使精氨酸生成 NO。NO 能直接结合并激活鸟苷酸环化酶，从而引起生物效应。

四、反射弧中枢部分的活动规律

反射弧的中枢部分通常是指中枢神经系统中调节某一特定生理功能的神经元群。反射中枢的范围可相差很大。一般而言，较简单的反射活动，参与的中枢范围较窄，如膝反射的中枢在腰段脊髓，角膜反射的中枢在脑桥等。但一个复杂生命活动的调节，则参与的中枢范围较广。如调节呼吸运动的中枢广泛分布于延髓、脑桥、下丘脑以至大脑皮质等多级水平。

（一）反射活动的中枢控制

反射的基本过程是：感受器接受刺激，经传入神经将刺激信号传递给神经中枢，由中枢进行分析处理，然后再经传出神经，将指令传到效应器，产生效应。在进行反射活动时，既有初级水平的整合活动，也有较高级水平的整合活动，在通过多级水平的整合后，反射活动更具有复杂性和适应性。中枢的活动除可通过传出神经直接控制效应器外，有时传出神经还能作用于内分泌腺，通过后者释放激素间接影响效应器活动，是内分泌调节的延伸部分。这种反射效应往往比较缓慢、持久，而且范围广泛。

（二）中枢神经元的联系方式

神经元依其在反射弧中的不同地位可分为传入神经元、中间神经元和传出神经元，其中以中间神经元最多。中枢神经元之间的联系主要有以下几种方式（图10-5）。

1. 单线式联系　　单线式联系是指一个突触前神经元仅与一个突触后神经元发生突触联系。其实，真正的单线式联系很少见，会聚程度较低的突触联系通常可被视为单线式联系。

2. 辐射和聚合式联系　　辐射式联系是指一个神经元可通过其轴突末梢分支与多个神经元形成突触联系，从而使与之相联系的许多神经元同时兴奋或抑制。这种联系方式在传入通路中较多见。聚合式联系是指一个神经元可接受来自许多神经元的轴突末梢而建立突触联系，因而有可能使来源于不同神经元的兴奋和抑制在同一神经元上发生整合,导致后者兴奋或抑制。这种联系方式在传出通路中较为多见。

3．链锁式和环式联系　在中间神经元之间,由于辐散与聚合式联系同时存在而形成链锁式联系或环式联系。神经冲动通过链锁式联系,在空间上可扩大作用范围;兴奋冲动通过环式联系,或因负反馈而使活动及时终止,或因正反馈而使兴奋增强和延续。在环式联系中,即使最初的刺激已经停止,传出通路上冲动发放仍能持续一段时间,这种现象称为后发放或后发电。

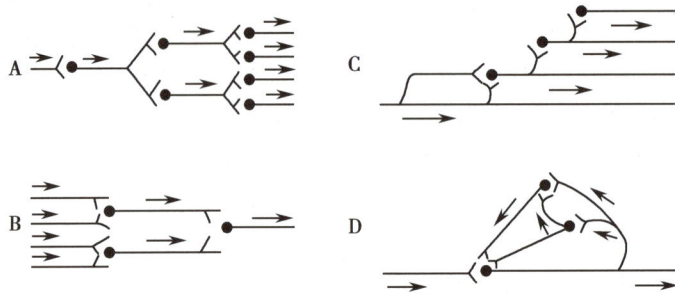

图10-5　中枢神经元的四种联系方式
A. 辐射式;B. 聚合式;C. 链锁式;D. 环式

（三）中枢兴奋传播的特征

兴奋在反射弧中枢部分传播时,往往需要通过1次以上的突触接替。当兴奋通过化学性突触传递时,由于突触结构和化学递质参与等因素的影响,其兴奋传递明显不同于神经纤维上的冲动传导,主要表现为以下几方面的特征:

1．单向传播　在反射活动中,兴奋经化学性突触传递,只能向一个方向传播,即从突触前末梢传向突触后神经元。这是由突触结构的极性所决定,因为神经递质通常由突触前膜释放,且通常作用于后膜受体。

2．中枢延搁　兴奋通过反射中枢时往往较慢,这一现象称为中枢延搁。这是由于兴奋经化学性突触传递时需经历前膜释放递质、递质在间隙内扩散并作用于后膜受体,以及后膜离子通道开放等多个环节,因而所需时间较长。兴奋通过一个化学性突触通常需要0.3～0.5毫秒,这比兴奋在同样长的神经纤维上传导要慢得多。如果反射通路上跨越的化学性突触数目越多,则兴奋传递所需的时间也越长。

3．兴奋的总和　在反射活动中,单根神经纤维的传入冲动一般不能使中枢发出传出效应;若干神经纤维的传入冲动同时到达同一中枢,才可能产生传出效应。这是因为单根纤维传入冲动引起的EPSP是局部电位,它不能引发突触后神经元的扩布性动作电位;但若干传入纤维引起的多个EPSP可发生空间总和与时间总和,如果去极化总和达到阈电位,即可暴发动作电位;如果总和未到达阈电位,此时突触后神经元虽未出现兴奋,但其兴奋性有所提高,即表现为易化。

4．兴奋节律的改变　如果测定某一反射弧的传入神经(突触前神经元)和传出神经(突触后神经元)在兴奋传递过程中的放电频率,两者往往不同。这是因为突触后神经元常同时接受多个突触前神经元的信号传递,突触后神经元自身的功能状态也可能不同,并且反射中枢常经过多个中间神经元接替,因此最后传出冲动的节律取决于各种影响因素的综合效应。

5．后发放　后发放可发生在环式联系的反射通路中。此外,在各种神经反馈活动中,如随意运动时中枢发出的冲动到达骨骼肌引起肌肉收缩后,骨骼肌内的肌梭不断发出传入冲动,将肌肉的运动状态和被牵拉的信息传入中枢。这些反馈信息用于纠正和维持原先的反射活动,也是产生后发放的原因之一。

6. 对内环境变化敏感和容易发生疲劳 因为突触间隙与细胞外液相通，因此内环境理化因素的变化，如缺氧、CO_2 过多、麻醉剂及某些药物等均可影响突触传递。另外，用高频电脉冲连续刺激突触前神经元，突触后神经元的放电频率会逐渐降低；而将同样的刺激施加于神经纤维，则神经纤维的放电频率在较长时间内不会降低。说明突触传递相对容易发生疲劳，可能与递质的耗竭有关。

（四）中枢抑制

中枢抑制是主动的过程。任何反射活动中，反射中枢总是既有兴奋又有抑制，反射活动才得以协调进行。中枢抑制可分为突触后抑制和突触前抑制。

1. 突触后抑制 哺乳类动物的突触后抑制都是由抑制性中间神经元释放抑制性递质，使突触后神经元产生 IPSP，从而使突触后神经元发生抑制的。突触后抑制有传入侧支性抑制和回返性抑制两种形式。

（1）传入侧支性抑制：传入纤维进入中枢后，一方面通过突触联系兴奋某一中枢神经元；另一方面通过侧支兴奋一个抑制性中间神经元，再通过后者的活动抑制另一中枢神经元。这种抑制称为传入侧支性抑制。例如，屈肌肌梭的传入纤维进入脊髓后，直接兴奋伸肌运动神经元，同时发出侧支兴奋一个抑制中间神经元，转而抑制伸肌神经元，导致屈肌收缩而伸肌舒张。这种抑制能使不同中枢之间的活动得以协调（图10-6）。

（2）回返性抑制：中枢神经元兴奋时，传出冲动沿轴突外传，同时又经轴突侧支兴奋一个抑制性中间神经元，后者释放抑制性递质，反过来抑制原先发生兴奋的神经元及同一中枢的其他神经元。这种抑制称为回返性抑制。例如，脊髓前角运动神经元的轴突支配骨骼肌并发动运动，同时其轴突发出侧支与闰绍细胞构成突触联系；闰绍细胞兴奋时释放甘氨酸，回返性抑制原先发生兴奋的运动神经元和同类的其他运动神经元（图10-7）。其意义在于及时终止运动神经元的活动，或使同一中枢内许多神经元的活动同步化。

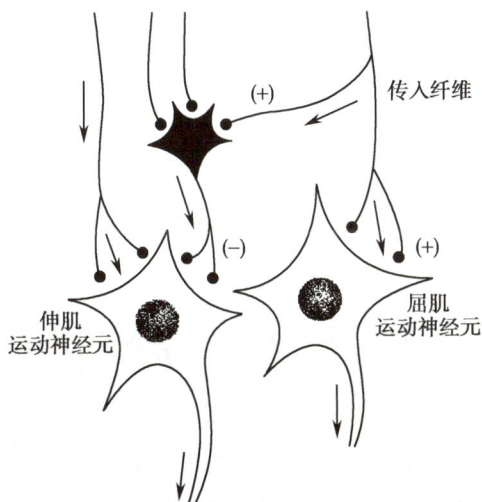

图 10-6 传入侧支性抑制示意图
黑色星形细胞为抑制性中间神经元 （+）兴奋 （−）抑制

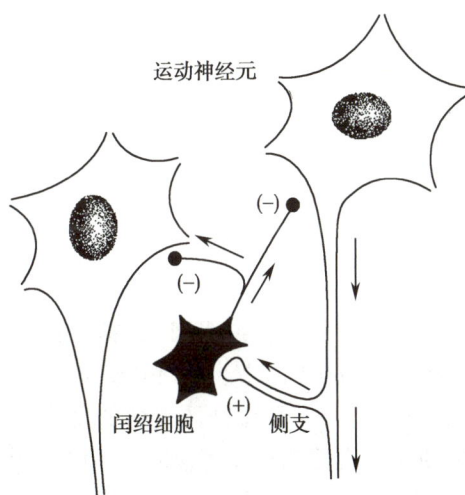

图 10-7 回返性抑制示意图
黑色星形细胞为抑制性中间神经元 （+）兴奋 （−）抑制

2. 突触前抑制 突触前抑制在中枢内广泛存在，尤其多见于感觉传入通路中，对调节感觉传入活动具有重要意义。如图 10-8 所示，轴突末梢 A 与活动神经元构成轴突 - 胞体式突触；轴突末梢 B 与末梢 A 构成轴突 - 轴突式突触，但与运动神经元不直接形成突触。若仅兴奋末梢 B，则运动神经元不发生反应。若末梢 B 先兴奋，一定时间后末梢 A 兴奋，则运动神经元产生的 EPSP 将明显减小。

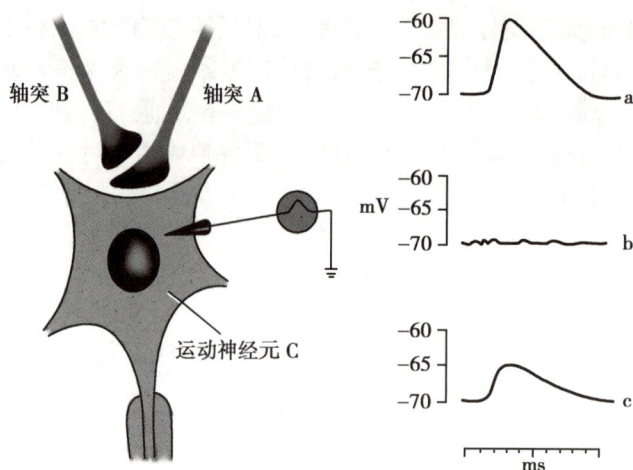

图 10-8　突触前抑制示意图

a. 单独刺激轴突 A，引起兴奋性突触后电位；b. 单独刺激轴突 B，不引起兴奋性突触后电位；c. 先刺激轴突 B，再刺激轴突 A，引起兴奋性突触后电位减小

第三节　神经系统的感觉分析功能

体内、外各种刺激，首先由感受器感受，然后被转换为传入神经上的神经冲动，并通过特定的神经通路传向特定的中枢加以分析。因此，各种感觉都是由感受器、特定的传入神经及相应中枢的共同活动完成的。

一、躯体感觉的中枢分析

（一）躯体感觉传导通路

机体的各种感受器接受刺激后，将刺激能转变成一连串传入神经冲动，沿着一定的神经传导通路传入脊髓和脊髓以上的各级中枢，最后到达大脑皮质，产生相应的感觉。

1. 脊髓与脑干　头面部外，全身的各种感觉传入，由脊髓上传到大脑皮质的传导通路，可分为浅感觉传导路和深感觉传导路。浅感觉传导路，传导躯干、四肢及颈部皮肤的痛、温和轻触觉。深感觉传导路，传导肌肉、肌腱及关节的位置觉、振动觉和精细触觉。但各种感觉传入（除嗅觉外）都必须在丘脑换元后才能到达大脑皮质。

2. 丘脑　在大脑皮质不发达的动物体内，丘脑是感觉的最高级中枢，可以整合内脏及躯体的传入冲动，经丘脑与基底核之间的联系，作出相应的反应。在人类，由于大脑皮质已发展成最高感觉整合中枢，丘脑只对感觉进行粗糙的分析与综合，但原属丘脑管理的传入冲动必须经丘脑才能到达大脑皮质。因此，丘脑成了感觉传导的换元接替站。丘脑的核团很多，从功能上大致可分为三类。

（1）感觉接替核：接受来自头面部、躯干、四肢及视听感觉的传入纤维，换元后投射到大脑皮质相应感觉区。

（2）联络核：接受来自特异感觉接替核和其他皮质下中枢发来的纤维，换元后投射到大脑皮质一定区域，参与各种感觉在丘脑与大脑皮质水平的联系协调。

（3）中缝核群：这类核群没有直接投到大脑皮质的纤维，它们接受脑干网状结构的上行冲动，间接地通过多突触接替换元后弥散地投射到整个大脑皮质。起着维持大脑皮质兴奋的作用。

（二）感觉投射系统

根据丘脑向大脑皮质投射特征不同，将感觉投射系统分为特异性投射系统与非特异性投射系统（图10-9）。

1. 特异性投射系统　除嗅觉外各种感觉传入到达丘脑，在丘脑换元后发出纤维投射到大脑皮质特定区域，这一投射系统称特异性系统。它的特点是：外周感受区域与皮质之间具有点对点的定位关系，其投射纤维主要终止在皮质的第4层。这一投射系统的功能是引起特定感觉，并激发大脑皮质发出传出神经冲动。

2. 非特异性投射系统　特异性感觉传入纤维经过脑干时发出侧支与脑干网状结构中的神经元发生突触联系，经多次换元后到达丘脑中缝核群，投射到大脑皮质的广泛区域，这一投射系统称非特异性投射系统。它的特点是：外周感受区与大脑皮质之间无点对点的投射关系，投射是弥散性的，因而不能产生特异感觉。非特异性投射系统

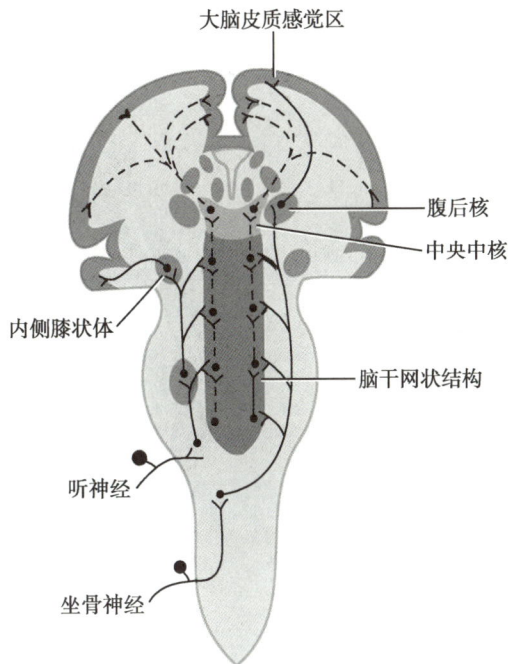

图 10-9　感觉投射系统示意图

的功能是维持或改变大脑皮质兴奋，使机体处于觉醒状态。实验证明，在中脑头端切断动物网状结构，动物出现昏睡，而刺激中脑网状结构能唤醒动物，这说明脑干网状结构内存在有上行唤醒作用的功能系统，称脑干网状结构上行激动系统。已证明，脑干网状结构上行激动系统主要是通过非特异性投射系统而发挥作用的。由于这一系统是多突触联系，因此容易受一些药物的影响而发生传导阻滞。例如，临床上常用的巴比妥类催眠药及麻醉药，可能就是部分阻滞上行激动系统的传导而发挥作用的。

特异性投射系统与非特异性投射系统之间的功能是密切联系的，机体要产生清晰的感觉，首先是非特异性系统的作用造成大脑皮质一定程度的广泛兴奋背景，在此背景上特异性投射系统才发挥作用。

二、大脑皮质的感觉代表区

1. 第一感觉区　中央后回是全身体表感觉主要投射区域，称第一感觉区。此区的投射规律是：①交叉性投射，即一侧体表感觉传入投射到对侧大脑皮质相应区域，但头面部的感觉投射为双侧性。②投射区域具有一定空间分布并且是倒置的，即下肢代表区在顶部，上肢代表区在中间部，头部代表区在底部。但头面部代表区内部的安排是正立的。③投射区域大小与体表各部感觉灵敏度有关，感觉灵敏度愈高，代表区愈大，如手指和嘴唇代表区大，而感觉灵敏度低的背部代表区小。第一感觉区定位明确，感觉清晰（图10-10）。

2. 第二感觉区　第二感觉区位于中央前回与岛叶之间。体表感觉在此区的投射也有一定空间分布，呈正位像不倒置，双侧性、定位性差，仅对感觉作用粗糙分析，可能与痛觉有关。

3. 本体感觉区　本体感觉是指肌肉、关节等的运动觉。目前认为，中央前回既是运动区，也是本体感觉投射的代表区。刺激人脑中央前回，受试者可产生企图发动肢体运动的主观感觉。

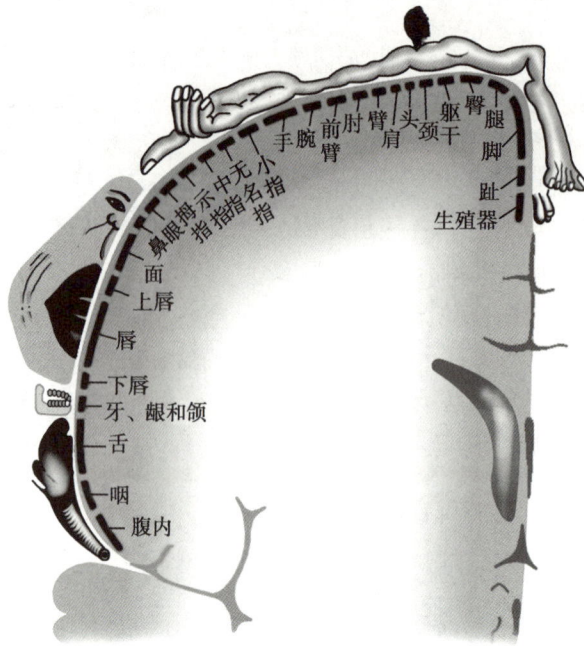

图 10-10   脑皮质躯体感觉区示意图

4．内脏感觉区   内脏感觉区位于第二体感区、运动辅助区和边缘叶等皮质部位。研究发现，刺激第二体感区可产味觉、恶心、排便感觉，刺激运动辅助区产生心悸、脸发热等感觉。

5．视觉区   视觉区位于大脑皮质枕叶距状裂的上、下缘。左侧枕叶皮质接受左眼颞侧视网膜和左眼鼻侧视网膜的传入纤维投射。故一侧枕叶受损时，可引起双眼对侧偏盲；双侧枕叶受损可造成全盲（图 10-11）。

6．听觉区   听觉代表区位于颞横回和颞横上回，其投射是双侧性，即一侧皮质代表区接受双侧耳蜗感觉器传来的冲动，因此，一侧颞叶受损不会导致全聋。电刺激此区，可引起受试者产生铃声样或吹风样的感觉。

7．嗅觉与味觉区   在高等动物边缘叶的前底部区域与嗅觉功能有关，中央后回头面部感觉区下侧与味觉功能有关。

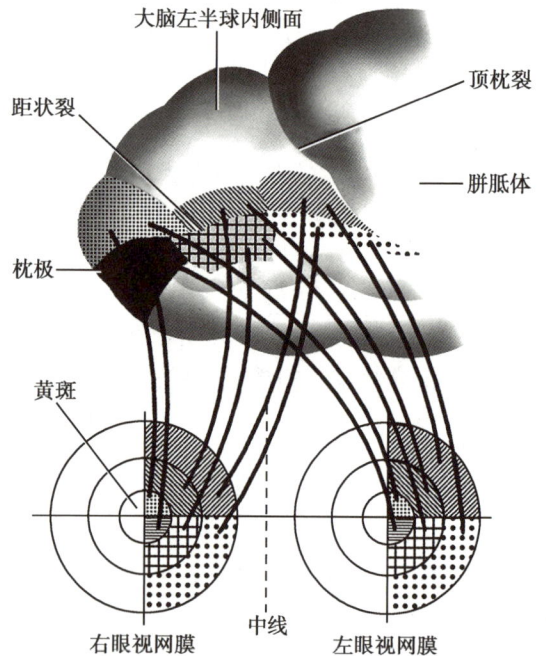

图 10-11   视觉传入系统示意图

🌐 **知识链接**

人工耳蜗

人工耳蜗是一种利用仿生学原理的电子设备，由体外言语处理器将声音转换为一定编码形式的电信号，通过植入体内的电极系统直接兴奋听神经来恢复、提高及重建聋人的听觉功能。近几十多年来，随着生物医学工程技术的高速发展，人工耳蜗进展很快，已经从实验研究进入临床应用。据统计，全球约有 5 万多耳聋患者使用了人工耳蜗。人工耳蜗成为目前全聋患者恢复听觉的唯一有效的治疗方法，是目前运用最成功的生物医学工程装置。

三、痛　觉

痛觉是伤害性刺激作用于人体所引起的一种复杂感觉，常伴有不愉快的情绪活动和防御反应。痛觉的生物意义是使个体警觉到自身处境的危险，以便迅速作出逃避和防御反应，对机体具有保护作用。另外，痛觉又是许多疾病的一种症状。临床上根据疼痛部位、性质和时间的不同对某种疾病可作出初步诊断。

1. 痛觉感受器　痛觉感受器是一种游离神经末梢，其末端失去髓鞘，成为裸露纤细的分支，位于组织细胞之间，间接与组织液接触。一般认为，引起痛觉不需要特殊的适宜刺激，任何形式的刺激只要达到一定强度，成为伤害性刺激时都可引起疼痛。实验中观察到，将某些化学物质（如 K^+、H^+、组胺、5-羟色胺、缓激肽等）涂在神经末梢上，均可引起疼痛，故这些物质被认为是致痛物质。痛觉感受器是一种化学感受器。当机体受到伤害性刺激时，引起受伤害组织释放某些致痛物质进入组织液，刺激游离神经末梢，使游离神经末梢去极化，发放神经冲动，传入到中枢引起痛觉。

2. 皮肤痛觉　当皮肤受到伤害性刺激时可引起疼痛。皮肤痛可分为快痛和慢痛两种。快痛：指皮肤受到伤害性刺激时立即出现的一种尖锐而定位清楚的"刺痛"。其特点是产生快，消失也快。慢痛：一般在受刺激后 0.5～1 秒才出现的一种定位不明确的"烧灼痛"，痛感强烈难以忍受，并伴有不愉快情绪反应和心血管、呼吸等方面的变化，持续时间较长。在外伤时，这两种痛觉相继出现，不易明确区分；但皮肤炎症时，常以慢痛为主。传导快痛的神经纤维主要是有髓鞘的 Aδ 纤维，它的兴奋阈值较低，传导速度快，上传达大脑皮质第一体感区。传导慢痛的神经纤维主要是无髓鞘的 C 类纤维，其兴奋阈值高，传导速度慢，上传到大脑皮质第二体感和边缘系统。

课堂互动

同学们将来到临床实习的时候，有可能会遇到这样的患者来就诊。患者感觉心前区或左肩有疼痛感，或有患者感觉上腹部或脐周伴疼痛感，请同学们用所学的生理学知识来分析两位患者可能患有的疾病发生的部位在哪儿呢？

3. 内脏痛的特征与牵涉痛

（1）内脏痛特征：指内脏器官受到伤害性刺激时产生的疼痛感觉。它与皮肤痛相比较具有以下特征：①疼痛缓慢持续、定位不准确，对刺激的分辨能力差，产生模糊、弥散的痛觉；②对机械牵拉、缺血、痉挛和炎症等刺激敏感，对切割、烧灼刺激不敏感。内脏痛的传入神经末梢主要是交感神经干内的传入纤维；但食管及气管的痛觉传入神经走行于迷走神经内进入中枢，盆腔脏器中的膀胱三角区、前列腺、子宫颈、直肠等痛觉冲动则沿盆神经传入骶段脊髓。此外，体腔壁浆膜，如胸膜、腹膜受炎症、压力或牵拉等刺激时产生的疼痛，称体腔壁痛，其传入纤维走行在躯体神经中。

（2）牵涉痛：内脏疾病往往引起体表一定部位发生疼痛或痛觉过敏，这种现象称牵涉痛。如心肌缺血时的心绞痛，常感心前区、左肩和左上臂尺侧疼痛；胆囊炎时，左肩区发生疼痛；阑尾炎时常伴有上腹部或脐周疼痛等（表10-3）。

表 10-3　常见内脏疾病牵涉痛部位

患病器官	心	胃、胰	胆囊、肝	肾	阑尾
体表疼痛部位	心前区、左肩、左上臂尺侧	左上腹、肩胛间	右肩胛	腹股沟区	上腹部或脐周围

关于牵涉痛产生的原因还不十分清楚，目前比较流行的有"易化学说"和"会聚学说"。前一学说认为，患病内脏的传入纤维与发生牵涉痛皮肤部位的传入纤维，由同一后根进入脊髓，它们在脊髓内换元的部位靠得很近，但内脏传入冲动增加时，引起脊髓相应中枢的兴奋性。这样，使平时不致引起疼痛的皮肤刺激变成了致痛刺激，从而产生牵涉痛。后一学说认为，患病内脏的传入神经纤维与发生牵涉痛的皮肤部位的传入神经纤维进入脊髓后，聚合于同一神经元，换元后共用一条上行途径传入大脑皮质，由于大脑皮质经常接受来自体表的刺激，对来自内脏的刺激误认为来自皮肤，从而引起牵涉痛（图10-12）。但两种学说各自都不能满意解释牵涉痛。现有人认为，上述易化与会聚对产生牵涉痛都起作用。

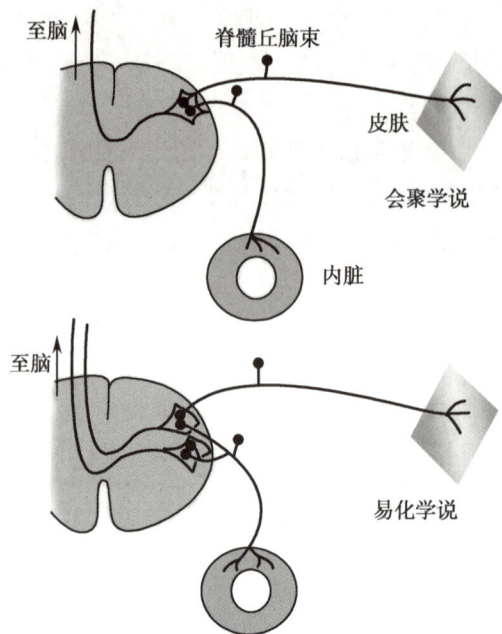

图 10-12　牵涉痛产生机制示意图

知识链接

探究国医瑰宝针刺镇痛的生理基础

中医认为，各种痛证皆可归结为气血的病变，或因气血不通，或因气血不荣，即所谓"不通则痛""通则不痛""不荣则痛"。腧穴是人体经络、脏腑之气输注于体表的部位，经络沟通内外，运行气血从而调节人体的平衡功能。针刺一定的穴位即可发挥相应经络的作用，通其经络，调其气血，以达到镇痛的目的。通过针刺某些穴位使疼痛感减轻或消失称为针刺镇痛。

1. 针感的外周机制　针刺穴位往往引起局部组织的酸、麻、重、胀等复合感觉，称为"针感"，亦称"得气"。针刺可能作用于包括肌梭、神经束、神经末梢及血管壁上的传入装置等。一般来说，刺激肌腱、骨膜引起酸感，刺激肌肉引起胀、重感，刺激神经干引起麻感。实验表明，针刺可兴奋穴位内各类压力感受器和部分牵张感受器，不同的针感可能是由于刺激了不同的感受器所致。感受器被针刺激活后，可将针刺刺激转换为神经冲动，即为针刺信息。

2. 针刺镇痛的中枢机制　针刺的传入信息沿脊神经与脑神经进入中枢后，可激活内源性痛觉调制系统的许多中枢结构及其递质或调质，在中枢神经系统的不同水平与伤害性传入信息相互作用，抑制伤害信息的传递与感受，从而产生镇痛效应。

第四节　神经系统对姿势和运动的调节

运动是人和动物最基本的功能之一，姿势则是运动的基础。躯体的各种姿势和运动都是在神经系统的控制下进行的。神经系统对姿势和运动的调节是复杂的反射活动。骨骼肌一旦失去神经系统的支配，就会发生麻痹。

一、运动传出的最后公路

（一）脊髓和脑干运动神经元

脊髓前角内存在大量神经元，在脑干的绝大多数脑神经核内也存在各种脑运动神经元。脊髓 α 运动神经元和脑运动神经元接受来自躯干四肢和头面部皮肤、肌肉和关节等处的外周传入信息，也接受从脑干到大脑皮质各级高位中枢的下传信息，产生一定的反射传出冲动，直达所支配的骨骼肌，因此它们是躯体运动反射的最后公路。作为运动传出最后公路的脊髓和脑干运动神经元，许多来自外周和高位中枢的各种神经冲动都在此发生整合，最终发出一定形式和频率的冲动到达效应器官。

（二）运动单位

一个脊髓 α 运动神经元或脑干运动神经元及其所支配的全部肌纤维所构成的一个功能单位，称为运动单位。运动单位的大小可有很大的差别，如一个眼外肌运动神经元只支配 6～12 根肌纤维，而一个四肢肌肉（如三角肌）的运动神经元所支配的肌纤维数目可达 2 000 根左右。

二、姿势的中枢调节

神经系统对姿势的调节不仅可保持人体的直立姿势和身体平衡，而且对躯体运动的平稳进行提供了必要的背景或基础。中枢神经系统内存在一个中枢调节系统，分布于从脊髓到大脑皮质的各级水平。以下从脊髓、脑干和大脑皮质三个水平加以叙述。

（一）脊髓的调节功能

有许多反射可在脊髓水平完成，但由于脊髓经常处于高位中枢控制下，故其本身具有的功能不能轻易表现出来。

1. 脊休克　脊休克指人和动物在脊髓与高位中枢之间离断后反射活动能力暂时丧失而进入无反应状态的现象。在动物实验中，为了保持动物的呼吸功能，常在脊髓第 5 颈段水平以下切断脊髓，以保留膈神经对膈肌呼吸运动的支配。这种脊髓与高位中枢离断的动物称为脊动物。脊休克主要表现为横断面以下脊髓所支配的躯体和内脏的反射活动均减退以致消失，如骨骼肌的紧张性降低甚至消失，外周血管扩张，血压下降，发汗反射消失，粪、尿潴留。脊休克一段时间后，一些以脊髓为基本中枢的反射活动可逐渐恢复，恢复的速度与不同动物脊髓反射对高位中枢的依赖程度有关。如蛙在脊髓离断后数分钟内反射即可恢复；犬于数天后恢复；人类在外伤等原因引起脊休克后，则需数周以至数月才能恢复脊反射。恢复过程中，较简单和较原始的反射先恢复，如屈肌反射、腱反射等；较复杂的反射恢复较迟，如对侧肌反射、搔爬反射等。血压也逐渐回升到一定水平，并具有一定的排便和排尿能力，这些恢复的反射活动往往不能很好地适应机体生理功能的需要。离断水平以下的知觉和随意运动能力将永远消失。

脊休克的产生与恢复，说明脊髓能完成某些简单的反射，但这些反射平时在高位中枢控制下不易表现出来。高位中枢对脊髓反射的控制既有易化作用，也有抑制作用。

2. 脊髓对姿势的调节　中枢神经系统可通过调节骨骼肌的紧张程度产生相应的运动，以保持或改正身体的姿势，这种反射活动称为姿势反射。在脊髓水平能完成的姿势反射有对侧伸肌反射、牵张反射、节间反射等。

（1）对侧伸肌反射：脊动物在其皮肤受到伤害性刺激时，受刺激一侧肢体关节的屈肌收缩而伸肌迟缓，肢体屈曲，称为屈肌反射。屈肌反射具有保护性意义，但不属于姿势反射。如果加大刺激强度，则可在同侧肢体发生屈肌反射的基础上出现对侧肢体伸肌的反射活动，称为对侧伸肌反射。对侧伸肌反射是一种姿势反射。在保持身体平衡中具有一定意义。

（2）牵张反射：牵张反射是指骨骼肌受外力牵拉时引起的同一肌肉收缩的反射活动。牵张反射有腱反射和肌紧张两种类型。

1）腱反射：腱反射是指快速牵拉肌腱时发生的牵张反射。例如膝反射，当叩击髌骨下方的股四头肌肌腱时，可引起股四头肌发生一次收缩。此外，属于腱反射的还有跟腱反射和肘反射等。腱反射是单突触反射，腱反射减弱或消退提示反射弧的损害或中断；而腱反射亢进则提示高位中枢有病变。临床上常通过检查腱反射来了解神经系统的功能状态。

2）肌紧张：肌紧张是指缓慢持续牵拉肌腱时发生的牵张反射，其表现为受牵拉的肌肉发生紧张性收缩，阻止被拉长。肌紧张是维持躯体姿势最基本的反射活动，是姿势反射的基础。例如，人体取直立姿势时，由于重力的作用，头部将向前倾，胸和腰将不能挺直，髋关节和膝关节也将屈曲，但由于骶棘肌、颈部及下肢的伸肌群的肌紧张加强，就能抬头、挺胸、伸腰、直腿，从而保持直立的姿势。肌紧张的中枢突触接替不止一个，而是多突触反射。肌紧张的收缩力量并不大，只是抵抗肌肉被牵拉，表现为同一肌肉的不同运动单位进行交替性的收缩，而不是同步收缩，因此不表现为明显的动作，但能持久进行而不易发生疲劳。伸肌和屈肌都有牵张反射，但人类脊髓的牵张反射主要表现在伸肌，因为伸肌是抗重力肌。牵张反射受高位中枢的调节，且能建立条件反射。

腱反射和肌紧张的感受器都是肌梭。肌梭的外层为结缔组织囊，囊内所含的肌纤维称为梭内肌纤维，囊外的一般肌纤维则称为梭外肌纤维。肌梭与梭外肌纤维呈并联排列。梭内肌纤维的收缩成分位于纤维两端，而感受装置位于中间部，两者呈串联排列。肌梭的传入神经纤维有 I a 和 II 类纤维两类，两类纤维都终止于脊髓前角的 α 运动神经元。α 运动神经元发出传出纤维支配梭外肌纤维。γ 运动神经元发出传出纤维支配梭内肌纤维（图10-13）。

当肌肉受到外力牵拉时，梭内肌感受装置被动拉长，使螺旋形末梢发生变形而导致 I a 类纤维的传入冲动增加，神经冲动的频率与肌梭被牵拉程度成正比，肌梭的传入冲动引起支配同一肌肉的运动神经元活动和梭外肌收缩，从而形成一次牵张反射反应。刺激 γ- 传出纤维并不能直接引起肌肉收缩，因为梭内肌收缩的强度不足以使整块肌肉缩短。在整体情况下，γ- 传出纤维在很大程度上还受到来自许多高位中枢的下行传导通路的调节，通过调节和改变肌梭的敏感性和躯体不同部位的牵张反射的阈值，以适应控制姿势的需要。

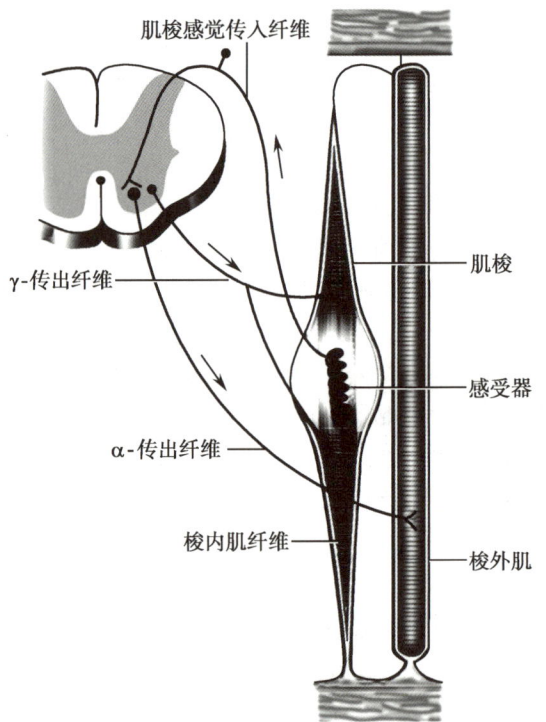

图10-13　牵张反射示意图

牵张反射的这两种反应形式都具有重要意义，在调节肌肉长度的反馈环路中，由于传导延搁而引起的震荡可因迅速、显著的位相反应而得到衰减，使肌肉运动趋于平稳。

（3）节间反射：节间反射是指脊髓一个节段神经元发出的轴突与邻近节段的神经元发生联系，通过上下节段之间神经元的协同活动所发生的反射活动，如在脊动物恢复后期刺激腰背皮肤引起后肢发生的搔爬反射。

（二）脑干对肌紧张和姿势的调节

1．脑干对肌紧张的调节　在中脑上、下丘之间切断脑干后，动物出现抗重力肌（伸肌）

的肌紧张亢进，表现为四肢伸直，坚硬如柱，头尾昂起，脊柱挺硬，这一现象称为去大脑僵直（图 10-14）。如果此时于某一肌肉内注入局麻药或切断相应的脊髓后根神经以消除肌梭传入冲动，则该肌的僵直现象即消失。

实验证明，脑干网状结构中存在抑制或加强肌紧张及肌肉运动的区域，前者称为抑制区，位于延髓网状结构腹内侧部分；后者称为易化区，包括延髓网状结构背外侧部分、脑桥被盖、中脑中央灰质及被盖；也包括脑干以外的下丘脑和中线核群等部分（图 10-15）。与抑制区相比，易化区的活动较强，在肌紧张的平衡调节中略占优势。

图 10-14　去大脑僵直

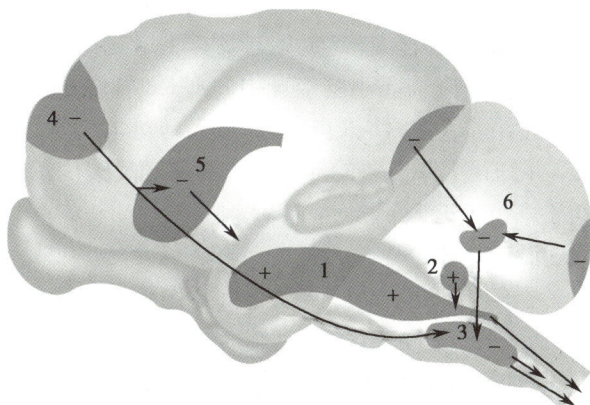

图 10-15　网状结构下行抑制与易化系统示意图

＋表示易化区；－表示抑制区；1. 网状结构易化区；2. 延髓前庭核；3. 网状结构抑制区；4. 大脑皮质；5. 尾状核；6. 小脑

除脑干外，大脑皮质运动区、纹状体、小脑前叶蚓部等区域也有抑制肌紧张的作用；而前庭核、小脑前叶两侧部等部位则有易化肌紧张的作用。这些区域的功能可能都是通过脑干网状结构内的抑制区和易化区来完成的。去大脑僵直是由于切断了大脑皮质和纹状体等部位与网状结构的功能联系，造成易化区活动明显占优势的结果。人类也可能出现类似现象，当蝶鞍上囊肿引起皮质与皮质下失去联系时，可出现明显的下肢伸肌僵直及上肢的半屈状态，称为去皮质僵直，这也是抗重力肌肌紧张增强的表现。人类在中脑疾患出现去大脑僵直时，表现为头后仰，上下肢均僵直伸直，上臂内旋，手指屈曲。出现去大脑僵直往往提示病变已严重侵犯脑干，是预后不良的信号。

2. 脑干对姿势的调节　由脑干整合而完成的姿势反射有状态反射、翻正反射等。

（1）状态反射：头部在空间的位置发生改变，以及头部与躯干的相对位置发生改变，都可反射性地改变躯体肌肉的紧张性，这一反射称为状态反射。状态反射包括迷路紧张反射和颈紧张反射。迷路紧张反射是内耳迷路的椭圆囊和球囊的传入冲动对躯体伸肌紧张性的反射性调节，其反射中枢主要是前庭核。颈紧张反射是颈部扭曲时颈部脊椎关节韧带和肌肉本体感受器的传入冲动对四肢肌肉紧张性的反射性调节，其反射中枢位于颈部脊髓。

（2）翻正反射：正常动物可保持站立姿势，如将其推倒则可翻正过来，这种反射称为翻正反射。如使动物四足朝天从空中落下，则可清楚地观察到动物在坠落过程中首先是头颈扭转，使头部的位置翻正，然后前肢和躯干跟随着扭转过来，接着后肢也扭转过来，最后四肢安全着地。

（三）大脑皮质对姿势的调节

大脑皮质对姿势反射也有调节作用。皮质与皮质下失去联系时可出现明显的去皮质僵直。此外，在去皮质动物中可观察到两类姿势反应受到严重损害，即跳跃反应和放置反应。跳跃反应是指动物（如猫）在站立时受到外力推动而产生的跳跃运动，其生理意义是保持四肢的正常位置，以维持躯体平衡。放置反应是指动物将腿牢固地放置在一个支持物体表面的反应。这两个姿势反应的整合需要大脑皮质的参与。

三、躯体运动的中枢调节

随意运动的发动是一个十分复杂的过程。目前认为，随意运动的设想起源于皮质联络区。运动的设计在大脑皮质和皮质下的两个重要运动脑区即基底神经节和小脑半球外侧部（即皮质小脑）中进行，设计好的运动信息被传送到运动皮质，再由运动皮质发出指令经由运动传出通路到达脊髓和脑干运动神经元。在此过程中，运动的设计在大脑皮质和皮质下的两个运动脑区之间不断进行信息交流；运动的执行则需要小脑半球中间部（即脊髓小脑）的参与，后者利用其与脊髓、脑干和大脑皮质之间的纤维联系，将来自肌肉、关节等处的感觉传入信息与大脑皮质发出的运动指令反复进行比较，并修正大脑皮质的活动。外周感觉反馈信息也可直接传入运动皮质，经过对运动偏差的不断纠正，使动作变得平稳而精确。

（一）大脑皮质的运动调节功能

1. 大脑皮质运动区　大脑皮质对运动的发动起重要作用。人和灵长类动物的大脑皮质运动区得到高度发展，包括中央前回、运动前区、运动辅助区等区域。

（1）主要运动区：皮质运动区包括中央前回和运动前区，是控制躯体运动最重要的区域。它们接受本体感觉冲动，感受躯体的姿势和躯体各部分在空间的位置及运动状态，并借此调整和控制全身的运动。运动区有以下功能特征：①对躯体运动的调节为交叉性支配，即一侧皮质支配对侧躯体的肌肉。在头面部，除下部面肌和舌肌主要受对侧支配外，其余部分均为双侧性支配。因此，一侧内囊损伤会产生对侧下部面肌及舌肌麻痹，但头面部多数肌肉活动仍基本正常。②具有精细的功能定位，运动愈精细愈复杂的肌肉，其皮质代表区的面积愈大。如手和五指及发声部位所占皮质面积很大，而躯干所占面积很小。③运动区定位从上到下的安排是倒置的，即下肢的代表区在中央前回皮质顶部，膝关节以下肌肉的代表区在中央前回半球内侧面；上肢肌肉的代表区在中央前回中间；而头面部肌肉的代表区在中央前回底部，但头面部代表区在皮质的安排仍是正立的。运动区的前后安排为：躯干和近端肢体的代表区在前部；远端肢体的代表区在后部；手指、足趾、唇和舌的肌肉的代表区在中央沟前缘。

（2）其他运动区：人和猴的运动辅助区位于两半球纵裂的内侧壁、扣带回沟以上、中央前回之前的区域，电刺激该区引起的肢体运动一般为双侧性的。破坏该区可使双手协调性动作难以完成，复杂动作变得笨拙。

2. 运动传导系统及其功能　由皮质发出，经内囊、脑干下行到达脊髓前角运动神经元的传导束，称为皮质脊髓束；而由皮质发出，经内囊到达脑干内各脑神经运动神经元的传导束，称为皮质脑干束。皮质脊髓束中约80%的纤维在延髓锥体跨过中线到达对侧，在脊髓外侧索下行，是为皮质脊髓前束。

皮质脊髓束和皮质脑干束是发动随意运动的初级通路。在灵长类动物实验中，仔细横切其延髓锥体，高度选择性地破坏皮质脊髓侧束，动物立即出现并持久地丧失由两手指夹起细小物品的能力，但仍保留腕以上部位的运动能力，动物仍能大体上应用其手，并能站立和行走。这些缺陷与失去神经系统对四肢远端肌肉精细的、技巧性的运动控制是一致的。另一方面，损伤皮质脊髓前束后，由于近端肌肉失去神经控制，躯体平衡的维持、行走和攀登均发生困难。

运动传导通路损伤后，在临床上常出现弛缓性麻痹（软瘫）和痉挛性麻痹（硬瘫）两种表现。两者都有随意运动的丧失，但前者伴有牵张反射减退或消失；而后者则伴有牵张反射亢进。在人类，损伤皮质脊髓侧束后将出现巴宾斯基征阳性体征，即以钝物划足跖外侧时出现踇趾背屈和其他四趾外展呈扇形散开的体征。运动传导通路常分为锥体系和锥体外系两个系统。前者是指皮质脊髓束和皮质脑干束；后者则为锥体系以外所有控制脊髓运动神经元活动的下行通路。

（二）基底神经节的运动调节功能

基底神经节是皮质下一些核团的总称。鸟类以下的动物，由于大脑皮质尚未良好发育，基底神经节是运动调节的最高中枢；而在哺乳类动物，基底神经节则降为皮质下调节结构，它与皮质小脑是皮质下两个与大脑皮质构成回路的重要脑区。

基底神经节主要包括纹状体、丘脑底核和黑质，而纹状体又包括尾核、壳核和苍白球。尾核和壳核在发生上较新，称为新纹状体；苍白球可分为内侧和外侧两部分，发生较古老，称为旧纹状体。黑质可分为致密部和网状部两部分。

1. 基底神经节的功能　基底神经节可能参与运动的设计和程序编程，将一个抽象的设计转换为一个随意的运动。基底神经节与随意运动的产生和稳定、肌紧张的调节、本体感受传入冲动信息的处理等可能都有关。此外，基底神经节中某些核团还参与自主神经活动的调节、感觉传入、行为和学习记忆等功能活动。

2. 与基底神经节损害有关的疾病　基底神经节的损害主要表现为肌紧张异常和动作过分增减，临床上主要有肌紧张过强而运动过少性的帕金森病和肌紧张不全而运动过多性的亨廷顿病两类疾病。

🌐 **知识链接**

帕金森病与亨廷顿病

帕金森病又称震颤麻痹，其主要症状是全身性肌紧张增高、肌肉强直、随意运动减少、动作缓慢、面部表情呆板，常伴有静止性震颤。运动症状主要表现在动作的准备阶段，而动作一旦引起，则可以继续进行。现已明确，帕金森病的原因是双侧黑质病变，多巴胺能神经元变性受损。临床上给予多巴胺的前体左旋多巴能明显改善肌肉强直和动作缓慢的症状。

亨廷顿病又称舞蹈病，其主要表现为不自主的上肢和头部的舞蹈样动作，伴肌张力降低等症状。其病因是双侧新纹状体病变，用利血平耗竭多巴胺可缓解此症状。

（三）小脑的运动调节功能

小脑与基底神经节都参与运动的设计和程序编制、运动的协调、肌紧张的调节，以及本体感受传入冲动信息的处理等活动。但两者在功能上有一定的差异。基底神经节主要在运动的准备和发动阶段起作用，而小脑则主要在运动进行中起作用。另外，基底神经节主要与大脑皮质之间构成回路，而小脑除与大脑皮质形成回路外，还与脑干及脊髓有大量的纤维联系。因此，基底神经节可能主要参与运动的设计，而小脑除了参与运动的设计外，还参与运动的执行。

小脑的运动调节功能：小脑对调节肌紧张、维持姿势、协调和形成随意运动均起重要作用。因此，小脑的损伤或病变可引起肌紧张改变和姿势异常，以及肢体和眼球运动协调障碍等症状。

1. 前庭小脑　前庭小脑的主要功能是控制躯体的平衡和眼球的运动。

2. 脊髓小脑　脊髓小脑与脊髓及脑干有大量的纤维联系，其主要功能是调节正在进行过程中的运动,协助大脑皮质对随意运动进行适当的控制。

3. 皮质小脑　皮质小脑的主要功能是参与随意运动的设计和程序的编制。

第五节　神经系统对内脏活动、本能行为和情绪的调节

一、自主神经系统的功能

自主神经系统也称内脏神经系统,主要功能是调节内脏活动。和躯体神经系统一样,自主神经系统也包括传入(感觉)神经和传出(运动)神经两部分,但通常所说的自主神经主要是指其传出部分。自主神经包括交感神经和副交感神经。它们分布至内脏、心血管和腺体,并调节这些器官的功能。自主神经的活动也受中枢神经系统的控制。

(一)自主神经的结构特征

自主神经由节前和节后两个神经元组成。节前神经元的胞体位于中枢内,它发出的神经纤维称为节前纤维,到达自主神经节内换元,节后神经元发出的神经纤维称为节后纤维,支配相应的效应器官。节前纤维属 B 类纤维,传导速度略快;节后纤维属 C 类纤维,传导速度慢。交感神经节离效应器官较远,因此,节前纤维短而节后纤维长;副交感神经节通常位于效应器官内壁,因此节前纤维长而节后纤维短(图 10-16)。

交感神经起自脊髓胸腰段灰质的侧角,兴奋时产生的效应较广泛;而副交感神经起自脑干的神经节和脊髓骶段灰质相当于侧角的部位,兴奋时的效应相对比较局限。其原因是:①交感神经几乎支配全身所有内脏器官,而副交感神经则分布比较局限,有些器官无副交感神经支配;②交感节前与节后神经元的突触联系辐散程度比较高,而副交感神经则不然。例如,猫颈上神经节内的交感节前与节后纤维之比为 1:11~1:17,而睫状神经节内的副交感神经节与节后纤维之比为 1:2。

此外,哺乳动物类的交感神经节后纤维除直接支配效应器官细胞外,还有少量纤维支配器官壁内的神经节细胞,而对副交感神经发挥调节作用。

(二)自主神经系统的功能

自主神经系统的功能主要在于调节心肌、平滑肌和腺体(消化腺、汗腺、部分内分泌腺)的活动,其调节功能是通过不同的递质和受体系统实现的。交感神经和副交感神经的主要递质和受体是乙酰胆碱和去甲肾上腺素及其相应的受体。表 10-4 总结了自主神经系统胆碱能和肾上腺素能受体的分布及其生理功能。除了胆碱能和肾上腺素能系统外,自主神经系统内还存在肽类和嘌呤类递质及相应的受体。例如肠道肌间神经的抑制性神经元可释放血管活性肽,而兴奋性神经元则可释放 P 物质;支配幽门 G 细胞的迷走神经节后纤维以胃泌素释放肽类递质;腺苷可舒张冠状动脉,ATP 参与抑制性肠肌运动神经元的信息传递等。

(三)自主神经系统的功能特征

1. 紧张性支配　自主神经对效应器的支配一般表现为紧张性作用。这可通过切断神经后观察它所支配的器官活动是否发生改变而得到证实。如切断心迷走神经后,心率即加快;切断心交感神经后,心率则减慢。又如,切断支配虹膜的副交感神经后,瞳孔即散大;而切断其交感神经,瞳孔则缩小。一般认为,自主神经的紧张性来源于中枢,而中枢的紧张性则来源于神经反射的体液因素等多种原因。例如,压力感受器的传入冲动对维持自主神经的紧张性起重要作用。

2. 对同一效应器的双重支配　许多组织器官都受交感神经和副交感神经的双重支配,两者的作用往往相互拮抗。如心交感神经能加强心脏活动,而心迷走神经则起相反作用;迷走神经可

促进小肠的运动和分泌,而交感神经则起抑制小肠的运动和分泌作用。但有时两者对某一器官的作用也有一致的方面,如交感神经和副交感神经都能促进唾液腺的分泌;交感神经兴奋可使唾液腺分泌少量黏稠的唾液,而副交感神经兴奋则能引起分泌大量稀薄的唾液。

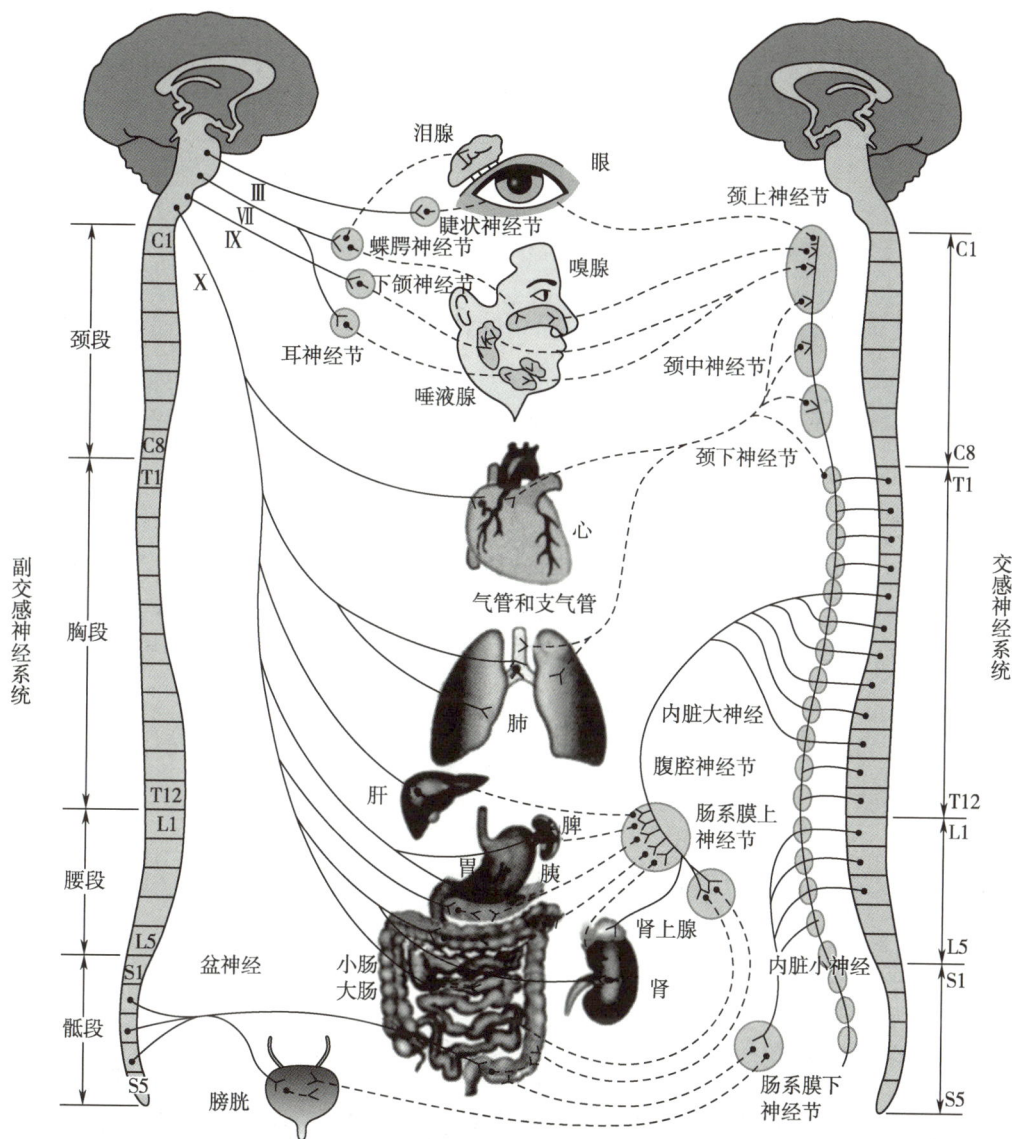

图 10-16　人体自主神经分布示意图
图中未显示支配血管、汗腺和竖毛肌的交感神经
——节前纤维　---节后纤维

3. 效应器所处功能状态对自主神经作用的影响　自主神经的外周性作用与效应器本身的功能状态有关。例如刺激交感神经可引起未孕动物的子宫运动抑制,而对于有孕子宫却可加强其运动。这是因为未孕子宫和有孕子宫表达的受体不同(表 10-4)。又如,胃幽门处于收缩状态时,刺激迷走神经能使之舒张,而幽门处于舒张状态时,刺激迷走神经则使之收缩。

4. 对整体生理功能调节的意义　在环境急骤变化的情况下,交感神经系统可以动员机体许多器官的潜在功能以适应环境的急剧变化。例如,在肌肉剧烈运动、窒息、失血或寒冷环境等情况下,机体出现心率加速、皮肤与腹腔内脏血管收缩、血液储存库排出血液以增加循环血量、红细胞计数增加、支气管平滑肌舒张、肝糖原分解加速,以及血糖浓度上升、肾上腺素分泌增加等现象。副交感神经系统的活动相对比较局限。整个副交感神经系统活动的主要生理意义,在于保护机体、休整恢复、促进消化、积蓄能量及加强排泄和生殖功能等方面。例如机体在安静时副交感神经活动往往加强，此时心脏活动减弱、瞳孔缩小、消化功能增强以促进营养物质的吸收和能量的补充等。

表10-4　自主神经系统胆碱能和肾上腺素能受体的分布及其生理功能

效应器	胆碱能系统		肾上腺素系统	
	受体	效应	受体	效应
自主神经元	N_1	节前-节后兴奋传递		
眼虹膜环形肌	M	收缩（缩瞳）		
虹膜辐射肌			α_1	收缩（扩瞳）
睫状肌	M	收缩（视近物）	β_2	舒张（视远物）
窦房结	M	心率↓	β_1	心率↑
房室传导	M	传导↓	β_1	传导↑
心肌	M	舒张	β_1	收缩力↑
心肌骨骼肌血管	M	舒张	α_1	收缩
			β_2	舒张（为主）
皮肤黏膜脑血管	M	舒张	α_1	收缩
腹腔内脏血管			α_1	收缩
唾液腺血管	M	舒张	α_1	收缩
支气管平滑肌	M	收缩	β_2	舒张
腺体	M	分泌↑	α_1	分泌↓
			β_2	分泌↑
胃肠平滑肌	M	收缩	β_2	舒张
肠平滑肌	M	收缩	α_2	舒张
			β_2	舒张
括约肌	M	收缩	α_1	收缩
胆囊胆道	M	收缩	β_2	舒张
膀胱逼尿肌	M	收缩	β_2	舒张
括约肌	M	舒张	α_1	收缩
输尿管括约肌	M	收缩	α_1	收缩
子宫平滑肌	M	可变	α_1	收缩（孕）
			β_2	舒张（未孕）
皮肤汗腺	M	温热发汗↑	α_1	精神发汗↑
竖毛肌			α_1	收缩
唾液腺	M	分泌稀唾液↑	α_1	分泌稠唾液↓
糖酵解			β_2	↑
脂肪分解			β_3	↑

二、内脏活动的中枢调节

（一）脊髓对内脏活动的调节

脊髓对内脏活动的调节是初级的，基本的血管张力反射、发汗反射、排尿反射、排便反射、阴茎勃起反射等活动可在脊髓完成，但平时这些反射活动受高位中枢的控制。如仅依靠脊髓本身的反射活动，则不能很好适应生理功能的需要。

（二）低位脑干对内脏活动的调节

由延髓发出的自主神经传出纤维支配头面部的所有腺体、心、支气管、喉、食管、胃、胰腺、肝和小肠等；同时，脑干网状结构中存在许多与内脏活动调节有关的神经元，其下行纤维支配脊髓，调节脊髓的自主神经功能。许多基本生命现象（如循环、呼吸等）的反射调节在延髓水平已能初步完成，因此，延髓有生命中枢之称。此外，中脑是瞳孔对光反射的中枢部位。

（三）下丘脑对内脏活动的调节

下丘脑可分为前区、内侧区、外侧区和后区四部分。下丘脑与边缘前脑及脑干网状结构有紧密的形态和功能联系。传入下丘脑的冲动可来自边缘前脑、丘脑、脑干网状结构，下丘脑的传出冲动也可抵达这些部位。下丘脑还可通过垂体门脉系统和下丘脑-垂体束调节腺垂体的神经垂体的活动。下丘脑被认为是较高级的内脏活动调节中枢，刺激下丘脑能产生自主神经反应，但多半为更复杂生理活动（如体温调节、摄食行为、水平衡、情绪活动、生物节律等）的一些组成部分。

1. 体温调节　在哺乳类动物，于间脑以上水平切除大脑皮质，其体温基本能保持相对稳定；如在下丘脑以下部位横切脑干，动物则不能维持其体温。已知视前区-下丘脑前部存在着温度敏感神经元，它们既能感受所在部位的温度变化，也能对传入的温度信息进行整合。当该处温度超过或低于体温调定点（正常时约为36.8℃）水平时，即可通过调节散热的产热活动，使体温能保持稳定。

2. 水平衡调节　毁损下丘脑可导致动物烦渴与多尿，说明下丘脑能调节水的摄入和排出，从而维持机体的水平衡。饮水是一种本能行为，而下丘脑对肾排水的调节则是通过控制视上核和室旁核合成和释放血管升压素而实现的。下丘脑前部存在渗透压感受器，它能按血液中的渗透压变化来调节血管升压素的分泌。

3. 对腺垂体的神经垂体激素分泌的调节　一方面，下丘脑内的神经分泌小细胞能合成多种调节腺垂体激素的肽类物质经轴浆运输并分泌到正中隆起，由此经垂体门脉系统到达腺垂体，促成或抑制各种腺垂体激素的分泌。另一方面，下丘脑内还存在监察细胞，能感受血液中一些激素浓度的变化，并参与反馈调节下丘脑调节肽的分泌。此外，下丘脑视上核和室旁核的神经内分泌大细胞能合成血管升压素和催产素，这两种激素经下丘脑-垂体束运抵神经垂体储存，下丘脑可控制其分泌。

4. 生物节律控制　机体内的各种活动按一定的时间顺序发生变化，这种节律称为生物节律。人和动物的生物节律，按其频率的高低，可分高频（周期低于一天，如心动周期、呼吸周期等）、中频（日周期）和低频（周期长于一天，如月经周期）三种节律。日周期是最重要的生物节律。人体许多生理功能都有日周期节律，如血细胞数、体温、促肾上腺皮质激素分泌等。这种节律可能是生物在长期的进化及适应的过程中形成的。

5. 其他功能　下丘脑能产生某些行为的欲望，如食欲、渴觉和性欲等，并能调节相应的摄食行为、饮水行为和性行为等本能行为。下丘脑还参与睡眠、情绪等生理反应。

（四）大脑皮质对内脏活动的调节

边缘叶和边缘系统　大脑半球内侧面皮质与脑干连接部和胼胝体旁的环周结构，称为边缘叶。其中,最内圈的海马、穹隆等为古皮质;较外圈的扣带回、海马回等为旧皮质。边缘叶连同与之密切联系的岛叶、颞极、眶回等皮质,以及杏仁核、隔区、下丘脑、丘脑前核等皮质下结构,统称为边缘系统。边缘系统对内脏活动的调节作用复杂而多变(图10-17)。

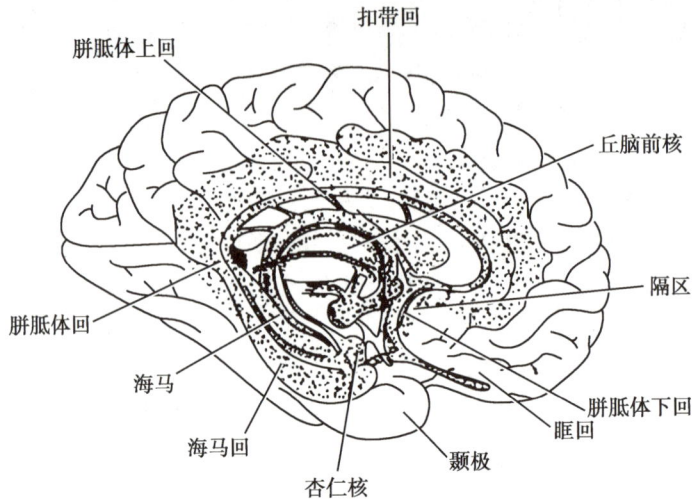

图10-17　大脑内侧面示边缘系统各部分

三、本能行为和情绪的神经调节

　　本能行为是指动物在进化过程中形成并经遗传固定下来的,对个体和种族生存具有重要意义的行为,如摄食、饮水和性行为等。情绪是指人类和动物对客观环境刺激所表达的一种特殊的心理体验和某种固定形式的躯体行为表现。情绪有恐惧、焦虑、发怒、平静、愉快、痛苦、悲哀和惊讶等多种表现形式。发生本能行为和情绪改变时,常伴有自主神经系统和内分泌系统活动的改变。本能行为和情绪主要受下丘脑和边缘系统的调节。人类的本能行为和情绪受后天学习和社会因素的影响十分明显。

　　(一)本能行为的调节

　　1.摄食行为的调节　摄食行为是动物维持个体生存的基本活动。通过埋藏电极刺激下丘脑外侧可引起动物多食,而破坏该区则导致动物拒食,提示该区内存在一个摄食中枢。刺激下丘脑腹内侧核可引起动物拒食,而破坏此核则导致食欲增加而逐渐肥胖,提示该区内存在一个饱中枢。杏仁核也参与摄食行为的调节。

　　2.饮水行为的调节　人类和高等动物的饮水行为是通过渴觉而引起的。引起渴觉的主要因素是血浆晶体渗透压升高和细胞外液量明显减少。前者通过刺激下丘脑前部的渗透压感受器而起作用,后者则主要由肾素-血管紧张素系统所介导。在人类,饮水常常是习惯性的行为,不一定由渴觉引起。

　　3.性行为调节　性行为是动物维持种系生存的基本活动。神经系统中的许多部位参与性行为的调节。交媾本身是由一系列的反射在脊髓和低位脑干中进行整合的,伴随它的行为成分、交媾的欲望、发生在雌性和雄性动物一系列协调的顺序性调节,在很大程度上是在边缘系统和下丘脑进行的。刺激大鼠、猫、猴等动物的内侧视前区,雄性或雌性动物均会有性行为的表现;破坏该部位,则出现对异性的冷漠和性行为的丧失。在该区注入性激素也可诱发性行为。此外,杏仁核的活动也与性行为有密切关系。

情绪是人类和动物对客观环境刺激所表达的一种特殊的心理体验和某种固定形式的躯体行为表现。愉快是一种积极的情绪,而痛苦则是一种消极的情绪,那么人在焦虑、发怒、愉快和痛苦时会伴有哪些自主神经系统和内分泌系统活动的改变呢?

(二)情绪的调节

1.恐惧和发怒　动物在恐惧时表现为出汗、瞳孔扩大、蜷缩、左右探头和企图逃跑;而在发怒时则常表现出攻击行为。引发恐惧和发怒的环境刺激具有相似之处,一般都是对动物的机体或生命可能或已经造成威胁和伤害的信号。当危险信号出现时,动物通过快速判断后作出抉择,或者逃避,或者进行格斗。因此,恐惧和发怒是一种本能的防御反应。此外,与情绪调节有关的脑区还包括边缘系统和中脑等部位。点刺激中脑中央灰质背侧部也能引起防御反应。刺激杏仁核外侧部,动物出现恐惧和逃避反应;而刺激杏仁核内侧部和尾侧部,则出现攻击行为。

2.愉快和痛苦　愉快是一种积极的情绪,通常由那些能够满足机体需要的刺激所引起,如在饥饿时得到美味的食物;而痛苦则是一种消极的情绪,一般是由伤害躯体和精神的刺激或因渴望得到的需求不能得到满足而产生的,如严重创伤、饥饿和寒冷等。在一些精神分裂症、肿瘤伴有顽固性疼痛的患者中,用自我刺激的方法可在一定程度上减轻痛苦。

(三)情绪生理反应

情绪生理反应是指在情绪活动中伴随发生的一系列生理变化。它主要由自主神经系统和内分泌系统活动的改变而引起。

1.自主神经系统的情绪生理反应　多数情况下表现为交感神经系统活动的相对亢进。例如,在动物发动防御反应时,可出现骨骼肌血管舒张,皮肤和内脏血管收缩,血压升高和心率加快等交感活动的改变。这些变化可使各器官的血流量得到重新分配,使骨骼肌获得充足的血液供应。

2.内分泌系统的情绪生理反应　涉及的激素种类很多。例如,在创伤、疼痛等原因引起应激反应而出现痛苦、恐惧和焦虑等的情绪生理反应中,血中促肾上腺皮质激素和糖皮质激素浓度明显升高,肾上腺素、去甲肾上腺素、甲状腺激素、生长激素及催乳素等浓度也升高;又如情绪波动时往往出现性激素分泌紊乱,并引起育龄期女性月经失调和性周期紊乱。

第六节　觉醒、睡眠与脑电活动

觉醒与睡眠是脑的重要功能活动之一。除了在行为上的区别外,在哺乳类和鸟类等动物,两者的区别可根据同时记录脑电图、肌电图或眼动电图等方法进行客观判定。

一、脑 电 活 动

大脑皮质的电活动有两种不同形式:一种是在无明显刺激情况下,大脑皮质能经常自发地产生节律性的电位变化,这种电位变化称为自发脑电活动;另一种是感觉传入系统或脑的某一部位受刺激时,在皮质某一局限区域引出的电位变化,这种电位变化称为皮质诱发电位。

(一)脑电图

在头皮表面记录到的自发脑电活动称为脑电图(EEG)(图10-18)。在打开颅骨后直接从皮质表面记录到的电位变化,称为皮质电图。

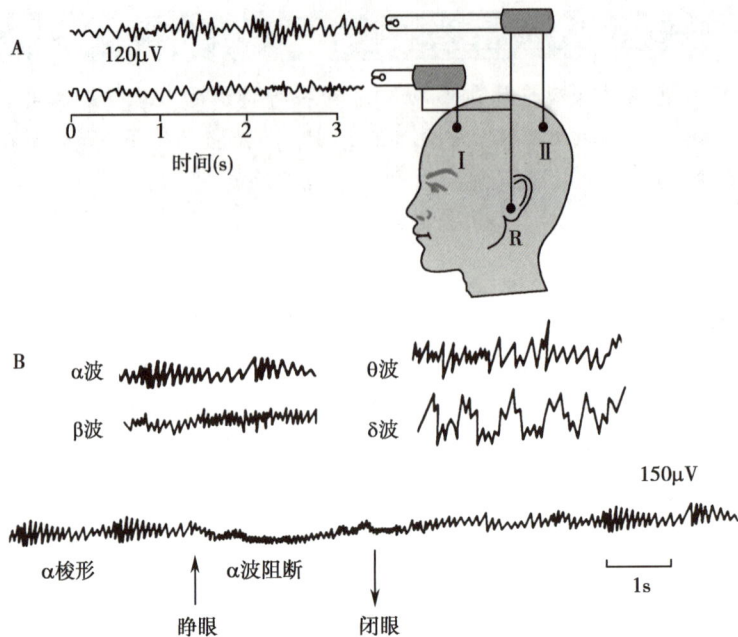

图 10-18 脑电波记录方法与正常波形

1. 脑电图的波形 根据自发脑电活动的频率,可将脑电波分为 α、β、θ、δ 等波形(表 10-5)。各种波形在不同脑区和在不同条件下的表现可有显著差别。

表 10-5 正常脑电图各种波形的特征、常见部位和出现条件

脑电波	频率(Hz)	幅度(μV)	常见部位	出现条件
α	8～13	20～100	枕叶	成人安静、闭目、清醒时
β	14～30	5～20	额叶、顶叶	成人活动时
θ	4～7	100～150	额叶、顶叶	少年或困倦时
δ	0.5～3	30～200	额叶、顶叶	成年人睡眠时、极度疲劳或麻醉状态下

α 波是成年人安静时的主要脑电波,在枕叶皮质最为显著;β 波则为新皮质紧张活动时的脑电波,在额叶和顶叶较显著。有时 β 波可重合于 α 波之上。α 波常表现为波幅由小变大、再由大变小反复变化的梭形波。α 波在清醒、安静并闭眼时出现,睁开眼睛或接受其他刺激时,立即消失而呈现快波(β 波),这一现象称为 α 波阻断。θ 波可见于成年人困倦时。δ 波则常见于成年人睡眠时,以及极度疲劳或麻醉状态下。儿童的脑电波一般频率较低。在婴儿的枕叶常可见到 θ 样波形,青春期开始时才出现成人型 α 波。不同生理情况下脑电波也有变化,如血糖、体温和糖皮质激素处于低水平,以及动脉血氧分压处于高水平时,α 波的频率减慢。

癫痫患者或皮质有占位病变(如肿瘤等)的患者,脑电波会发生改变。如癫痫患者常出现异常的高频高幅脑电波或在高频高幅波后跟随一个慢波的综合波形。因此,利用脑电波改变的特点,并结合临床资料,可用来诊断癫痫或探索肿瘤所在的部位。

2. 脑电波形成的机制 皮质表面的电位变化是由大量神经元同步发生的突触后电位经总和后形成的。

(二)皮质诱发电位

皮质诱发电位可通过刺激感受器、感觉神经或感觉传导途径的任何一点而引出。常见的皮质诱发电位有躯体感觉诱发电位、听觉诱发电位和视觉诱发电位等。各种诱发电位均有其一定

的反应形式,躯体感觉诱发电位一般可区分出主反应、次反应和后发放三个成分。利用记录诱发电位的方法,有助于了解各种感觉投射的定位。诱发电位也可在颅外头皮上记录到,临床上用测定诱发电位的方法对神经损伤部位的诊断具有一定价值。

二、觉醒与睡眠

觉醒与睡眠是一种昼夜节律性生理活动。觉醒时,脑电波一般呈去同步化快波,闭目安静时枕叶可出现 α 波,抗重力肌保持一定的张力,维持一定的姿势或进行运动,眼球可产生追踪外界物体移动的快速运动。睡眠时,脑电波一般呈同步化慢波,视、听、嗅、触等感觉减退,骨骼肌反射和肌紧张减弱,自主神经功能可出现一系列改变如血压下降、心率减慢、瞳孔缩小、尿量减少、体温下降、代谢率降低、呼吸变慢、胃液分泌增多而唾液分泌减少、发汗增强等。但这些改变是暂时的,较强的刺激可使睡眠中断而转为觉醒。

觉醒与睡眠的昼夜交替是人类生存的必要条件。一般情况下,成年人每天需要睡眠 7~9 小时,儿童需要更多睡眠时间,新生儿需要 18~20 小时,而老年人所需睡眠时间则较少。

(一)觉醒状态的维持

各种感觉冲动的传入对觉醒状态的维持十分重要。选择性破坏动物中脑网状结构的头端,动物即进入持久的昏睡状态,脑电波表现为同步化慢波。如在中脑水平切断特异传导途径,而不破坏中脑网状结构,则动物仍可处于觉醒状态。因此,觉醒状态的维持与脑干网状结构上行激动系统的作用有关。静脉注射阿托品能阻断脑干网状结构对脑电的唤醒作用,因而认为,参与脑干网状结构上行唤醒作用的递质系统可能是乙酰胆碱。

(二)睡眠的时相

睡眠具有两种不同的时相状态:一是脑电波呈现同步化慢波的时相,称为慢波睡眠;二是脑电波呈现去同步化快波的时相,称为快波睡眠或异相睡眠或快速眼球运动睡眠。慢波睡眠的一般表现为:①视、听、嗅、触等感觉功能暂时减退;②骨骼肌反射活动和肌紧张减弱;③伴有一系列自主神经功能的改变,如血压下降、心率减慢、瞳孔缩小、尿量减少、体温下降、代谢率降低、呼吸变慢、胃液分泌可增多而唾液分泌减少、发汗功能增强等。异相睡眠的表现有:各种感觉功能进一步减退,以致唤醒阈提高,骨骼肌反射活动和肌紧张进一步减弱,肌肉几乎完全松弛。除了以上的基本表现外,异相睡眠期间还有间断的阵发性表现,如出现眼球快速运动、部分躯体抽动,在人类还伴有血压升高和心率加快、呼吸加快。睡眠过程中两个时相互相交替。成年人睡眠开始后首先进入慢波睡眠,持续 80~120 分钟后转入异相睡眠,后者维持 20~30 分钟,又转入慢波睡眠;整个睡眠过程中,这种反复转化 4~5 次,越接近睡眠后期,异相睡眠持续时间越长。在成年人,慢波睡眠和异相睡眠均可直接转为觉醒状态,但在觉醒状态下只能进入慢波睡眠,而不能直接进入异相睡眠。在异相睡眠期间,如果将其唤醒,被试者往往会报告他正在做梦。因此一般认为,做梦是异相睡眠的特征之一。在人体中还观察到,腺垂体生长激素的分泌与睡眠的不同时相有关。在觉醒状态下,生长激素分泌较少,进入慢波睡眠后,生长激素分泌明显升高;转入异相睡眠后,生长激素分泌又减少。慢波睡眠有利于促进生长,促进体力恢复。

异相睡眠是正常生活中所必需的生理活动过程。连续几天当被试者在睡眠过程中刚一出现异相睡眠就将其唤醒,即剥夺其异相睡眠,则被试者会容易出现激动等心理活动改变。然后,让被试者自然睡眠而不予唤醒,开始几天异相睡眠增加,以补偿前阶段异相睡眠的不足。在这种情况下,从觉醒状态可直接进入异相睡眠,而不需经过慢波睡眠阶段。在动物实验中观察到,异相睡眠期间,脑内蛋白质合成加快,因此认为异相睡眠对于幼儿神经系统的成熟有密切关系,并认为异相睡眠期间有利于建立新的突触联系而促进学习记忆活动。异相睡眠对促进精力恢复是有利的。异相睡眠期间会出现间断的阵发性表现,这可能与某些疾病在夜间发作有关,如心绞痛、哮喘、阻塞性肺气肿缺氧发作等。据报道,患者在夜间心绞痛发作前常先做梦,梦中情绪激动,伴有呼吸加快、血压升高、心率加快,以致心绞痛发作而觉醒。

(三)睡眠发生机制

睡眠不是脑活动的简单抑制,而是一个主动过程。在脑干尾端存在一个能引起睡眠和脑电波同步化的中枢,称为上行抑制系统。这一中枢向上传导可作用于大脑皮质,并与上行激动系统的作用相拮抗,从而调节睡眠与觉醒的相互转化。

第七节　脑的高级功能

一、学习、记忆与遗忘

通过感觉器官进入大脑的信息量是相当大的,但估计仅有 1% 的信息能被较长期地贮存记忆,而大部分被遗忘。能被长期贮存的信息都是对个体具有重要意义的,而且是反复作用的信息。因此,在信息贮存过程中必然包含着对信息的选择和遗忘两个因素。信息的贮存要经过多个步骤,但简略地可把记忆划分为两个阶段,即短时性记忆和长时性记忆。在短时性记忆中,信息的贮存是不牢固的。但如果通过较长时间的反复运用,则所形成的痕迹将随每一次的运用而加强起来,最后可形成一种非常牢固的记忆,这种记忆不易受干扰而发生障碍。

遗忘是指部分或完全失去回忆和再认的能力。遗忘是一种正常的生理现象。遗忘在学习后就开始,最初遗忘的速度很快,以后逐渐减慢。遗忘并不意味着记忆痕迹的消失,因为复习已经遗忘的材料总比学习新的材料容易。遗忘的原因,一是调节刺激久不予强化、久不复习所引起的消退抑制;二是后来信息的干扰。

二、学习与记忆的机制

学习和记忆是两个相互联系的神经活动过程。学习是指新行为的获得或发展,即经验的获得;记忆则是指学习行为的保持与再现,即过去经验在大脑中的再现。

(一)学习的形式

学习主要有两种形式,即非联合型学习和联合型学习。前者是一种简单的学习形式,不需要刺激与反应之间形成某种明确的联系;后者是指刺激和反应之间存在明确的关系,是两个时间重复发生,在时间上很靠近,最后在脑内逐渐形成关联。绝大多数学习是联合型学习,经典条件反射和操作式条件反射均属此类型的学习。

(二)条件反射活动的基本规律

1. 条件反射的建立　给狗喂食时引起唾液分泌,这是非条件反射。狗开始听到铃声时没有唾液分泌,因铃声与食物无关,故称此时的铃声为无关刺激。若在铃声之后给予食物,这样结合多次后,狗再听到铃声就会分泌唾液,此时铃声已变成了进食的信号,由无关刺激变为了条件刺激。由条件刺激(铃声)引起的反射(唾液分泌)称为条件反射。这就是经典的条件反射。它是在非条件反射的基础上,无关刺激与非条件刺激在时间上的结合形成的,这个过程称为强化。这种经典的条件反射包含着条件刺激与非条件刺激之间形成的联系过程,一种刺激成为预示另一种刺激即将出现的信号,是一种学习的过程。有些条件反射比较复杂,动物必须通过自己完成一定的动作或操作，才能得到强化，称为操作式条件反射，如训练动物走迷宫、表演各种动作等。这类条件反射是一种很复杂的行为，更能代表动物日常生活的习得性行为。

2. 条件反射的泛化、分化和消退　当一种条件反射建立后，若给予和条件刺激相近似的刺激，也可获得条件刺激效果，引起同样条件反射，这种现象称为条件反射的泛化。它是由于条件刺激引起大脑皮质兴奋向周围扩散所致。如果这种近似刺激得不到非条件刺激的强化，该近似刺激就不再引起条件反射，这种现象称为条件反射的分化。而条件反射的消退是指在条件反射建立以后，如果仅使用条件刺激，而得不到非条件刺激的强化，条件反射的效应就会逐渐减弱，直至最后完全消退。条件反射的分化和消退都是大脑皮质发生抑制过程的表现。前者是分化抑制，后者为消退抑制，两者都是条件反射性抑制。

3. 两种信号系统　条件反射是大脑皮质活动的具体表现，引起条件反射的刺激是信号刺激。巴甫洛夫将一切信号区分为两大类：一类称为第一信号，是具体信号，如食物的性状、灯光与铃声等都是以本身的理化性质来发挥刺激作用的。由第一信号建立条件反射的大脑皮质功能系统，称为第一信号系统。另一类称为第二信号，是抽象信号，即语言、文字，它是以其所代表的含义来发挥刺激作用的。由第二信号产生条件反射的大脑皮质功能系统，称为第二信号系统。人类同时具有这两类系统，而动物仅有第一信号，这是人类与动物的主要区别。人类由于有第二信号系统活动，就能借助语言与文字对一切事物进行抽象概括，表达思维活动，形成推理，总结经验，从而扩大人类的认识能力。

（三）记忆的过程

人类的记忆过程可分为感觉性记忆、第一级记忆、第二级记忆和第三级记忆4个连续阶段。前两个阶段相当于短时记忆，后两个阶段相当于长时记忆。在短时记忆中，信息贮存的时间很短，如不反复运用，很快被遗忘。如果贮存的信息被反复运用加以巩固，就可转入牢固的长时记忆。可见，这两类记忆之间是相互联系的，短时记忆是学习与形成长时记忆的基础。

（四）记忆的障碍

疾病情况下发生的遗忘，即部分或完全丧失回忆和再认识的能力，称为记忆障碍。记忆障碍可分为顺行性遗忘症与逆行性遗忘症。顺行性遗忘症主要表现为近期记忆障碍，不能保留新近获得的信息，但对发病前的记忆依然存在。本症多见于慢性酒精中毒的患者，其机制可能是第一级记忆发生障碍，不能将信息从第一级记忆转入第二级记忆所造成的。逆行性遗忘症主要表现为远期记忆障碍，不能回忆起发病以前的一切往事。其发生机制可能是由于第二级记忆发生紊乱，而第三级记忆不受影响所致。

三、大脑皮质的语言中枢

（一）两侧大脑皮质功能的相关性

两侧大脑皮质之间有许多连合纤维。在哺乳类动物中最大的连合纤维结构是胼胝体，进化程度愈高则胼胝体愈发达，人类的胼胝体估计含有100万根纤维。两侧大脑皮质的感觉分析功能是相关的，胼胝体连合纤维能将一侧皮质的活动向另一侧传送，电生理研究表明刺激一侧皮质某一点可以加强另一侧皮质对应点的感觉传入冲动引起的诱发电位，即起着易化作用。这一易化作用是通过胼胝体连合纤维完成的，而且这类纤维主要联系两侧皮质相对应的部位。在人类，两侧大脑皮质的功能也是相关的，两半球之间的连合纤维对完成双侧的运动、一般感觉和视觉的协调功能有重要作用。右手学会了一种技巧运动，左手虽然没有经过训练，但在一定程度上也会完成这种技巧运动，说明一侧皮质的学习活动功能可以通过连合纤维向另一侧传送。

（二）大脑皮质功能的一侧优势

在主要使用右手的成年人,若产生语言活动功能的障碍,通常是由于其左侧大脑皮质的损伤所致,而右侧大脑皮质的损伤并不产生明显的语言活动功能障碍。左侧大脑皮质在语言活动功能上占优势的现象,反映了人类两侧大脑半球功能是不对等的,这种一侧优势的现象仅在人类中具有。

人类左侧大脑皮质在语言活动功能上占优势的现象,虽然与一定的遗传因素有关,但主要是在后天生活实践中逐步形成的,这与人类习惯使用右手有密切关系。小儿在2～3岁之前,如果发生左侧大脑半球损害,其语言活动功能的紊乱和右侧大脑半球损害时的情况没有明显的差别,说明此时尚未建立起左侧优势,双侧大脑半球均与语言活动功能有关。10～12岁时,左侧优势逐步建立,但在左侧大脑半球损害后,尚有可能在右侧大脑皮质再建立起语言活动中枢。在发育为成年人后,左侧优势已经形成,如果发生左侧大脑半球损害,就很难在右侧大脑皮质再建立起语言活动的中枢(图10-19,表10-6)。

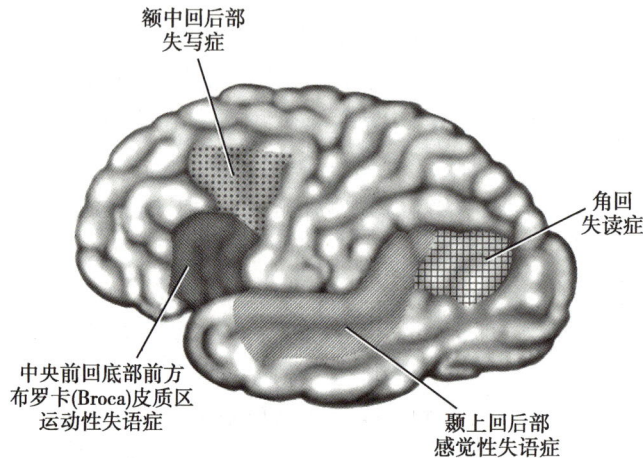

图 10-19　语言中枢示意图

表 10-6　各种失语症的临床表现

损伤部位	失语症类型	临床表现
中央前回底部之前	运动失语症	患者能看懂文字、听懂别人谈话,能发音,不会讲话,不能用词语表达思想
额中回后部	失写症	患者可听懂别人谈话,能看懂文字,会讲话、不会书写
颞上回后部	感觉失语症	患者会讲话,能书写,能看懂文字,但听不懂别人的谈话
角回	失读症	患者看不懂文字的含义(其他语言功能健全)

一侧优势是指人脑的高级功能向一侧半球集中的现象,左侧半球在语词活动功能上占优势,这种优势也不是绝对的,而是相对的,因为左侧半球也有一定的非语词性认知功能,右侧半球也有一定的简单的语词活动功能。左侧大脑半球在语言活动功能上占优势,因此一般称左侧半球为优势半球或主要半球,右侧半球为次要半球。有研究表明,右侧半球也有其特殊的重要功能。右侧皮质在非语词性的认知功能上占优势,如对空间的辨识、深度知觉、触觉知识、音乐欣赏分辨等。右侧大脑皮质顶叶损伤的患者,由于非词语性认识能力的障碍,常表现为穿衣失用症,患者虽然没有肌肉麻痹,但穿衣困难,他会将衬衣前后倒穿或只将一个胳膊伸入袖内。右侧大脑皮质顶叶、枕叶、颞叶结合处损伤的患者,常分不清左右侧,穿衣困难,不能绘制图表。右侧大脑半球后部的病变,常发生视觉认知障碍,患者不能辨认别人的面部,甚至不能认识镜子里自己的面部,而且伴有对颜色、物体、地方的认知障碍。

知识链接

中医脏腑与脑的功能

中医学认为,脑居颅内,由髓汇集而成,与脊髓相通,即上至脑,下肢为底,皆精髓升降之道路,且和全身的精微有关。"诸髓者,皆属于脑","脑为髓之海",说明髓与脑的关系。

脑的主要功能是主精神思维和主感觉运动。

脑主精神思维:脑与精神思维活动的关系,中医早已有认识,称"头者精明之府""脑为元神之府"等。清代王清任在《医林改错》中明确指出"灵机记性不在心,在脑"。说明脑具有主持精神思维活动的功能。脑的功能正常,则精神饱满,意识清楚,思维灵敏,记忆力强,语言清晰,情志正常。

脑主感觉运动:远在《黄帝内经》中就已把视觉、听觉等生理病理功能与脑联系起来。中医学后续发展中进一步认识到视、听、味、嗅等感觉功能皆归于脑。脑主感觉运动功能正常,则视物清晰,听力正常,嗅觉灵敏,感觉正常。

(于海英)

? 复习思考题

1. 突触传递的基本过程包括哪些?
2. 临床上常用的腱反射包括哪些?
3. 简述神经元的基本结构,基本功能。神经纤维传导兴奋的特征包括哪些?
4. 何谓脊休克?其产生原因、特点有哪些?
5. 帕金森病受累的病变部位?相关神经递质包括哪些?

1003

扫一扫,测一测

1004

思维导图

第十一章　内分泌生理

> **学习目标**
>
> 1. 掌握激素的概念，生长激素、甲状腺激素、胰岛素、糖皮质激素、肾上腺素和去甲肾上腺素的生理作用。
> 2. 熟悉激素的作用特征，生长激素、甲状腺激素、胰岛素和糖皮质激素的分泌调节。
> 3. 了解激素的分类及作用机制，其他激素的生理作用及其分泌调节。

第一节　概　　述

内分泌系统是除神经系统外机体的另一调节系统，由内分泌腺和散在于某些组织器官中的内分泌细胞组成，通过分泌各种激素以体液调节的方式发挥调控作用，如维持组织细胞的新陈代谢，调节生长、发育、生殖等过程，并与神经系统功能活动相辅相成，共同调节和维持机体的内环境稳态。人体主要的内分泌腺有垂体、甲状腺、甲状旁腺、肾上腺、胰岛、性腺和松果体等；散在的内分泌细胞主要存在于胃肠道、下丘脑、肾脏和心房肌等。

一、激素及其分类

（一）激素的概念和作用方式

由内分泌腺或内分泌细胞分泌的高效能的生物活性物质，称为激素。激素作用的细胞、组织和器官，分别称为靶细胞、靶组织和靶器官。常见激素的传递方式有以下几种：①经血液循环运送到远处的靶组织或靶细胞发挥作用，称为远距分泌，大多数激素的分泌属于这种方式，如生长激素、甲状腺激素；②通过组织液扩散作用于邻近的其他靶细胞，称为旁分泌，如消化管内的某些激素；③在局部扩散后又返回作用于内分泌细胞，称为自分泌，如下丘脑释放的一些激素；④神经细胞分泌的神经激素可沿神经细胞轴突，借轴浆运送到末梢而释放，经血液运输再作用于靶细胞，称为神经分泌，如下丘脑神经内分泌细胞分泌的激素。

（二）激素分类

激素的化学性质直接决定其对靶细胞的作用机制。根据激素化学结构将其分为三大类，即胺类、多肽和蛋白质类及脂类激素。

1. 胺类激素　多为氨基酸的衍生物，如肾上腺素、去甲肾上腺素和甲状腺激素等。

2. 多肽和蛋白质类激素　这类激素种类繁多，且分布广泛。下丘脑、垂体、甲状旁腺、胰岛、胃肠道分泌的激素多属于此类。

3. 脂类激素　①类固醇激素：孕酮、醛固酮、皮质醇、睾酮、雌二醇和胆钙化醇（维生素 D_3）等；②脂肪酸衍生物：前列腺素等。

二、激素作用的一般特征

激素的种类繁多,作用复杂,其化学结构不同,作用机制也不一样,但在发挥调节作用的过程中,有以下共同特征。

（一）相对特异性

激素有选择地作用于靶细胞的特性,称为激素的特异性,其本质是靶细胞膜或胞浆内存在能与该激素结合的特异性受体。受体是接受激素信息的部位,与激素的结合具有高亲和力、可逆性和饱和性等特性。激素对何种靶细胞起作用取决于受体的分布,如促甲状腺激素的受体仅分布于甲状腺的腺泡细胞,因此促甲状腺激素只对甲状腺的腺泡细胞作用;性激素、生长激素、甲状腺激素等的受体分布于全身大多数组织细胞,其作用范围则遍及全身。

（二）信使作用

激素在实现其作用的过程中,只是将调节信息以化学形式传递给靶细胞,进而使靶细胞原有的生理生化活动增强或减弱。在这个过程中,激素既不引起新的功能,也不提供额外能量,只是起着"信使"的作用。

（三）高效能作用

激素是高效能的生物活性物质。在生理状态下,激素在血液中的浓度很低,一般为 nmol/L,甚至为 pmol/L。尽管含量甚微,但作用十分显著。例如,1mg 的甲状腺激素可使机体产热增加约 4 200kJ。若某一内分泌腺分泌的激素稍有增多或不足,便可引起该激素所调节的功能出现明显异常,临床上分别称为该内分泌腺的功能亢进或功能减退。

激素高效能的生物放大作用同其作用机制有关。激素与受体结合后,在细胞内发生的一系列酶促反应,逐级放大,形成效能极高的生物放大系统。例如,1mol 胰高血糖素通过 cAMP-蛋白激酶途径引起肝糖原分解,可生成 3×10^6mol 葡萄糖,其生物效应放大约 300 万倍。

（四）相互作用

激素在发挥作用时,各种激素之间相互联系,相互影响,主要表现在三个方面:①协同作用:生长激素、肾上腺素和胰高血糖素等,虽然作用于代谢的不同环节,但都可使血糖升高。②拮抗作用:胰岛素降低血糖的作用就同上述升高血糖的激素作用相拮抗;甲状旁腺素的升高血钙作用同降钙素的降低血钙作用相拮抗。③允许作用:某种激素本身对某器官或细胞不发生直接作用,但它的存在却是另一种激素产生生物效应或作用加强的必要条件,称为激素的允许作用。例如,皮质醇本身并不能引起血管平滑肌收缩,但只有它存在时,去甲肾上腺素才能更有效地发挥其收缩血管的作用。

三、激素的作用机制

激素同靶细胞膜受体或细胞内受体结合后,引起信号转导并产生生物效应。依据激素的作用机制,可将激素分为经细胞膜受体和细胞内受体为介导实现调节作用两大类。

（一）细胞膜受体介导的激素作用机制

细胞膜受体介导的激素作用机制是建立在"第二信使学说"基础上。携带调节信息的激素作为"第一信使"先与靶细胞膜上的特异受体结合,激活细胞内的腺苷酸环化酶（AC）,在 Mg^{2+} 参与下,促使胞浆内的 ATP 转变为环磷酸腺苷（cAMP）,cAMP 作为"第二信使",激活细胞质中无活性的蛋白激酶系统,最终引起细胞的生物效应。近年提出可能是"第二信使"的物质有环磷酸鸟苷（cGMP）、三磷酸肌醇（IP_3）、二酰甘油（DG）、Ca^{2+} 和前列腺素等（图 11-1）。

配体

① 受体 → 受体-配体

② G蛋白 → 激活型G蛋白

③ G蛋白效应器（酶或通道） → 激活的G蛋白效应器 ⎰ 腺苷酸环化酶 / 磷脂酶C / 磷酸二酯酶 / Ca^{2+}或K^+通道

④ 第二信使 → 第二信使浓度↑或↓ ⎰ cAMP / IP_3、Ca^{2+} / DG / cGMP

⑤ 依赖于第二信使的酶或通道 → 激活或抑制

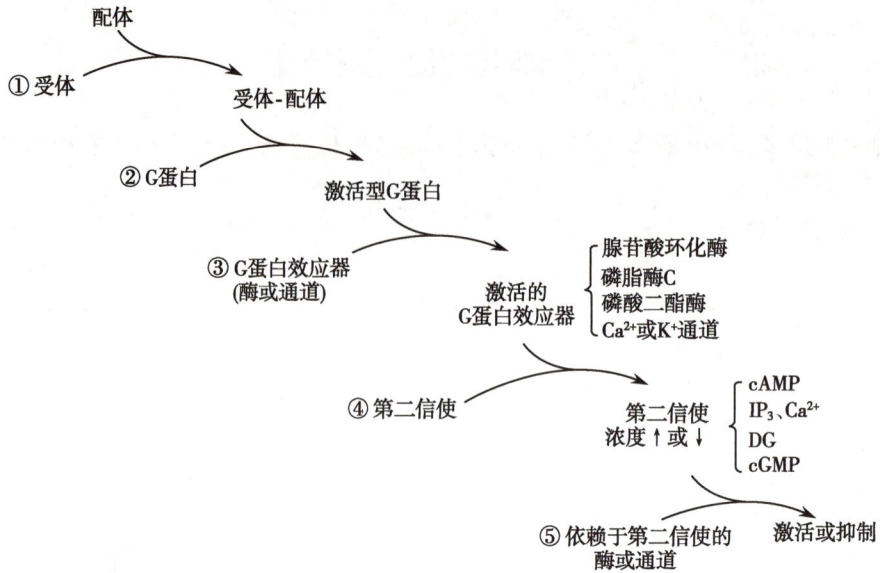

图 11-1　细胞膜受体介导的激素作用原理示意图

（二）细胞内受体介导的激素作用机制

细胞内受体介导的激素作用机制则建立在"基因表达学说"的基础上。类固醇激素分子较小，且具有脂溶性，因此，可经细胞膜扩散入细胞内。进入细胞内的激素分子首先与胞浆受体结合成复合物，受体发生变构，使激素胞浆受体复合物获得通过核膜的能力，进入细胞核内与核受体结合形成激素核受体复合物，再与染色质的非组蛋白的特异位点结合，启动或抑制该部位的 DNA 转录，促成或抑制 mRNA 的形成，诱导或减少某种蛋白质（主要是酶）的合成，进而引起相应的生理功能的变化（图 11-2）。

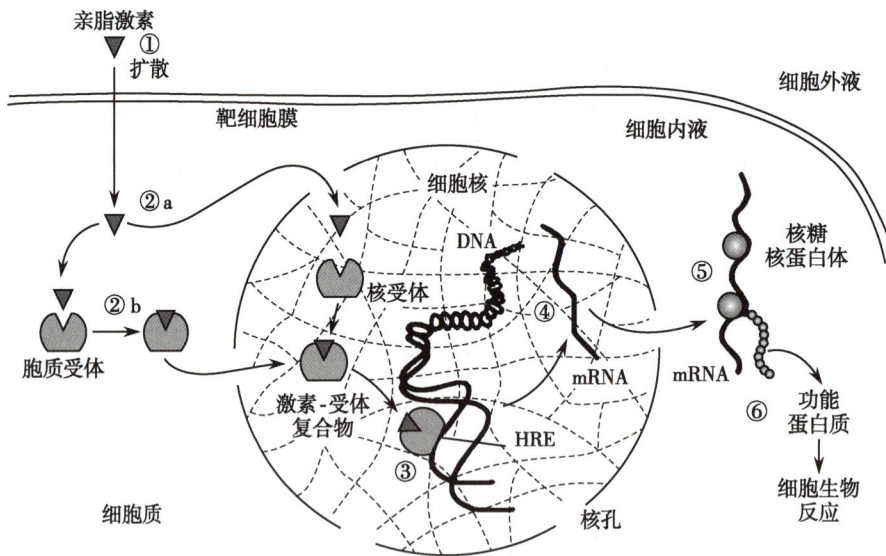

图 11-2　细胞内受体介导亲脂性激素作用原理示意图

第二节　下丘脑和垂体的内分泌

下丘脑和垂体位于大脑基底部，两者在结构和功能上密切联系，可视为下丘脑 - 垂体功能单位，包括下丘脑 - 腺垂体系统和下丘脑 - 神经垂体系统两部分（图 11-3），构成内分泌系统的调控中枢。

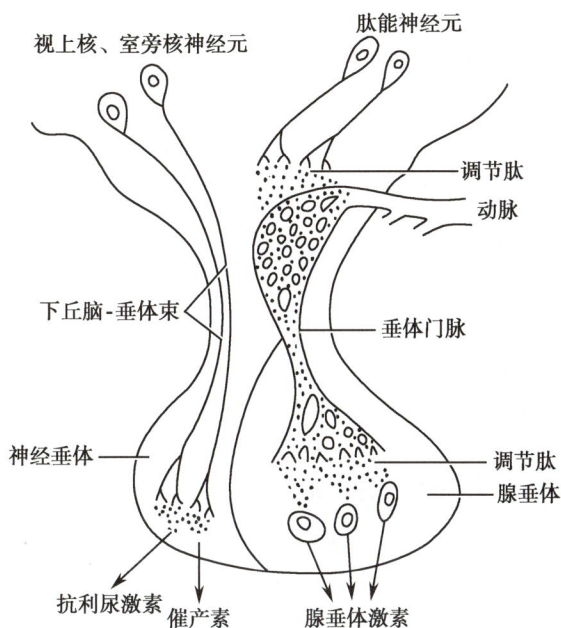

图 11-3　下丘脑与垂体功能联系示意图

一、下丘脑与垂体的功能联系

（一）下丘脑 - 腺垂体系统

下丘脑与腺垂体之间并没有直接的神经联系，但存在垂体门脉系统这一独特的血管网络，实现了腺垂体与下丘脑之间的双向沟通。在下丘脑内侧基底部存在一个"促垂体区"，主要包括正中隆起、弓状核、视交叉上核、腹内侧核、室周核等核团，能产生多种调节腺垂体分泌的激素。

下丘脑"促垂体区"的神经元分泌的具有调节腺垂体功能活动的多肽，称为下丘脑调节肽。迄今已发现了 9 种，其种类和主要作用见表 11-1。

（二）下丘脑 - 神经垂体系统

下丘脑的视上核主要分泌血管升压素，室旁核主要分泌缩宫素。血管升压素和缩宫素经下丘脑 - 垂体束的轴浆运输到达并贮存于神经垂体，在刺激作用下再释放入血而发挥作用。

表 11-1　下丘脑调节肽的种类和主要作用

种类	缩写	主要作用
促甲状腺激素释放激素	TRH	促进促甲状腺素激素的分泌
促肾上腺皮质激素释放激素	CRH	促进肾上腺皮质激素的分泌
促性腺激素释放激素	GnRH	促进黄体生长素、卵泡刺激素的分泌
生长素释放激素	GHRH	促进生长素的分泌
生长抑素	GHIH	抑制生长素的分泌
催乳素释放肽	PRP	促进催乳素的分泌
催乳素释放抑制因子	PIF	抑制催乳素的分泌
促黑激素释放因子	MRF	促进促黑激素的分泌
促黑激素释放抑制因子	MIF	抑制促黑激素的分泌

二、腺 垂 体

腺垂体合成和分泌的激素主要有 7 种,其中生长激素(GH)、催乳素(PRL)和促黑(素细胞)激素(MSH)无靶腺,直接作用于靶组织或靶细胞,分别调节物质代谢、个体生长、乳腺发育和泌乳及黑色素细胞代谢和活动等;而促甲状腺激素(TSH)、促肾上腺皮质激素(ACTH)、卵泡刺激素(FSH)和黄体生成素(LH)均有各自靶腺,形成三个轴(下丘脑 - 腺垂体 - 甲状腺轴、下丘脑 - 腺垂体 - 肾上腺皮质轴和下丘脑 - 腺垂体 - 性腺轴),通过各自靶腺发挥作用。这些靶腺激素的分泌受下丘脑和腺垂体激素的控制,靶腺分泌的激素又可反馈(主要是负反馈)作用于下丘脑或腺垂体,调节下丘脑或腺垂体相关激素的合成和分泌,维持激素分泌的平衡状态和内环境的稳定。

(一) 生长激素(growth hormone,GH)

GH 是腺垂体中含量最多的激素。人生长激素是由 191 个氨基酸残基组成的蛋白质类激素,分子量为 22kD。近年来,利用 DNA 重组技术已经能大量生产生长激素,供临床使用。

1. 生理作用

(1) 促进生长:人体的生长受 GH、甲状腺激素和胰岛素等激素的调节,其中,GH 起关键作用。GH 几乎对所有的组织和器官的生长均有促进作用,尤其是对骨骼、肌肉及内脏器官的作用更强。

临床上可见,人在年幼时期若缺乏 GH,将出现生长停滞,身材矮小,但智力正常,称为侏儒症;幼年时,由于骨骺尚未愈合,如 GH 分泌过多,则生长过度,四肢尤为突出,称为巨人症;成年人因骨骺已闭合,如 GH 分泌过多,长骨不再生长,但可刺激肢端部的短骨和颌面部的扁骨增生,以及肝和肾等内脏器官增大,患者手大、鼻宽和下颌突出,称为肢端肥大症。

(2) 调节代谢:GH 对物质代谢作用广泛,具有促进蛋白质合成、加速脂肪分解和升高血糖的作用。GH 能促进氨基酸进入细胞,加速 DNA 和 RNA 的合成;增强脂肪酸的氧化分解,使组织的脂肪量减少;生理水平的生长激素可刺激胰岛素分泌,加强糖的利用。但过量的 GH 则可抑制糖的利用,又由于脂肪分解增多提供能量而减少了糖的利用,故使血糖升高。因此,GH 分泌过量可引起"垂体性糖尿"。

2. 生长激素的作用机制
GH 对人体生长过程并无直接作用。在营养充足的条件下,GH 能刺激肝和肾产生一种小分子多肽物质,称为生长素介质(SM)。SM 促进硫酸盐、钙、磷、钾和钠等进入软骨组织,促进氨基酸进入软骨细胞,加速软骨的增殖和骨化,使长骨增长;对肌肉等组织,SM 促进氨基酸进入细胞,加速蛋白质的合成;对脑组织的生长发育无影响。饥饿或缺乏蛋白质时,GH 不能刺激 SM 生成,故营养不良的儿童表现为生长停滞。

3. 生长激素分泌的调节

(1) 下丘脑对生长激素分泌的调节:GH 的分泌受下丘脑 GHRH 和 GHIH 的双重调节,前者促进分泌,后者抑制分泌。GH 分泌呈节律性脉冲式释放,每隔 1~4 小时出现一次波动,是由于下丘脑 GHRH 的脉冲式释放决定的。一般认为,GHRH 是对 GH 分泌起经常性的调节作用,GHIH 则是在应激情况下 GH 分泌过多时,才抑制 GH 分泌。与其他垂体激素一样,GH 也可对下丘脑和腺垂体产生负反馈调节作用。

(2) 睡眠:人在觉醒状态下生长激素分泌较少。在慢波睡眠期间,GH 分泌明显增加,有利于机体的生长发育和体力恢复。在快波睡眠期间,GH 分泌减少。

(3) 代谢因素:血糖降低和血中氨基酸水平升高,促进 GH 的分泌,血中游离脂肪酸水平升高则抑制 GH 分泌。

(4) 其他因素:甲状腺激素、雌激素、睾酮及应激刺激均能促进 GH 的分泌。男性和女性进入青春期,由于血中睾酮和雌激素浓度增高,GH 分泌增加,生长发育的速度加快。

(二)催乳素(prolactin,PRL)

PRL 是由 199 个氨基酸残基组成的蛋白质激素,其结构与 GH 近似,故两者的作用有交叉。

1. 催乳素的生理作用

(1)对乳腺的作用:PRL 可促进乳腺发育,发动并维持乳腺泌乳。在女性青春期,乳腺的发育是雌激素、孕激素、PRL、GH、皮质醇、胰岛素和甲状腺激素共同作用的结果。在妊娠期间,PRL、雌激素、孕激素分泌增加,使乳腺进一步发育成熟并具有泌乳的能力,但由于此时血中雌激素与孕激素浓度较高,同 PRL 竞争受体,PRL 并不刺激乳腺分泌乳汁。分娩后,血中雌激素与孕激素浓度显著降低,PRL 启动和维持泌乳的作用才得以发挥。

(2)对性腺的作用:在女性,PRL 与垂体的 LH 协同促进卵巢黄体的生成,并使其维持分泌孕激素。高浓度的 PRL 通过抑制下丘脑 GnRH 的分泌,导致腺垂体 FSH 和 LH 的分泌减少,使排卵受到抑制。在男性,PRL 可促进前列腺和精囊腺的生长,促进睾酮的合成。

(3)参与应激反应:在应激状态下,血中 PRL、ACTH 和 GH 等激素的浓度均增加。刺激停止数小时后,血中 PRL 逐渐恢复到正常水平。

2. 催乳素分泌的调节 PRL 的分泌受下丘脑 PRP 和 PIF 的双重调节。前者促进 PRL 分泌,后者抑制其分泌,平时以 PIF 的作用为主。哺乳时,婴儿吸吮乳头的刺激引起的神经冲动传至下丘脑,使 PRP 增加,PIF 释放减少,导致腺垂体分泌 PRL 增加,乳汁生成增多。

(三)促黑(素细胞)激素(melanocyte-stimulating hormone,MSH)

人类的 MSH 由分散于腺垂体远侧部的细胞分泌。MSH 的靶细胞为黑素细胞。人的黑素细胞主要分布在皮肤、毛发、眼虹膜、视网膜的色素层和软脑膜。MSH 的主要作用是促进黑素细胞内的酪氨酸转化为黑色素,使皮肤与毛发等的颜色变黑。MSH 的分泌受下丘脑 MRF 与 MIF 的双重调节,前者促进 MSH 分泌,后者抑制其分泌,平时以 MIF 的作用占优势。

三、神 经 垂 体

神经垂体不含腺细胞,其自身不能合成激素,能贮存和释放下丘脑视上核和室旁核分泌的血管升压素和缩宫素。

(一)血管升压素(vasopressin,VP)

生理情况下,由于血浆中的 VP 浓度很低,仅 1.0~1.5ng/L,抗利尿作用十分明显,对血压几乎没有调节作用,故称之为抗利尿激素(ADH)。但在大失血的情况下,下丘脑神经元合成和神经垂体释放增多,血中 VP 浓度升高,则产生强烈的缩血管作用,对维持血压有一定的作用。VP的作用及其释放的调节见第八章的有关内容。

(二)缩宫素(oxytocin,OT)

OT 的化学结构与 VP 极为相似,生理作用有一定的重叠,其主要生理作用是在分娩时刺激子宫收缩和在哺乳期促进乳汁排出。

1. 促进乳腺排乳 哺乳期的乳腺,在腺垂体分泌的 PRL 的作用下,不断分泌乳汁并贮存于乳腺腺泡。OT 则促进乳腺腺泡周围的肌上皮细胞收缩,使乳汁排入乳腺导管和射出。哺乳时,婴儿吸吮乳头产生的感觉信息经传入神经至下丘脑,反射性地引起神经垂体贮存的 OT 释放入血,促进乳汁的射出,该过程称为射乳反射。射乳反射是典型的神经内分泌反射,在此基础上极易建立条件反射。例如,母亲看见婴儿或听见婴儿的哭声,都可以引起射乳反射。射乳反射抑制下丘脑 GnRH 的分泌,从而使腺垂体分泌 FSH 和 LH 减少,导致哺乳妇女停经。

2. 刺激子宫收缩 非孕子宫对 OT 敏感性很低,OT 收缩子宫平滑肌的作用较弱。妊娠晚期的子宫平滑肌细胞膜上 OT 受体的数量增多,对 OT 的敏感性提高。在分娩过程中,胎儿对子宫、宫颈和阴道的牵拉刺激可反射性地引起 OT 释放,并形成正反馈机制,促使子宫肌收缩,有利于分娩过程的进行。临床上常利用此作用来诱导分娩(催产)及预防产后出血。

第三节　甲　状　腺

甲状腺是人体最大的内分泌腺,主要由甲状腺腺泡构成,腺泡壁的上皮细胞能合成和分泌甲状腺激素。甲状腺激素是调节人体代谢和生长发育的重要激素。在甲状腺组织中,还有滤泡旁细胞,分泌降钙素。

课堂互动
请试述甲亢患者的临床表现有哪些?

一、甲状腺激素的合成

甲状腺滤泡上皮细胞合成并分泌的甲状腺激素主要包括四碘甲腺原氨酸(T_4)和三碘甲腺原氨酸(T_3)。腺体分泌的 T_4 远比 T_3 多,约占血液中甲状腺激素的 90%,但 T_3 的活性较大,约为 T_4 的 5 倍。

甲状腺激素的原料为碘和酪氨酸。人每天从饮食中摄取的碘为 100～200μg,其中 1/3 被甲状腺摄取。甲状腺激素合成的基本过程包括以下几个基本环节。

1. 滤泡聚碘　生理情况下,甲状腺内的 I^- 浓度为血清的 30 倍。滤泡上皮细胞能通过主动转运机制选择性摄取和聚集碘,即碘捕获。临床上常采用碘放射性核素示踪法测定甲状腺摄碘能力,判断甲状腺的功能状态。

2. I^- 的活化　由腺泡上皮细胞摄取的碘,必须在过氧化物酶(TPO)的催化下活化。活化过程在腺泡上皮细胞顶端质膜微绒毛与腺泡腔的交界处进行。I^- 在 TPO 的催化下被活化成 I_2,或与 TPO 形成某种复合物。

3. 酪氨酸碘化　TPO 催化后,活化的碘取代甲状腺球蛋白(TG)中酪氨酸残基上的氢原子,合成一碘酪氨酸残基(MIT)和二碘酪氨酸残基(DIT)。

4. 碘化酪氨酸的缩合　1 个分子的 MIT 与 1 个分子的 DIT,或 2 个分子的 DIT 在 TPO 作用下发生偶联分别合成 T_3 和 T_4。

碘的活化、酪氨酸碘化及偶联过程都是在 TPO 的催化下完成的。硫脲类药物能抑制 TPO 活性,因而可抑制甲状腺激素的合成,是临床上用于治疗甲状腺功能亢进的常用药物。

二、甲状腺激素的贮存、释放、运输与代谢

1. 贮存　合成的甲状腺激素是以甲状腺球蛋白(TG)的形式贮存于腺泡腔内,其贮量非常大,可以供人利用 2～3 个月。所以,应用抗甲状腺功能亢进的药物时,需较长时间用药后才会显效。

2. 释放　当甲状腺受到 TSH 刺激后,腺泡细胞通过吞饮作用将 TG 从腺泡腔中吞入细胞内,在蛋白酶的催化下,水解 TG 的肽键,释放游离的 T_3、T_4 及 MIT、DIT。T_3、T_4 由腺泡细胞底

部分泌而进入血液循环。MIT 和 DIT 在脱碘酶的作用下释放游离无机碘,脱下的碘大部分贮存在甲状腺内重新碘化甲状腺球蛋白的酪氨酸,以合成新的激素。

3. 运输　进入血液的甲状腺激素,99%以上和血浆蛋白结合,以游离形式存在的不到 1%。只有游离型激素才能进入组织细胞发挥作用。结合型与游离型之间可互相转化,并维持动态平衡。临床上可通过测定血液中 T_4、T_3 的含量了解甲状腺的功能。

4. 代谢　血浆 T_4 的半衰期为 6～7 天,T_3 不足一天。T_4 在外周组织脱碘酶的作用下转变为 T_3 或逆 $-T_3$(rT_3)。T_4 和 T_3 约80%是通过脱碘的途径进行降解的,其余20%在肝内降解,与葡糖醛酸和硫酸结合后,经胆汁排入小肠,随粪便排出(图11-4)。

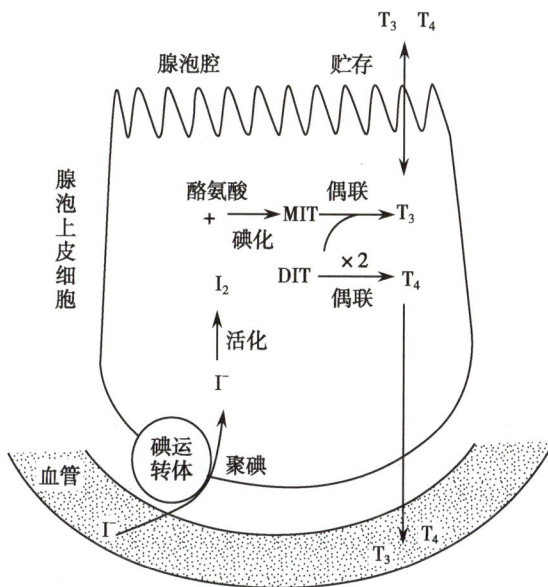

图 11-4　甲状腺激素合成、贮存和分泌示意图

三、甲状腺激素的生理作用

甲状腺激素作用广泛,几乎对全身各组织细胞均有影响,其主要作用是调节新陈代谢,促进人体生长发育。

(一)调节新陈代谢

1. 增强能量代谢　除脑、肺、性腺、脾、淋巴结和皮肤等器官外,甲状腺激素能显著增加体内大多数组织的耗氧量和产热量。实验表明,1mg T_4 可使机体产热增加 4 200kJ,BMR 提高 28%。因此,BMR 在甲状腺功能减退时显著降低,而在甲状腺功能亢进时可提高 60%～80%。甲状腺激素的产热效应可能与解偶联蛋白和 Na^+-K^+-ATP 酶的活性明显升高有关。应用 Na^+-K^+-ATP 酶抑制剂毒毛花苷和某些蛋白质合成抑制剂可以阻断此效应。

2. 调节物质代谢　甲状腺激素对物质代谢的影响广泛,包括合成代谢和分解代谢。生理水平的甲状腺激素对糖、蛋白质、脂肪的合成和分解代谢均有促进作用,大量的甲状腺激素则对分解代谢的促进作用更为明显。

(1)糖代谢:甲状腺激素促进小肠黏膜对葡萄糖的吸收,加速脂肪、肌肉等外周组织对糖的利用,以及增强糖原的合成与分解,提高糖代谢的速率,还能增强肝糖异生,也能增强肾上腺素、胰高血糖素、皮质醇和 GH 的生糖作用。甲状腺激素水平升高还能对抗胰岛素,使血糖升高。但 T_4 与 T_3 可同时加强外周组织对糖的利用,也能降低血糖。因此,甲状腺功能亢进患者,餐后血糖升高,甚至出现尿糖,但随后血糖又能很快降低。

(2)脂肪代谢:甲状腺激素能加速脂肪酸的氧化,促进肝对胆固醇的降解。因此,甲状腺功能亢进的患者血胆固醇常低于正常,甲状腺功能减退的患者血胆固醇则高于正常,易发生动脉粥样硬化。

(3)蛋白质代谢:生理情况下,甲状腺激素加速蛋白质和各种酶的生成,有利于机体的生长发育。甲状腺激素分泌过多时,则加速蛋白质分解,特别是骨骼肌蛋白质大量分解,以致出现肌肉消瘦和肌无力;甲状腺激素分泌不足时,蛋白质合成减少,但细胞间的黏液蛋白增多,由于黏液蛋白可吸附一部分水和盐,在皮下形成一种特殊的、指压不凹陷的水肿,称为黏液性水肿。

甲状腺功能亢进时,由于糖、脂肪和蛋白质的分解代谢增强,所以,患者常感饥饿,食欲旺盛,但明显消瘦。

(二)促进生长发育

甲状腺激素可促进神经细胞的生长,促进长骨骨骺的发育和骨生长,特别是在出生后最初的4个月内对婴儿脑和长骨的生长发育作用极大。

甲状腺激素是胎儿和新生儿脑发育的关键激素。甲状腺激素能促进神经元增殖及分化,促进突起和突触的形成,促进胶质细胞生长和髓鞘形成,诱导神经生长因子和某些酶的合成,促进神经元骨架的发育。

甲状腺激素能与GH协同,调控幼年期生长发育。甲状腺激素可刺激骨化中心的发育成熟,使软骨骨化,促进长骨和牙齿生长。

知识链接

预防呆小症应从妊娠期开始

一个先天性甲状腺功能不全的婴儿,如在4个月内得不到甲状腺激素的补充,则将由于脑与长骨生长发育的障碍而出现智力低下、身材矮小、牙齿发育不全等,称为呆小症。预防呆小症应从妊娠期开始,积极治疗成人甲状腺功能减退,杜绝地方性甲状腺肿的发生。成年人因脑已发育成熟,因此甲状腺功能减退的患者智力基本不受影响,仅表现为反应迟钝、动作笨拙和记忆减退等。

(三)影响器官系统功能

甲状腺激素是维持机体基础性功能活动的激素,所以对机体几乎所有器官系统都有不同程度的影响,其作用大多继发于甲状腺激素促进机体代谢和耗氧过程。

1.对中枢神经系统的作用　甲状腺激素不但能促进神经系统的发育和成熟,而且还可提高已分化成熟的中枢神经系统的兴奋性。因此,甲状腺功能亢进的患者多有烦躁不安、多言多动、喜怒无常和失眠多梦等症状;甲状腺功能减退的患者则表现为言行迟钝、记忆减退、表情淡漠和少动嗜睡。

2.对心血管系统的作用　甲状腺激素可使心率加快和心肌收缩力加强,心输出量及心肌耗氧量增加;由于甲状腺激素使外周组织耗氧增多,故小血管扩张,外周阻力降低。甲状腺功能亢进的患者可出现心动过速,心脏因长期做功量增加而出现肥大,严重者可导致心力衰竭。甲状腺激素增强心脏活动是由于它直接作用于心肌,促使肌质网释放Ca^{2+},使心肌收缩力加强。

3.对胃肠活动的影响　甲状腺激素可使胃肠蠕动增强、消化腺分泌增加。甲状腺功能亢进症患者可出现食欲增强,胃肠蠕动加速,胃排空加快,肠道吸收减少,甚至出现顽固性吸收不良性腹泻;甲状腺功能减退时,可出现腹胀和便秘。

四、甲状腺激素分泌的调节

甲状腺激素分泌活动主要受下丘脑-腺垂体-甲状腺轴的调节。此外,甲状腺还有一定程度的自身调节能力,维持血液中甲状腺激素水平的相对稳定和甲状腺正常生长。

(一)下丘脑-腺垂体-甲状腺轴调节系统

下丘脑分泌的TRH经垂体门脉系统运至腺垂体,促进TSH合成和释放(图11-5)。在整体情况下,下丘脑神经元受内、外环境因素的影响而改变TRH的分泌量,从而影响甲状腺的分泌活动。例如,寒冷刺激的信息到达中枢后,通过一定的神经联系致TRH分泌增多,继而通过TSH

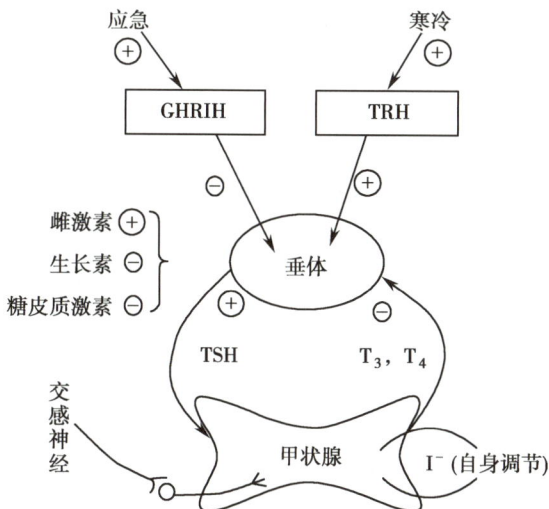

图 11-5 甲状腺激素分泌的调节

的作用，促进甲状腺激素的分泌，使机体产热量增加，有利于御寒。

TSH 的主要作用是促进甲状腺激素的合成与分泌，刺激甲状腺腺泡上皮细胞核酸和蛋白质的合成，使腺泡细胞增生，腺体增大。血液中游离的 T_4 和 T_3 对 TSH 的合成与分泌起负反馈调节作用。当 T_4 和 T_3 增高时，抑制 TSH 的分泌；当 T_4 和 T_3 降低时，TSH 的分泌增加，这是体内 T_4 和 T_3 的浓度得以维持正常水平的重要机制。当饮食中缺碘造成 T_4 和 T_3 合成分泌减少时，T_4 和 T_3 对腺垂体的负反馈作用减弱。TSH 分泌量增多，TSH 刺激甲状腺细胞增生，导致甲状腺肿大，临床上称为地方性甲状腺肿或单纯性甲状腺肿。

（二）甲状腺功能的自身调节

甲状腺的自身调节是甲状腺本身对饮食中碘供应量增减的一种适应能力。当饮食中碘含量不足时，甲状腺摄取碘的能力增强，使甲状腺激素的合成与释放不致因碘供应不足而减少。相反，当饮食中碘过多时，甲状腺对碘的摄取减少，甲状腺激素的合成也不致过多。

（三）自主神经的调节

甲状腺受交感和副交感神经的双重支配。交感神经兴奋可使甲状腺激素合成与分泌增加；而副交感神经的作用尚不十分清楚。

第四节　钙磷代谢的内分泌调节

在体内，甲状旁腺分泌甲状旁腺激素（PTH），甲状腺 C 细胞分泌降钙素。上述两种激素，以及由皮肤、肝和肾等器官联合作用而形成的 1,25- 二羟维生素 D_3，是共同调节钙和磷稳态的三种基础激素，称为钙调节激素。

一、甲状旁腺激素

PTH 由甲状旁腺主细胞合成和分泌；含有 84 个氨基酸，分子量 9.5kD；半衰期为 20～30 分钟；主要在肝内灭活，其代谢产物经肾排出体外。

（一）甲状旁腺激素的生理作用

PTH 的生理作用主要是升高血钙、降低血磷，是体内调节血钙浓度的最重要的激素。动物甲状旁腺摘除后，血钙水平急剧下降、出现低钙抽搐、死亡。而血磷水平则往往呈相反变化，逐渐升高，可见 PTH 是生命必要的激素。PTH 的靶器官主要是肾和骨。

1. 对肾的作用　PTH 促进远曲小管对钙的重吸收，减少钙由尿中排出以维持血钙浓度；同时抑制肾小管对磷的重吸收，使尿磷增多，血磷减少。PTH 对肾的另一重要作用是激活 1,25- 羟化酶，此酶可促进维生素 D_3 转化成 1,25- 二羟维生素 D_3，后者可促进小肠对钙的吸收，使血钙升高。

2. 对骨的作用　体内 99% 以上的钙主要以磷酸盐的形式贮存于骨组织。骨组织中贮存的钙和血浆中游离的钙常相互转换，处于动态平衡。PTH 可动员骨钙入血，故能提高血钙浓度。血钙是维持神经、肌肉正常兴奋性的必要物质。临床上进行甲状腺手术时，若不慎误将甲状旁腺摘除，可引起严重的低血钙，导致手足搐搦，严重时可因呼吸肌痉挛而窒息。

（二）甲状旁腺激素分泌的调节

血钙浓度是调节 PTH 分泌的最主要因素。血钙浓度降低时，PTH 分泌增加；反之，PTH 分泌减少。这种负反馈调节作用是人体 PTH 分泌和血钙浓度维持相对稳定水平的重要机制。如果长期缺钙，会引起甲状旁腺增生。如佝偻病患儿，因血钙长期偏低，往往出现甲状旁腺增大。另外，血磷的升高可使血钙降低而刺激 PTH 的分泌，降钙素的大量释放也有促进 PTH 分泌的作用。

二、降　钙　素

降钙素（CT）是由甲状腺 C 细胞分泌的肽类激素。正常人血清 CT 浓度为 $1\sim2ng/dl$，其主要作用是降低血钙和血磷。

（一）降钙素的生理作用

CT 的生理作用与 PTH 的作用相反，主要是抑制原始骨细胞向破骨细胞转化，抑制破骨细胞的活动，使成骨细胞活动增强。由于破骨细胞的数量减少，活动减弱，导致溶骨过程减弱而成骨过程加强，故使血钙降低。在成年人，由于溶骨过程所能提供的钙非常少，因此 CT 对血钙水平影响不大。在儿童时期，骨更新速度很快，破骨细胞每天可提供较多的钙进入血液，所以，CT 对儿童血钙调节作用较成人更明显。CT 还抑制肾小管对钙、磷、钠和氯的重吸收，以及抑制胃酸的分泌。

（二）降钙素分泌的调节

CT 的分泌主要是受血钙浓度的反馈性调节。血钙浓度升高时，CT 分泌增多，反之分泌减少。进食也可刺激 CT 的分泌，可能是由于进食引起胃肠激素分泌（如促胃液素）所致的继发作用。

三、维生素 D_3

体内的维生素 D_3 可直接从食物中获得，也可以胆固醇为原料合成。维生素 D_3 本身不具有生理活性，需先在肝脏中羟化为 25- 羟维生素 D_3，然后在肾脏中羟化为 1，25- 二羟维生素 D_3。$1,25-(OH)_2D_3$ 在肾脏生成后，经血液循环运送到靶组织发挥作用，故可将其视为肾脏分泌的一种激素。$1,25-(OH)_2D_3$ 的靶器官为小肠、骨和肾脏。

$1,25-(OH)_2D_3$ 可作用于小肠黏膜上皮细胞，促进钙结合蛋白和钙依赖的 ATP 酶等的生成，有利于钙的吸收。此外，$1,25-(OH)_2D_3$ 能促进近球小管对钙和磷的重吸收，增加血钙和血磷的水平，增加成骨细胞的活动，促进骨盐的沉积。如果 $1,25-(OH)_2D_3$ 缺乏，正常成骨作用不能进行，儿童容易出现佝偻病。

第五节　胰　岛

胰岛是散在胰腺外分泌细胞之间的许多内分泌细胞群的总称。胰岛内有多种功能不同的细胞：分泌胰高血糖素的 A 细胞约占胰岛细胞的 25%；分泌胰岛素的 B 细胞约占 60%～70%；分泌生长抑素的 D 细胞约占 10%。本节只介绍胰岛素和胰高血糖素的作用及分泌的调节。

一、胰 岛 素

胰岛素是由 51 个氨基酸组成的小分子蛋白质。正常人空腹状态下血清胰岛素浓度为 35～145pmol/L，半衰期 5～6 分钟，主要在肝内失活。

（一）胰岛素的生理作用

胰岛素是促进合成代谢，维持血糖浓度稳态的主要激素。

1. 对糖代谢的作用 胰岛素通过促进细胞对葡萄糖的摄取和加速肝糖原和肌糖原合成、促进葡萄糖转变为脂肪、抑制糖原分解和糖异生的作用，使血糖降低。胰岛素分泌不足，会导致血糖升高。当血糖超过肾糖阈时，尿中将会出现葡萄糖。糖尿病患者使用适量胰岛素，可使血糖维持正常浓度，如使用过量，可引起低血糖，甚至发生低血糖性休克。

2. 对脂肪代谢的作用 胰岛素能促进脂肪的合成与贮存，同时抑制脂肪的分解。胰岛素缺乏可造成脂肪代谢紊乱，脂肪的贮存减少，分解加强，血脂升高。同时，由于脂肪酸分解增多，生成大量酮体，可导致酮血症和酮症酸中毒，甚至昏迷。

3. 对蛋白质代谢的作用 胰岛素能促进细胞对氨基酸的摄取和蛋白质的合成，同时抑制蛋白质的分解。GH 促进蛋白质合成的作用，必须在有胰岛素存在的情况下才能表现出来，因此，对人体的生长来说，胰岛素也是不可缺少的。

（二）胰岛素分泌的调节

1. 血糖的作用 血糖浓度是调节胰岛素分泌的最重要因素。血糖浓度升高可直接刺激 B 细胞，使胰岛素分泌增多，从而使血糖下降；血糖降低则可抑制胰岛素的分泌，促使血糖回升。血糖浓度对胰岛素分泌的负反馈作用是维持血中胰岛素及血糖正常水平的重要机制。

2. 氨基酸和脂肪酸的作用 血中游离脂肪酸、酮体和氨基酸（主要为精氨酸和赖氨酸）含量增加也有促进胰岛素分泌的作用。氨基酸和血糖对刺激胰岛素的分泌有协同的作用，两者同时升高，可使胰岛素分泌成倍增加。长时间的高血糖、高氨基酸和高血脂，可持续刺激胰岛素的分泌，导致胰岛 B 细胞衰竭，引起糖尿病。

3. 其他激素的作用 抑胃肽、胰高血糖素、GH、甲状腺激素、糖皮质激素等均有刺激胰岛素分泌的作用。生长激素、甲状腺激素和糖皮质激素等可通过增加血糖浓度而间接刺激胰岛素的分泌，而肾上腺素和去甲肾上腺素等儿茶酚类物质则抑制胰岛 B 细胞分泌胰岛素。

4. 神经调节 胰岛受迷走神经和交感神经支配。迷走神经兴奋时，既可直接促进胰岛素分泌，又可通过胃肠激素间接促进胰岛素分泌；交感神经兴奋则抑制胰岛素分泌。

二、胰高血糖素

课堂互动

请试述糖尿病患者的临床表现有哪些？

胰高血糖素是由 29 个氨基酸组成的多肽，在血清中的浓度为 50～100ng/L，半衰期为 5～10 分钟，主要在肝内降解失活，少部分在肾内降解。

（一）胰高血糖素的生理作用

胰高血糖素是促进分解代谢的激素，可促使肝糖原分解及糖异生，使血糖升高；活化脂肪中的脂肪酶，促进贮存脂肪的分解和脂肪酸的氧化，使血中酮体增多；促进蛋白质分解和抑制其合成，加速氨基酸进入肝细胞异生为糖。

（二）胰高血糖素分泌的调节

血糖浓度是调节胰高血糖素分泌的主要因素。血糖浓度降低可促进胰高血糖素分泌；反之，则减少。胰高血糖素的分泌还受神经系统的调节，迷走神经兴奋抑制其分泌，交感神经兴奋促进其分泌。此外，因胰岛素能降低血糖，故能间接促进胰高血糖素的分泌。

三、糖尿病与低血糖

1. 糖尿病　糖尿病是由于胰岛素分泌不足及胰岛素受体缺陷所致的代谢性疾病。临床上常见的糖尿病有胰岛素依赖型（1 型）和非胰岛素依赖型（2 型）两种，我国以 2 型居多。糖尿病的临床表现为多食、多饮、多尿和体重减少（即三多一少），重者可并发动脉粥样硬化，并累及心、肾、视网膜等组织病变，甚至出现酮血症或酮症酸中毒。

2. 低血糖　空腹血糖浓度低于 3.0mmol/L 时称为低血糖。由于大脑的能源物质主要是葡萄糖，所以当血糖浓度降低时，首先影响大脑的功能，临床表现为头晕、倦怠无力、心悸、出冷汗等症状，严重者可发生低血糖昏迷，若不及时补充葡萄糖，会危及生命。

第六节　肾　上　腺

肾上腺由皮质和髓质两部分组成，尽管皮质和髓质在起源发生、细胞结构及功能上均不相同，但由于髓质的血液供应来自皮质，两者在功能上有一定的联系。也有学者将肾上腺皮质和髓质看作两个独立的内分泌腺。

一、肾上腺皮质

肾上腺皮质由三层不同的细胞组成，从外向内分别为球状带、束状带和网状带。其中球状带合成、分泌盐皮质激素，主要为醛固酮；束状带合成、分泌糖皮质激素，主要是皮质醇；网状带合成、分泌性激素，以雄激素为主，也有少量雌激素。实验证明切除动物的双侧肾上腺后，动物将很快死亡，若能及时补充肾上腺皮质激素则能维持生命，可见肾上腺皮质是维持生命所必需的。

醛固酮的生理作用及分泌的调节详见第八章，有关性激素的内容详见第十二章，本节主要介绍糖皮质激素。

（一）糖皮质激素的生理作用

体内多数组织存在糖皮质激素的受体，因此，其在体内的作用非常广泛，在维持代谢平衡和对机体功能的调节方面极其重要。

1. 对物质代谢的作用

（1）糖代谢：糖皮质激素具有抗胰岛素的作用，能抑制外周组织对葡萄糖的利用，还能促进糖异生，使血糖升高。如果糖皮质激素分泌过多（或服用此类药物过多），可使血糖升高，甚至出现糖尿（称为类固醇性糖尿）。

（2）蛋白质代谢：促进肝外组织（主要是肌肉组织）的蛋白质分解，抑制组织细胞对氨基酸的摄取，使蛋白质合成减少。加速氨基酸入肝成为糖异生的原料。当糖皮质激素分泌过多时，可导致生长停滞、肌肉消瘦、皮肤变薄、骨质疏松、淋巴组织萎缩、创口愈合延迟和易骨折。

（3）脂肪代谢：促进脂肪（主要是四肢的脂肪）分解，使血液中游离脂肪酸浓度升高和脂肪酸在肝内的氧化增加。糖皮质激素使体内脂肪重新分布，表现为四肢脂肪分解加速，面部和躯干的脂肪合成增加。因此，糖皮质激素过多时，可导致脂肪组织由四肢向躯干重新分布，出现"水牛背"和"满月脸"的特殊体型，形成"向心性肥胖"，临床上称为库欣综合征（Cushing综合征）。

（4）水盐代谢：糖皮质激素可降低肾小球入球小动脉的阻力，增加肾小球血浆流量，使肾小球滤过率增大，有利于水的排出。肾上腺皮质激素还具有抑制 ADH 分泌的作用，故肾上腺皮质功能减退的患者常伴有水排出故障，严重时可出现"水中毒"。此外，糖皮质激素还可促进远端小管和集合管重吸收钠和排出钾，故又具有较弱的保钠排钾作用。

2．对神经系统的作用　糖皮质激素可提高中枢神经系统的兴奋性。肾上腺皮质功能亢进的患者可出现思维不能集中，烦躁不安和失眠等现象。

3．对血细胞的作用　糖皮质激素能增强骨髓造血功能，使血液中红细胞和血小板的数量增多；能促使附着在小血管壁的粒细胞进入血液循环，使血中的中性粒细胞增多；能抑制淋巴细胞DNA 的合成过程，使淋巴细胞数量减少；加强巨噬细胞系统吞噬和增加肺、脾对嗜酸性粒细胞的贮留，使血中嗜酸性粒细胞的数量减少。

4．在应激反应中的作用　当人体突然受到创伤、手术、寒冷、饥饿、疼痛、感染和惊恐等的刺激时，导致下丘脑 - 垂体 - 肾上腺皮质轴激活，促肾上腺皮质激素和糖皮质激素分泌急剧增加，称为应激反应。应激反应时，糖皮质激素分泌增多，可大大增强人体对有害刺激的耐受力，提高生存的适应性。当切除肾上腺皮质时，则机体的应激反应减弱，严重时可危及生命。

5．对心血管系统的作用　糖皮质激素通过允许作用，增加心肌和血管平滑肌细胞膜上的儿茶酚胺受体数量，调节受体介导的信息传递过程，使心血管对儿茶酚胺的敏感性提高；抑制具有舒血管作用的前列腺素的合成和降低毛细血管通透性，有利于维持血量，故糖皮质激素对维持正常的血压是必需的。肾上腺皮质功能低的患者，因血管平滑肌对去甲肾上腺激素极不敏感，血管的紧张性降低，毛细血管扩张，通透性增大，甚至血浆蛋白也能通过，故出现血容量减少和血压降低。肾上腺皮质功能亢进的患者，则出现血管收缩，小动脉硬化而引起高血压。

6．对消化系统的作用　糖皮质激素能增加胃酸和胃蛋白酶的分泌，并使胃黏膜的保护和修复功能减弱。肾上腺皮质功能减退的患者，表现为食欲减退，消化不良和腹胀或腹泻。长期大量服用糖皮质激素的患者，可能发生胃溃疡；溃疡患者服用糖皮质激素可使病情加重。

（二）糖皮质激素分泌的调节

糖皮质激素的分泌主要受下丘脑 - 腺垂体 - 肾上腺皮质轴的调节（图 11-6）。在下丘脑 CRH节律性分泌控制下，腺垂体 ACTH 和肾上腺皮质激素分泌表现为日周期节律波动。

1．促肾上腺皮质激素释放激素的作用　下丘脑分泌的 CRH，通过垂体门脉系统作用于腺垂体，促进ACTH 的合成和释放，间接引起糖皮质激素的分泌。分泌 CRH 的细胞主要位于下丘脑的室旁核，室旁核又接受边缘系统和低位脑干的纤维联系。下丘脑CRH 神经元把许多脑区的神经信号转变成激素信号。当人处于应激状态时，各种应激刺激的信息传入中枢神经系统，最后汇集于下丘脑，使下丘脑 - 腺垂体 - 肾上腺皮质轴的活动加强，血中 ACTH 和糖皮质激素水平明显升高。

2．腺垂体促肾上腺皮质激素的作用　肾上腺皮

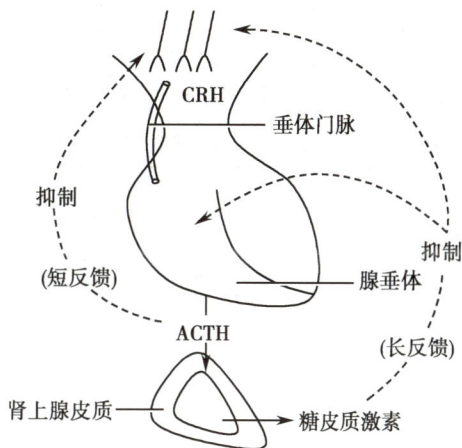

图 11-6　糖皮质激素分泌的调节

质直接受腺垂体释放的 ACTH 的调节。ACTH 促进糖皮质激素的合成和释放，促进束状带和网状带的生长发育。当腺垂体功能减退时，ACTH 分泌减少，肾上腺皮质网状带和束状带萎缩。正常情况下腺垂体分泌一定量的 ACTH，以维持糖皮质激素的基础分泌。ACTH 的分泌在凌晨最低，觉醒起床前进入分泌高峰。由于 ACTH 分泌的日节律波动，使糖皮质激素的分泌也呈现出相应的周期性波动。这种波动与睡眠状态低水平血糖的维持、觉醒后需要较高水平的血糖相适应。

3. 反馈调节　当血中糖皮质激素浓度升高时，通过反馈作用既可抑制腺垂体 ACTH 的分泌，又可作用于下丘脑使 CRH 分泌减少。血中 ACRH 升高也可通过反馈抑制 CRH 的释放（图 11-6）。但在应激状态下，下丘脑和腺垂体对反馈刺激的敏感性降低，故 ACTH 和糖皮质激素的分泌极大增加。

值得注意的是，由于 ACTH 和糖皮质激素的分泌存在上述负反馈抑制，因此，长期大量使用糖皮质激素的患者，可能发生肾上腺皮质萎缩和分泌功能降低，突然停药会出现糖皮质激素分泌不足的症状。

二、肾上腺髓质

肾上腺髓质细胞内含有可被铬盐染成黄色的颗粒，故称为嗜铬细胞。嗜铬细胞能够合成和分泌肾上腺素和去甲肾上腺素，两者都属于儿茶酚胺类化合物。

（一）肾上腺素和去甲肾上腺素的作用

肾上腺髓质激素的作用广泛，几乎对全身各系统均有作用，其主要作用列于表 11-2。

表 11-2　肾上腺素与去甲肾上腺素的主要作用

	肾上腺素	去甲肾上腺素
心脏	心率加快，心肌收缩力明显增强，心输出量增加	心率减慢（在体时，降压反射的结果）
血管	皮肤、胃肠、肾血管收缩；冠状血管、骨骼肌血管舒张	冠状血管舒张（局部体液因素），其他血管均收缩
血压	升高，尤其是收缩压	明显升高，尤其是舒张压
支气管平滑肌	舒张	稍舒张
内脏平滑肌	舒张（作用强）	舒张（作用弱）
括约肌	收缩	收缩
瞳孔	扩大（作用强）	扩大（作用强）
脂肪代谢	促进脂肪分解，脂肪酸升高	脂肪酸升高（作用强）
糖代谢	血糖明显升高（作用强）	血糖升高（作用弱）

肾上腺髓质直接受交感神经节前纤维的支配，交感神经兴奋时，肾上腺髓质激素释放增多。去甲肾上腺素和肾上腺素的作用与交感神经兴奋时的效应相似，故把交感神经与肾上腺髓质在结构和功能上的这种联系，称为交感 - 肾上腺髓质系统。当人体遭遇到创伤、焦虑、剧痛、失血、缺氧、畏惧和剧烈运动等的刺激时，交感 - 肾上腺髓质系统活动增强，所发生的适应性变化称为应急反应。表现为肾上腺髓质激素大量分泌，中枢神经系统的兴奋性增高，机体处于警觉状态，反应更加灵敏；心率加快，心肌收缩力增强，心输出量增多，血压升高；呼吸加深加快，肺通气量增加；糖原和脂肪分解代谢增强。这些功能活动的变化有利于随时调整机体各种功能，以应付环

境急变,使机体度过面临的"危难"。

引起"应急"反应的各种刺激也可引起"应激"反应,在整体状态下,两者相辅相成,共同提高人体的抗损伤能力,两者既有区别又有联系。

(二)肾上腺髓质激素分泌的调节

1. 交感神经的作用 肾上腺髓质接受交感神经节前纤维支配,交感神经兴奋时,其末梢释放的乙酰胆碱与肾上腺髓质嗜铬细胞膜上 N 型胆碱受体结合,使肾上腺素和去甲肾上腺素分泌增加。

2. 促肾上腺皮质激素的作用 ACTH 可直接和通过糖皮质激素间接刺激肾上腺髓质,使髓质激素合成和分泌增加。

3. 自身调节 当去甲肾上腺素合成达一定量时,可抑制酪氨酸羟化酶,使去甲肾上腺素合成减少;肾上腺素过多时也能抑制苯乙醇胺氮位甲基移位酶,使肾上腺素合成减少。

（王东昇）

? 复习思考题

1. 激素作用的一般基本特征有哪些?

2. 从生理学角度分析侏儒症和呆小症的主要区别有哪些?

3. 调节血糖水平的激素主要有哪几种? 其对血糖水平有何影响?

4. 长期大量应用糖皮质激素时,为什么不能突然停药而必须逐渐减量停药?

1103

扫一扫,测一测

1104

思维导图

第十二章 生 殖

1. 掌握月经周期分期及其形成机制,睾丸和卵巢的功能。
2. 熟悉睾酮、雌激素、孕激素的主要生理作用。
3. 了解下丘脑-腺垂体-卵巢轴及其活动调节。

生物个体有产生、生长发育、成熟至衰老、死亡的过程,这是生命形成和发展的自然规律。因此,生物个体具有产生子一代的生殖功能对延续种族有十分重要的意义。生物个体发育到一定阶段以后,能够产生与自身相似的子代新个体的生理过程,称为生殖。人体的生殖功能由男女两性生殖器官活动实现。

生殖器官包括主性器官和附性器官。主性器官即性腺,在男性为睾丸,女性为卵巢,两者均具有产生生殖细胞和内分泌的生理功能。附性器官是指生殖系统除主性器官以外的所有器官,包括附属腺、生殖管道和外生殖器,其主要功能是辅助主性器官完成生殖功能。生殖的过程包括男女生殖细胞(精子和卵子)的形成、受精、着床、胚胎发育和分娩等环节。

第一节 男 性 生 殖

男性生殖系统的主性器官是睾丸,附性器官包括附睾、输精管、精囊腺、前列腺、尿道球腺和阴茎等。睾丸由曲细精管(生精小管)与间质细胞组成。前者是生成精子的部位,后者具有内分泌功能,可分泌雄激素。睾丸的主要生理功能受下丘脑-腺垂体-睾丸轴活动的调节。

一、睾丸的功能

(一)睾丸的生精功能

曲细精管是生成精子的部位。曲细精管上皮由生精细胞和支持细胞构成。原始的生精细胞紧贴于曲细精管基膜上,称精原细胞。从青春期开始精原细胞分阶段发育形成精子,其过程为精原细胞→初级精母细胞→次级精母细胞→精子细胞→精子(图12-1),整个生精过程历时约两个半月。一个精原细胞大约7次分裂可产生近百个精子,1g成人睾丸组织每天可以生成千万个精子。支持细胞为高级生精细胞提供营养并起保护与支持作用,维护生精细胞分化和发育所需的微环境的相对稳定。

(二)睾丸的内分泌功能

睾丸间质细胞在腺垂体的黄体生成素(LH)作用下,合成和释放雄激素,主要包括睾酮、脱氢表雄酮、雄烯二酮和雄酮,其中睾酮的生物活性最强。支持细胞分泌抑制素。

1. 睾酮的生理作用 睾酮作用广泛,主要包括:①影响胚胎分化,雄激素可诱导含有Y染色体的胚胎向男性分化,促进生殖器官的发育;②维持生精作用,睾酮自间质细胞分泌后,可经

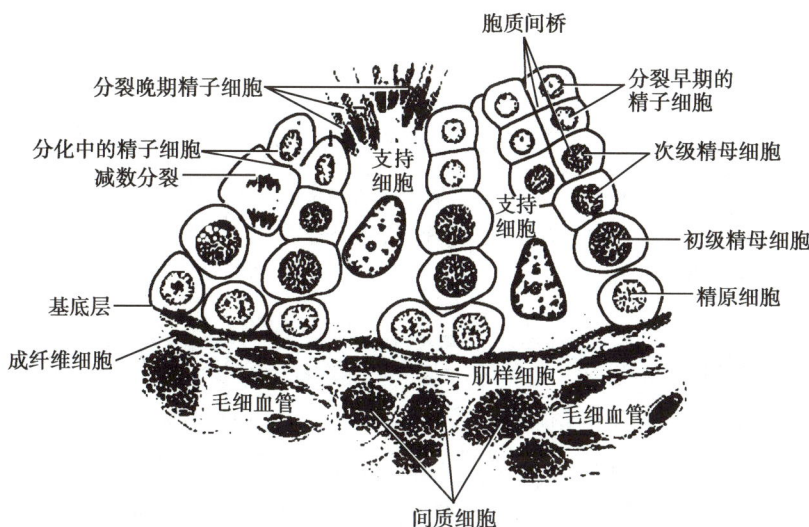

图 12-1 睾丸曲细精小管生精过程

支持细胞进入曲细精管，与生精细胞的雄激素受体结合，促进精子生成；③刺激生殖器官的生长发育，促进男性第二性征出现并维持其正常状态；④维持正常性欲；⑤促进蛋白质合成，特别是肌肉和生殖器官的蛋白质合成，同时还能促进骨骼生长与钙磷沉积；⑥促进红细胞生成。

2. 抑制素的生理作用 睾丸支持细胞分泌的抑制素是一种糖蛋白激素，可选择性抑制腺垂体合成和分泌卵泡刺激素（follicle-stimulating hormone，FSH），生理剂量的抑制素对黄体生成素（luteinizing hormone，LH）的分泌无明显影响。

二、睾丸功能的调节

（一）下丘脑 - 腺垂体对睾丸功能的调节

下丘脑"促垂体区"神经细胞释放促性腺激素释放激素（gonadotropin-releasing hormone，GnRH），经垂体 - 门脉系统运送到腺垂体，促进腺垂体分泌 FSH 和 LH，两者经血液循环到达睾丸。FSH 作用于曲细精管，促进精子形成，并促进支持细胞合成雄激素结合蛋白。LH 作用于间质细胞，刺激间质细胞发育并分泌睾酮。

（二）睾丸对下丘脑 - 腺垂体的反馈作用

血中睾酮浓度升高或降低时，可反馈性地调节或促进下丘脑对 GnRH 的释放，进而抑制或促进腺垂体对 LH 的分泌，从而维持血中稳定的睾酮水平（图 12-2）。此外，抑制素对 FSH 的分泌具有抑制作用。

（三）睾丸内局部调节

实验研究表明，在生精细胞、间质细胞之间，存在着较复杂的局部调节机制。如支持细胞中有芳香化酶，能将睾酮转变为雌二醇，对下丘脑 - 腺垂体进行反馈调节，并能直接抑制间质细胞睾酮的合成。另外，睾丸可产生多种肽类激素，以旁分泌和自分泌方式在局部调节睾丸的功能。

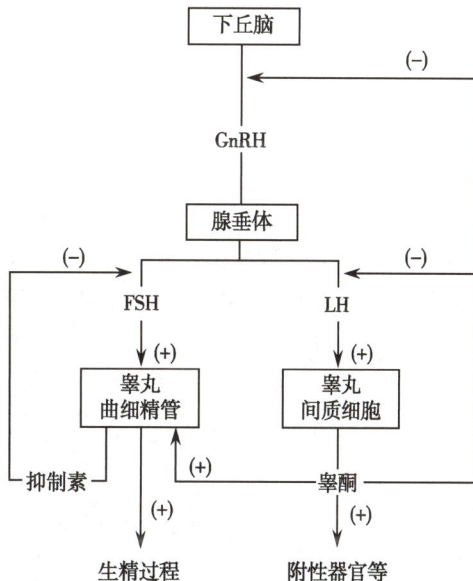

图 12-2 下丘脑 - 腺垂体 - 睾丸激素系统负反馈作用示意图

+ 表示促进；- 表示抑制

三、男性附性器官的功能

男性附性器官的功能主要是储存和运输精子。新生成的精子输入曲细精管管腔后，随睾丸输出小管的收缩和管腔液的移动被运送至附睾。在附睾精子进一步发育成熟并获得运动能力。附睾内可储存少量的精子，大量的精子储存于输精管及其壶腹部。精子与附睾、精囊、前列腺和尿道球腺的分泌物混合形成精液。

> **课堂互动**
>
> 男性患者，33岁，结婚3年，因不育及高胆固醇血症就诊。2年前，患者夫妇曾因婚后不育到医院求医，当时检查表明妻子生殖功能无异常，患者的精液常规检测显示其精子数量及成熟度都在正常范围，其他检查也未发现任何明显的问题，医师建议观察等待，患者却听信他人建议自行服用雄激素类药物。服药一段时间后，患者虽然肌肉更加发达，行为更具有攻击性，但妻子仍未怀孕，且最近的精液常规检测显示其生精功能及精子成熟异常，原来血脂检查正常，现在却低密度脂蛋白升高、高密度脂蛋白降低。
>
> 请思考：患者使用雄激素类药物后为什么反而导致生精功能和精子成熟异常及血中脂蛋白的变化？

第二节　女　性　生　殖

女性主性器官是卵巢，主要产生卵细胞和分泌性激素。女性附性器官包括输卵管、子宫、阴道、外阴等，其功能主要是接纳精子、输送精子和卵细胞结合及孕育新个体等。

一、卵巢的功能

（一）卵巢的生卵功能

卵子是由卵巢内的原始卵泡逐渐发育而成的。新生儿期卵巢内约有200万个原始卵泡，至青春期减少为30万～40万个。原始卵泡在女性青春期以前可长期处于静止状态，从青春期开始，除妊娠外，一般每个月都有十几个原始卵泡同时生长发育，但通常只有一个发育成熟，其他卵泡都在不同阶段退化成闭锁卵泡。卵泡发育的过程为：原始卵泡→初级卵泡→次级卵泡→成熟卵泡。成熟卵泡破裂，卵细胞和卵泡液排至腹腔的过程，称为排卵（图12-3）。

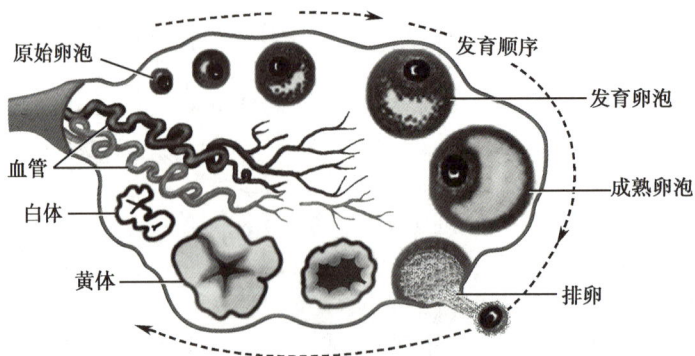

图12-3　卵泡发育示意图

排卵后，残存的卵泡壁塌陷，其腔内由卵泡破裂时流出的血液所填充。残存卵泡内的颗粒细胞增生变大，胞质中含有黄色颗粒，这种细胞称为黄体细胞。黄体细胞集聚成团，形成黄体。若排出的卵子未受精，黄体仅维持约 10 天便开始萎缩，此时期称为月经黄体，最后被吸收并纤维化，转为白体。若卵子受精，黄体则继续生长，成为妊娠黄体。

（二）卵巢的内分泌功能

卵巢主要合成和分泌雌激素、孕激素。雌激素以雌二醇为主，孕激素主要是孕酮。此外，卵巢还分泌少量的雄激素。

1. 雌激素的生理作用　雌激素主要是促进女性生殖器官的生长发育和激发第二性征的出现。

（1）对生殖器官的作用：①雌激素可协同 FSH 促进卵泡发育并诱导和促进排卵；②促进子宫内膜出现增生性变化，促进子宫颈分泌大量稀薄黏液，有利于精子穿行；③增强输卵管运动，有利于精子和输卵管的运行；④促进阴道上皮细胞增生、角化，使阴道上皮细胞内糖原增加，阴道呈酸性而增强抵抗细菌的能力，称阴道自洁作用。绝经妇女由于雌激素分泌减少，阴道抵抗力降低而易患老年性阴道炎。

（2）对第二性征的作用：雌激素刺激乳腺导管和结缔组织增生，促进乳腺发育，并使全身脂肪和毛发分布具有女性特征，如盆骨大、声调变高、臀部肥厚等。

（3）对代谢的影响：①促进蛋白质合成，加强钙盐沉着，对青春期发育与成长起促进作用；②降低血浆低密度脂蛋白而增加高密度脂蛋白含量，有一定抗动脉硬化作用；③影响皮下脂肪的沉积，尤以肩、胸、背部较为明显，形成女性特有体型；④促使醛固酮分泌增加，导致水、钠潴留，引起水肿，这可能是某些妇女在月经前期水肿的原因。

2. 孕激素的生理作用　孕激素通常要在雌激素作用的基础上发挥作用。孕激素主要在于保证受精卵的着床和维持妊娠。

（1）对子宫的作用：①促使在雌激素作用下增生的子宫内膜进一步增厚，并发生分泌期的变化，有利于受精卵着床及胚胎的营养供给。②使子宫肌细胞兴奋性降低，抑制子宫收缩，并能降低其对缩宫素的敏感性；抑制母体对胎儿的排斥反应。③使子宫颈黏液减少、变稠，使精子难以通过。

（2）对乳腺的作用：主要促进乳腺腺泡发育，并在妊娠后为泌乳做好准备。

（3）产热作用：孕激素能促进产热，使基础体温升高。临床上常将基础体温的变化作为判定排卵的标志之一。

3. 雄激素的生理作用　女子体内雄激素来自卵泡内膜及肾上腺皮质等处。适量的雄激素可刺激阴毛、腋毛生长。

二、卵巢功能的调节

（一）下丘脑-腺垂体对卵巢活动的调节

卵巢功能受下丘脑-腺垂体-卵巢轴的调节。青春期开始，随着下丘脑神经元发育成熟，对卵巢激素负反馈抑制作用敏感性明显降低，GnRH 开始分泌增加。下丘脑分泌的 GnRH 经垂体门脉系统可引起腺垂体分泌 LH 和 FSH，两者直接调节卵巢的内分泌功能。其中 FSH 促进卵泡的发育，成熟的卵泡只有在 FSH 和少量 LH 共同作用下才能分泌雌激素和孕激素。

（二）卵巢激素对下丘脑-腺垂体的反馈作用

卵巢分泌的激素可以负反馈形式作用于下丘脑和腺垂体。血浆中雌激素浓度较高时，一方面可抑制下丘脑 GnRH 的分泌，另一方面又可降低腺垂体对 GnRH 的敏感度，结果引起 FSH 的分泌减少，这是负反馈作用。但雌激素对 LH 的作用则不同，排卵前，成熟的卵泡分泌大量雌激素,能触发腺垂体分泌大量 LH,进而导致排卵,这属于正反馈调节。黄体生成后,血中雌激素浓度出现第二次高峰,此时黄体分泌大量孕激素,它与雌激素两者共同作用,抑制腺垂体促性腺激素的分泌。

三、月 经 周 期

(一)月经周期概念

女性自青春期起,除妊娠外,每月一次子宫内膜脱落出血,经阴道流出的现象,称为月经。月经形成的周期性过程,称为月经周期。成年妇女月经周期一般为 20~40 天,平均为 28 天。一般 12~14 岁开始第一次月经称为初潮。45~50 岁月经周期停止以后的一段时期称为绝经期。绝经期的妇女可出现潮红、潮热、心悸,有时血压升高,甚至出现忧虑、抑郁、失眠、易激动、喜怒无常等精神症状,称为围绝经期综合征。

(二)月经周期中子宫内膜的变化

月经周期中卵巢和子宫内膜都出现一系列形态和功能的变化。根据子宫内膜的变化,可将月经周期(以 28 天为例)分为三期。

1．增殖期　此期从月经停止时开始至卵巢排卵日止,故也称排卵前期,相当于月经中期的第 5~14 天。此期内卵泡生长、发育和成熟,并分泌雌激素。在雌激素的作用下,子宫内膜迅速增生变厚,血管增生,腺体增多变长,但不分泌黏液。本期的主要特点是子宫内膜显著增殖,故称增殖期,又称排卵前期(图 12-4)。

2．分泌期　此期从排卵日起至下次月经前止,故也称排卵后期,相当于月经周期的第 15~28 天。排卵后卵泡颗粒细胞形成黄体细胞,分泌雌激素和大量孕激素,在这两种激素作用下,子宫内膜进一步增生变厚,血管扩张、充血,腺体迂曲并分泌黏液。此期子宫活动减少,子宫内膜松软并含有丰富的营养物质,为受精卵的着床和发育做好准备。若排出的卵子未受精,则黄体退化,孕激素和雌激素的分泌急剧减少,又进入下一个月经周期。

3．月经期　从月经开始至出血停止,相当于月经周期的第 1~4 天。由于排出的卵细胞未受精,黄体萎缩,血中雌激素和孕激素浓度迅速下降,使子宫内膜崩溃脱落出血,从阴道流出。一般出血总量为 50~100ml,剥落的子宫内膜混于月经血中。

(三)月经周期形成机制

月经周期的形成主要是下丘脑 - 腺垂体 - 卵巢轴作用的结果。

1．增殖期的形成　女性自青春期开始,下丘脑分泌的 GnRH 使腺垂体分泌 FSH 和 LH。在这两种促性腺激素的作用下,卵泡开始生长、发育、成熟并分泌雌激素入血,使子宫内膜呈排卵前期变化。排卵前期末,雌激素在血中浓度达高水平,通过正反馈使 GnRH 分泌增加,进而使 FSH,特别是 LH 分泌增加。这时已发育成熟的卵泡,在高浓度的 LH 和 FSH 作用下,导致排卵。

2．分泌期和月经期的形成　排卵后生成的黄体在 LH 作用下发育并分泌大量的孕激素和雌激素,在这两种激素特别是孕激素作用下,子宫内膜呈分泌期变化。随着黄体长大,这两种激素分泌不断增加,至排卵后 8~10 天达高峰。高浓度的孕激素、雌激素共同对下丘脑腺垂体起负反馈作用,抑制 GnRH、FSH、LH 的分泌。此期若未孕,黄体将由于黄体生成素分泌减少而退化萎缩,致使血中孕激素、雌激素浓度迅速下降,子宫内膜失去支持而剥脱出血,形成月经。

随着月经黄体的萎缩退化,血中雌激素、孕激素浓度的降低,对下丘脑、腺垂体的反馈抑制作用解除,于是 GnRH、FSH、LH 的分泌开始增多。在 FSH 的作用下,又有一批卵泡开始生长发育,新的月经周期重新开始(图 12-4)。

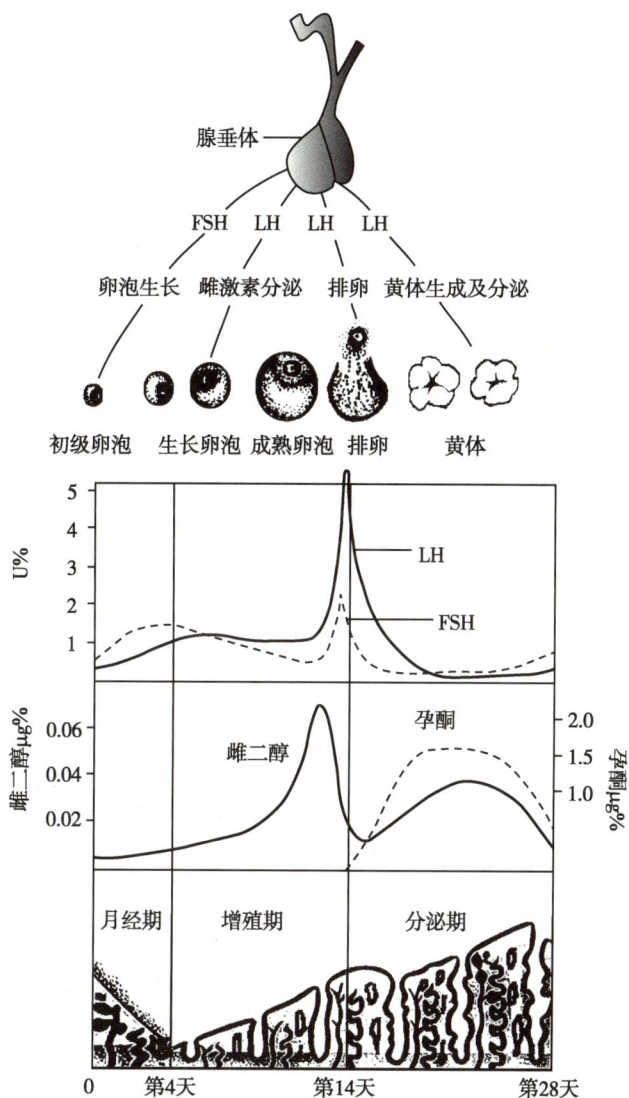

图 12-4　月经周期形成示意图

知识链接

痛经

　　痛经是指女性月经前后或月经期出现下腹部疼痛，伴有腰酸或其他不适，严重者可影响生活质量，为妇科常见症状之一。痛经包括原发性和继发性两种，原发性痛经指生殖器无器质性改变的痛经，占痛经的 90% 以上；继发性痛经指由盆腔器质性疾病，如子宫内膜异位症、子宫腺肌病等引起的痛经。原发性痛经多发于年轻女性，与饮食、作息习惯、精神状态、心理状况、卫生习惯等多因素有关，科学合理的预防措施具有重要意义，建议经期女性可适量运动，但不能太过剧烈劳累，应早睡早起，保证良好的睡眠质量，注意饮食卫生，避免吃生冷辛辣食物，注意经期外阴的卫生护理和腹部保暖，痛经严重者应尽早到正规医院检查治疗。

第三节　妊娠与避孕

一、妊　　娠

妊娠是指在母体内胚胎的形成及胎儿的生长发育过程,包括受精、着床、妊娠的维持、胎儿的成长发育及分娩。

(一)受精

精子与卵子结合形成受精卵的过程称为受精。受精一般发生在卵子排出后的 24 小时之内,部位大多在输卵管的壶腹部。受精时,精子顶体中的酶系释放出来,协助精子穿过放射冠和透明带与卵子接触,两者的细胞膜迅速融合,精子的细胞质、细胞核进入卵细胞内,其细胞核膨大变圆形成雄性原核。当一个精子进入后,卵子立即产生抑制顶体素的物质,封锁透明带,使其他精子不能进入;同时,卵细胞由于受精子的激发,立即完成第二次成熟分裂,其核为雌性原核。随即,两性原核融合,形成受精卵。

受精卵在输卵管的蠕动和纤毛运动的作用下,逐渐向子宫腔移动。一般在受精后 72 小时,形成桑椹胚并进入子宫腔。在子宫腔内,桑椹胚继续发育成胚泡(图 12-5)。

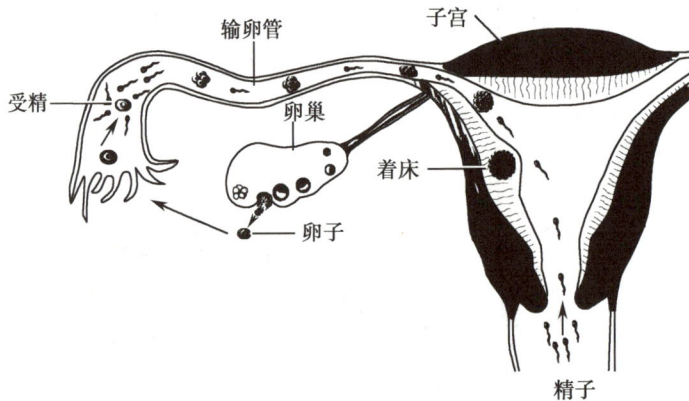

图 12-5　排卵、受精和着床示意图

(二)着床

胚泡进入子宫内膜的过程,称为着床或植入。胚泡约在排卵后第 8 天,被子宫内膜吸附。胚泡能分泌一种蛋白酶使接触胚泡的子宫内膜溶解,形成一个缺口,于是胚泡逐渐进入子宫内膜,同时缺口周围的子宫内膜迅速增殖,修复缺口。大约于排卵后 10～13 天胚泡完全被埋入子宫内膜中。胚泡发育与子宫内膜增殖一般相一致,称为同步。同步是着床的必要条件。

(三)妊娠的维持与胎儿成长

妊娠的维持和胎儿的成长与胎盘有着密切关系。胎盘是由胚胎组织和母体共同构成的,是母体与胎儿之间进行物质交换的器官,也是内分泌器官。

1. 胎盘的物质交换功能　母体与胎儿的血液隔着一层半透膜而不直接相通。半透膜由毛细血管内皮细胞、绒毛膜滋养层及其间的基底膜所构成。母体与胎儿之间经此半透膜进行物质交换。

2. 胎盘的内分泌功能　胎盘分泌的激素主要有人绒毛膜促性腺激素(human chorionic gonadotrophin,hCG)、人绒毛膜生长素(human chorionic somatomammotropin,hCS)、雌激素、孕激素等。这些激素的分泌能保持妊娠期血中雌激素、孕激素处于高浓度状态,对妊娠的维持起了关键性的作用。

（1）人绒毛膜促性腺激素：hCG 是一种糖蛋白。它的作用有两方面：①与 LH 作用相似，能代替 LH 刺激黄体转变成妊娠黄体，并使其分泌大量雌激素和孕激素；②使淋巴细胞的活力降低，防止母体产生对胎儿的排斥反应，具有"安胎"的效应。

着床后，母体血中就出现人绒毛膜促性腺激素浓度迅速升高，至妊娠 2 个月达顶峰，接着又迅速下降，至妊娠 3 个月左右达低水平，以后维持此水平至分娩。hCG 从尿排出。测定尿中或血中的 hCG，可用于早期妊娠诊断。

（2）人绒毛膜生长素：hCS 也是一种糖蛋白，作用与生长素相似，有促进胎儿生长的作用。

（3）雌激素和孕激素：胎盘分泌的雌激素和孕激素不仅及时接替妊娠黄体的功能，也进一步促进子宫和乳腺明显发育增长。

胎盘分泌的雌激素主要是雌三醇，经孕妇尿中排出，当孕妇尿中雌三醇突然减少，可作为判断胎儿死亡的依据之一。

（四）分娩

胎儿自子宫娩出母体的过程称为分娩。在人类，妊娠持续时间（从末次月经开始的第一天算起）大约为 280 天。在分娩时，子宫肌肉产生节律性的收缩，强度、持续时间和频率随着生产过程逐渐增加，宫腔内的压力逐步增大，最终压迫胎儿通过开大的宫颈。在胎儿头部到达阴道时，腹壁肌肉和膈肌收缩，胎儿便被娩出体外。

知识链接

生殖医学工程

随着现代医学的发展，为治疗不育症、遗传病，实行优生优育和计划生育，改良人类素质，采用人工操作的方法来生育下一代，称为生殖医学工程，包括人工授精和体外受精 - 胚胎移植及其衍生技术两大类。

人工授精是以非性交方式将已进行优选诱导获能处理的精子置入女性生殖道内，使精卵自然结合，实现受孕的方法。体外受精 - 胚胎移植是用手术取出女性的卵子，在体外与精子受精，并发育成前期胚胎后移植回母体子宫内，经妊娠后分娩婴儿。由于胚胎最初 2 天在试管内发育，所以又叫"试管婴儿"。1978 年英国诞生世界上首例"试管婴儿"。中国首例"试管婴儿"也于 1988 年诞生在北京。近年来，在党和国家的战略规划及生殖医学专家的努力下，起步较晚的中国生殖医学技术服务量和技术水平均已得到突飞猛进的进展，不但服务种类多、安全性高，在诸如着床前遗传学检测技术等部分领域，已处于国际领跑地位，成为健康中国的一个重要技术保障。

二、避　孕

避孕是指采取一定的方法使妇女暂时不孕。一般通过控制以下环节达到避孕的目的：抑制精子和卵细胞的生成；阻止精子和卵细胞的相遇；使女性生殖道内的环境不利于精子的生存和活动；使子宫内的环境不适于胚泡的着床与生长。

在生活中采用的常见避孕措施有：①男用安全套：是男性常用的避孕方法，它除了能阻止精子和卵子的相遇外，还能预防性病的传播。这是人们最多选用且易于接受的避孕措施。②避孕环：将避孕环放置在宫腔内，造成不利于胚泡着床和生存的宫腔环境，以达到避孕的目的。③女性全身性避孕药：为人工合成的高效能性激素，包括雌激素（如炔雌醇、炔雌醚）、孕激素（炔诺酮、甲地孕酮等）。使用这些药物后，升高血中雌激素、孕激素的浓度，通过负反馈作用抑制下丘脑-腺垂体-卵巢轴的功能,从而抑制排卵;同时,孕激素可减少子宫颈黏液的分泌量,使黏稠度增加,不利于精子通过。

知识链接

中医脏腑功能与生殖

"肾"主藏精,包括男、女生殖之精,即两性的生殖细胞,是繁育后代的物质基础。此外,生殖功能的调控有赖于"肾气"的充盛,"肾"对人体生殖功能起着关键作用。同时,生殖功能也还需要气血的濡养,妇女尤以血为本。其他脏腑功能如肝、脾,都与生殖功能调节有关,若发生问题,也必将影响正常的生殖功能。

人出生以后,随着身体不断生长,肾中精气逐渐充盛,至14~16岁,肾中精气充盈到一定程度时,就会产生一种叫"天癸"的物质。天癸具有促进和维持人体生殖功能的作用,使人体的生殖器官逐渐发育成熟,从而进入青春期。这时女子出现"月事以时下",男子出现"精气溢泻"的生理现象,说明性器官已成熟,具备了生殖功能。后伴随着年龄的增长,肾中精气由旺盛逐渐衰退,天癸亦随之减少,最后生殖功能丧失而进入老年期。

现代研究表明,补肾中药能有效改善男性少精、弱精和女性黄体功能不足、无排卵、幼稚子宫等所造成的不育症、不孕症。

（范绪锋）

1203
扫一扫,测一测

1204
思维导图

？ 复习思考题

1. 绒毛膜促性腺激素的主要生理作用有哪些？为什么 hCG 测定可以诊断早孕？
2. 根据所学知识,简述从理论上可采取哪些方法避孕。
3. 为什么孕妇无月经,也不会再孕？

第十三章 老年生理

学习目标

1. 掌握衰老、寿命、平均期望寿命、寿限的概念。
2. 熟悉衰老的发生机制和主要变化。
3. 了解寿命的衡量指标和延年益寿的措施。

课堂互动

生老病死是自然规律，你知道为什么随着年龄的增长人体外貌、形体和各器官系统功能会发生改变？如何才能延年益寿？

老年是人生命过程的最后阶段，其特点是各组织器官出现明显的退行性变，整个机体逐渐衰老，并伴随有心理活动的改变。由于不同的个体衰老的时间不同，即使同一机体不同组织器官的衰老速度也不一致。所以，很难从年龄上对老年的时期进行界定。世界卫生组织（WHO）根据现代人的生理、心理结构变化，将 60 岁以上划分为老年期。1981 年，我国第二届老年医学学术会议建议 65 岁以上为老年期。

第一节　衰老的概念及原因

一、衰老的概念

衰老（senescence）又称老化，是指机体因年龄的增长或某些特殊原因而逐渐发生的组织结构、生理功能和心理行为的退行性变。衰老是生命活动的自然规律。

根据发生的原因，可将衰老分为生理性衰老和病理性衰老两种。生理性衰老是指机体在生长发育完成后开始出现的结构和功能的生理性退化，表现在人的体质上的年龄变化，也称为正常衰老。病理性衰老是指机体在内部或外部因素的作用下，发生病理性变化，使衰老提前发生，也称为异常衰老或早衰。

单纯的生理性衰老较少发生。衰老过程是生理性衰老和病理性衰老相互作用的过程。它具有渐进性、连续性、不平衡性等特点。

二、衰老的发生机制

迄今为止，人们对衰老的机制提出了诸多学说。随着科学技术的发展，对衰老也形成了一定新的认识。现代老年医学关于衰老的机制可概括为遗传因素学说、环境因素学说、重要器官先行退化学说、免疫衰老学说、有害物质蓄积学说等。但目前为止，仍没有一种学说能够彻底阐明衰老的生理机制。

1. 遗传因素学说 遗传程序学说认为，衰老是按照受精卵的基因程序调控，从发育、成熟、衰老到死亡，都是遵循遗传已规定的程序而发展的固有过程。物种的基因组成差异较大，与老化有关的基因也有很大差异。由于遗传程序上规定的"时间计划"不同，老化的速度不同，其寿命的长短也就不同。这一学说可以比较满意解答为什么同一种物质具有较恒定的年龄范围。有些学者认为，人类细胞核染色体 DNA 链上有一种特殊遗传信息称为"衰老基因"，是老化发生的物质基础。

遗传情报报错学说认为，老化是从 DNA 复制到最终生成蛋白质的遗传信息传递过程中错误积累造成的。随着年龄的增长，在 DNA 转录复制过程中，可能有个别错误的核苷酸进入 DNA 或 mRNA，从而导致合成错误或有缺陷的蛋白质。此外，在 mRNA 翻译蛋白质时，若有错误的氨基酸进入，或来自基因的情报出现了误差，也会产生错误蛋白质。非正常的蛋白质逐渐增多，从而改变了细胞的结构和功能，导致细胞衰老。

2. 环境因素学说 环境理论强调环境因素在衰老中的作用，最具有代表性的是自由基学说。自由基是机体代谢过程中产生的活性很高的强氧化剂，可使生物膜的脂质发生超氧化，使膜的通透性和脆性增加，从而影响细胞膜的功能，破坏细胞的正常结构。正常情况下，自由基可被体内的过氧化酶清除。老年人体内清除自由基的过氧化酶减少，使自由基在体内蓄积，造成细胞膜和细胞微细结构破坏，形成脂褐质。动物实验证明，使用抗氧化剂，如维生素 E 可推迟脂褐质的出现，使平均寿命延长。

此外，营养、环境、气候、疾病、创伤、精神焦虑、丧偶等社会因素也可以加速衰老发生。

3. 重要器官先行退化学说 重要器官先行退化学说认为，衰老与机体一些重要器官的先行退化有关，如脑萎缩、脑回缩小、脑神经递质中多巴胺含量减少，去甲肾上腺素和 5- 羟色胺比例失衡；垂体、胸腺萎缩，功能退化，激素分泌减少，使机体的免疫功能下降等，导致内环境稳态破坏而发生衰老。

4. 免疫衰老学说 机体的免疫系统具有免疫监视、免疫自稳和免疫防御等多种功能，是体内重要的调节系统之一。免疫衰老学说认为随着年龄的增长，免疫器官逐渐退化，机体的免疫功能下降，尤其是胸腺随着年龄增长而体积减小、重量变轻。40 岁后，胸腺实体组织逐渐被脂肪组织替代，到老年时，实体组织基本消失，功能也基本丧失。T 细胞数量减少、功能减退，传染病、自身免疫性疾病增多，免疫功能下降，细胞功能失调，代谢障碍，引起机体衰老和死亡。

5. 有害物质蓄积学说 此学说认为，机体在代谢过程中会产生很多对健康有害的物质，这些物质在体内蓄积，就会引起代谢紊乱，功能失常，导致衰老和死亡。近年来，多数学者认为衰老与脂褐素有关。脂褐素的主要成分是脂类和蛋白质，其中含有多种水解酶。脂褐素的产生与体内自由基的作用和大分子交联有关。脂类过氧化物在分解时产生醛类，醛类与蛋白质、磷脂、核酸发生交联而形成脂褐素。脂褐素在机体的各类细胞中广泛存在，其蓄积量与年龄成正比。当脂褐素蓄积达到一定浓度时，细胞的 RNA 合成等代谢过程就发生障碍，可扰乱细胞内的空间，改变物质扩散渠道，挤压细胞内的亚微结构，产生不良影响，导致细胞萎缩、衰老和死亡。所以，有害物质蓄积学说又称为脂褐素蓄积学说。

除上述学说外，还有交联学说、钙调蛋白学说、染色体端粒学说、微量学说、微循环学说等。衰老是一个综合、复杂的生理变化过程，与先天因素和后天因素均有关，是多因素综合作用的结果。2000 年 6 月 26 日，美、日、英、法、德和中国等 6 国科学家向全世界公布了人类基因组工作草图，基本破译了人类基因组遗传密码，这个被认为是达尔文时代以来，生物学领域最重大的科学成就，为人类尽快解开生老病死的密码展现了美好的前景。

三、寿　　命

生、老、病、死是生命活动中不可避免的客观规律。一个人从出生经过生长、发育、成熟直到死亡的整个生存时间称为寿命（a life-span）。通常以年龄作为衡量的尺度。

（一）寿命的衡量指标

衡量人类寿命主要有两种指标，一是平均寿命或预期寿命，它代表一个国家或地区人口的平均存活年龄；二是最大或最高寿命，又称寿限，是指在没有外界因素干扰的条件下，从遗传学角度人类可能存活的最大年龄。人在不同的年龄阶段进程中，机体会发生一系列的生理和心理变化，特别是进入老年后，各器官、结构、生理功能和心理行为等均会发生不同程度的改变。

人与人之间的寿命有一定的差别。在比较某个时期，某个地区或某个社会的人类寿命时，通常采用平均寿命。平均寿命反映一个国家或一个社会的医学发展水平，也表明社会经济、文化的发达状况。

（二）寿命的规律

科学家们经过了大量的统计研究，发现计算寿命的方法有三种。

1. 根据生长期推算　以古希腊的亚里士多德为代表的科学家提出："动物生长期长的，寿命也长。"一般自然寿命为生长期的5～7倍，按照这个规律计算，人的生长期为20～25年，其自然寿命应为100～170岁。

2. 根据细胞分裂的次数来推算　美国科学家海尔·弗利克1961年提出，根据细胞分裂的次数来推算人的寿命。他认为，细胞分裂到50次时就会出现衰老和死亡。而正常细胞分裂的周期大约是2.4年/次，照此计算，人的寿命应为120岁左右。

3. 根据哺乳动物的性成熟期推算　根据生物学的规律，最高寿命相当于性成熟期的8～10倍，而人类的性成熟期是13～15岁，据此可推测人类的自然寿命应该是110～150岁。

第二节　衰老的主要变化

一、生　理　变　化

衰老表现为机体组织器官、系统的结构和功能衰退。结构改变主要是细胞萎缩及组织水分占人体的结构比例逐渐减少，器官重量减轻。功能改变主要表现为组织脏器的储备功能和代偿功能减退，对环境变化的适应能力、反应调节能力降低，机体抵抗力减退等。两者的改变是相互影响、相互作用的。

（一）外貌、形体和行为的变化

衰老在外貌和形体的变化最为明显，是人们最易表露的衰老征象。具体表现有：须发灰白，脱发甚至秃顶；眼睑下垂，角膜外周出现整环或半环白色狭带，称为老年环（或老年弓）；牙齿脱落，颜面皱褶增多，皮肤失去弹性，局部皮肤，特别是脸、手等地方可见色素沉着，呈大小不一的褐色斑点，称为老年斑；汗腺、皮脂腺分泌减少，皮肤干燥，缺乏光泽；身高下降，脊柱弯曲。

行为方面，步履缓慢，反应迟钝，面部表情日渐呆滞，注意力不集中，记忆力衰退，言语重复唠叨，视力和听力退化，出现远视和耳聋。

（二）心血管系统变化

老年的心血管变化，主要是由血管硬化引起。心脏功能、血管功能、心血管活动的调节功能均减弱。

心功能方面，心房增大、心室容积减少、瓣环扩大、瓣尖增厚是老年心脏变化的四大特点。心肌纤维数量减少，心肌间胶原纤维量逐渐增多，心肌出现弹性纤维变性。心脏瓣膜硬化、纤维化，伴有钙盐沉着。传导系统中的窦房结起搏细胞、传导细胞和传导纤维束数目减少。冠状动脉扭曲、硬化。心收缩力减弱，心输出量减少。

血管功能方面，动脉内膜增厚、管腔变窄；大动脉血管弹性降低；小动脉硬化，外周阻力增大；组织器官单位面积内毛细血管数量减少，代谢率下降。血管的退行性改变，导致动脉血压升高，心、脑、肾等重要脏器的血液供应减少。当老年人活动增强、代谢增多时，主要依赖提高心率来增加心输出量以满足机体的需要，所以老年人不宜做剧烈的运动，避免心脏负荷加大而导致心力衰竭。

（三）呼吸系统变化

老年人胸廓变形，多呈"桶状胸"；肋软骨钙化和骨化，胸廓僵硬度增大；肺组织弹性纤维减少，肺泡张力降低，肺泡壁变薄，肺泡融合；胸廓和肺的顺应性降低，呼吸肌功能减弱，肺通气能力下降；呼吸道黏膜萎缩，黏膜腺退化，不利于黏液、异物排出；黏膜分泌的免疫球蛋白量减少，对入侵的细菌和病毒的防御作用降低，容易感染。肺毛细血管数量减少，内膜增生，管壁变厚，气体交换能力下降，容易出现缺氧和二氧化碳潴留，动脉血氧饱和度下降。所以，老年人在从事强体力劳动或剧烈运动时容易产生喘息。

（四）消化系统变化

老年人消化系统最主要的变化是消化道黏膜萎缩，平滑肌的运动减弱，消化液分泌减少。这个时期，老年人牙齿逐渐脱落，唾液分泌减少；食管括约肌松弛；胃肠血流量减少，平滑肌变薄，收缩力减弱，胃液分泌减少，胃排空时间延长；小肠有效吸收面积减少，消化和吸收功能降低；大肠运动减退，肛门括约肌张力减弱，容易出现大小便失禁。肝脏体积缩小，重量减轻，对药物代谢能力减退，代偿功能降低；胰液分泌减少，消化酶含量减少，活性减低；胆汁分泌减少变浓，胆固醇含量增多，易形成胆结石。

（五）泌尿系统变化

衰老时，肾脏最重要的改变是肾萎缩、肾单位数量减少。肾小管还受动脉硬化的影响，重吸收和分泌的下降，对尿的浓缩能力变差，尿里常检查出微量蛋白质、红细胞，甚至尿糖、尿比重偏低等现象。老年人的肾脏储备能力差，在特殊情况下，容易发生肾功能不全。

膀胱的改变主要是肌层萎缩、变薄，容量减少，逼尿肌和括约肌萎缩，神经放射改变，可出现膀胱炎、夜尿增多、尿频和尿失禁。男性老年人因前列腺肥大增生易导致尿潴留。体内肾上腺皮质激素总量上升，胰岛素分泌不足，导致糖尿病发生率增高。

（六）感觉器官变化

视力随着年龄的增加而减退，晶状体弹性逐渐降低，屈光能力逐渐减弱，近点远移，形成老视。晶状体的浑浊度逐渐增加，使得透明度明显降低或丧失，形成白内障。视野范围变窄，暗适应在 60 岁以后明显降低。房水重吸收减少，易发生青光眼。

听觉受鼓膜增厚、弹性减弱和听神经细胞的衰老影响，从 30 岁开始逐渐减退，表现在高频（5 000Hz 以上）的听阈上升。60 岁时，除高频音域值进一步上升外，中频（500～2 000Hz）阈值同时上升，最终形成老年性耳聋，严重影响日常谈话。

（七）运动系统变化

随年龄增长，骨钙含量减少，骨质变脆，易发生骨折，伴有不同程度的骨质增生，创伤愈合也变缓慢。关节活动能力下降，易患关节炎。脊柱椎体间的纤维软骨垫由于软骨萎缩而变薄，致使脊柱变短。老年人肌重和体重比例下降，肌细胞外的水分、钠和氯化物有增加倾向，细胞内的钾含量有下降倾向，肌纤维数量减少，直径变小，使整个肌肉出现萎缩，肌力不足。

（八）内分泌与生殖系统变化

内分泌系统的变化以性腺最明显。围绝经期，由于性腺功能减退，内分泌平衡紊乱，自主神经功能失调，机体出现一系列生理功能的改变，如面色潮红、心悸、出汗、头晕、耳鸣、眼花、记忆力减退、焦虑、易激惹、血压波动、肥胖、关节肌肉酸痛等症状。这些表现个体差异大，一般女性更为明显。

随着年龄增长，下丘脑和垂体功能下降，其他内分泌腺如甲状腺、胸腺、肾上腺皮质、性腺等在结构和功能上都有不同程度的萎缩和减弱，血中胰岛素活性差且细胞膜胰岛素受体减少，老年人的代谢率、对有害刺激的抵抗力与耐受力、生殖能力等明显降低，易患糖尿病。女性45～50岁左右出现停经，雌激素分泌显著减少；男性50岁开始雄激素逐渐减少，性功能减退。与此相应的生殖及副性器官产生各种萎缩性改变，如卵巢淋巴细胞形成的激素，导致免疫功能下降。

（九）神经系统变化

神经细胞的丧失导致的大脑重量减轻是老年人神经系统最大的改变。

结构上，老年人后脑膜加厚，脑回缩小，沟、裂宽而深，脑室腔扩大。脑内递质合成与释放减少，神经元之间的突触联系减退，脑内小动脉硬化，脑血流量减少，脂褐质产生增多。

功能上，随着脂褐质的增多，神经元间的信息传递减弱，神经传导速率减慢，反射时间延长，记忆力下降，生理睡眠时间缩短，感觉功能如温度觉、触觉和振动感觉下降，味觉阈升高，视听觉敏感度下降，反应能力普遍降低，特别是在要求通过选择做出决定的情况下反应更为迟缓，严重可出现老年痴呆。

（十）免疫系统变化

随着年龄增长，免疫系统功能失调，对外来抗原的反应减弱，但对自身免疫反应增强，自我识别能力异常。具体表现在：胸腺在性成熟后逐渐萎缩；T细胞数减少；B细胞制造抗体能力下降等。由于细胞免疫力下降，对已知抗原不产生反应，不能识别新的抗原，失去保护机体能力；由于防卫和监督能力的下降，癌细胞、细菌和病毒自由活动并增殖，使肿瘤、感染等疾病发生率增高。

二、心理变化

随着年龄的增长，机体各种生理功能逐渐衰退，社会角色随之发生改变，老年的感知能力、记忆、思维、情绪情感、意志水平、人格气质等心理现象必然发生相应的改变。

（一）感知能力变化

随着机体感觉器官的退行性变，老年人对客观世界的感知能力减弱，出现耳聋眼花的现象。

随着视觉器官的退化，伴发各种眼科疾病如白内障、青光眼、视网膜动脉硬化症、视网膜变性症、视神经萎缩等，老年人视力衰退明显，对同一事物的辨别所需的亮度要求要比年轻人高。老年人的晶状体逐渐变成黄褐色，视物多偏黄色。在色觉上，老年人对蓝色、绿色辨认困难，对黄色、红色辨认能力改变较小。听觉在各种感觉中，受衰老的影响最明显。一般听力在50岁以后就显著下降，男性减退比女性明显。老年人对语言的听力下降，特别是复杂和速度快的语言听力。

因感觉能力衰减，知觉能力也相应衰减。但知觉有既往经验参与，所以较感觉衰退得晚而轻。老年人比年轻人观察事物要迟钝，但效果差别不大。

（二）记忆力、注意力和思维能力变化

老年人记忆衰退的特点为：观察力减退，健忘出现较早，近期记忆减退，往事记忆清晰，尤其对人名、地名、数字等没有特殊含义或难以引起联想的事务记忆能力差。思维敏捷性与创造性降

低，注意力不集中，对新事物不易理解接受，但理解能力、逻辑判断能力不受影响。

（三）情绪情感变化

受认知过程的影响，老年人的情绪情感变化较大。对一些刺激保持冷漠，喜怒哀乐不易表露，反应力减低；对重大刺激，情绪反应强烈，难以抑制，易产生失落、孤独、自闭，甚至情绪抑郁。

（四）个性特征和行为变化

感知觉的功能是人与环境交互的基础，老年人的个性特征受视觉、听觉、味觉、触觉等感知能力的减退而发生改变。老年人情绪、性格与行为等方面的种种变化，称为衰老性人格改变。但这种改变常常不为自己所察觉，缺乏自知力，故多数人否认有性格改变。如：由于老眼昏花，听力下降，容易误听而误解他人谈话内容或意义，出现抑郁和猜疑；由于记忆力减退，反应迟钝，思维散漫，抽象概括能力差，说话重复唠叨，抓不住重点；在处事上，往往凭经验办事，固执、刻板，以自我为中心，听不见别人意见，甚至因性格偏执而影响人际关系。

行为改变主要表现为"老变小"。主要表现为因智力减退而产生注意力不集中，对环境变化的适应能力、语言表达能力变差，对健康的自信心下降，对子女的依赖性增强，对衰老、疾病和死亡的担忧和恐惧，出现易激惹、愤怒等行为表现。老年人情绪、性格和行为方面的这种变化称为人格改变。

知识链接

阿尔茨海默病

阿尔茨海默病（Alzheimer's disease，AD），俗称老年性痴呆，是老年期痴呆的常见类型，也是一种神经退行性脑部疾病。该病潜隐起病，病程缓慢且不可逆，临床表现为记忆减退、词不达意、思维混乱、判断力下降等脑功能异常和性格行为改变等，是痴呆症最常见的形式，占痴呆症病例的60%～70%。据世界卫生组织最新数据显示，2019年患痴呆的人数估计为5 500万人，预计2050年将增至1.39亿。目前，无论是神经影像诊断、神经心理及体液诊断，还是基因检测，均无法完全满足早期、快速诊断AD的临床需求。AD治疗策略已从AD治疗阶段前移至AD的预防、早期识别及针对临床前期的早期干预。总之，需要全社会的重视和参与，以促进健康为出发点，充分利用人工智能、组学、区块链和互联网＋等新技术，进一步促进医防融合，遏制AD的上升态势，重点在预防。

第三节　延年益寿的措施

《黄帝内经》载："上古之人，春秋皆度百岁……而尽终其天年。"据此可知，早在几千年前，我国古代的人按照自然界的运行规律来推演人的一生，认为天年应在100～120年左右，和现代计算结果有极大的相似性。但是，根据世界卫生组织公布的2020年世界各国平均寿命显示，排名第一的日本为83.7岁，中国以77.3岁排名第43。比预期少了近1/3。是什么导致了差距的产生？如何才能延年益寿？

中医学认为，先天禀赋、自然环境和社会环境是人类寿命的影响因素；肾中精气的盛衰和脾胃的功能状态是探索衰老机制的中心，是影响人类寿命的内部因素。人类可以通过调摄保养，来增强体质，提高对外界的适应能力、抗病能力，减少或避免疾病发生，使机体生命活动过程阴阳协调、体内和谐、身心健康，从而缓解衰老的进程。

一、良好的生存环境

良好的自然环境与健康长寿息息相关,如空气新鲜、水源洁净、无噪声污染、无微波辐射、温度和湿度适宜,有利于抗病保健。人的生命活动应遵循自然环境的客观规律来进行,主动采取各种措施适应自然环境的变化,进而辟邪防病,保健延衰,使机体生命活动和自然界的变化周期同步,保持体内外环境的协调统一,做到人与天地相应。

社会环境对人的健康和寿命也有重要的影响。良好的社会秩序,平等的社会风尚,有助于人们在社会环境中保持良好的心态,维护机体内部环境的平衡。健全的老年福利、医疗保险,相应的公共卫生医疗、保健服务等机构,使严重危及生命的流行病、传染病等得到有效控制,有利于提高人类的寿命。

二、健康的心理素质

医学研究表明,良好的心理素质可促进机体的血液循环,使内分泌、心血管、免疫、呼吸等生理系统活动达到最佳状态,保证细胞代谢旺盛,从而延缓人体脏器的衰老,促进人体生理健康。《灵枢·本脏》记载:"志意和则精神专直,魂魄不散,悔怒不起,五脏不受邪矣。"保持心理平衡、心情愉快、心地善良、宽厚待人,寿命更长久,更易延缓衰老。

三、适度的劳动运动

科学合理、有规律的定量运动,是祛病延年、健康长寿的重要因素。形体锻炼,不仅可以促进气血的流畅,使人体筋骨强健,肌肉发达结实,脏腑功能健旺,增强体质,还能以"动"济"静",调节人的精神神志活动,促进人的身心健康。对于形体锻炼,一般要求运动量要适度,做到"形劳而不倦",并要循序渐进,持之以恒,方能起到延年益寿的功效。

四、科学的饮食调养

民以食为天,饮食是维持机体生命活动的主要物质。生命活动所必需的营养物质来源于饮食,饮食与人的健康密切相关。科学的饮食是富有营养并易于消化的平衡膳食,荤素搭配,食量适度,多吃蔬菜、水果和高蛋白(如牛奶、鸡蛋等)、低脂肪、低盐的食物。这样可以预防心血管疾病或者延迟一些中老年疾病的发生。长期偏食可导致营养障碍、代谢失调,从而产生各种病症。同样的过于嗜食会造成营养过剩或影响各脏腑的功能,导致营养不均使机体失养,继发某些疾病。

建立合理的生活方式,养成良好的卫生习惯,勤洗手、勤洗澡,预防传染性疾病。戒烟少酒,起居有序。如早睡早起,合理的休息和睡眠可以消除疲劳,促进精力、体力和疾病的恢复。增强免疫力,使人体系统功能维持正常,有利于营养物质的消化吸收,从而延缓衰老。

五、积极的防病治病

影响寿命的个体因素中,疾病占重要的作用。疾病能够侵袭机体的某些器官或系统,影响其正常的生理功能而最终导致死亡,所以应积极做好疾病的预防工作。古人云:大医治未病,中医治将病,下医治已病。未病是亚健康状态,指人的身心处于疾病与健康之间的一种健康低质状态，是机体没有明确疾病，但躯体和心理上出现各种不适应的感觉和症状，从而呈现活力和对外界适应力降低的一种生理状态。因此，加强健康教育，使人们能够了解自身机体的状态，了解保健防病原则，定时进行健康检查，使疾病早发现、早治疗，做到无病防病，有病早治，从而起到延年益寿的作用。

（许　慧）

? 复习思考题

1. 简述衰老、寿命的概念。
2. 根据衰老的原因，简述衰老的分类。
3. 衰老主要的变化有哪些内容？

扫一扫，测一测

思维导图

附录　生理学实验指导

总　　论

一、生理学实验课的教学要求

生理学是医学教育课程中的一门实践性很强的基础学科。在教学过程中，实验课和理论课是相辅相成的。实验教学要求学生做到：

1. 初步学会生理学实验的一些基本操作技能，特别是人体功能活动的一些无损伤测试方法。

2. 叙述生理学实验原理；能运用所学理论知识，分析实验结果，书写实验报告，培养具有观察、分析和总结问题的能力。

3. 在实验过程中，逐步养成实事求是、严肃认真、积极思考和仔细分析的态度，以及团结协作的良好作风。

二、生理学实验要求和实验报告书写形式

（一）生理学实验的基本要求

生理学是功能学科，通过实验来提高分析、归纳、解决问题的能力。

1. 实验前，仔细阅读实验指导，明确本次实验的目的、原理、方法、步骤及注意事项，并复习有关的理论内容，力求做到心中有数。

2. 实验时，按实验指导认真操作，仔细观察，及时、准确记录实验结果。

3. 实验过程中，必须爱护实验器材、标本和模型，节省实验用品，保持室内安静，相互协作，在老师的带领下，共同完成本次实验。

4. 实验结束前，应整理好实验器材、标本和用具，并搞好实验台和实验室的卫生，将东西放回原处。

5. 实验结束后，根据实验结果，认真书写实验报告。

（二）实验报告书写

除写明姓名、班级、实验日期等外，一般还应包括下述内容：

1. **实验题**

2. **目标**

3. **原理**

4. **对象**　以人为实验对象时，应注明姓名、性别、年龄等；以动物为实验对象时，应注明动物品种、体重等。

5.步骤　可扼要叙述,有的也可省略。

6.结果　根据实验情况如实记录实验结果,剪贴或描绘实验记录曲线。数字要准确,并注明单位。必要时也可绘图或制表,以求简单明了。但结果应客观、真实。

7.分析　根据实验结果,结合有关理论逐项进行分析。对不正确的结果也应加以分析,以找出失败的原因。

8.结论　根据实验结果及分析,归纳出概括性的、合乎逻辑的结论。但应注意简明扼要。

三、实验室规则

1.遵守学习纪律,穿好工作服,准时到达实验室。

2.必须严肃、认真地进行实验,讲话要轻声,保持实验室安静。

3.实验的器材、标本、模型、物品等,在使用前应清点清楚,不得随意与别组调换;如有损坏或使用不灵时,应及时报告教师。实验用物在用完后必须立即归还原处。

4.要爱护公共财物,注意节省实验器材和动物。

5.注意保持实验室整洁。实验用物、标本、废物等应放到指定地点,不得随意乱丢。

6.实验结束后,应将实验器材、用品擦洗干净,查点清楚,放回原处。

四、常用实验器材简介

(一)记录仪器

1.记纹鼓　分单鼓和双记纹鼓,可记录肌肉收缩、心脏节律性活动、血压及呼吸运动等,但结构庞大不便操作,现多已被淘汰。

2.记录仪　能通过各种换能器将非电能转变为电讯号并记录,以便对生物信号进行监视、放大和分析。可记录肌肉收缩、呼吸运动、心脏活动、小肠蠕动、血压及心电图测定等。其灵敏度、精确度指标很高,已代替记纹鼓。按描笔的多少分为:二道、三道、四道等类型。目前比较先进的有美国产的 3 400s / DASA 型四道生理记录仪,它可同时记录四项生理指标,在与 IBM-PC/AT 计算机合用时,可同步记录八项生理指标。

3.示波器　本仪器能显示生物电波形,便于观察、照相、监听等分析研究用。时基扫描范围广,适合快慢变化的生物电讯号,有内外触发,且有校正电压,可做信号显示、时间测量、电压测量,配合前置放大器等仪器,应用广泛,可分为中短余辉示波器(如 SBR-1 型)和超低频示波器(如 SR-54 型、SBD-6 型)。

4.换能器　也称传感器,是将能量的一种形式转换成电流、电压等电量讯号,然后输入示波器或记录仪,以便观察、照相和分析用。

换能器分两类:一类是机械 - 电换能器,另一类是压力 - 电换能器(血压换能器)。

机械 - 电换能器:常用于测量骨骼肌、平滑肌、呼吸运动等。

血压 - 电换能器:常用于血压的测量(即动脉血压调节实验和尿生成的影响因素等实验)。

5.电子刺激器　本仪器利用电刺激的强度、频率和波宽的作用,使活组织受到刺激而发生变化,使组织产生兴奋。现在常用的刺激器有"生理实验多用仪",它除了电子刺激外,还配有计时器和计滴器。还有 PST-2 型双脉冲电子刺激器,两者在实验中的各参数相同。

6.医用生物前置放大器　本仪器通过增益可将生物电信号先放大后输入到示波器,并能提高为后极放大用的输入阻抗。应用范围:降压神经放电、呼吸运动调节等实验。

7.生物电监听器　本仪器为监听生物电的信号频率,可连接在医用生物电前置放大器与示波器之间。

8. MS4000 生物信号定量分析记录系统 MS4000 硬件基本结构包括信号输入的选择电路、放大器、滤波器、A/D 转换、单片机、复杂可编程逻辑控制器（CPLD）、USB 接口、刺激器、计数器等。CPLD 和单片机管理着整个硬件的电路控制、数据的采集，以及通过 USB 将数据传输给计算机。MS4000 的基本工作原理如实图 0-1 所示，以单个通道为例说明 MS4000 的工作原理。来自动物的心电信号通过心电图输入线引入到 MS4000 的心电输入口（共有三个输入口，心电、公共输入和 CH），先通过心电导联转换器转换成所需导联（如 aVR 导联），通过放大器（如放大 500 倍）把信号放大，再通过高通（时间常数选 1 秒）和低通滤波（选 100Hz）去除干扰，最后经过 A/D 转换把模拟信号变成数字信号，通过单片机用 USB 接口把数据传输到计算机。MS4000 硬件与计算机之间通过 USB 连线实现数据交换。MS4000 的应用软件把接收到的数据进行显示、存储和分析，并可以对 MS4000 硬件发送控制命令。MS4000 的应用软件和MS4000 硬件的数据交换是通过 MS4000 专用驱动软件来完成的。

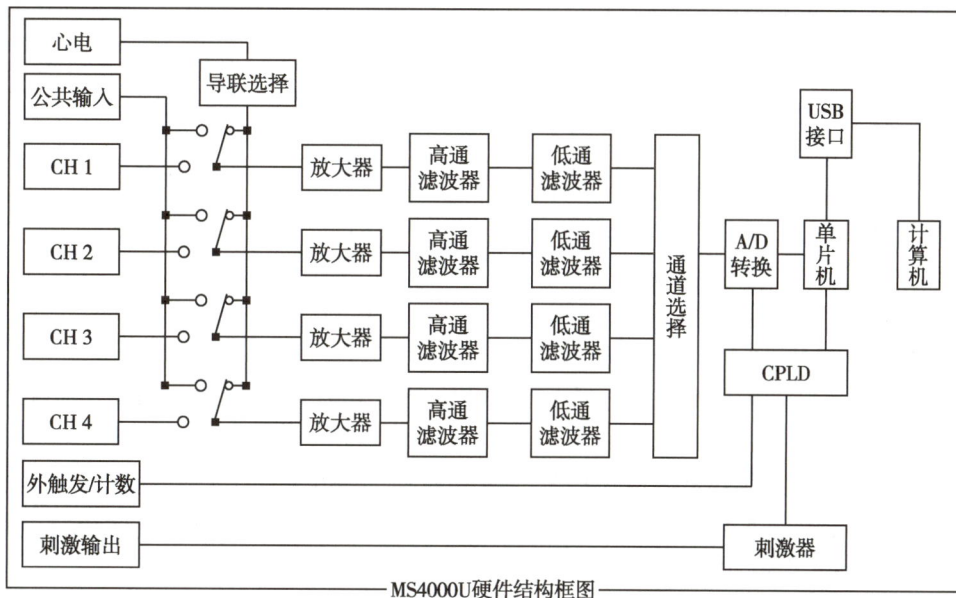

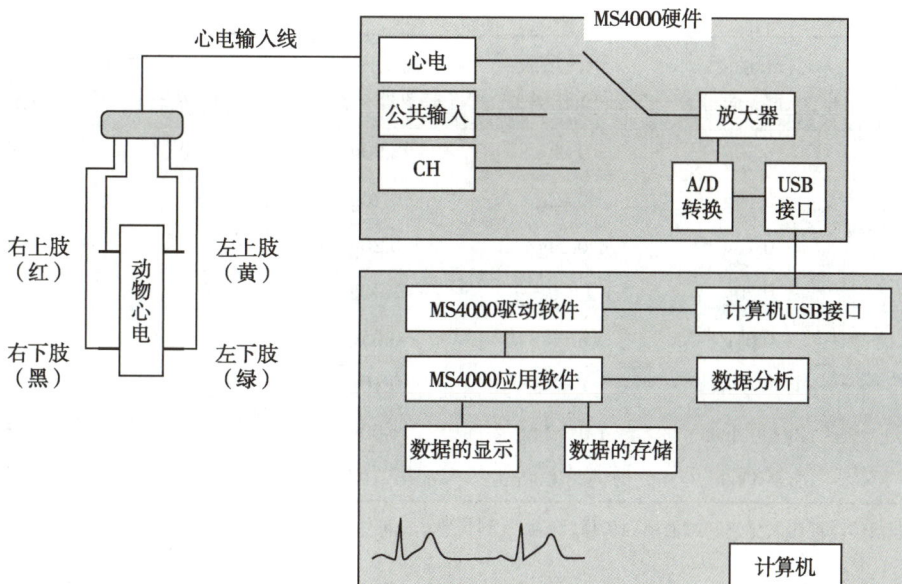

实图 0-1 MS4000 生物信号宣分析记录系统

（二）常用实验器械

1. 蛙类解剖器材

（1）剪刀：包括粗剪刀（用于剪毛皮和骨骼等粗硬组织）、手术剪和眼科剪刀（用于剪神经和血管等细软组织）。

（2）镊子：包括眼科镊子（用于夹持和分离精细组织）、无齿镊子（用来分离组织、夹持血管、肌肉和内脏）和有齿镊子（用来夹持切口的皮肤、筋膜，以防组织滑脱）。

（3）探针：用来破坏蛙或蟾蜍的脑、脊髓。

（4）玻璃分针：用于分离神经、血管、肌肉等组织。

（5）蛙板：固定蛙类，以便解剖。

（6）蛙钉：固定蛙的四肢于蛙板上。

（7）蛙心夹：用来钳夹蛙心尖，末端可接线至机械换能器。

2. 哺乳类动物解剖器材

（1）剪刀：同蛙类器材。

（2）镊子：同蛙类器材。

（3）止血钳：包括蚊式血管钳（用以分离精细组织及止血）和小直血管钳（用以钳夹线部组织的出血点等）。

（4）手术刀：用来切开皮肤和脏器。

（5）动脉夹：用来阻断动脉血流。

（6）气管插管：是玻璃Y型管，急性动物实验时插入气管。

（7）动脉插管：可插入动、静脉管内。

（8）解剖台：用于固定狗、兔，以便实验操作。

（三）常用生理学实验溶液的配制

1. 麻醉药物　25%氨基甲酸乙酯（乌拉坦）：25g氨基甲酸乙酯加入100ml蒸馏水配制而成。使用剂量：狗、猫、兔，每kg体重4ml。

2. 抗凝剂　抗凝血用3.8%枸橼酸钠，注入动脉插管用0.5%的肝素液。用肝素全身抗凝时，一般剂量如下：大白鼠3～25mg/200～300g体重；兔10mg/kg体重；狗5～10mg/kg体重。

3. 生理盐溶液（实表0-1）

实表0-1　常用实验动物的生理盐溶液配制表

药品名称	任氏溶液（两栖类）	乐氏溶液（哺乳类）	台氏溶液（哺乳类：小肠）	生理盐水	
				（哺乳类）	（两栖类）
氯化钠	6.50g	9.00g	8.00g	9.0g	6.5g
氯化钾	0.14g	0.42g	0.20g	—	—
氯化钙	0.12g	0.24g	0.20g	—	—
碳酸氢钠	0.20g	0.1～0.3 g	1.00g	—	—
磷酸二氢钠	0.01g	—	0.05g	—	—
氯化镁	—	—	0.10g	—	—
葡萄糖	2g（可不加）	1.0～2.5g	1.00g	—	—
蒸馏水	加至1 000ml	加至1 000ml	加至1 000ml	加至1 000ml	加至1 000ml

备注：配制液体时要将氯化钙基础液单独稀释后再加入到其他基础液中，要缓慢地搅拌。葡萄糖应在临用时加入。

实验一　刺激与反应

【目标】　学会坐骨神经 - 腓肠肌标本的制备、神经肌肉实验的电刺激方法，观察刺激强度与反应之间的关系。理解阈刺激、阈下刺激和阈上刺激的概念。

【原理】　刺激是引起反应的原因，反应是刺激的结果。通过坐骨神经 - 腓肠肌标本，可了解刺激与反应之间的关系。

【对象】　蟾蜍或蛙。

【用品】　蛙板、蛙类解剖器械、探针、玻璃分针、蛙钉、滴管、锌铜弓、培养皿、肌动器、记录仪（或记纹鼓）、电子刺激器、电磁标、铁支架、双凹夹、任氏液、食盐结晶、大头针、酒精灯等。

【步骤】

1. 坐骨神经 - 腓肠肌标本的制备

（1）破坏脑和脊髓：蟾蜍一只，用纱布包住蛙身，左手握蛙，并以示指压其头部前端，拇指按压背部，使头前俯。右手持探针经枕骨大孔（由头前端沿正中线向尾方划去，触及凹陷处即枕骨大孔）垂直刺入，再向头方刺入颅腔，左右捣毁脑组织。然后将探针退出，向后转向尾端刺入椎管，破坏脊髓。此时蟾蜍四肢松软，表示脑脊髓已完全破坏。

（2）剪除躯干上部及内脏：在蛙骶髂关节水平上 0.5～1cm 处，用粗剪刀剪断脊柱，然后提起断端下部脊柱骨块，在耻骨联合水平前剪除内脏、头、躯干和前肢，仅留一段脊柱、后肢及坐骨神经。

（3）剥皮：左手捏住脊柱断端，右手捏住断端皮肤边缘，向下用力剥掉全部后肢皮肤，然后将标本浸于盛有任氏液的培养皿中，再洗净手和器械。

（4）分离两腿：用镊子夹住脊柱，将标本提起，然后用粗剪沿着正中线将脊柱分为两半，从耻骨联合中央剪开两腿，完全分离两腿，再分别浸于有任氏液的培养皿中。

（5）游离坐骨神经：取一标本，将标本背侧向上放于玻璃板或蛙板上，并用蛙钉固定于蛙板上。用玻璃针沿脊柱侧方游离坐骨神经，再在下肢股部背侧股二头肌及半膜肌之间的裂缝找出腿部坐骨神经，小心分离，并于近脊柱外穿线结扎（切不可用金属器械或手指直接接触分离神经）。用粗剪刀剪下一小段与神经相连的脊柱，再用镊子夹住脊柱，将神经轻轻提起，剪断坐骨神经的所有分支，分离神经直达膝关节处为止。

（6）分离坐骨神经小腿标本：用玻璃针将腓肠肌跟腱分离然后穿线、结扎，再剪断跟腱，在膝关节周围剪掉全部大腿肌肉，然后在股骨上中 1/3 处，剪除上段股骨，只保留腓肠肌的起始端与骨的联系，即制成了坐骨神经 - 小腿标本（实图1-1）。

（7）游离坐骨神经 - 腓肠肌标本：游离腓肠肌至膝关节处，然后沿膝关节至小腿其余部分全部剪掉，即成为一个坐骨神经 - 腓肠肌标本（实图1-1）。

（8）用锌铜弓检查标本兴奋性：用浸有任氏液的锌铜弓轻触坐骨神经，如腓肠肌发生明显收缩，则标本兴奋性良好，置任氏液中备用。

2. 标本固定　将坐骨神经 - 腓肠肌标本的股骨

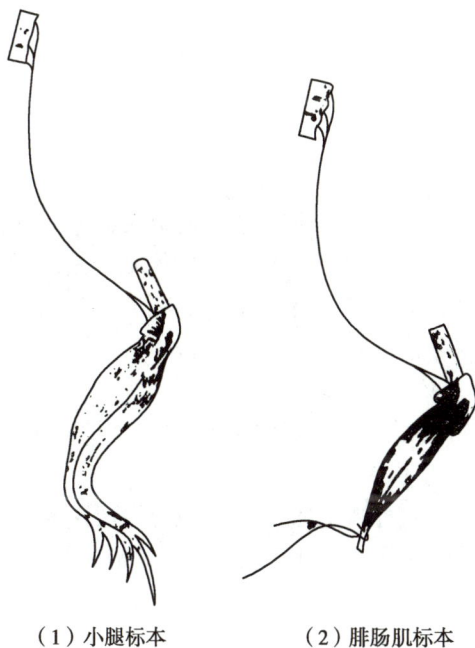

（1）小腿标本　　　（2）腓肠肌标本

实图1-1　坐骨神经 - 小腿标本和坐骨神经 - 腓肠肌标本

端插入肌动器电极旁的小孔内,再旋紧螺丝固定,然后把腓肠肌跟腱结扎线缚接在肌动器传动杠杆上,如用记录仪则将结扎线连接张力换能器(实图1-2)。

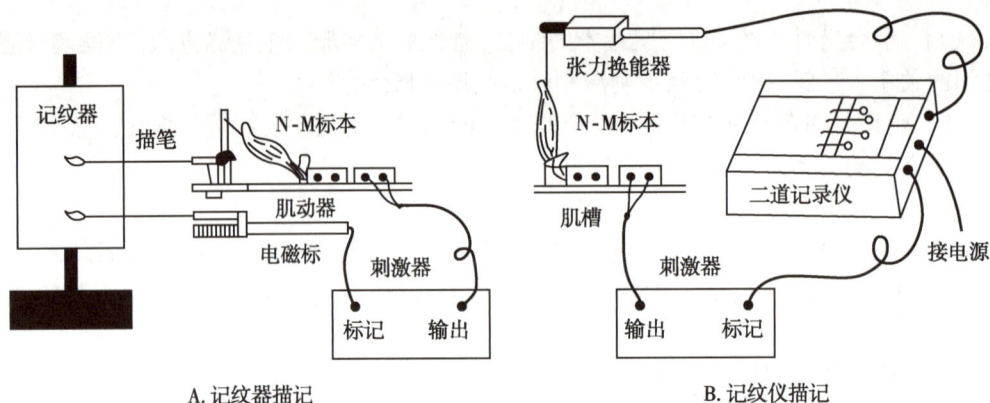

A.记纹器描记　　　　　　　　　　　　B.记纹仪描记

实图1-2　记录神经-肌肉标本收缩反应的实验装置

3.实验观察

(1)电刺激:用电子刺激器给坐骨神经单个刺激,刺激强度由弱到强,直到引起肌肉发生收缩。然后再改用连续刺激,频率由低到高,观察肌肉收缩有何变化?

(2)机械刺激:用镊子夹持坐骨神经,观察肌肉有何变化。多次重复夹同一部位,肌肉收缩又有何改变?

(3)温度刺激:用镊子夹持一烧热的大头针迅速接触神经,观察肌肉有何变化?

(4)化学刺激:用食盐结晶少许,置于神经或肌肉上,观察肌肉有何变化?

【注意事项】

1.制备坐骨神经-腓肠肌标本时,注意勿损伤神经。

2.将神经-肌肉标本装置于肌动器上时,不要拉长,尽可能保持其自然长度。

3.每次刺激之后,要使肌肉有相同的休息时间(0.5~1分钟),并用任氏液湿润标本。

4.记录引起肌肉收缩反应的最小刺激强度(阈强度),以利分清阈下刺激、阈刺激和阈上刺激。

实验二　反射弧的分析

【目标】分析反射弧的组成部分,说明反射弧的完整性与反射活动的关系。

【原理】反射活动的结构基础是反射弧,包括感受器、传入神经、反射中枢、传出神经和效应器五个环节。反射弧的结构和功能的完整是实现反射活动的必要条件,任何一个部分的破坏,都将导致反射活动不能进行。

【对象】蛙或蟾蜍。

【用品】蛙解剖器械、铁支架、双凹夹、肌夹、小烧杯、滤纸片、药棉、0.5%与1%硫酸液等。

【步骤】

1.**脊蛙的制备**　将粗剪刀横插入蛙口,剪去蛙头部,保留下颌和脊髓,即制成脊蛙。用肌夹将蛙下颌夹住挂在铁支架上,然后进行以下实验。

2.**检查屈肌反射**　将悬挂的蛙右足趾浸入装有0.5%硫酸液的小烧杯中,观察蛙右趾有无屈曲(屈肌反射)。

3.**剥去一侧足趾皮肤**　剥去右下肢皮肤,重复步骤2,观察有无屈肌反射;再用同样方法刺激左足趾,观察有无屈肌反射。

4.剪断另一侧坐骨神经　取下脊蛙,在蛙左大腿背面皮肤作一纵形切口,用玻璃针分开肌肉,找出坐骨神经并剪断后再将蛙挂起,然后用硫酸液刺激左足趾,观察有无屈肌反射。

5.检查搔扒反射　用浸有1%硫酸液的滤纸片贴在蛙腹部皮肤,观察有无反应。

6.捣毁脊髓　用金属探针插入脊蛙椎管捣毁脊髓,再重复步骤5,观察有何种反应。

【注意事项】

1.用硫酸刺激蛙足趾时间只能几秒钟,以免损伤皮肤。每次浸入硫酸的面积应一致,注意足趾不应触及小烧杯的底或边缘。

2.每次硫酸刺激出现反应后,蛙足应立即用水清洗,并用纱布擦干,以免硫酸被稀释。

3.剥皮时,注意足趾的皮肤必须剥干净。

实验三　ABO血型鉴定

【目标】学会鉴定ABO血型的方法,加深理解血型分型的依据及鉴定的意义。

【原理】ABO血型以红细胞膜表面A、B凝集原的有无及种类来分型,在ABO血型系统中还包括血浆中的凝集素。当A凝集原与A凝集素(抗A)相遇或B凝集原与B凝集素(抗B)相遇时,将发生特异性红细胞凝集反应。因此,可用已知标准血清中的凝集素(A型标准血清含B凝集素,B型标准血清含A凝集素),来测定受检者红细胞膜上未知的凝集原,根据是否发生红细胞凝集反应来确定血型。

【对象】正常人。

【用品】显微镜、A型和B型标准血清、生理盐水、采血用具、小试管、玻片、玻璃蜡笔、75%酒精棉球、干棉球、牙签。

【步骤】

1.取干净玻片一块,用玻璃蜡笔在两端分别标明A、B字样。

2.在A端、B端中央滴抗A(B型标准血清)和抗B(A型标准血清)血清各1滴,注意不可混淆。

3.消毒耳垂或指端后,用消毒针刺破皮肤,滴1~2滴血于盛有1ml生理盐水的小试管中混匀,制成红细胞混悬液。

4.用两根牙签各取红细胞混悬液一滴,分别加入A型和B型标准血清中,并用牙签使其充分混匀。

5.放置10~15分钟后,用肉眼观察有无凝集现象,然后根据观察结果判定受检者的血型(实图3-1)。

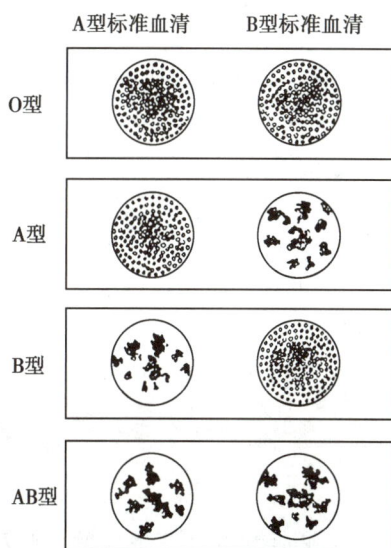

实图3-1　ABO血型检查结果判断

【注意事项】

1.用牙签混匀时,严防两种血清接触。

2.肉眼不能确定有无凝集现象时,应在低倍显微镜下观察。

3.红细胞混悬液和标准血清均须新鲜,否则可产生假凝集。

【结果分析】

1.将实验结果作以下记录:

受检者姓名_____,性别_____,室温(℃)_____,抗A血清中_____,抗B血清中_____,血型判定为_____型。

2. 讨论为什么输同型血还必须做交叉配血试验。

3. 在无标准血清情况下，能否用已知 A 型血或 B 型血来鉴定血型? 为什么?

实验四　出血时间和凝血时间的测定

【目标】会做出血时间与凝血时间的测定，能评价出血时间和凝血时间是否正常。

【原理】出血时间是指从小血管破损出血起，至自行停止出血所需的时间，实际是测量微小血管口封闭所需时间。出血时间的长短与小血管的收缩和血小板的黏着、聚集、释放等血小板功能有关。出血时测定，可检查生理止血过程是否正常及血小板的数量和功能状态。凝血时间是指血液流出血管到出现纤维蛋白细丝所需的时间。测定凝血时间主要反映有无凝血因子缺乏或减少。

【对象】正常人。

【用品】采血针、75% 酒精棉球、干棉球、钟表、滤纸、玻片及大头针等。

【步骤】

1. 出血时间测定　以酒精棉球消毒耳垂或指端后，用消毒过的采血针刺入 2～3mm 深，让血自然流出，从血液开始流出记下时间。并每隔半分钟用滤纸轻触血滴吸干流出的血，每次吸血要更换滤纸上的位置，使滤纸上的血点依次排列，直到无血可吸为止。计算开始出血到止血的时间，或以滤纸上血点数除以 2 即为出血时间。正常人为 1～4 分钟。

2. 凝血时间测定　同上操作，刺破耳垂或指端，用玻片接下自然流出的第一滴血，记下时间。然后每隔半分钟用大头针尖挑血一次，直至挑起细纤维血丝止，即表示凝血开始。计算开始流血至挑起纤维状血丝的时间。即为凝血时间。正常人约为 2～8 分钟。

【注意事项】

1. 采血针应锐利，深度适宜，勿使组织损伤较严重，血中混入组织液较多，会使凝血时缩短。

2. 针尖挑动血液时应朝一个方向横穿直挑，勿过多挑动，否则易破坏纤维蛋白网状结构，造成不凝的假象。

3. 应选伤口流出的第 1 滴血测定，不能挤压伤口，否则血中易混入组织液，凝血时间缩短。

【结果分析】

1. 将实验结果作以下记录:

被测者姓名_____，性别_____，室温(℃)_____，出血时间_____，凝血时间_____。

2. 讨论测定出血时间与凝血时间的临床意义。

实验五　人体心音听诊

心动周期中由于瓣膜的关闭和血流所产生的振动，产生心音。用听诊器在胸壁前面可听到心音。

【目标】学习心音听诊方法;熟悉心瓣膜听诊区部位;了解正常心音的特点及其产生原因。

【原理】心音是心动周期过程中心肌收缩和心瓣膜开闭引起震动所产生的声音。用听诊器的心前区的胸壁上可听见两个心音，即第一心音和第二心音。

【对象】人。

【用品】听诊器。

【步骤】

1. 确定听诊部位　受检查者面向亮处端坐于检查者前面，解开上衣。检查者肉眼观察或用手触诊受检者心尖搏动位置，弄清听诊区(实表5-1)。

实表 5-1　心音听诊区位置

心瓣膜	听诊区位置	心瓣膜	听诊区位置
二尖瓣	左第五肋间锁骨中线稍内侧	主动脉瓣	胸骨右缘第二肋间
三尖瓣	胸骨右缘第四肋间或胸骨剑突下	肺动脉瓣	胸骨左缘第二肋间

2. 听心音　检查者戴好听诊器,以右手的拇指和中指轻持听诊器头(胸件),按实图 5-1 所示顺序听诊。通常是二尖瓣区→三尖瓣区→主动脉瓣区→肺动脉瓣区。注意区分第一心音与第二心音,以及不同听诊区两心音的声音强度。

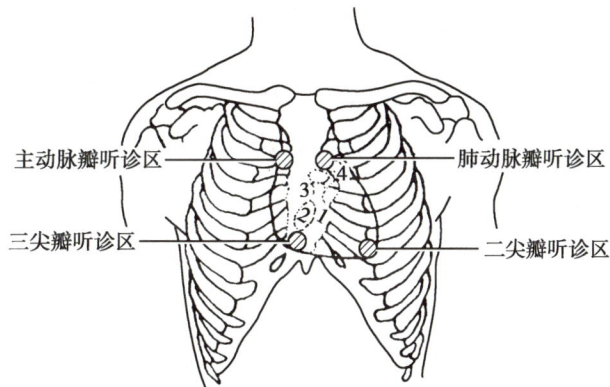

实图 5-1　心音听诊部位示意图

【注意事项】听诊器耳端的弯曲方向应与外耳道一致。听诊时,听诊器胸件不能在体壁滑动,橡皮管不可交叉扭转,以免摩擦干扰。如呼吸音影响心音时,可令受检者屏气。

实验六　人体心电图描记

心脏兴奋电位变化,通过其周围的组织和体液传至全身。在体表,按一定的引导方法,可把电位变化记录下来,所描记的图形即心电图。心电图能反映心起搏点和兴奋传导等情况。

【目标】学习人体心电图的描记方法,辨认正常心电图的波段,了解波段的生理意义。

【原理】心脏在收缩之前,先发生生物电变化,生物电由窦房结开始经传导系统至心肌。生物电可通过心脏周围组织和液体传至体表。将心电图机的引导电极置于人体体表一定部位可测得此生物电变化。心电图机所描记的生物电变化波形即为心电图,它是反映心脏兴奋的产生、传导和恢复过程的电位变化。

【对象】人。

【用品】心电图机、生理盐水或导电膏、分规、放大镜。

【步骤】

1. 记录正常心电图　受检者静卧诊察床上,在手腕、足踝和胸前安放好引导电线。导联线连接方法见实表 6-1。

然后调整心电图机放大倍数,使 1mV 标准电压推动描笔向上移动 10mm。依次记录 Ⅰ、Ⅱ、Ⅲ、aVR、aVF、V_1、V_3、V_5 导联心电图。记录完毕后,松解电极,将各控制旋钮转回原处,取下心电图纸,标明导联和受检姓名、性别、年龄、日期。

2. 分析心电图　选第 Ⅱ 导联记录的波形作以下分析。

(1)辨认波形:区分 P 波、QRS 波群、T 波、P-P 间期和 Q-T 间期。

实表 6-1　心电图导联线连接方法

电极位置	符号	插头颜色或标记
右臂	RA	红色 I 或 1
左臂	LA	黄色 II 或 2
左腿	LF 或 LL	蓝或绿色 III 或 3
胸前	V 或 C	白色 N 或 4
右腿（接地）	RF 或 RL	黑色 V 或 5

（2）测量波幅和时间：用分规测量 P 波、QRS 波群、T 波的时间和电压，并测定 P-R 间期和 Q-T 间期的时间。

（3）测定心率：测量相邻的两个心动周期中 P 波与 P 波间隔时间相差在 0.12 秒以上，称为心律失常。

【注意事项】

1. 连接线路时，切勿将电源线、导联线和地线等接错位置。

2. 在放置电极处，涂上少许生理盐水或导电膏，橡皮带的固定要松紧适宜。

实验七　人体动脉血压测量

【目的】学习间接测量动脉血压的原理和方法，测定人体肱动脉收缩压和舒张压的正常值。

【原理】常用间接测压法测量人体肱动脉的血压值。其原理是从管外面加压，用听诊法根据动脉音的产生、减弱或消失测定收缩压和舒张压（实图 7-1）。

通常血液在血管内流动时并没有声音，如果血流经过狭窄处形成涡流，则可听到血管音。当用橡皮球向缠缚于上臂的袖带内打气，使其压力超过收缩压时，完全阻断了肱动脉内血流，从置于肱动脉远端的听诊器中听不到任何声音，也触不到桡动脉的脉搏。然后缓慢放气以降低袖带内压，当其压力低于肱动脉的收缩压而高于舒张压时，血液将断续地流过受压的血管，形成逐渐增强的动脉音。此时可在被压的肱动脉远端听到，也可触到桡动脉脉搏。如果继续放气，使袖带内压逐渐降低直至等于舒张压时，则血管内血流复由断续变成连续，动脉音突然由强变弱或消失。因此，刚能听到动脉音时的袖带内压相当于收缩压，而动脉音突然变弱或消失时的袖带内压则相当于舒张压。

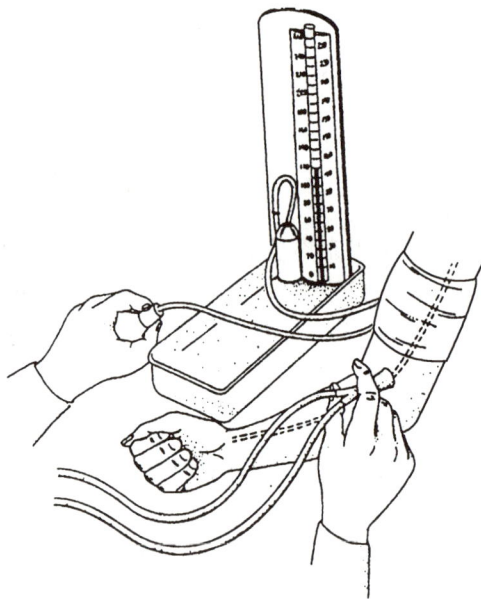

实图 7-1　人体动脉血压测量

【对象】人。

【用品】血压计、听诊器。

【步骤】

1. 熟悉血压计的结构　血压计由水银检压计、袖带和气球三部分组成。检压计是一个标有刻度的玻璃管，上端通大气，下端和水解储槽相通。袖带是一个外包布套的长方形橡皮囊，借橡皮管分别与检压计的水银储槽和气球相通。气球是一个带有螺丝帽的橡皮球，供充气和放气用。

2. 测量血压的准备工作

（1）让受试者脱去一侧衣袖，静坐桌旁 5 分钟以上。

（2）松开血压计上气球的螺丝帽，驱出袖带内的残余气体，然后将螺丝帽旋紧。

（3）让受试者前臂平放于桌上，手掌向上，使上臂与心脏处于同一水平，将袖带缠在该上臂，袖带下缘位于肘关节上 2cm 处，松紧须适宜。

（4）将听诊器两耳件塞入外耳道，务必使耳件的弯曲方向与外耳道一致。

（5）在肘窝内侧先用手指触及肱动脉搏所在，将听诊器胸件放置其上。

3. 测定收缩压　用橡皮气球向袖带内打气加压，先使血压表上水银柱逐渐上升到触不到桡动脉搏，然后继续打气加压至 24.0kPa（180mmHg）左右。随即松开气球螺丝帽，缓慢放气以降低袖带内压，在水银柱缓慢下降的同时仔细听诊，当突然听到"嘣嘣"样的第一声动脉音时，血压表上所示水银柱刻度即代表收缩压。

4. 测定舒张压　使袖带继续缓慢放气，这时动脉音有一系列变化，先由低而高，而后由高突然变低，最后则完全消失。在声音由强突然变弱这一瞬间，血压表上所示水银柱刻度即代表舒张压。

【注意事项】

1. 室内必须保持安静，以利听诊。

2. 受试者上臂必须与心脏处于同一水平。

3. 听诊器胸件放在肱动脉搏动处，不可用力压迫动脉，更不能压在袖带底下进行测量。

4. 动脉血压通常连测 2～3 次，以最后一次数值为准。重复测量时压力必须降到零后再打气。

5. 发现血压超出正常范围时，应让被试者休息 10 分钟后复测。

实验八　哺乳动物动脉血压调节

心血管活动受神经、体液因素的影响，动脉血压则是反映心血管活动的客观指标，通过直接测量动物动脉血压可以显示各种因素对心血管活动的影响情况。

【目标】说出哺乳动物动脉血压的直接测量方法，观察并记录实验结果，根据结果分析影响动物动脉血压的因素。

【原理】本实验通过改变流经颈总动脉的血流量，经颈动脉窦引起压力感受器反射，观察压力感受性反射对血压的调节作用；通过电刺激减压神经和迷走神经观察反射中传入与传出神经的作用；通过静脉注射肾上腺素、去甲肾上腺素和乙酰胆碱观察体液因素对心血管活动的调节作用。

【对象】家兔。

【用品】哺乳动物手术器材一套、气管插管、动脉插管、动脉夹、玻璃钩针、二道生理记录仪（生物信号记录分析仪）、血压换能器、电刺激器、保护电极、1∶10 000 肾上腺素、1∶10 000 去甲肾上腺素、1∶10 000 乙酰胆碱、0.9% 氯化钠。

【步骤】

1. 实验准备

（1）二道生理记录仪和血压换能器的安装：用肝素溶液灌满血压换能器及其相连的插管，以防凝血。将换能器与记录仪相连接。调节记录仪的各种参数，电刺激器的输出端连接保护电极，调节输出频率和强度，以备刺激神经使用。按有关要求连接生理记录仪，调节好有关参数（实图 8-1）。

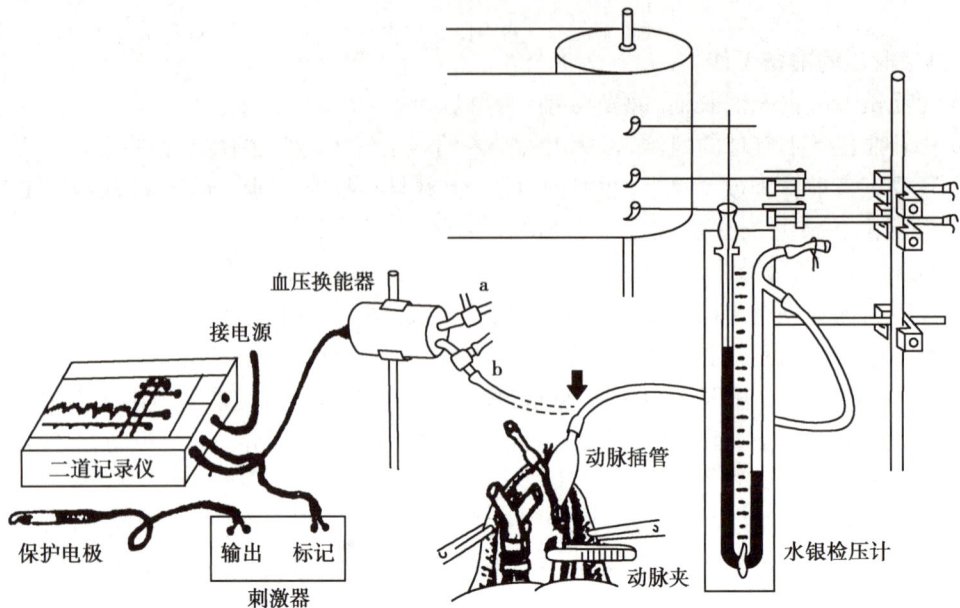

实图 8-1 动脉血压记录装置

（2）麻醉与手术：用 1.5% 戊巴比妥钠按每千克体重 20～30mg（或 30% 乌拉坦按每千克 2ml）经耳沿静脉注入，麻醉后仰卧位固定于手术台上。剪去颈部手术区域的兔毛，沿正中线切开皮肤 5～7cm。用止血钳钝性分离皮下组织与肌肉，暴露和分离出气管，在气管下穿线备用。在喉头下行气管 T 型切开术，插入气管插管，结扎固定。在气管两旁分离出颈动脉鞘，打开鞘膜，分离出颈总动脉、交感神经、迷走神经和减压神经，分别穿线备用。

（3）插入颈动脉插管：靠近左颈总动脉远心端作结扎，用动脉夹夹住近心端，使结扎处与动脉夹之间留 3cm 左右间距，靠近结扎线处作一斜向动脉夹的小切口，向心方向插入动脉插管。打开动脉夹，即可见血液冲入动脉插管内。

2. 观察项目

（1）调试二道生理记录仪，以适当走纸速度，记录一段正常血压曲线作对照。

（2）用动脉夹夹闭右颈总动脉，阻断血流 15 秒，观察血压变化。

（3）刺激减压神经，观察血压变化；剪断减压神经后，分别刺激其近心端和中枢端，观察血压变化。

（4）结扎右侧迷走神经，于结扎处的头端剪断迷走神经，用保护电极刺激右侧迷走神经的外周端，观察血压变化。

（5）从耳缘静脉注入 1：10 000 肾上腺素 0.3ml，观察血压变化。

（6）从耳缘静脉注入 1：10 000 去甲肾上腺素 0.2ml，观察血压变化。

（7）从耳缘静脉注入 1：10 000 乙酰胆碱 0.1ml，观察血压变化。

【注意事项】

1. 应等到血压恢复到对照值后再进行下一步骤。

2. 实验中要经常观察动物呼吸是否平稳，手术区有无渗血，一旦发现问题应及时处理。

3. 如果刺激右侧的减压神经和迷走神经时变化不明显时，可改刺激左侧同一神经。

实验九　肺通气功能的测定

在肺通气过程中，肺容量随着进出肺的气量而变化，因而测定肺容量可在一定程度上反映肺的通气功能。

（一）肺活量的测定

【目标】学习简单肺量计（肺活量计）的使用及肺活量测定的方法。

【原理】肺通气可稳定肺泡的成分，保证气体交换和机体新陈代谢的正常进行。

【对象】人。

【用品】简单肺量计、75%酒精棉球。

【步骤】受试者先练习作几次深呼吸运动（鼻吸气，口呼气），而后在深吸气之末，迅速捏鼻，向肺量计吹，嘴内从容缓慢作最大呼气至不能再呼气时为止，此时指针所指的数值，即为肺活量。如此可连测3次，取其中最大值为标准（实图9-1、实图9-2）。

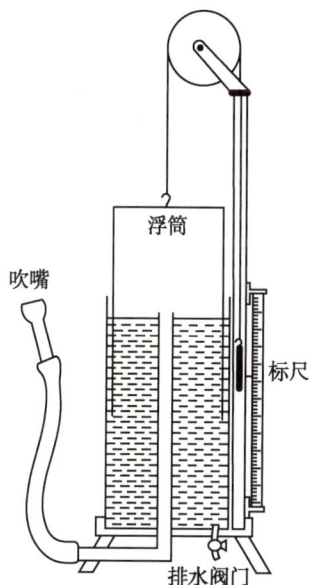

实图9-1　简单肺量计

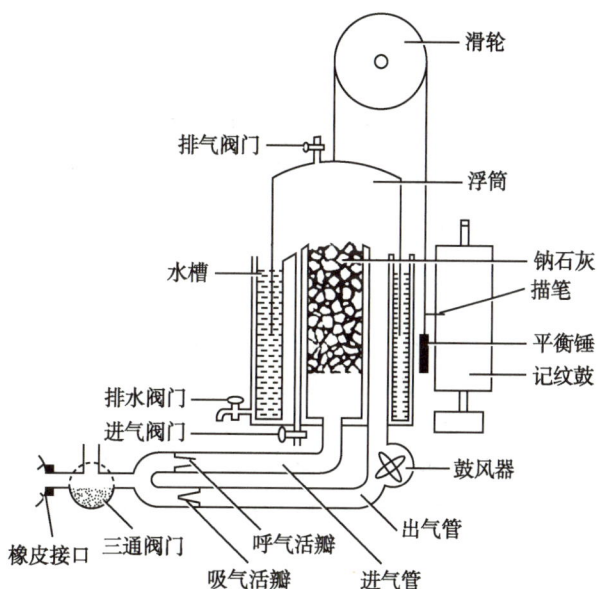

实图9-2　改良式肺量计

（二）肺容量和肺通气量的测定

【目标】学习肺量计的使用和测定肺容量、肺通气量的方法。

【原理】肺容量指肺所容纳的气体量，由潮气量、补吸气量、补呼气量及残气量四部分组成。肺活量的大小反映了肺一次通气的最大能力，是最常用的测定肺通气功能的指标之一。用力肺活量（FVC）是指一次最大吸气后，尽力尽快呼气所能呼出的最大气体量。正常时，用力肺活量略小于在没有时间限制条件下测得的肺活量。

【对象】人。

【用品】改良式肺量计（或肺功能机）、75%酒精棉球、钠石灰等。

【步骤】受试者闭目静立（或坐），口衔橡皮接口，并用鼻夹夹鼻，练习用口呼吸2~3分钟后，进行下列各项测定。

1. 肺容量的测定

潮气量：开动慢鼓（纸速每分钟为50mm），记录平静呼吸约30秒。各次呼或吸气量的平均值，即为潮气量。

补吸气量：即在一次平静吸气之末，再继续吸气直至不能再吸气为止所吸入的气量。

肺活量：受试者尽力作最大吸气后，随即从容作最大呼气所呼出的气量，即为肺活量。

前三者气量总和应大致与所测肺活量相等。

2. 时间肺活量的测定

（1）在肺量计内重新充灌新鲜空气4~5L，受试者按前述方法，用慢鼓记录平均呼吸数次。

（2）然后作最大吸气，屏气1~2秒，并加快鼓速（每秒25mm），立即尽力最快地将气体呼出，直至不能呼出为止,随即停鼓。分别计算第 1、2、3 秒时间的肺活量。

3. 每分通气量测定 将已测得的潮气量乘以呼吸频率(次 /min),即得静息每分通气量(L/min)。

【注意事项】

1. 排气时,应先打开浮筒顶端活塞,下压浮筒速度不宜快,以免水从筒内外溢。

2. 测量时,受试者应立于肺量计的正前方,勿使皮管扭转,保证气流畅通。如发现皮管内有水泡声,应排出管内水分后重测。

3. 每进行一定测量项目,都须将指针调整到"0"位。

实验十　胸膜腔负压观察

胸膜腔内压力无论吸气期还是呼气期均低于大气压,称为胸膜腔负压。胸膜腔负压是保证呼吸正常进行的前提条件,当空气或液体进入胸膜腔形成气胸或液气胸时,肺被压缩萎陷,呼吸就会发生困难。

【目标】

1. 用直接测定法观察胸膜腔负压,明确胸膜腔负压的形成和维持条件。

2. 加深对胸膜腔负压的意义的理解。

3. 认识气胸存在的危害性。

【原理】 胸膜腔是一个密闭的腔,肺回缩力是形成胸膜腔负压的主要因素,而胸膜腔负压是维持正常呼吸的必要条件,通过水检压计可测量胸膜腔负值压。

【用品】 兔手术台、兔手术器械、水检压计、粗圆嘴针头、橡皮管、30ml 注射器、25% 氨基甲酸乙酯溶液等。

【对象】 家兔。

【步骤】

1. 将穿刺针通过橡皮管与水检压计相连。检压计内液面应与刻度 0 一致,并调整使水检压计的刻度 0 与动物胸膜腔的被测部位在同一水平。

2. 麻醉并固定动物,用 25% 的氨基甲酸乙酯溶液,按 4ml/kg 量从兔耳缘静脉注入进行麻醉,然后固定在兔手术台上。

3. 手术,将兔右胸部腋前线第 4～6 肋间区的毛剪去,然后切开皮肤 2～3cm,暴露肋间肌备用。并在上腹部沿腹白线切开 2～3cm,以便观察肺萎缩情况。

【实验观察】

(1)将粗圆嘴针头沿右侧胸部腋前线第 4～5 肋间隙肋骨上缘垂直刺入胸膜腔内,即可见水检压计内水柱向胸膜腔一侧升高,并随呼吸运动而明显波动,然后用胶布固定于胸壁。

(2)观察胸膜腔内负压的数值及随呼吸而变化的情况,比较在吸气与呼气时的变化。

(3)用一粗嘴针头垂直刺入右侧胸膜腔,使胸膜腔与大气相通,造成气胸,然后观察胸膜腔内压的变化;并通过上腹部切口,透过膈肌观察肺组织是否萎缩。

【结果分析】

1. 将实验结果作以下记录:

正常时胸膜腔内压(mmH_2O),吸气时_____,呼气时_____;

气胸时胸膜腔内压(mmH_2O),吸气时_____,呼气时_____。

2. 为什么吸气和呼气时胸膜腔内压都低于大气压?

3. 气胸时可出现哪些病理情况?为什么?维持胸膜腔负压的条件是什么?

4. 胸膜腔负压的意义是什么?

【注意事项】

1. 穿刺针头与橡皮管和水检压计的连接必须严密,切不可漏气。

2. 穿刺针刺入不能太深,以免刺破肺组织和血管,造成气胸和出血过多。

实验十一　呼吸运动的调节

【目标】

1. 学会观察呼吸运动的频率和幅度。

2. 理解呼吸运动调节中的神经性反射、机械性反射和化学性反射调节机制。

3. 学会对呼吸运动的记录方法。

【原理】 呼吸运动受神经、体液因素的调节,改变血液中 H^+ 及气体的浓度,可导致呼吸运动的变化。呼吸频率和深度是观察呼吸变化的指标,故可通过呼吸频率和深度的变化来了解神经、体液因素对呼吸运动的影响。

【用品】 带生理实验分析软件的电脑一台,张力换能器、刺激器、兔手术台、哺乳动物手术器械一套、气管插管、2～5ml 注射器各一支、橡皮管、钠石灰、气囊、大试管一支、25% 氨基甲酸乙酯、3% 乳酸溶液、纱布及线等。

【对象】 家兔。

【步骤】

1. 动物准备　①麻醉和固定动物同胸膜腔负压测定。②剪去兔颈部的毛,沿颈中线纵行切开皮肤,分离各层组织暴露气管,并于气管与食管之间穿一丝线备用;再于颈两侧分别分离出颈动脉鞘,用玻璃分针于颈动脉旁分离出迷走神经,并在其下方穿线备用;再在喉下呈"T"字形剪开气管,插入气管插管,用预留好的线固定。③利用橡皮管将张力换能器与气管插管相连,另一端与电脑的信号输入口相连,刺激器与刺激输出口相连(此步应由指导教师操作)。动物呼吸调节实验装置见实图 11-1。

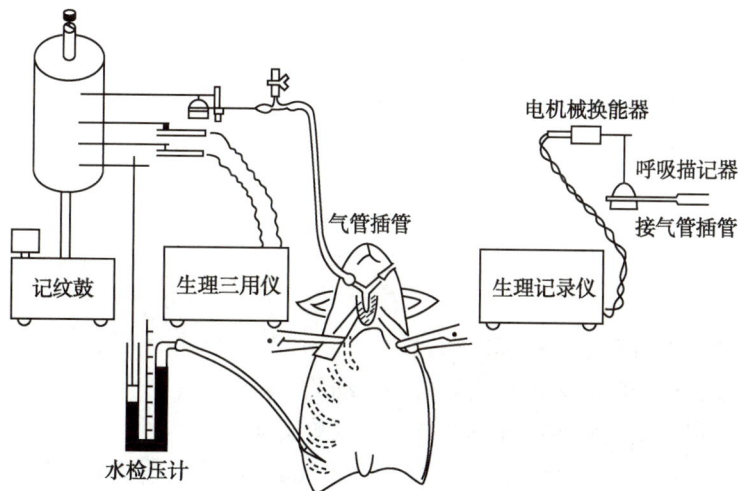

实图 11-1　动物呼吸调节实验装置示意图

2. 实验观察　记录一段正常的呼吸运动曲线,然后进行下列实验项目。

(1) 增加吸入气中 CO_2:将气管插管开口侧插入大玻璃试管内,试管中的 CO_2 浓度可随着兔呼出气增加而逐渐升高,同时兔吸入的 CO_2 也逐渐增多,观察呼吸有何变化。

(2) 造成缺氧:将气管插管开口侧通过一钠石灰瓶与盛有一定量空气的气囊相连,使呼出的 CO_2 被钠石灰吸收。随着呼吸进行,气囊内的 O_2 越来越少。观察呼吸运动的变化情况。

(3) 增大无效腔:将气管插管开口侧连接一长约 50cm 的橡皮管,使无效腔增大,观察对呼吸运动的影响。

（4）改变血液 pH：由兔耳缘静脉注入 5% 乳酸溶液 2ml，观察呼吸运动的变化。

（5）剪断迷走神经：先剪断一侧迷走神经，观察呼吸频率和深度的变化；再剪断另一侧，观察呼吸频率和深度有何变化。

（6）刺激迷走神经中枢端：用刺激器刺激迷走神经中枢端 15 秒，观察呼吸频率和深度有何变化。

【结果分析】

1. 根据实验记录曲线，描绘或文字叙述于实表 11-1 中，并加以分析解释。

实表 11-1　呼吸运动变化记录及分析表

实验项目	呼吸运动的变化		分析与解释
	实验前	实验后	
正常时			
吸入 CO_2 增多			
造成缺氧			
增大无效腔			
静脉注射 3% 乳酸溶液			
切断一侧迷走神经			
切断两侧迷走神经			
电刺激迷走神经向中端			

2. 从实验（2）～（4）项比较 PO_2、PCO_2 和 H^+ 浓度变化对呼吸的影响，说明各自的作用途径。

3. 从实验（5）～（6）项说明肺牵张反射的生理意义。

【注意事项】

1. 每项实验前都要有正常呼吸曲线作对照。

2. 耳缘静脉注射 3% 乳酸溶液时勿使其漏出血管外。

3. 插气管时要注意止血，保持呼吸道通畅。

实验十二　胃肠运动观察

【目标】

1. 观察正常情况下胃和小肠的运动形式。

2. 观察神经及某些药物和体液因素对胃肠运动的影响。

3. 明确胃肠平滑肌受交感神经和副交感神经双重支配。

【原理】消化道平滑肌具有一定的紧张性和节律性运动，神经和体液因素可以使其运动发生变化。

【对象】家兔。

【用品】哺乳动物手术器械一套、刺激器、保护电极、25% 氨基甲酸乙酯溶液、生理盐水、蒂罗德液、阿托品注射液、新斯的明注射液、1∶10 000 肾上腺素溶液、1∶10 000 乙酰胆碱溶液、注射器等。

【实验步骤】

1. **动物麻醉固定**　用 25% 氨基甲酸乙酯溶液耳缘静脉注射（4ml/kg），麻醉后背位固定于手术台上。

2. 寻找神经　剪去腹中线部分毛。从剑突下沿腹壁正中线切开皮肤,沿腹白线打开腹腔,在膈下食管末端及左侧肾上腺上方腹后壁处,分别找出迷走神经前支和左侧内脏大神经分离后穿线备用(亦可在颈部找出一侧迷走神经)。

3. 观察项目

(1)观察正常情况下的胃肠运动形式,注意其紧张度。

(2)刺激迷走神经:用中等到强度电刺激膈下迷走神经(或结扎剪断颈部迷走神经,刺激其远中端),观察胃肠运动有何变化。

(3)刺激内脏大神经:用中等到强度电刺激左侧内脏大神经,观察胃肠运动变化。

(4)滴肾上腺素:将 1:10 000 肾上腺素溶液滴 5～10 滴于胃和肠壁上,观察胃肠运动有何变化。

(5)滴乙酰胆碱:将 1:10 000 乙酰胆碱溶液滴 5～10 滴于胃和肠壁上,观察胃肠运动有何变化。

(6)静脉注射新斯的明:从耳缘静脉注射新斯的明注射液 0.2～0.3mg,观察胃肠运动有何变化。

(7)静脉注射阿托品:在注射新斯的明注射液后,胃肠运动发生变化,迅速从耳缘静脉注射阿托品注射液 0.5mg,观察胃肠运动有何变化。

【注意事项】

1. 随时用温生理盐水湿润暴露的肠管,以防表面干燥及腹腔温度下降而影响胃肠运动。

2. 每更换一种药物前,都必须在肠管上滴加蒂罗德液,以消除上一药物的影响。

实验十三　人体体温测定

【目标】掌握人体体温的测定方法,比较运动前后体温的变化,加深理解体温相对稳定的意义。

【原理】体温一般指人体深部的平均温度而言。通常测量体温的部位有口腔、腋窝和直肠,尤以测量口腔和腋窝温度最常用。人体温度有一定的生理变动,但变化范围不超过1℃。

【对象】人。

【用品】口表(最好有肛表对照比较)、75% 酒精棉球、干棉球、有盖消毒盘(盛消毒温度计用)。

【步骤】

1. 体温测量法

(1)口腔温度测量法:受试者静坐数分钟。检查者从消毒盘中取出已消毒的体温计,用手腕部力量将体温计中水银甩降至 35℃ 以下,然后将体温计的水银端斜放于受试者的舌下,闭口含体温计 3 分钟,取出用干棉球擦干,读数。

(2)腋下温度测量法:受试者解开衣钮静坐,用纱布擦干腋下。检查者将体温计水银端放于受试者腋窝顶部,屈臂夹紧体温计,测量 10 分钟后,取出读数。

2. 体温的测定　每小组 2 人,相互用口腔温度测量法和腋下温度测量法测量安静时的体温各一次,读数后记录。然后去室外运动 5 分钟,立即回室内测量口腔和腋下温度各一次,读数后记录。比较同一人,同一部位运动前后体温有何变化。

【注意事项】

1. 测量口腔温度前,受试者勿喝热水或冷饮,以避免误差。

2. 每次用体温计前应检查水银柱是否在 35℃ 以下。甩体温表时应小心,防止碰坏表头。

3.不能用高温灭菌法消毒体温计。实验过程中可用 75% 酒精棉球擦拭消毒。实验后(或实验前)用 1% 过氧乙酸溶液浸泡体温计 30 分钟,然后以冷开水冲洗干净后,用消毒纱布拭干放入有盖消毒盘内备用。

实验十四　影响尿生成的因素

【目标】通过尿量的观察,分析各种因素对尿生成的影响。

【原理】尿的生成过程包括肾小球的滤过与肾小管和集合管的重吸收与分泌。凡能影响上述过程的因素,均能影响尿的生成而改变尿量。

【对象】家兔。

【用品】兔手术台、哺乳类动物手术器械、生理实验多用仪、常用记录装置、计滴装置、电磁标、保护电极、塑料输尿管导管或膀胱插管、试管、试管架、酒精灯、试管夹、小烧杯、班氏试剂、20% 氨基甲酸乙酯溶液、20% 葡萄糖溶液、1∶1 000 去甲肾上腺素、垂体后叶素、呋塞米、等渗盐水、丝线、纱布等。

【步骤】

1.动物麻醉与固定　用 20% 氨基甲酸乙酯,按每 kg 体重 1g 从耳缘静脉注射进行麻醉。然后仰卧固定于手术台上。

2.引流尿液　可选用输尿管插管法或膀胱插管法。

(1)输尿管插管法:自耻骨联合上缘沿腹正中线作一长约 5cm 切口,切开腹壁,暴露膀胱,并将膀胱轻拉向下翻转,找到膀胱三角,仔细辨认输尿管,用线将输尿管近膀胱端结扎,在结扎之上部剪一斜口,把充满等渗盐水的细塑料管向肾脏方向插入输尿管内,用线结扎固定,导管另端开口连至计滴装置上,以便计滴。

(2)膀胱插管法:在耻骨联合上缘,沿腹正中线作一长约 3cm 的切口,切开腹壁,将膀胱轻移腹外。在膀胱顶部作一荷包缝合,在缝合中心剪一小口,插入膀胱插管,收紧缝线关闭切口。手术完毕后,用温盐水纱布覆盖切口,将膀胱插管通过塑料管与计滴装置相连,以便计滴。

3.实验观察

(1)开动记录装置,描记一段正常血压曲线和尿液滴数。

(2)静脉注射 37℃ 生理盐水 20ml,观察与记录血压和尿量的变化。

(3)静脉注射 20% 葡萄糖液 20ml,观察和记录血压及尿量的变化(在注射前与注射后要收集尿液,分别作尿糖定性试验)。

(4)刺激一侧迷走神经,使血压降低 6.6kPa,(50mmHg)左右,维持 30 秒,观察和记录血压和尿量的变化。

(5)静脉注射 1∶10 000 去甲肾上腺素 0.5ml,观察和记录血压及尿量的变化。

(6)静脉注射垂体后叶素 2U,观察和记录血压及尿量的变化。

(7)静脉注射呋塞米(5ml/kg),观察和记录尿量的变化。

(8)由颈动脉插管处(或股动脉插管处)放血,使血压下降并维持在 6.6kPa 左右,观察和记录尿量变化;然后再迅速输入生理盐水,观察和记录血压及尿量的变化。

【注意事项】

1.为保证动物有足够尿量,实验前一天给兔多吃新鲜蔬菜。

2.手术过程中操作应轻巧、仔细,避免损伤血管过多,造成出血较多影响手术视野;避免由于刺激输尿管而引起痉挛或插入管壁夹层,造成无尿现象。

3.采取输尿管插管法,以两侧同插为好,在插好后接上 Y 型管,经此管流出的尿液滴在计滴器上,便于尿液滴数观察和记录。取膀胱插管法,要对准输尿管出口,膀胱回纳腹腔时,注意不要扭曲。

4. 为注射方便,可将注射针头固定在耳缘上供多次使用。若多次进行静脉注射,应保护耳缘静脉,即静脉注入部位先从耳尖部开始,逐步移向耳根部。

5. 注射麻醉药,速度宜慢,以免造成动物死亡,注射生理盐水和高渗葡萄糖液的速度宜快,并注意勿将空气推入造成气栓。

6. 各项实验必须在血压及尿量恢复后才能继续进行。

实验十五　视力测定

【目标】学会视力测定的方法,了解视力测定的原理。

【原理】视力亦称视敏度,指眼分辨物体微细结构的能力。以能分辨空间两点的最小视角作为标准,视角为1分角时的视力为正常视力。视力表是根据这个原理制定的。目前我国使用的"标准对数视力表"为5m距离两用式,这种视力表对受试者视力可用小数记录(V),也可用5分记录(L)。两种推算的公式为:

$$V(受试者视力小数记录)=\frac{d(受试者辨认某字的最远距离)}{D(正常视力辨认该字的最远距离)}$$

$$L(受试者视力5分记录)=5-\log a'(视角)$$

对数视力表每行字两边的数字,即依上式推算而来。表示在5m远处能辨认该行字母的视力。例如,受试者在5m远处能辨认第11行字母时,该行字的每一笔画两边发出的光线在眼球恰好形成1分视角,受试者视力:

$$L=5-\log 1=5；V=55=1.0$$

【对象】人。

【用品】对数视力表(实图15-1)、指示棒、遮眼板、米尺。

【步骤】

1. 将标准视力表悬挂于光线均匀而充足的墙上,且视力表的第11行字母应与受试者眼睛在同一高度。

2. 受试者坐或站立在视力表前5m处,用遮眼板遮住一眼,另一眼注视视力表。

3. 检查者站在视力表旁,用指示棒自上而下指示表上字母,令受试者说出该字母缺口的朝向,直至能辨认清楚最小一行字母为止。依照表旁所注的数字来确定其视力。

4. 视力表中最上一行字是正常眼睛在50m距离处能够辨认的。若受试者对最上一行字也不能清楚辨认,则令其向前移动,直至能辨认清楚最上一行字为止。测量受试者与视力表的距离,再按上述公式推算出视力。

5. 用同样方法测试另一眼的视力。

【注意事项】

1. 光源应从受试者的后方射来,避免测试过程中由侧方射入光线干扰测定。

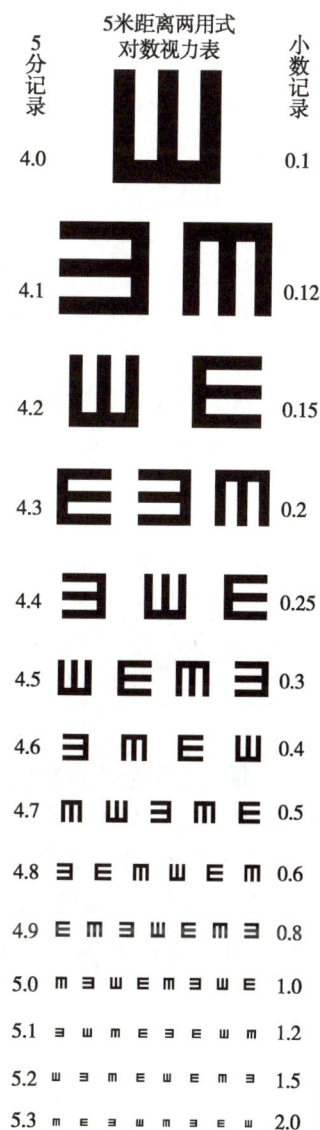

实图 15-1　对数视力表

2.测试过程中应用遮光板遮住一侧眼,不宜用手遮眼。

实验十六 视 野 测 定

【目标】学会测定视野方法,测出正常人的各色视野。

【原理】视野是指单眼固定不动,注视正前方一点时,该眼所能看到的空间范围。正常视野范围:颞侧大于鼻侧;下方大于上方;各种颜色视野不同,白色最大,绿色最小。通过视野测定可帮助了解视网膜、视神经和视觉传导通路的功能如何。

【对象】人。

【用品】视野计,视野图纸,遮眼板,白、黄、红、绿各色视标,铅笔。

【步骤】

1.按实图 16-1 了解视野计的构造和使用方法。

2.受试者背对光源,面对视野计坐好。另其下颌置托颌架上,眼眶下缘嵌在眼眶托上,调整托颌架高度,使被测眼与圆弧中心点(白点或小镜子)位于同一水平面上。

3.将圆弧旋至水平位置。用遮眼板遮住一眼,令受试者眼固定注视圆弧的中心点,测定者持白色视标沿圆弧内面,由周边向中心缓慢移动。同时询问受试者是否能看到视标,一旦受试者说出看不到时,测试者再移行视标,以便找出看见视标的精确位置。然后根据圆弧刻度,在视野纸上找出相应的经纬度方位,用铅笔标出。

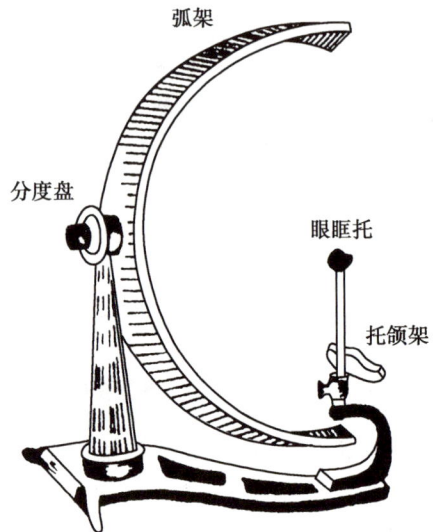

实图 16-1　视野计

4.将圆弧架旋转 45°角,依次重复上述测定方法,共测定 4 次,以 8 个方向(0°～180°)、(90°～270°)、(45°～225°)和(135°～315°)。在视野图纸上分别找出 8 个点,用铅笔分别连接起来,即为所求的视野范围。

5.换各有色(黄、红、绿)视标,按上述方法测出各色视野。

6.用同样方法,测出另一眼的视野。

【注意事项】

1.受试者的眼睛必须始终注视中心点。

2.测定视野的时间不宜过长,以免眼睛过于疲劳而影响实验结果。

实验十七 色 盲 检 查

【目标】学会色盲检查的方法。

【原理】色盲可分全色盲和部分色盲两种,常见者为部分色盲。色觉是主观现象,色觉异常往往不易觉察,但可借色盲检查图检查出来。色盲检查图是根据各种类型的色盲患者,不能分辨某些颜色的色调,却能分辨其明亮度的特点,绘制成各种颜色的色调不同而明亮度相同,或各种颜色的色调相同而明亮度不同的色点,以色点组成数字或图形,使色盲者难以辨别,检查出色盲的类型。

【对象】人。

【步骤】

1.在明亮、均匀的自然光线下,令受试者遮蔽一眼,先检查另一眼色觉。

2.检查者向受试者逐页展示色盲检查图,令受试者在 5 秒内读出图表上的数字或图形。如果读错、读不出来或发现正常人不能读出而受试者反能读出等情况，则可按色盲图中说明确定受试者属于哪类色盲。

3. 按上法再检查另一侧眼有无色盲。

【注意事项】检查最好选择在晴天，此外，检查过程中不得暗示。

实验十八 瞳孔对光反射

【目标】学会瞳孔对光反射的检查方法，能进一步理解其生理意义。

【原理】瞳孔的主要功能是调节射入眼内的光量。当外界光线强时，瞳孔缩小，光线弱时，瞳孔开大。这种随光照强度的变化而反射性引起瞳孔的改变，称为瞳孔对光反射。通过对瞳孔对光反射，可了解包括中脑在内的反射弧是否正常。

【对象】人。

【用品】手电筒、遮眼板。

【步骤】

1. 在较暗处，让受试者背光静坐，观察其两眼瞳孔大小。然后用手电筒照射受试者一侧眼睛，观察该眼瞳孔是否缩小；停止照射，瞳孔是否开大。

2. 让受试者用遮眼板垂直放在鼻梁上，隔离照射眼球的光线。然后用手电筒照射受试者左眼，观察右眼瞳孔有何变化。30 秒后，观察两侧瞳孔是否恢复原来大小。

【注意事项】受试者应注视远方，不可注视灯光，以免引起瞳孔调节，影响结果。

实验十九 声音传导的途径

【实验目的】比较气传导与骨传导的听觉效果，说出其临床意义。

【实验原理】声波传入内耳有两条途径，即气传导和骨传导。正常情况下主要传导途径是气传导。当鼓膜或听小骨发生病变引起传导性耳聋时，气传导效应减弱或消失，骨传导效应则相对增强；当耳蜗或听神经病变引起神经性耳聋时，则气传导和骨传导效应均减弱或消失。

【实验对象】人。

【实验用品】音叉（频率 256 次 /s 或 512 次 /s）、橡皮锤、棉球。

【实验步骤】

1. 林纳试验（同侧耳气传导和骨传导比较试验）

（1）室内保持安静，受试者静坐，检查者用橡皮锤叩击音叉后，立即将振动的音叉柄置于受试者一侧颞骨乳突部，问受试者是否听到声音。在受试者刚刚听不到声响时，立即将音叉移至同侧外耳道口附近，问受试者是否能重新听到声音；反之，先将振动音叉置于受试者外耳道口附近，当刚听不到声响时，将音叉移至颞骨乳突部，问受试者是否又能听到声音。如气传导＞骨传导为林纳试验阳性，气传导＞骨传导（弱）为弱阳性，气传导＜骨传导为阴性。

（2）用棉球塞住受试者一侧外耳道（模拟气传导障碍），重复上述试验，观察结果。

2. 韦伯试验（比较两耳骨传导试验）（实图 19-1）

（1）用橡皮锤叩击音叉后，将正在振动的音叉柄置于受试者前额正中发际处，问受试者两耳

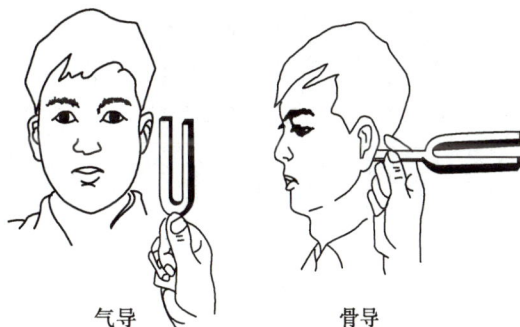

气导　　　　　骨导

实图 19-1 气导与骨导比较试验

听到的声响有无差别（正常人两耳声响相等）。

（2）用棉球塞住一侧外耳道（模拟气传导障碍），重复上述实验，询问受试者所听到的声响偏向哪一侧。若传导性耳聋则声响偏向患侧，神经性耳聋偏向健侧。

【注意事项】

1．受试者应闭目静坐在椅子上。

2．音叉不能在桌上或其他硬物体上敲打，以免损坏音叉。

3．棉球要塞紧，音叉位置要放准。

【结果分析】

1．为什么林纳试验阳性属正常？阴性则为传导性耳聋？

2．为什么韦伯试验传导性耳聋声响偏向患侧，神经性耳聋偏向健侧？

实验二十　去大脑僵直

【目标】观察去大脑僵直现象，了解中枢神经系统对肌紧张的影响。

【原理】去大脑动物，由于切断了大脑皮层运动区和纹状体等部位与网状结构的功能联系，致使脑干网状结构抑制区活动减弱，而易化区活动加强。所以，去大脑动物出现四肢伸直、头尾昂起、脊柱挺硬等角弓反张状态，称为去大脑僵直。

【对象】家兔。

【用品】哺乳类动物手术器械、颅骨钻、咬骨钳、骨蜡、纱布、20%氨基甲酸乙酯溶液等。

【步骤】

1．用20%氨基甲酸乙酯，按每千克体重1g耳缘静脉注射进行麻醉并俯卧于手术台上。

2．将动物头略抬高，沿颅顶正中线切开头皮，用手术刀柄剥离两侧肌肉和骨膜。暴露颅骨后，用骨钻在一侧钻一圆孔，再用咬骨钳逐渐扩大开口，应及时用骨蜡止血。用带齿小镊子夹起硬脑膜，剪开硬脑膜，暴露两侧大脑半球，用刀柄在大脑半球后缘轻轻将其翻开，暴露四叠体。取头部水平位，用手术刀背于上、下叠体（上、下丘）之间切断。

3．给动物松绑，侧卧于手术台上，观察动物的姿势和全身肌紧张情况，是否出现僵直现象。

【注意事项】

1．动物不宜麻醉太深，否则不易出现去大脑僵直甚至会导致死亡。

2．开颅时，勿伤及矢状窦与横窦，以防大出血。

3．脑干切断水平勿偏高或偏低。如偏高不会出现去大脑僵直现象，若偏低会伤及延髓呼吸中枢，导致呼吸停止而死亡。

实验二十一　人体腱反射检查

【目标】学会腱反射的检查方法，理解其机制。

【原理】腱反射是指快速牵拉肌腱时发生的牵张反射。人体的牵张反射受高位中枢控制，因此，临床上常通过检查某些腱反射，来了解反射弧的完整性和高位中枢的功能状态。

【对象】人。

【用品】橡皮叩诊锤、诊断床。

【步骤】

1．**膝跳反射**　受试者采取坐位，两小腿自然下垂悬空。检查者以左手稍托起膝关节部，右手持叩诊锤，轻叩膝盖下股四头肌肌腱（在髌骨和胫骨之间），引起股四头肌收缩，小腿伸直。

2．**跟腱反射**　受试者采取仰卧位，下肢稍屈曲，大腿稍外展并外旋，检查者一手轻握足趾部,另一手持叩诊锤叩击跟腱,腓肠肌收缩,足趾屈曲。

3. 肱二头肌反射 受试者端坐位,肘关节屈曲,使前臂稍内旋。检查者用左手托住其右肘部,左前臂托住其右前臂,并将左手拇指按在受试者的右肘部肱二头肌肌腱上,然后右手用叩诊锤叩击检查者的左拇指,使肱二头肌受刺激,引起肱二头肌收缩,前臂快速屈曲。

4. 肱三头肌反射 检查者左手托起受试者屈曲的右肘部,用叩诊锤叩击尺骨鹰嘴突上方肱三头肌肌腱,使肱三头肌收缩,前臂伸直。

以上腱反射检查,在正常人均可引起。检查过程中,可根据反射的正常、消失或减弱、亢进等不同的表现诊断反射弧是否完整和高位中枢的功能状态。

【注意事项】

1. 检查应在密切配合下进行,消除人为的注意力。

2. 受试者双侧肢体要保持对称,并尽可能放松。

3. 叩击部位应准确,叩击的轻重要适度。

（唐晓伟）

主要参考书目

［1］郭争鸣，唐晓伟，生理学.4版.北京：人民卫生出版社,2018.

［2］王庭槐.生理学.9版.北京：人民卫生出版社,2018.

［3］唐晓伟,邢军.人体解剖生理学.4版.北京：中国医药科技出版社,2021.

［4］李开明,廖发菊.生理学基础.2版.北京：中国中医药出版社,2018.

［5］杨桂染,杨宏静.生理学.2版.北京：中国中医药出版社,2018.

［6］白波,王福青.生理学.8版.北京：人民卫生出版社,2019.

［7］孙秀玲,侯炳军.生理学.北京：中国医药科技出版社,2022.

复习思考题答案要点

模拟试卷

《生理学》教学大纲